Felix Czeike

Walther Brauneis

Wien und Umgebung

Kunst, Kultur und Geschichte
der Donaumetropole

DuMont Buchverlag Köln

Umschlagvorderseite: Park und Schloß Schönbrunn (Foto: W. Neumeister, München)

Umschlagrückseite: Blick auf St. Stephan (Foto: H. Held, Köln)

Vordere Umschlaginnenklappe: Glasmosaik mit allegorischer Darstellung der Heilkunst von Oskar Laske (1902) an der Engel-Apotheke im Haus 1, Bognergasse 9 (Foto: H. Held, Köln)

Frontispiz S. 2: Der Stephansdom um 1502. Holzschnitt aus dem Wiener Heiltumsbuch

Ausführung der Grundrißpläne von Walther Brauneis, Wien

© 1977 DuMont Buchverlag, Köln
10., überarbeitete Auflage 1988
Alle Rechte vorbehalten
Satz und Druck: Rasch, Bramsche
Buchbinderische Verarbeitung: Bramscher Buchbinder Betriebe

Printed in Germany   ISBN 3-7701-0900-7

Kunst-Reiseführer in der Reihe DuMont Dokumente

Zur schnellen Orientierung: Hauptsehenswürdigkeiten in Wien und in der Umgebung

(Auszug aus dem ausführlichen Register S. 379–388)

In der Umschlagklappe: Wien, Innenstadt

In der hinteren Klappe: Wien und seine Umgebung

Inhalt

Kunst, Kultur und Geschichte der Donaumetropole
Von Felix Czeike

Wien – Drehkreuz zwischen Ost und West

Eine Stadt wie die unsere, schön und alt, mit ihrem bauherrlichen Gepränge, das im Laufe der Zeiten aus wechselndem Geschmack hervorgegangen ist, bedeutet ein einziges großes Zeugnis der Fähigkeit, zu lieben, und der Unfähigkeit, es dauernd zu tun. Die stolze Folge ihrer Bauten stellt nicht nur eine große Geschichte dar, sondern auch einen dauernden Wechsel in der Richtung der Gesinnung. Sie ist, auf diese Weise betrachtet, eine zur Steinkette gewordene Wankelmütigkeit, die sich alle Vierteljahrhunderte auf eine andere Weise vermessen hat, für ewige Zeiten recht zu behalten. Robert Musil

Wien – das ist nicht nur eine der ältesten Siedlungen Mitteleuropas, ein Kristallisationspunkt der Kultur, ein Zentrum der Wirtschaft und ein bevorzugter Schauplatz der österreichischen und europäischen Geschichte: Wien ist darüber hinaus ein Phänomen eigener Prägung, ein Raum, in dem sich in unnachahmlicher und nicht wiederholbarer Weise seit jeher politische, wirtschaftliche und geistige Potenzen überschneiden, beeinflussen, modifizieren und schöpferisch gestalten, eine Stadt, die mehr als manche andere schon immer in der glücklichen Lage war, bodenständige und kosmopolitische Eigenschaften harmonisch zu verschmelzen und eine Mittlerfunktion zwischen Ost und West auszuüben.

Wiens Bedeutung blieb zu keiner Zeit dem Zufall überlassen. Ausgehend von den natürlichen Voraussetzungen einer günstigen geographischen Lage am Schnittpunkt wichtiger Verkehrsverbindungen – hier kreuzten sich die von Norden nach Süden führende Bernsteinstraße mit dem einzigen europäischen Fluß, der, von Westen nach Osten fließend, die wesentlichsten Teile des Kontinents miteinander verbindet –, durchlief Wien alle nur erdenklichen Entwicklungsstadien einer europäischen Stadt. Römerkastell und frühmittelalterliche Fluchtburg, Abwehrbastion und Handelsplatz, Sammelpunkt des höfischen Minnesangs und glanzvolle Fürstenresidenz, brodelnder Herd im Glaubenskampf und stabiles Rückgrat der katholischen Gegenreformation, Renaissancefestung und als ›Kaiserstadt‹ barockes Kulturzentrum, Angriffsziel für Herrscher aus den verschiedensten Teilen Europas und Ort völkerverbindender Begegnung, Mittelpunkt eines Vielvölkerstaates und seit mehr als einem halben Jahrhundert Hauptstadt einer kleinen Republik: Alle diese Metamorphosen – und noch einige mehr – verkörpern jenes Wien, dem heute als angesehene Großstadt, als internationales Kongreßzentrum in einem neutralen Staat und als Sitz von Organisationen der Vereinten Nationen allseits Respekt entgegengebracht und Anerkennung gezollt wird.

Es war ein weiter und beschwerlicher Weg, den Wien zu gehen hatte, um das zu werden, was es heute ist. In den vielen Jahrhunderten seiner Entwicklung hat es sein Antlitz nach und nach wahrlich allen Himmelsrichtungen zugewendet. Unter den Römern Grenzfestung Vindobona am Limes gegen die aus dem Norden gegen die Donau anbrandenden germanischen Völker, im 9. Jahrhundert befestigter Platz gegen Völker des Ostens, im 10. Jahrhundert hingegen vorgeschobener Brückenkopf der Ungarn gegen den kaiserlichen Westen, seit dem 12. Jahrhundert Mittelpunkt der babenbergischen marchia orientalis, der südöstlichen Grenzmark des Reiches, und blühende Hauptstadt Österreichs; in der 2. Hälfte des 13. Jahrhunderts – unter dem Böhmenkönig Přemysl Ottokar II. – anfangs dessen südlicher Vorposten, dann das Zentrum eines sich konsolidierenden böhmisch-mährisch-österreichischen Staates, wenige Jahrzehnte danach, als die Habsburger sich in Wien niederließen, neuerlich Grenzfestung (die sogar Ende des 15. Jahrhunderts von den Ungarn erobert wurde) sowie im 16. und 17. Jahrhundert ›Bollwerk der Christenheit‹ gegen die von Kleinasien über den Balkan nach Mitteleuropa stoßenden Osmanen; schließlich – abgesehen von militärisch belanglosen Zwischenspielen schwedischer Bedrohung während des Dreißigjährigen Krieges und zweier französischer Besetzungen im ersten Jahrzehnt des 19. Jahrhunderts – in paradoxer Weise eine waffenstarrende Festung gegen sich selbst, als nach der Revolution von 1848 in konsequenter Verfolgung einer Jahrzehnte zuvor begonnenen Politik die soziale Frage mit bewaffneten Mitteln durch Kasernengürtel rund um die Innenstadt und die Verbannung der Fabriken an den Stadtrand einer Lösung zugeführt werden sollte.

Betrachtet man die Geschichte der Stadt in ihrem vielfältigen und abwechslungsreichen Verlauf, so könnte man bei flüchtiger Betrachtungsweise leicht den falschen Schluß ziehen, sie habe niemals ein Eigenleben geführt, sei immer nur im Abhängigkeitsverhältnis zu irgendwelchen Mächten gestanden. Aber es wäre doch weit gefehlt, wollte man dieses so lange unter der Herrschaft von Fremden stehende, von Menschen aus aller Herren Ländern bevölkerte Wien zum bloßen Spielball der Mächte degradieren, wollte man in seiner Entwicklung gar nur das Spiegelbild, ja, vielleicht nur den bescheidenen Abglanz der ›großen Welt‹ erkennen.

Vieles, was wir in der Rückschau als ›typisch wienerisch‹ bezeichnen, war allerdings ursprünglich fremd. Es beginnt schon bei den Herrschern. Dieses Land und diese Stadt hatten kaum jemals bodenständige Herren: Römer, Slawen, Awaren, Ungarn und wie die Völker in den Jahrhunderten des Frühmittelalters alle geheißen haben mögen, wollen wir gar nicht ins Treffen führen. Aber da sind die ältesten bekannten Stadtherren, wohl aus dem Geschlecht der Formbacher: sie waren ebensowenig Wiener wie die mitteldeutschen Babenberger – die übrigens ihre Frauen zweimal aus Byzanz und des öfteren aus anderen Ländern holten –, die böhmischen Přemysliden oder die schwäbischen Habsburger, mit denen im 16. Jahrhundert spanisches Blut und im 18. Jahrhundert durch die Verbindung mit den Lothringern eine neue Dynastie ins Land kam; nicht berücksichtigt die Einflüsse der Wittelsbacher, Luxemburger oder Jagellonen, und ganz abgesehen von den zahlreichen Fürstenhäusern, mit denen sich die Habsburger im Laufe der Jahrhunderte verschwägerten. So kamen immer neue Nationen nach Wien. Von der Herkunft oder der Vorliebe der Herrscher, vor allem aber ihrer Frauen, die ein Stück Heimat mitzubringen wünschten, abhängig, wurde manchmal dieser, dann wieder jener Nation der Vorzug gegeben; so waren es einmal die Spanier, dann die Italiener, einmal die Tschechen, Ungarn oder Polen, dann wieder die Franzosen und Deutschen, die in Wien den Ton angaben und Schwerpunkte in der Architektur, in den bildenden Künsten, in der Musik, im Theater und in der Literatur, in der Medizin oder in anderen Zweigen der Wissenschaft setzten.

Noch ein besonderes Wort zur Frage der Eigenständigkeit von Kunst und Kultur in Wien. Es ist gewiß nicht so, daß Wien nicht auch aus eigener Kraft zu einer Kulturstadt ersten Ranges hätte aufsteigen können – zu zahlreich sind jene Persönlichkeiten, die unmittelbar aus dieser Stadt hervorgegangen sind, hier gewirkt oder ihre Leistungen in alle Welt getragen haben –, aber das ›Wienerische‹ in der Kunst hat doch in überraschend vielen Fällen außerhalb der Wiener Bannmeile das Licht der Welt erblickt. Möglicherweise liegt aber gerade darin das Phantastische und Bezaubernde dieser an Überraschungen so reichen Stadt, daß es ihren Bewohnern gelungen ist, unter Nutzung einer zweifellos vorhandenen schöpferischen Atmosphäre aus all dem Gegensätzlichen und Fremden, das in ihren Mauern zusammenströmte, jene ›Komposition‹ zu schaffen, die längst ein organisches Ganzes ergeben hat. Wenn sich so mancher Besucher Wiens heute nicht vor den aus ganz Europa hierher gekommenen Geistesgrößen verneigt – die, ihren eigenen Aussagen nach, hier, und nur hier, zu ihren größten Schöpfungen befähigt wurden –, sondern schlicht und einfach vor der ›Wiener Kultur‹, so ist dies wohl das größte Kompliment, das Wien gemacht werden kann. Wer jedoch vermeint, hinter alldem geheimnisvolle Kräfte wittern zu müssen, den muß man enttäuschen. Das Geheimnis läßt sich recht einfach erklären: In Wien wurde Fremdes zu keiner Zeit gedankenlos kopiert, sondern hierzulande nahm man fremde Kulturen zwar bereitwillig auf, doch begann man zu selektieren, zu variieren und zu veredeln, um dann eine schöpferische Kreation wienerischer Prägung zu neuen Erfolgen in die Welt zu schicken.

Stets an der Grenze von Machtblöcken, Kulturen und Völkern gelegen und doch zu allen Zeiten ein Mittelpunkt – welch ein Gegensatz scheint darin zu liegen! Und doch bietet gerade dieses Paradoxon den Schlüssel zum Verständnis. Seine Janusköpfigkeit macht Wien zum Sammelbecken der Nationen Europas, zu jenem ›Schmelztiegel‹, von dem so oft und so gerne gesprochen wird. Das In-sich-Aufnehmen und In-die-Welt-Ausstrahlen formten in Jahrhunderten das Wesen und den Charakter der Stadt und ihrer Bewohner, deren Lebensphilosophie zum geheimnisvollen Teil ihrer Erfolge gehört.

Vindobona – ein Römerkastell an der Donau

Römer in Pannonien

Das ›Goldene Zeitalter‹ unter Kaiser Augustus (30 v. – 14 n. Chr.) war bestimmt von einem großzügigen außenpolitischen Konzept, das zur Sicherung des römischen Imperiums die Einbeziehung der Alpen- und Donauländer sowie des freien Germanien zwischen Rhein und Elbe einschließlich des böhmisch-mährischen Raumes vorsah. Bereits 15 v. Chr. konnte Augustus mit den Ostalpenländern auch das Wiener Becken dem Reich auf friedliche Weise eingliedern. Nach einer Phase der politischen und militärischen Konsolidierung begann Kaiser Trajan (98–117 n. Chr.) am Ende des 1. Jahrhunderts mit dem Bau einer umfassenden Grenzbefestigung – dem ›Limes‹ (Abb. 1). Der Donau entlang entstand eine Kette von Befestigungsanlagen, die aus mächtigen Wachtürmen, den Erdlagern der Auxiliartruppen (Reiter- und Infanterieformationen) und den aus Stein errichteten Legionslagern bestand.

Die weiten Ebenen im Osten von Wien, die einem Feind aus dem Norden kaum natürliche Hindernisse boten, mußten besonders stark befestigt werden. So entstand um 100 n. Chr. als westlicher Flankenschutz dieses Donauabschnittes auf einem natürlich befestigten Plateau an der Mündung des später als Ottakringer Bach bezeichneten Flußlaufes in die Donau das Legionslager *Vindobona*.

Bereits in den Jahren 167 bis 180 n. Chr. zeigte sich in beängstigender Weise, wie schwierig es in den kommenden Jahrhunderten sein würde, die Nordgrenze an der Donau vor den anstürmenden Germanen zu schützen. Damals durchbrachen mit ungeheurer Wucht die Markomannen und Quaden die Grenzbefestigung des Limes, und erst unter Aufbietung aller Kräfte konnten sie an der Adria aufgefangen werden. Neben vielen anderen Plätzen wurde auch das Wiener Legionslager zerstört.

Zwar gelang es Kaiser Marc Aurel (161–180 n. Chr.) (Abb. 2) die verlorenen Gebiete wieder zu erobern, aber die Markomannenkriege hatten die Schwächen der römischen Grenzverteidigung allzu deutlich aufgezeigt. Anfang der siebziger Jahre begann Marc Aurel eine massive Gegenoffensive in das Gebiet jenseits der Donau vorzutragen. Beinahe am Ziel seiner militärischen Pläne starb der ›Philosoph auf dem Kaiserthron‹ am 17. März 180 n. Chr. »apud Bendobonam« – in Banoštar an der Donau

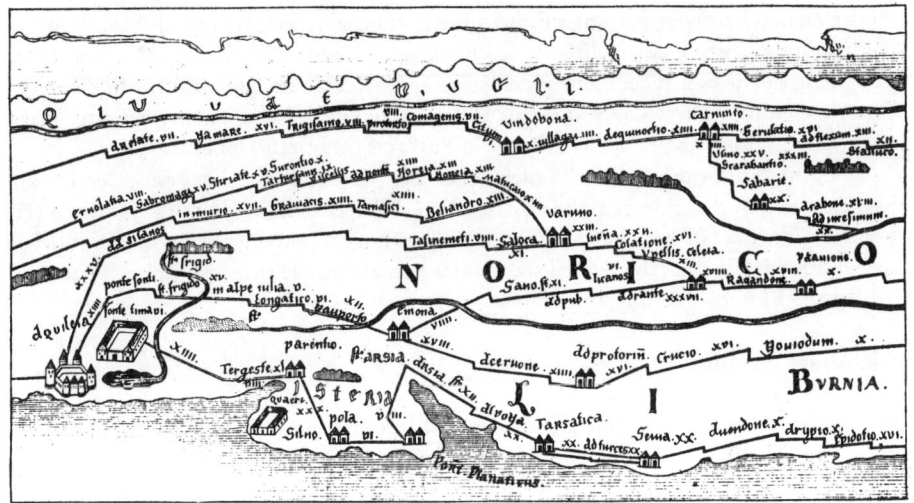

Die römische Provinz Norikum mit ihren Hauptstraßen, Militärlagern und Städten. Ausschnitt aus der Tabula Peutingeriana, um 370 n. Chr.

nächst dem jugoslawischen Mitrovica/Save. Die siegreichen Feldzüge des Kaisers im norisch-pannonischen Donauraum ließ der römische Senat auf einer Säule, die heute auf der Piazza Colonna in Rom steht, verewigen.

Lager und Zivilstadt von Vindobona erholten sich nach der Katastrophe des Markomanneneinbruchs ziemlich rasch, wenngleich die unsicheren Zeiten in dem Grenzland zu einer allgemeinen Entvölkerung und damit zu einem wirtschaftlichen Rückschlag führten. Im 3. Jahrhundert n. Chr. erhielt Vindobona den Rang einer Landstadt (municipium), zu deren eigenem Landbezirk unter anderem die heute zum Wiener Stadtgebiet gehörigen Siedlungen Gumpendorf, Meidling, Heiligenstadt, Sievering und Hernals zählten. Mit Kaiser Probus (276 bis 282) wird in Pannonien der Weinbau heimisch, der von den Soldaten in ihrer Freizeit betrieben wurde.

Ein einziges Grabsteinfragment aus dem späten 4. Jahrhundert zeugt vom Vordringen des christlichen Glaubens im Wiener Raum, war es doch seit dem Duldungsedikt von Mailand 313 möglich geworden, sich öffentlich zu dem neuen Glauben zu bekennen. Eine christliche Kultstätte hat sich in Wien bisher nicht gefunden, doch ist es denkbar, daß der Vorgängerbau der barocken Peterskirche nächst dem Graben auf eine frühchristliche Basilika zurückgeht, die inmitten der römischen Kasernen entstanden sein könnte.

Die letzte Phase der römischen Herrschaft an der Donau war gekennzeichnet von dem immer stärker werdenden Druck gotisch-alanisch-hunnischer Völkergruppen. In den Stürmen der Völkerwanderungszeit ging Vindobona kurz nach 400 zugrunde. Der noch

13

an der Donau verbliebenen romanischen Restbevölkerung sicherte der hl. Severin durch Verhandlungsgeschick einen ehrenvollen Rückzug aus dem Grenzbereich. Nach neuester Forschung dürfte es sich bei diesem ›Apostel aus Noricum‹ um den als ›illustrissimus vir‹ bezeichneten römischen Konsul Flavius Severinus handeln. Der als heilig verehrte Mann starb am 8. Januar 482 in einem Kloster in Favianis (Mautern/Donau?).

Seit dem Beginn des 6. Jahrhunderts war der Wiener Raum im Besitz der Langobarden, die von den Awaren abgelöst wurden. Während dieser dunklen Jahrhunderte begann sich das Rasterschema des römischen Lagers aufzulösen, erhalten blieben schließlich nur die schutzbietenden starken Lagermauern, die eine ärmliche, hier zurückgebliebene Restbevölkerung aufnahmen.

Sichtbare Spuren

Das für 6000 Mann berechnete Legionslager wurde stets nach den schon von den Etruskern entwickelten Regeln angelegt. Das unmittelbare Vorbild war der sagenhafte Kern der Weltstadt am Tiber, die *urbs quadrata,* die viergeteilte Stadt auf dem Palatin. Die viereckige Anlage erhielt ihre Ordnung im Inneren durch ein gleicharmiges Hauptstraßenkreuz, gebildet von dem nordsüdlich verlaufenden *Cardo* und der ihn in seiner Mitte kreuzenden Ostwestachse, dem *Decumanus.* An diesen beiden Straßenzügen lagen die wichtigsten Gebäude: das Legionskommando, der Palast des Kommandanten und die Häuser der Stabsoffiziere. Die restliche Fläche war durch die Kasernenbauten, durch Stallungen, Werkstätten, Krankenstuben und Badeanlagen verbaut.

Der Umriß des Legionslagers von Vindobona läßt sich bis heute in aller Deutlichkeit im Stadtplan ablesen und ist durch den Verlauf des Tiefen Grabens, der Naglergasse, des Grabens, der Kramer- und Rotgasse und des Salzgries gegeben. Diese Straßenzüge begrenzen das Plateau um den Hohen Markt, an dessen ursprüngliche Bodengestalt noch die Böschung zum Tiefen Graben, der Abbruch des Geländes bei St. Ruprecht zum Morzinplatz und der Stiegenabgang von der Judengasse zur Rotenturmstraße erinnern. Am Fuß des Plateaus floß im Nordosten ein Donauarm vorbei, durch den Tiefen Graben schlängelte sich der später als *Ottakringer Bach* bezeichnete Wasserlauf und am Graben entsprang ein im Mittelalter *Möhrung* genanntes Gerinne. Nur die vierte, die südwestliche Seite des Lagers war ohne natürlichen Schutz, so daß hier ein dreifacher, bis zu fünf Meter tiefer Graben angelegt werden mußte, an den einzig die heutige Platzbezeichnung ›Graben‹ erinnert.

Eine schmale Treppe im Haus 1, Hoher Markt 3 *(Römische Ruinen unter dem Hohen Markt)* führt in die Römerzeit hinab. Nur fünf Meter unter dem Straßenniveau entdeckten die Stadtarchäologen die Reste zweier Häuser von Stabsoffizieren, die zu einer Zeile gleichartiger Unterkünfte an der Lagerhauptstraße gehörten. Sie entsprechen einem verbreiteten griechisch-römischen Haustypus, bei dem die Wohn- und Wirtschaftsräume um einen Mittelhof mit umlaufender Säulenhalle angeordnet sind. Dem aufmerksamen Besucher erschließt sich in den aufgedeckten Brandschichten nicht nur das Schicksal der Häuser, sondern auch das des gesamten Legionslagers. Darüber hinaus gibt es noch interessante Details, wie verschiedene Heizungssysteme, Zimmerfußböden, Wandverputz und Funde, besonders Votivgaben und Ziegel mit Stempeln der in Wien stationierten Legionen (Abb. 3).

Einen Einblick in das Kanalsystem des Lagers erhält man in einem Schauraum unter der Feuerwehrzentrale 1, Am Hof 9 *(Römische Baureste Am Hof)*. Hier wurde ein Teilstück des Lagerhauptkanals freigelegt, der sämtliche Abwässer des Legionslagers aufnahm und der Donau zuführte. Mit einem Querschnitt von 0,7 m Breite und 1,80 m Höhe hatte er beachtliche Maße.

Die zahlreichen Einzelfunde aus dem Wiener Stadtgebiet sind in einer eigenen Abteilung des Historischen Museums der Stadt Wien (4, Karlsplatz 8) aufgestellt. An Hand von Schautafeln und Rekonstruktionen wird hier die historische Vergangenheit des Römerlagers Vindobona wieder lebendig.

Die Babenberger ›ze Wienne‹

Der Baustil der Romanik spielt im heutigen Stadtbild eine untergeordnete Rolle. Die romanische Kunst ist zwar international verbreitet – weshalb sich im Machtbereich Roms immer wieder Vergleichsmöglichkeiten ergeben –, doch ist die Ausbeute an romanischen Kunstdenkmälern in Großstädten mit späterer reicher künstlerischer Entfaltung, durch welche die Spuren vorangegangener Epochen verwischt wurden, naturgemäß gering. Das Bleibende liegt für Wien auf einem anderen Gebiet: die Innenstadt ist in ihrem Grundriß so stark von der Romanik geprägt, daß es zielführend erscheint, jene Jahrhunderte, in denen sich Wien zu einer blühenden hochmittelalterlichen Stadt mit herzoglicher Residenz, Umschlagplätzen für den europäischen Fernhandel und glanzvoller Kultur entwickelte, näher zu betrachten. Die Stadt des beginnenden 13. Jahrhunderts genoß in Europa derartiges Ansehen, daß Herzog Leopold VI. mit Recht von ihr behaupten durfte, sie sei nach Köln die »vorzüglichste« des Reiches.

Die babenbergische Residenzstadt

Die kunsthistorische Epoche der Romanik deckt sich ziemlich genau mit dem Zeitraum der babenbergischen Herrschaft in der ›marchia orientalis‹, deren Grenze im Laufe des 11. Jahrhunderts von Westen her in den Wiener Wald vorgeschoben werden konnte. Die zeitliche Begrenzung, ja selbst die Anerkennung einer Einheitlichkeit des romanischen Stils sind bis heute umstritten. Für den Beginn der Romanik wollen wir hypothetisch das 11. Jahrhundert ansetzen, ihr Ende läßt sich widerspruchsfrei mit der Mitte des 13. Jahrhunderts fixieren. In den Jahrzehnten zwischen dem Tod Herzog Friedrichs II. in der Schlacht an der Leitha (1246) und der Schlacht bei Dürnkrut (1278), nach der mit Ottokar II. auch sein Plan eines mitteleuropäischen Königreichs mit dem Kernland Böhmen zu Grabe getragen wurde, vollzog sich der Übergang von der Romanik zur Gotik.

In der ersten Hälfte des 11. Jahrhunderts mehren sich die Nachrichten, daß Wien wenigstens zeitweise dem westlichen Einflußbereich zuzurechnen ist; 1030 vermerkt der Klosterchronist von Niederaltaich, der Heerbann Kaiser Konrads II. sei in (oder bei) Vienni von den Ungarn überwältigt worden. Wenig später dürfte Wien, als die slawisch-awarisch-ungarische Mischbevölkerung zwischen Wiener Wald und Leitha im deutschen Königreich aufging, bereits eine beachtenswerte Rolle als zentraler Ort eines Schutz-, Gerichts- und Marktbezirks gespielt haben.

Um 1135 übernahm der damals in Klosterneuburg residierende Markgraf Leopold III., unter dem es zu einer ersten Ausbildung des österreichischen Landesfürstentums kam, die Stadtherrschaft zu Wien. Sein Sohn Leopold IV., ein fähiger Politiker, übertrug 1137 im Tauschvertrag von Mautern – in dem Wien erstmals als ›civitas‹, Stadt, bezeichnet wird – dem Passauer Bischof das Patronat über die Stadtkirchen und überantwortete ihm auch jenen Teil des Kirchenguts, auf dem im selben Jahr der Grundstein zur ältesten Stephanskirche gelegt wurde. Heinrich II. ›Jasomirgott‹ verlegte um 1155 seine Residenz nach Wien und ließ sich auf dem unverbauten Areal zwischen den Tuchlauben und dem vom Ottakringer Bach durchflossenen Tiefen Graben eine Pfalz errichten, die sich im Geviert des Platzes Am Hof noch heute im Stadtgrundriß ablesen läßt. Zur selben Zeit, 1156, erzwang er von Friedrich Barbarossa als Entschädigung für die Aufgabe des Herzogtums Bayern neben einer Reihe ungewöhnlicher Vorrechte die Erhebung Österreichs zum Erbherzogtum (›Privilegium minus‹).

Nach wesentlichen territorialen Erweiterungen stand Wien am Beginn des 13. Jahrhunderts unter Leopold VI., dem hervorragendsten Herzog der Babenberger, auf einem ersten Höhepunkt seiner politischen, wirtschaftlichen und kulturellen Entwicklung. Des Herzogs Wort galt in Europa so viel, daß er selbst zwischen Kaiser und Papst vermittelte. Dieser Bedeutung entsprechend war sein Hof Treffpunkt der bedeutendsten Persönlichkeiten. Das Stadtrecht, das er 1221 den Wienern verlieh, sicherte den Bürgern nicht nur verfassungsmäßige Rechte, sondern mit dem Stapelrecht auch wirtschaftliche Vorteile. Die allen ausländischen Kaufleuten auferlegte Verpflichtung, Waren auf dem Weg nach Ungarn vorerst hiesigen Bürgern zum Kauf anzubieten, bescherte diesen einen risikolosen und einträglichen Zwischenhandelsgewinn und damit für fast drei Jahrhunderte wirtschaftliche Blüte. Die Konjunktur befruchtete das kulturelle Leben; der Wiener Hof wurde das bevorzugte Ziel der Minnesänger. Walther von der Vogelweide spricht 1198 mit Hochachtung vom »Hof ze Wienne«, um 1200 wird Wien im Nibelungenlied mehrfach erwähnt, zur selben Zeit schildert Neidhart von Reuenthal das Leben in den Dörfern rund um Wien, und 1227 zieht Ulrich von Liechtenstein, als Frau Venus gewandet, unter dem Jubel der Bürger in die Stadt ein.

Die topographische Entwicklung und das Aussehen der Stadt

Archäologische Grabungen und siedlungsgeschichtliche Forschungen ermöglichen es, die Stadtstruktur des Frühmittelalters anschaulich zu rekonstruieren, die sich innerhalb der wiederhergestellten einstigen römischen Lagermauern entwickelt hatte. Im Nordosten lag die *Stadtburg*, jener schon von Jans Enikel um 1280 überlieferte ›Berghof‹, in der der vorbabenbergische Stadtherr seinen Sitz innehatte. Zusammen mit der *Ruprechtskirche* (Abb. 6) und dem *Kienmarkt* war hier am Uferrand zur Donau eine wehrhafte Kirchensiedlung entstanden. Von den beiden Filialkirchen war *St. Peter* das Zentrum eines Haufendorfes in der Südostecke des kleinen Siedlungsraumes, während *Maria am Gestade* (Farbt. 19, Abb. 19) als Kapelle einer Wehrsiedlung eine wichtige Funktion als Verteidigungspunkt in Sichtweite von Nußdorf (stromaufwärts) und Simmering (stromabwärts) besaß. Neben dem Kienmarkt lassen sich schon damals zwei weitere Marktplätze nachweisen: der *Holz-(Wit-)Markt* nächst St. Peter, ein Dreiecksplatz an der Gabelung Tuchlauben – Kühfußgasse, und der *Hohe Markt*, der ab 1200 zum eigentlichen Wirtschaftszentrum der Stadt wird. Aber auch der noch aus der Römerzeit stammende Donauhafen unterhalb von Maria am Gestade und eine verteidigungsfähige Ummauerung lassen an der Bedeutung Wiens keinen Zweifel aufkommen.

Die nachhaltigsten räumlichen Erweiterungen erfuhr Wien im 12. Jahrhundert. Zunächst bildete sich um 1100 an der Ausfallsstraße nach Ungarn um einen langgestreckten Marktplatz (begrenzt durch Sonnenfelsgasse und Bäckerstraße) eine *Handelsvorstadt*. Hier standen der Kölner Hof als Sitz der rheinischen und der Regensburger Hof als jener der oberdeutschen Kaufherren (Köllnerhofgasse bzw. Lugeck).

Heinrich II. berief 1155 aus seiner früheren bayrischen Residenz Regensburg irische Mönche nach Wien und überließ ihnen vor der Stadt gegenüber seiner Pfalz Am Hof ein weitläufiges Areal, auf dem sie ein Kloster errichten sollten, dessen Kirche der Herzog zu seiner letzten Ruhestätte bestimmte.

Den entscheidenden Schritt tat allerdings erst Leopold V. (1177–1194), dessen Zwist mit Richard Löwenherz vor Akkon ebenso bekannt ist wie des heimkehrenden Engländers Gefangennahme zu Erdberg bei Wien. Aus dem Lösegeld ließ der Herzog seine Residenz mit einer neuen, 3,5 km langen Ringmauer umgeben, in die bestehende Vorstädte und in städteplanerischer Voraussicht auch größere unverbaute Flächen miteinbezogen wurden. Im Süden entstand beiderseits der Kärntner Straße, der Haupthandelsstraße nach Venedig, ein neues Stadtviertel, dessen wirtschaftlicher Mittelpunkt der *Neue Markt* war. Um 1200 planierte man den ›Graben‹; die rippenförmig abzweigenden Seitengassen mit gleichmäßiger Grundstückteilung sind typisch für die Stadtstruktur des 12. Jahrhunderts. Im Westen bezog man den Komplex des Schottenklosters mit ein.

Damit nahm Wien einen bemerkenswerten städtebaulichen Aufschwung. Mit der *Stephanskirche* (Umschlagrückseite, Farbt. 10, Abb. 4) und dem *Schottenmünster* waren zwei gewaltige Kirchenbauten von fast gleicher Größe entstanden, in deren Rivalität sich der herrschaftliche Machtanspruch des Landesfürsten in seiner Residenzstadt gegenüber dem Bistum Passau spiegelt. Als Tochterpfarre von St. Stephan sollte *St. Michael* (Abb. 7) zum Zentrum eines neuen Siedlungsgebietes werden, das erst kurz zuvor durch die neue Ringmauer der Stadt angegliedert worden war. Zahlreiche Orden folgten der Berufung durch Leopold VI., um auch in Wien eine Niederlassung zu gründen.

Die Romanik als Ausdruck hochmittelalterlicher Geisteshaltung

In der romanischen Epoche erlebte Wien auf künstlerischem und kulturellem Gebiet seine erste große Blütezeit. Am Ende dieses Abschnittes besaß Wien nicht weniger als einundzwanzig Kirchen und Kapellen, dazu noch dreizehn weitere in der näheren Umgebung der Stadt. Das stetige Erneuerungsbedürfnis in der späteren kaiserlichen Residenzstadt aber ließ nur weniges aus dieser Zeit erhalten bleiben. Aber es genügt, um eine Vorstellung von dem Reichtum und Glanz zu geben, in dem die Wiener Kirchen in der romanischen Zeit erstrahlten.

Die *Ruprechtskirche* (Abb. 6) ist wahrscheinlich das älteste aufrecht stehende und nach seiner Architektur sicher datierbare Gebäude Wiens. Der Legende nach stammt der älteste Bau aus dem 8. Jahrhundert, doch weisen die Bauformen erst in die Mitte des 12. Jahrhunderts. Zwischen 1130 und 1170 ist der mächtige quadratische Westturm mit den fünf gekuppelten Rundbogenfenstern entstanden, an den sich das flachgedeckte romanische Langhaus anschließt. Nach dem Stadtbrand von 1276 wurde der strebepfeilerlose frühgotische Chor angebaut, in dessen Ostfenster sich das einzige Beispiel spätromanischer Glasmalerei auf Wiener Boden erhalten hat. Das Seitenschiff wurde im 14. Jahrhundert angefügt. Durch die Verschiebung des Glockenturms aus seiner Lage zwischen Langhaus und Altarbereich an die Eingangsfront entsteht – nach der älteren Chorturm- und Ostturmkirche – in der ›Westturmkirche‹ ein neuer Typus, wie er für Dorfkirchen aus dieser Zeit geläufig ist. An die einstige Innenausstattung erinnert nur ein überlebensgroßer holzgeschnitzter Kruzifixus (um 1170), der jetzt in der Kapelle des Melker Hofes (1, Schottengasse 3) aufbewahrt wird (Abb. 8).

Aus dem barocken Mauerwerk der *Schottenkirche* herausgeschält, zeugen romanische Pfeilerbasamente, Halbsäulen, Gurt- und Scheidbögen in der ›Finsteren Sakristei‹ und in der ›Romanischen Kapelle‹ von der einst gewaltigen Grabkirche des Babenbergerherzogs Heinrich Jasomirgott. Der Anlage nach war die vor 1160 begonnene Kirche eine dreischiffige Basilika mit Westwerk und Querschiff, deren ursprünglicher Ostabschluß aus Chorquadrat mit Haupt- und Nebenapsiden bestanden hatte.

Hinter der klassizistischen Westfassade der *Michaelerkirche* verbirgt sich der einzige spätromanisch-frühgotische Sakralbau auf Wiener Boden. Der nahezu unverändert erhaltene Außenbau mit seinen kräftigen Ecklisenen, Rundbogen- und Zahnschnittfriesen ist einerseits vom Michaelerdurchhaus (1, Michaelerplatz 6), andererseits vom Hof des Großen Michaelerhauses (1, Kohlmarkt 11) zu sehen. Das Innere der Kirche (Abb. 7) ist von schwerer, monumentaler Raumwirkung, fehlt ihm doch die Höhenentwicklung, wie sie wenig später an verwandten Bauten festzustellen sein wird. Sieht man von den nachträglichen Kapellenanbauten ab, so handelt es sich um eine dreischiffige Basilika mit ausladendem Querschiff und Chorquadrat. Anstelle der später angesetzten Chöre sind halbkreisförmige Apsiden anzunehmen. Zwar ist die Stiftungsurkunde von 1221 hinsichtlich ihres pfarrechtlichen Inhalts eine Fälschung des 14. Jahrhunderts, doch stimmt das darin genannte Gründungsdatum mit den verschiedenarti-

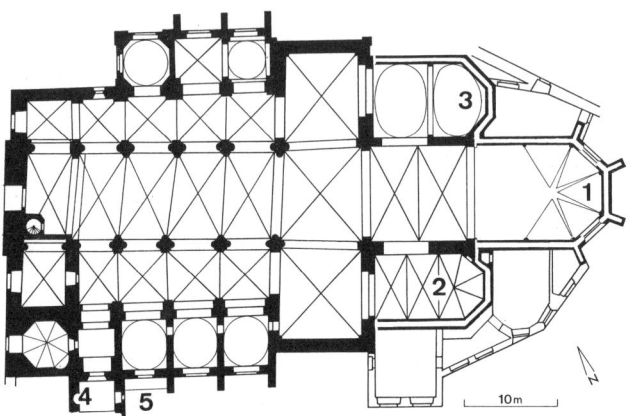

St. Michael, Grundriß (Der spätromanisch-frühgotische Baubestand ist gegenüber den gotischen Bauteilen voll schwarz ausgeführt)
1 Hauptchor mit Stuckrelief ›Engelssturz‹ von Karl Georg Merville (1782)
2 Südchor (1350) mit gotischen Baldachinstatuen hl. Katharina und hl. Nikolaus sowie Holzkruzifix von Hans Schlais (1510/20)
3 Nordchor mit Altarbild ›Anbetung des Kindes‹ von Franz Anton Maulbertsch (um 1754/55)
4 Schmerzensmann (um 1430)
5 Ölberg (1494)

gen Kapitellformen (Datierung zwischen 1220 und 1240) im Langhaus durchaus überein. Der Raumeindruck von St. Michael ermöglicht aber auch einen Rückschluß auf das Aussehen der 1426 abgebrochenen spätromanischen Stephanskirche.

Von der spätromanischen *Stephanskirche* hat sich das gesamte Westwerk erhalten (Abb. 4, 5). Der älteste Bau wurde 1147 vom Passauer Bischof Reginbert zu Ehren des hl. Stephan geweiht, Langhaus und Westteil waren um 1160 vollendet; wir haben uns eine dreischiffige, 83 m lange Basilika mit zwei Westtürmen und vorspringendem Querschiff sowie Chor mit Nebenapsiden vorzustellen. Der zweite Bau, ein Neubau über demselben Grundriß, wurde um 1230/40 begonnen und 1263 geweiht: einer der letzten Dome der Spätromanik im deutschen Sprachraum. Das gesamte Westwerk mit dem Riesentor, den ›Heidentürmen‹ und der Westempore wurde in den späteren gotischen Dom miteinbezogen. Mittelpunkt der Fassade ist das spätromanische Portal, das ›Riesentor‹ (um 1240), ein prunkvolles Werk einer spätromanischen Bauhütte, deren Werke auch in verschiedenen niederösterreichischen Orten nachgewiesen werden können (etwa in Mödling). Das rundbogige Trichterportal mit seinem reichen plastischen Schmuck gehört zu den mächtigsten existierenden romanischen Portalen und zu den prägnantesten spätromanischen Kunstschöpfungen auf Wiener Boden. Man wird das Bogenfeldrelief, die Flechtwerk- und Palmettensäulen sowie die am Kämpfer befindlichen symbolischen Gestalten und Tiere samt den darüber angebrachten Apostelbüsten in die Zeit um 1230/40, die Bildwerke hingegen, deren großformige Fülle und Geschlossenheit – neben Resten manieristischer Bewegtheit – besonders ins Auge springt, in das Jahrzehnt um 1230/40 verlegen. Die an der Basis quadratischen, oben achteckigen Doppeltürme (Höhe 65,6 m) überragten mit ihren (heute frühgotischen) spitzen steinernen Helmen das Langhaus der romanischen Basilika (s. Umschlagrückseite). Sie markieren für den Beschauer zugleich die Breite der spätromanischen Kirche, die zwar mit wesentlichen Teilen am Ende der Babenbergerzeit steht, jedoch bereits in das Zeitalter politischer Unsicherheit im ›Interregnum‹ und zur Gotik überleitet.

»Wien gehört gewiß unter die schönsten Städte«

Der Beginn des ›Interregnums‹ nach dem Tod des letzten Babenbergerherzogs (1246) fällt zusammen mit dem Ausklingen der Romanik in Wien, die in der zweiten Hälfte des 13. Jahrhunderts von der Frühgotik überlagert wird. Mit seinem Sieg in der schicksalhaften Schlacht auf dem Marchfeld (1278) über den Přemysliden Ottokar II. hat König Rudolf I. die österreichischen Lande schließlich dem Haus Habsburg gesichert. Da sich der Böhmenkönig durch eine betont städtefreundliche Politik die Gunst der wohlhabenden Bürgerschaft gesichert hatte, wurden Rudolf und seine beiden Söhne keineswegs freundlich aufgenommen, im Gegenteil, man begegnete den landesfremden ›Schwaben‹ geradezu mit Haß. Es kam zu schweren Auseinandersetzungen. Die Stadt, »des rîches houptstat in Osterrîch«, wie sie in zeitgenössischen Quellen genannt wird, verlor damit ihre Reichsfreiheit und viele ihrer Rechte.

Politische und wirtschaftliche Probleme im Spätmittelalter

Zu Beginn des 14. Jahrhunderts setzte die systematische Verbauung des Terrains innerhalb der um 1200 großzügig hinausgeschobenen Ringmauer ein. Wenn auch in bestimmten Stadtvierteln landwirtschaftlich genutzte Flächen mit Höfen und Stallungen bestehen blieben, so entstanden doch im Bereich um St. Stephan, entlang der Kärntner Straße, rund um den Neuen Markt, südlich des Grabens bis zur Burg sowie an der Augustinerstraße und Herrengasse neue Stadtviertel.

Gegen die Mitte des 14. Jahrhunderts gelangten neben den ›Erbbürgern‹ auch durch Vermögen emporgestiegene Handwerkerfamilien zu politischem Einfluß. Im selben Jahr, in dem mit großem Pomp der gotische Chor der Stephanskirche geweiht wurde (1340), war ein reicher Kürschner, Konrad Wiltwerker, Bürgermeister, und unter ihm erhielten die Wiener im gleichen Jahr durch Herzog Albrecht II. jenes Stadtrecht, das als formvollendeter Abschluß der Textgestaltung des mittelalterlichen Wiener Rechts angesprochen wird.

Angehörige alter Erbbürgergeschlechter und reiche Handwerker bestimmten in den folgenden Jahrzehnten die städtische Politik. Sie wurden Ende der fünfziger Jahre mit den Neuerungen eines äußerst unternehmungsfreudigen Habsburgers konfrontiert: mit den Reformen Rudolfs IV., den nachfolgende Generationen – weil er 1359 den Grundstein zum Südturm von St. Stephan (Farbt. 10) gelegt und 1365 die Wiener Universität begründet hatte – ›den Stifter‹ nennen sollten. Der junge Herzog mutete den führenden städtischen Schichten ideelle und materielle Opfer zu, die diese, noch in mittelalterlichem Denken verwurzelt, nicht zu begreifen vermochten. Durch die Fälschung von Privilegien (›Privilegium maius‹) suchte Rudolf, der sich als ›imperator in territorio suo‹ fühlte, sogar den Erzherzogshut zu gewinnen, ein Ansinnen, das am Widerstand der Kurfürsten scheitern mußte. Dennoch führte seine Herrschaft zu wirtschaftlichen und sozialen Veränderungen von großer Tragweite. Aus dem Umstand, daß Rudolf die Erbbürger ihrer Haupteinnahmequelle, nämlich der Grundrenten, beraubte, zogen die Handwerker unmittelbaren Nutzen. Da Reichtum gleichbedeutend war mit politischem Einfluß, mußte eine solche Kräfteverschiebung Folgen haben: das Ratswahlprivileg von 1396 beendete daher die unbeschränkte Vorherrschaft der Erbbürger, verhalf allerdings neben den Handwerkern auch einer dritten Kraft, dem Kaufmannsstand, zum Durchbruch.

Das beginnende 15. Jahrhundert ist eine Übergangszeit, in der sich politische Schwierigkeiten in soziale Spannungen umsetzten. Der Stadtrat geriet – wenn auch unfreiwillig – in den Sog der Ereignisse und sah sich unvermittelt zu politischer Aktivität aufgerufen. Daß dies zuweilen – nicht zuletzt, weil es an Erfahrung fehlte – unselige Folgen zeitigte, beweist die Hinrichtung des Bürgermeisters Konrad Vorlauf (1408). Die Zeit litt jedenfalls an religiösen, militärischen und wirtschaftlichen Problemen, durch welche die Stadt in ihrem Wachstum unmittelbar betroffen war, gewiß keinen Mangel. Die Ausrottung der Judengemeinde (1421), die Bedrohung der Stadt während der Hussitenkriege und die Schädigung des heimischen Handels durch ausländische Kaufherren seien als Beispiele genannt. Der den Wienern aufgezwungene Konkurrenzkampf sollte allerdings einen von gesellschaftspolitischen Veränderungen begleiteten wirtschaftlichen Aufschwung einleiten, der auch der Kunst in allen ihren Teilbereichen deutliche Impulse gab. Die Jahrzehnte bis in die sechziger Jahre wurden durch jene mächtigen Handelsleute geprägt, die aus dem Fernhandel nach Venedig und Ungarn sowie aus gewinnbringenden Transitgeschäften zwischen West und Ost ungeheuren Reichtum schöpften.

Die Bürgerstadt des Spätmittelalters

Die mit der Bezeichnung ›Gotik‹ charakterisierte Epoche reicht in den österreichischen Ländern von der Mitte des 13. bis ins beginnende 16. Jahrhundert, ist demnach in Wien gleichzusetzen mit der Periode vom Aussterben der Babenberger bis zum endgültigen Durchdringen der landesfürstlichen Gewalt der Habsburger. Ähnlich wie bei der Romanik handelt es sich um den Lebensinhalt von mindestens zehn Generationen. Wie lange ein solcher Zeitraum auch im geschichtlichen Ablauf ist und wie sehr sich in einer solchen Spanne Unterschiede ausprägten, mag der Vergleich der zwar tapferen, doch wohl eher primitiven ersten Habsburger mit den kultursinnig-phantasievoll begabten Nachfahren Friedrichs III. offenbaren, ganz abgesehen von den Wandlungen der Wissenschaft, die zwischen dem Scholarchen und dem Humanisten erkennbar werden. Wie das politische Bild haben sich auch das öffentliche und private Leben geändert, sei es im optisch Wahrnehmbaren (Stadtbild, Straße, Kleidung) oder im Geistig-Seelischen (Glaube, Bildung, Verhältnis zu Leben und Tod). Persönlichkeit, Bildung und Technik sind jene Bereiche, in denen die Umwälzungen besonders deutlich werden.

Die gotische Kunst, deren Stil alle Mittel eindrucksvoller Wucht und liebevoller Kleinarbeit zu eigen waren, ist, wie es Alphons Lhotsky formuliert hat, »das geschmeidige Instrument aller Lebensäußerungen ihrer Epoche« gewesen, sie hat für jede derselben Gefühl, Verständnis und Ausdrucksmittel gefunden und in den Gotteshäusern »den nie mehr übertroffenen Zusammenhang subtilster Theologie, gigantischer Gottesverehrung und irdischer Selbstgefälligkeit erzielt«. Ein Zeitraum von drei Jahrhunderten schließt es aus, daß sich eine Kunstrichtung in homogenen Formen präsentiert. Die Baukunst der Frühgotik wurde ausschließlich von den Klöstern geprägt; waren die Zisterzienser mit ihrer Baukunst Wegbereiter der Hallenkirchen, so werden die Bauten der Bettelorden zum Vorbild für die Pfarrkirchen. Die klösterliche Kunst wurde jedoch nach und nach durch bürgerliche Kunstübung abgelöst, immer klarer

Der sogenannte Albertinische Plan, um 1420

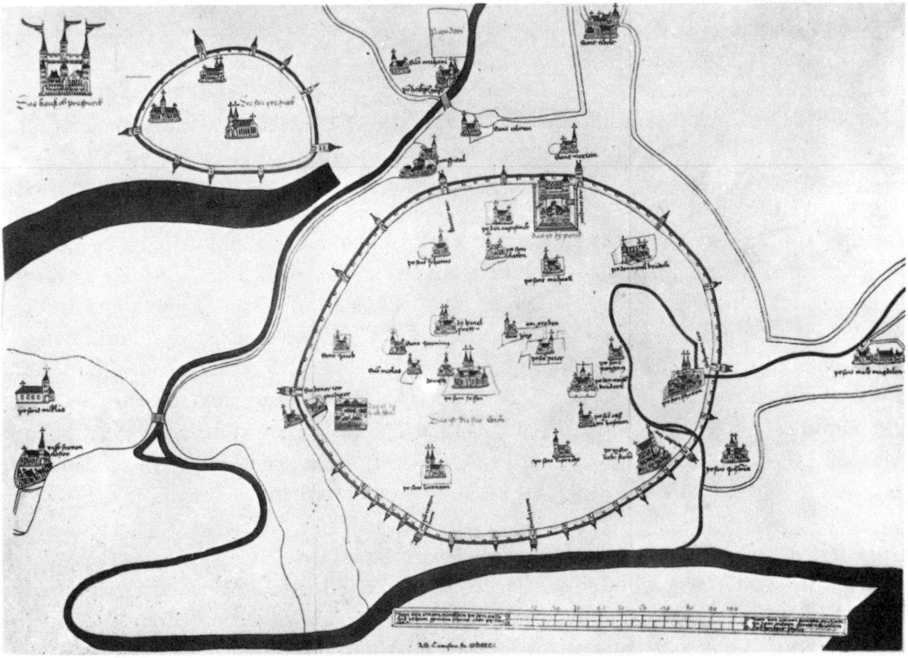

Älteste Ansicht der Stadt Wien von Norden, um 1493

tritt ein weltlicher Machtanspruch in Erscheinung, der das Leben der Menschen prägt.
Dort wo die Schöpfungen der Gotik auch auf das Land übergreifen, verleugnen sie den
künstlerischen Mittelpunkt in der Hauptstadt Wien nie. Auch hier wird die klösterliche Architektur im 14. und 15. Jahrhundert durch jene weltlichen Kräfte abgelöst, die
die Kunst zu einem Dokument diesseitiger Macht werden ließen: die Portale von
St. Stephan mit ihrem profanen Skulpturenkonzept, das der Verherrlichung fürstlicher
Stifter dient, dürfen als sinnvoller Ausdruck dieser Entwicklung angesprochen werden
(im südlichen Singertor Rudolf IV. mit Gattin Katharina, im nördlichen Bischofstor
Albrecht III. mit Gattin Elisabeth, im Primglöckleintor unter dem Südturm Albrecht II.
mit Gattin Johanna sowie Kaiser Karl IV. mit Gattin Elisabeth).

Die ältesten Beschreibungen und Darstellungen der Stadt
»Wien wird von einem Mauerring, der zweitausend Schritte lang ist, eingeschlossen;
es hat bedeutende Vorstädte, die von breiten Gräben und Wällen umgeben sind. Aber
auch die Stadt selbst hat einen mächtigen Graben und davor einen sehr hohen Wall.

Hinter dem Graben kommen die dicken hohen Mauern mit zahlreichen Türmen und Vorwerken, wie sie für die Verteidigung geeignet sind.« Mit diesen Worten umreißt 1438 Enea Silvio Piccolomini – der spätere Papst Pius II. – den Gesamteindruck der Stadt. Daß die von ihm verfaßte, erstaunlich instruktive Beschreibung – übrigens die älteste, die wir besitzen – auch mit sozialen Beobachtungen und gesellschaftskritischen Bemerkungen nicht kargt, erhöht ihren Wert. Aus derselben Zeit ist die erste bildliche Darstellung der Stadt überliefert: im Hintergrund einer vom Meister des Albrechtsaltars um 1440 gemalten ›Begegnung von Joachim und Anna‹ ragen die Türme der Wiener Kirchen empor. Im ›Albertinischen Plan‹ besitzen wir den ältesten, vielleicht schon um 1420 entstandenen, schematischen Grundriß mit der Ringmauer, den Kirchen und Klöstern, der kaiserlichen Burg und der Universität.

Seit den siebziger Jahren werden die bildlichen Darstellungen aussagekräftiger, wobei den beiden (im Schottenkloster zu besichtigenden) Tafelbildern des ›Schottenmeisters‹ – einer Ansicht der Stadt von Süden im Hintergrund der ›Flucht der hl. Familie nach Ägypten‹ (Abb. 9) und dem Blick in einen Straßenzug als Umrahmung für eine ›Heimsuchung Mariä‹ – dank ihrer topographischen Genauigkeit große Bedeutung zukommt (1469/75). Die erste Ansicht Wiens von Norden (Abb. 10) enthält der Klosterneuburger Babenbergerstammbaum (um 1490). Die zweite ausführliche Beschreibung der Stadt verfaßte 1485 Antonio de Bonfini, der Hofhistoriograph des Ungarnkönigs Matthias Corvinus. »Die eigentliche Stadt liegt wie ein Palast inmitten der sie umgebenden Vorstädte, deren mehrere an Schönheit und Größe mit ihr wetteifern«, weiß er zu berichten. »Wiens ganzes Gebiet ist ein ungeheurer, herrlicher Garten, mit schönen Rebhügeln und Obstgärten bekrönt ... Betritt man die Stadt, so glaubt man zwischen verschiedenen Gebäuden einer ungeheuren Königsburg hin und her zu wandeln ...« Bei dieser Begeisterung kann Bonfini wohl nur zu dem Schluß kommen, Wien gehöre »gewiß unter die schönsten Städte der Barbaren«.

Spätere Jahrhunderte haben die bürgerliche Altstadt, die seit dem 14. Jahrhundert ihren Ausbau erfuhr, durch ihre reiche Bautätigkeit fast völlig ausgelöscht. In Grundmauern oder Baukernen offenbart sie sich hier und dort dem geschulten Auge des Kunsthistorikers oder gar nur des Archäologen: Heiligenkreuzer Hof, Häuser in der Schönlaterngasse, Naglergasse oder Jordangasse mögen als Beispiele genannt werden.

Der gotische Dombau von St. Stephan

Der erste Großbau auf Wiener Boden nach der Wende zum 14. Jahrhundert, am Übergang vom Hoch- zum Spätmittelalter, war der ›Albertinische Chor‹ von St. Stephan. Damals trat die Gotik als Baustil auch in Wien in ihrer vollen Blüte in Erscheinung. Der Dombau leitete eine Periode von Neu- und Umbauten ein, von der die gesamte Stadt und ihre Umgebung ergriffen wurde. Es ist erstaunlich, welche Vielzahl von Kirchen gleichzeitig mit dem Chor von St. Stephan (1304–1340) gebaut wurden: die Deutschordenskirche (1326–1375), der Chor von St. Michael (1327–1340), die Augustinerkirche (1330–1339) samt der Georgskapelle (1337–1341), der Chor von Maria am Gestade (1330–1360), die Minoritenkirche (vor 1339 bis um 1380) und die Malteserkirche. Als letzte der Bettelordenskirchen Wiens entstand jene der Karmeliter Am Hof (1386–1403).

Die Bautätigkeit beschränkte sich damals im wesentlichen auf repräsentative Gotteshäuser und stattliche, heute längst verschwundene Bürgerhäuser, wogegen profane Bauwerke der Stadt oder der Stände nur in bescheidenem Umfang errichtet wurden. Die Stadtväter konnten die Planung eines gotischen Rathauses, für das Hanns Puchsbaum den Entwurf geliefert haben dürfte, nicht realisieren. Das *Landhaus* der Stände (Herrengasse 13) enthält aus dem Umbau von 1513/16 gotische Räume mit Sternrippengewölben; die heutige Kapelle gemahnt durch Schlingrippengewölbe an Anton Pilgram nahestehende Schöpfungen der Wiener Bauhütte.

Mit dem Bau des Chors von St. Stephan setzte in Wien das Mäzenatentum weltlicher Herrscher ein, das die kirchlichen Bauträger ablöste: Albrecht II. begann 1304

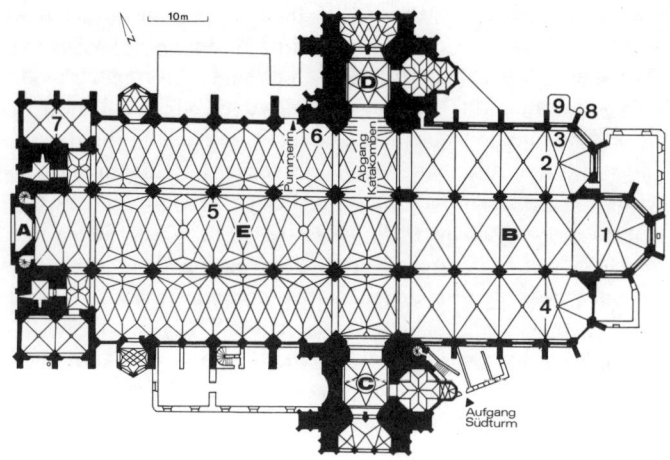

St. Stephan, Grundriß

A Spätromanisches Westwerk mit Riesentor und Heidentürmen B Albertinischer Chor (1304–1340) C Südturm (1359–1433) mit Primglöckleintor und Katharinenkapelle D Nord-(Adler-)turm (1450–1511) mit Adlertor und Barbarakapelle E Langhaus (1359–1446)

1 Hochaltar ›Steinigung des hl. Stephanus‹ von Tobias Pock (1640) 2 ›Wiener Neustädter-Altar‹ (1447) 3 Hochgrab für Herzog Rudolf IV. den Stifter und seine Gattin Katharina (1378) 4 Hochgrab Kaiser Friedrichs III. (1467–1513 nach Gesamtentwurf von Niclas Gerhaert van Leyden) 5 Pilgram-Kanzel (um 1514/15) und Dienstbotenmadonna (1340) 6 Spätgotischer Orgelfuß mit Bildnisbüste Anton Pilgrams (1515) 7 Tirna-(Kreuz-)kapelle (Grabkapelle von Prinz Eugen von Savoyen) 8 Kapistran-Kanzel 9 Totenkapelle (hier wurde Wolfgang Amadeus Mozart am 6. 12. 1791 eingesegnet)

den Chorbau, Rudolf IV. stiftete das Langhaus und legte den Grundstein zum hohen Turm, Albrecht III. baute die Dombauhütte weiter aus.

Der Chor. Der Bau begann auf einem von der Wiener Bürgerschaft zur Verfügung gestellten Grundstück. Bei den repräsentativen Chören des 14. Jahrhunderts wurde die Raumeinheit der Halle verwirklicht; so auch bei St. Stephan. Die dreischiffige Halle legt Zeugnis ab vom Bekenntnis zur Tradition und ist zugleich eine Absage an Bauformen französischer Bischofskirchen mit dem von einem niedrigen Kapellenkranz umgebenen Chorpolygon. Der neue Typus des Hallenchors sollte bestimmend werden für die weitere Entwicklung im Donauraum. – Was die Gestaltung der Außenwände anlangt, diente sicherlich Heiligenkreuz (Abb. 136) als Vorbild, doch ging man im Inneren bei den Freipfeilern mit ihren rundplastischen Elementen und weich schattenden Kehlungen, deren figürliche Konsolen und hochgetürmte Baldachine die Plastizität des Raummantels steigern, eindeutig über die Zisterzienserkirche im Wiener Wald hinaus. Die parallele Axialität der drei Chorschiffe, die in gestaffelten Polygonen enden, tritt besonders stark in Erscheinung. Ging man demnach in Wien unkonventionell vor, so

27

wird es nicht überraschen, daß das neue System bei anderen Kirchenbauten übernommen wurde (etwa bei der Michaelerkirche). Bezeichnend ist es auch, daß der hohe, lichte Hallenchor einem wesentlich dunkleren und schwerer wirkenden basilikalen Langhaus des 13. Jahrhunderts angefügt wurde, und man wird nicht fehlgehen, wenn man in dieser Kombination noch die Gedankenwelt der Stilhaltung erkennt, welche in jener Zeit strukturell differente Architekturteile gegeneinanderzustellen liebte.

Die Türme. Ihnen kam offensichtlich eine religionspolitische Bedeutung zu. Gemeinsam mit dem Neubau der doppelgeschossigen Westkapellen und dem Langhaus spielen sie im politischen Konzept Rudolfs IV. eine ausschlaggebende Rolle (Plan der Bistumserhebung). Ein Bau für diesen Zweck legitimierte sich im Mittelalter immer durch eine Zwei- oder Mehrtürmigkeit. Daher ist die Frage der Türme – Chortürme entsprachen damals schwäbischer Tradition; vielleicht waren aber auch nur die in den Bau einbezogenen Heidentürme für die eigenartige Chorstellung verantwortlich – für uns von besonderem Interesse. Lassen sich schon Kirchenmodelle bei den Fürstentoren für die Planung als Beweis heranziehen, so dürfte nach 1395, als das Fürstenhaus als Bauherr ausschied und das Wiener Bürgertum an seine Stelle trat, zwar der im Bau befindliche Südturm aus Gründen städtischer Repräsentation weit über die zuletzt vorgesehene Höhe emporgetrieben worden sein – 1407 ließ Bürgermeister Vorlauf, möglicherweise aus diesem Grunde, einen Teil des bereits gebauten Turmes abtragen, um auf die ursprünglichen Pläne Michael Knabs zurückzugreifen! –, dafür aber der Nordturm gänzlich aus der Planung gestrichen (Parallele zu Straßburg!). Als Friedrich III. die Bemühungen, für Wien ein Bistum zu erlangen, wieder aufnahm (Realisierung 1469), sah er sich gezwungen, den Bau des zweiten (nördlichen) Turms zu beginnen (1467), stand aber vor der unüberwindlichen Schwierigkeit, den übersteigerten Südturm zu kopieren, ein Faktum, das zweifellos die Schuld daran trägt, daß man schließlich 1511 von einer Vollendung des Baues Abstand nahm. Daß Friedrich sich zum Vollstrecker Rudolfscher Pläne (auch hinsichtlich einer Bestätigung des ›Privilegium maius‹) machte und die Bistumserhebung von langer Hand vorbereitete, darauf deutet auch der Auftrag zur Neugestaltung der Westempore hin (1457–1465), die bereits ein Bestandteil des seinerzeitigen religionspolitischen Konzepts gewesen war.

Michael Knab, der der ›Erzherzogskathedrale‹ Rudolfs IV. ihre spezifische Form gegeben hatte, gestaltete bei anderer Gelegenheit den der Zeit um 1400 eigentümlichen Einturm mit großem Phantasiereichtum, so bei Maria am Gestade (Abb. 19). Mit Knab hatten die Herzöge einen Meister gefunden, der im Typologischen unkonventionelle Wege beschritt und darüber hinaus durch seine künstlerische Qualität dem von ihm vertretenen Stil Anerkennung sicherte. Der schöpferische Anteil, den die Wiener Architektur an der Ausbildung des ›Weichen Stils‹ nahm, konzentrierte sich auf die reiche plastische Durchgestaltung der Wandstruktur. St. Stephan und Maria am Gestade können dafür gleichermaßen als Beleg genannt werden.

Das Langhaus. Unmittelbar nach der Weihe des Chors wurde mit dem Bau der beiden zweigeschossigen hochgotischen Doppelkapellen (Kreuzkapelle im Nordwesten und Herzogenkapelle im Südwesten) begonnen. Ebenso wie die mit reichem plastischen Schmuck ausgestatteten Portale an den Seitenschiffen (Bischofstor 1380/90, Singertor 1440/50) wurden sie jedoch erst später vollendet. Das Langhaus, zu dem Rudolf IV. 1359 den Grundstein legte, wurde in Form einer gestaffelten Halle um die schmälere romanische Kirche herumgebaut und auf die Breite des Chors gebracht. Den romanischen Westteil mit seiner Empore bezog man als Sitz des vom Herzog 1363 begründeten Kollegiatkapitels in den Neubau mit ein.

Die Architektur des 14. Jahrhunderts führte den heimischen Hallentypus zu höchster Vollendung. Von fremden Anregungen befreit, wurden die eigenständigen Leistungen bald zum Vorbild für den gesamten süddeutschen Raum. Die Klosterbauschulen der Zisterzienser wurden durch die Wiener Dombauhütte abgelöst, wobei Wechselwirkungen zwischen Wien und Prag nicht zu übersehen sind. Wie es Peter Parler, der sich beim Dombau in seiner Heimatstadt Schwäbisch Gmünd einen Namen gemacht hatte, beim Bau des Prager Veitsdoms erging, wo er einen von Matthias von Arras fixierten Grundriß zu übernehmen hatte, so fanden die aus Böhmen kommenden Dombaumeister Hans und Peter Prachatitz in Wien den fertiggestellten dreiapsidalen Hallenchor vor. Ging es in Prag um den Typus der französischen Kathedrale, um den Bau einer königlichen Residenzkirche für den in Frankreich herangebildeten Karl IV., so hatte man in Wien die Absicht, eine Bistumskirche zu gestalten, wobei trotz der Stileigenheiten späterer Baumeister das ursprüngliche Konzept erkennbar geblieben ist.

Hans Prachatitz und Hanns Puchsbaum. Als Nachfolger des 1429 verstorbenen Peter Prachatitz, unter dem 1426 der Abbruch des romanischen Langhauses begonnen wurde, war Hans Prachatitz bis etwa 1435/37 als Dombaumeister tätig; 1433 konnte er den Südturm vollenden. Als sein Parlier arbeitete Hanns Puchsbaum (1434 Puchheimbaldachin, 1437 Orgelempore, 1440 Beginn des Friedrichsgiebels), der 1446 zum Dombaumeister ernannte ›Wegbereiter der Spätgotik‹. Noch 1446 begannen die Arbeiten an der Wölbung des Langhauses mit seinem leicht überhöhten Mittelschiff (Fertigstellung 1459). Puchsbaum war in Ulm mit dem Parler-Kreis in Berührung gekommen, aus dem sich das Wiener Bürgertum ›Turmspezialisten‹ nach Wien geholt hatte. In Puchsbaums Ära fallen 1450 die Grundsteinlegung für den von ihm entworfenen Nordturm (Baubeginn, nachdem er selbst nur die Fundamente ausgemauert hatte, erst 1467, Bauunterbrechung 1511, Baueinstellung 1523) und im Inneren des Doms 1448 der Bau des Füchselbaldachins. Zahlreiche Aufträge von außen belegen das Ansehen des Dombaumeisters (›Spinnerin am Kreuz‹ an der Triester Straße auf der Höhe des Wiener Bergs 1451/52 und Rathauspläne für die Stadt Wien; ab 1443 Bau der Pfarrkirche Steyr, O. Ö.; um 1450 Bau der Zapolyakapelle in Donnersmark, Slowakei). Puchsbaum, der in jedem Werk neue künstlerische Ideen verwirklichte, verhalf der Wiener Bauhütte zu jenem grandiosen Ansehen, das auf dem Regensburger Hüttentag 1459 zum Ausdruck kam; mit Köln, Straßburg und Bern teilte sich Wien den Einfluß im gesamten west- und mitteleuropäischen Raum. Das wesentliche Kennzeichen spätgotischer Baugesinnung ist die aus Puchsbaums Werken ersichtliche Tendenz zu großzügiger

Vereinheitlichung, die sich auf den Baukörper ebenso wie auf das Flächenornament bezog. Die in den Formen wirkende Dynamik leitet als wesentlichstes Element dieser Periode nahtlos über in die Phase der ›barocken Gotik‹.

Anton Pilgram, ein bei Puchsbaum geschulter Künstler, der auf die spätgotische Architektur des 16. Jahrhunderts größten Einfluß ausübte, gibt uns einen Hinweis auf größere Zusammenhänge. Seine künstlerische Wirksamkeit konzentrierte sich, wie dies damals üblich wurde, auf die architektonische Ausstattung. Pilgram widmete sich daher nicht dem Nordturm, sondern schuf seine unsterblichen Werke als Bildhauer. Aus Brünn nach Wien gekommen, verdrängte er mit einem ›modernen‹ Entwurf für die Orgelbühne den damaligen Dombaumeister Jörg Öchsl und wurde sein Nachfolger. Der 1513 vollendete Orgelfuß ruht auf den Schultern seiner Bildnisbüste. Anschließend schuf er seine berühmte Kanzel (1514/15), unter deren Treppe er sich, aus einem Fenster blickend, nochmals mit einem Selbstbildnis verewigte und sich damit aus der mittelalterlichen Anonymität löste (Abb. 15, 16). Im profanen Bereich geht der Plan für den 1513 begonnenen spätgotischen Neubau des Landhauses in der Herrengasse auf ihn zurück.

Die bedeutendsten gotischen Objekte

Im Inneren des Domes: im linken Seitenschiff des Chors ›Wiener Neustädter Altar‹ (1447). Im Mittelschrein weibliche Heilige mit Gruppe Krönung Mariens; auf den Innen- und Außenflügeln 72 auf Goldgrund gemalte Heiligenfiguren;

• links daneben leeres Hochgrab für Rudolf IV. und seine Gattin Katharina (mit Liegefiguren) von 1378?;

• im linken Seitenschiff spätgotischer Orgelfuß mit Bildnisbüste Anton Pilgrams (1513);

• im rechten Seitenschiff des Chors Hochgrab für Friedrich III., ein rotmarmornes Freigrab, von zwei Künstlergenerationen nach dem Gesamtentwurf von Niclas Gerhaert van Leyden ausgeführt (1467–1513); monumentales Beispiel eines niederländischen Hochgrabtypus;

• im Mittelschiff Kanzel von Anton Pilgram (1514/15, Abb. 16); in vier Chorfenstern Fragmente der einstigen Verglasung, um 1340–60;

• reicher plastischer Schmuck an den Pfeilern (Abb. 11), in den beiden Westkapellen und in den Laibungen der Portale; – vor dem Kanzelpfeiler Dienstbotenmadonna (1340).

Rundgang um den Dom: am nördlichen Langhaus Ölbergrelief (um 1440), am nördlichen Chor Capistran-Kanzel (um 1430), am südlichen Chor sechs spätgotische Passionsfresken (um 1500) und Lacknersches Epitaph mit Ölbergmotiv, rechts vom Singertor Schmerzensmann (1435?).

Unter dem Chor (Abgang aus dem linken Seitenschiff) die im 14. Jahrhundert entstandene Herzogsgruft, die später mehrfach erweitert, heute in die ›Katakomben‹ einbezogen ist.

Der Stephansdom ist das bedeutendste Bauwerk der Hoch- und Spätgotik in Österreich, die monumentalste Lösung der süddeutsch-österreichischen Staffelkirche und eine der berühmtesten Kirchen Europas. Er erhält seine Eigenart durch die Einbeziehung der romanischen Westfassade (Abb. 4) und die daraus resultierende seitliche Stellung der Türme. Die bau- und bildkünstlerischen Schöpfungen der Gotik sind, aufs höchste konzentriert im Dom, hier zum Symbol der Stadt geworden: vom Landesfürsten begründet, von der Bürgerschaft davor bewahrt, ein Torso zu bleiben, und vom Kaiserhaus durch die Bistumserhebung zu neuem Glanz erhoben, wurde der Dom schließlich nach den Zerstörungen am Ende des Zweiten Weltkriegs (Einsturz der gesamten Dachkonstruktion) durch eine Solidaritätsaktion aller österreichischen Bundesländer gerettet.

Kirchen und Klöster als Dominanten des Stadtbilds

Im Mittelalter ließen sich zahlreiche Orden, vielfach von den Landesfürsten berufen, in der Stadt nieder und errichteten hier ihre Kirchen und Klöster. Grundstücksschenkungen und fromme Stiftungen ermöglichten es ihnen, so weitläufige Areale zu verbauen, daß das spätmittelalterliche Wien in seinem Aussehen durch die sakrale Architektur wesentlich stärker geprägt war, als man dies heute bei oberflächlicher Rückschau erwarten würde.

Einerseits verschwanden aufgrund der von Joseph II. verfügten Klosteraufhebungen nach 1783 viele Bauwerke für immer aus dem Stadtbild, so die Bürgerspitalskirche St. Clara beim Lobkowitzplatz, das Himmelpfortkloster ›Zur hl. Agnes‹ in der Rauhensteingasse, das Kloster ›St. Jacob auf der Hülben‹ nahe dem Stubentor oder das Kloster der Dorotheer in der gleichnamigen Gasse; andere Klöster, etwa jenes der Kapuziner am Neuen Markt, wurden in ihrer räumlichen Ausdehnung erheblich beschnitten; einige Gebäude erhielten neue Funktionen (beispielsweise wurde das Kloster der Laurenzerinnen am Fleischmarkt dem Komplex der Hauptpost integriert). Damit entsprach der Kaiser auch den sich mehrenden Klagen der Bürgerschaft, die sich in ihrer Entfaltung beeinträchtigt sah. – Andererseits wurden verschiedene Kirchen barockisiert, wie jene Am Hof, die Deutschordenskirche, die Dominikaner- und die Schottenkirche – oder, wie die Peterskirche, in der Barockzeit durch einen Neubau ersetzt; andere erhielten klassizistische Fassaden, so die Michaeler- oder die Malteserkirche.

Dennoch haben sich sowohl in der Innenstadt wie in den im 19. Jahrhundert eingemeindeten Orten der Umgebung bedeutsame Werke sakral-gotischer Provenienz erhalten. Schlechter bestellt ist es um die mittelalterlichen Innenausstattungen der Gotteshäuser, die überwiegend barocker Erneuerung zum Opfer gefallen sind. Ein Rundgang durch die Innenstadt offenbart uns, in welcher Reichhaltigkeit sich das gotische Erbe trotz aller Fährnisse erhalten hat.

*

Rundgang. Von der Stephanskirche, die bereits ausführlich behandelt wurde, gelangt man zu der in der Singerstraße gelegenen *Deutschordenskirche,* dem wichtigsten Beispiel barocker Nachgotik des 18. Jahrhunderts in Österreich, wobei man sich mit großer Einführungsgabe an die mittelalterlichen Formen des Altbaues anzupassen verstand.

Die Mitglieder des Ordens waren um 1200 unter Leopold VI. nahe der Stephanskirche angesiedelt worden. Die im 14. Jahrhundert als Rechteckraum erbaute Kirche wurde 1720/22 unter Landkomtur Guidobald Graf Starhemberg umgestaltet, wobei durch Ausrundung der Ecken der Eindruck eines Ovalraums entstand. Der Hochaltar, ein niederländischer Flügelaltar (um 1520), stammt aus der Danziger Marienkirche.

Der Weg durch die Kärntner Straße führt zu der dem hl. Johannes dem Täufer geweihten *Malteserkirche* (bei Nr. 37), die sich der von Leopold VI. um 1200 nach Wien berufene Ritterorden anstelle einer älteren Kapelle erbaute. Die schmale, in die Häuserfront gepreßte Empirefassade (1806/08) mit ihren korinthischen Pilastern in der Art des Louis von Montoyer läßt kaum ahnen, daß sich hinter ihr ein einschiffiger, dreijochiger gotischer Kirchenraum verbirgt, dessen $^5/_8$-Chor-Schluß vom Hof des benachbarten Kommendehauses (Eingang Johannesgasse 2) zu sehen ist. Die aus der Mitte des 14. Jahrhunderts stammenden Kreuzrippengewölbe, die maßwerkgezierte Orgelempore mit dem prachtvollen, farbig gefaßten Schlußstein sind hervorragende Schöpfungen der Hochgotik.

Die unweit davon gelegene *Annakirche* (Annagasse 3b) ist hingegen nur noch von außen an den Strebepfeilern als gotischer Bau zu erkennen. Als letzter Rest der gotischen Innenausstattung hat sich die von einem unbekannten – dem Veit Stoß nahestehenden – Künstler geschaffene Gruppe ›Hl. Anna selbdritt‹ (um 1510; Abb. 22) erhalten, seinerzeit wohl die Mittelgruppe des spätgotischen Hochaltars (heute am Altar der Franz-Xaver-Kapelle gegenüber dem Kircheneingang).

Durch die Führichgasse und über den Lobkowitzplatz erreicht man in wenigen Minuten die *Augustinerkirche*. Das zu einem 1327 von Friedrich dem Schönen gestifteten Kloster gehörende Gotteshaus war 1634 bis 1783 Hofpfarrkirche. Vom bayrischen Baumeister Dietrich Ladtner von Pirn 1330–1339 erbaut, weist das Langhaus interessante Stilelemente aus seinem Herkunftsraum auf, wobei die eigentümliche Form des zentral ausgeweiteten $^7/_{10}$-Chor-Schlusses Beachtung verdient. Die Kirche ist das seltene Beispiel einer (von Joseph II. veranlaßten) Regotisierung, welche der Hofarchitekt Johann Ferdinand Hetzendorf von Hohenberg 1784/85 ausführte. Das geschichtsträchtige Gotteshaus – hier ließ Sobieski 1683 das Dank-Tedeum anstimmen, hier fand 1810 die Hochzeit Marie Louises mit Napoleon, 1854 jene Franz Josephs I. mit Elisabeth und 1881 die des Kronprinzen Rudolf mit Stefanie statt – besitzt eine ungewöhnlich langgestreckte und hohe dreischiffige Halle. Die auf schlanken Pfeilern ruhenden Kreuzrippengewölbe und die Netzrippengewölbe des ebenso langen einschiffigen Chors vermitteln noch den architektonischen Eindruck des Mittelalters. Vorbei an der von der Südostecke des rechten Kirchenschiffs aus zugänglichen Loretto-Kapelle gelangt man weiter in die Georgs-Kapelle, einen von Herzog Otto dem Fröhlichen 1337–1341 erbauten Versammlungsraum der gleichnamigen Bruderschaft, in dem das monumentale Hochgrab für Kaiser Leopold II. von Franz Anton Zauner aufgestellt ist. Von der Kapelle aus betritt man das ›Herzgrüftel‹, in dem vierundfünfzig Urnen die Herzen von Mitgliedern des Kaiserhauses (1637–1878) bewahren.

Blockhäuser am römischen Limes. Ausschnitt von der Marcus-Säule in Rom

4   St. Stephan, Westwerk mit Riesentor und Heidentürmen, um 1220/40 ▷

Panzerbüste des Kaisers Marc Aurel
(161–180 n.Chr.)

3   Römischer Ziegel mit Stempel der X. Legion

St. Stephan, Romanische Bauplastik am Vorbau des Riesen-
tores, um 1220/40

St. Michael, Blick durch das rechte Seitenschiff ins Langhaus,
um 1220/1250

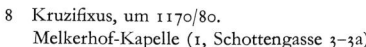

6 St. Ruprecht, Romanisches Langhaus mit Westturm,
   um 1130/70

8 Kruzifixus, um 1170/80.
   Melkerhof-Kapelle (1, Schottengasse 3–3a)

9 Blick auf Wien (Südansicht), um 1470. Flucht nach Ägypten, Ausschnitt aus dem Schottenmeisteraltar, Schottenstift Wien

11 St. Stephan, Pfeiler im Inneren der Domkirche

10 Ansicht der Stadt Wien von der Donauseite, um 1490. Ausschnitt aus dem Babenberger-Stammbaum, Stift Klosterneubu

12 Herzog Rudolf IV. der Stifter, um 1365. Dom- und Diözesanmuseum

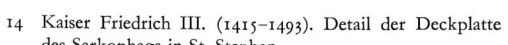

13 König (Epiphanie-Gruppe), um 1430. St. Stephan, Nord-(Adler-)Turn

14 Kaiser Friedrich III. (1415-1493). Detail der Deckplatte des Sarkophags in St. Stephan

16 St. Stephan, Pilgram-Kanzel, um 1514/15

15 Selbstporträt von Anton Pilgram an der Kanzel in S Stephan, um 1514/15

17 Kreuzabnahme, gegen 1340.
   Dom- und Diözesanmuseum

19 Maria am Gestade, Turmhelm von Michael
   Knab, 1394–1427

18 Taufe Christi im Jordan, um 1421. Spätgotisches Relief am Haus
   Judenplatz 2

21 Maria am Gestade, Blick durch das Langhaus zur Orgelempore

20 Minoritenkirche, Tympanon des Westportals, um 1350

22 Hl. Anna selbdritt, um 1510. Annakirche, Franz Xaver-
Kapelle

23 Grabplatte für Niklas Graf Salm
von Loy Hering, um 1530/33.
Votivkirche, Taufkapelle

24 Salzfaß von Benvenuto Cellini, 1540/43. Kunsthistorisches Museum

Arkadenhof im Haus 1, Bäckerstraße 7, vor 1587

26 Innenhof der Stallburg, 1558–65

Portal der Salvatorkapelle, um 1520

28 Tor des Schweizertraktes in der Hofburg, 1552/53

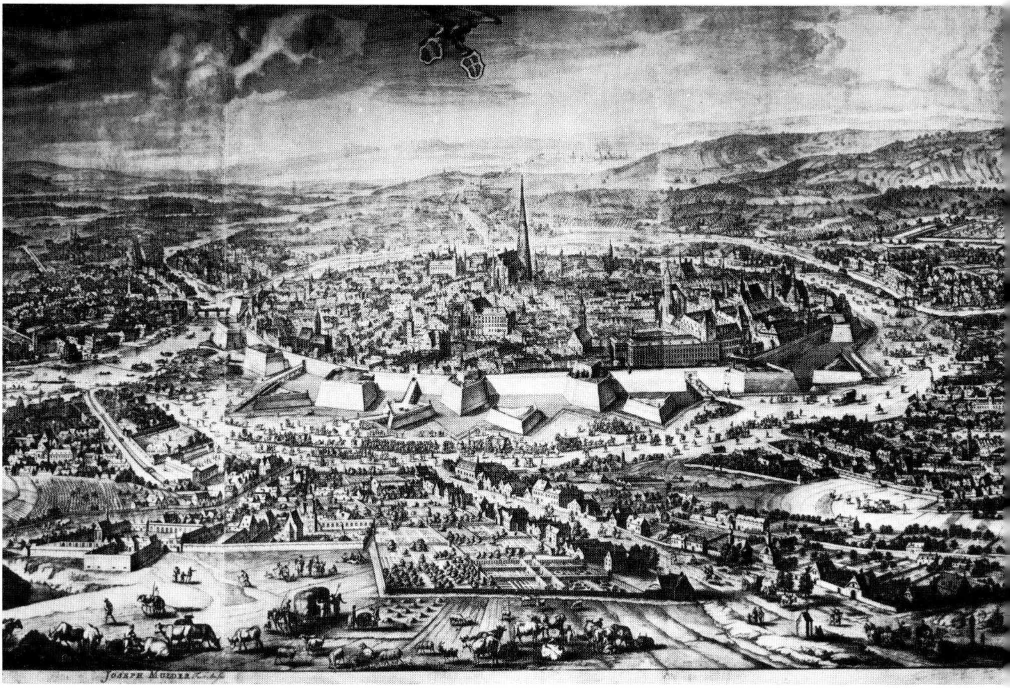

29   Die Festung Wien um 1686. Kupferstich von Folbert van Alten-Allen

30   Kirche Am Hof (ehemalige Jesuitenkirche), frühbarocke Westfassade, vollendet 1662

Jesuitenkirche, ehemalige Universitätskirche, Scheinkuppel von Andrea Pozzo, 1703–07

Dominikanerkirche, frühbarocke Stuckdekorationen im Langhaus, 1666–75

32 Karlskirche, Kuppelfresko ›Glorie des hl. Karl Borromäus‹ von Michael Rottmayr, 1725–30

34 Karlskirche, östliche Triumphsäule, Szene aus dem Leben des hl. Karl Borromäus, 1724–30

35 Karlskirche, erbaut 1716–39 nach Plänen von Johann Bernhard Fischer von Erlach

37 St. Michael, Engelssturz, Stuckrelief von K. G. Merville, 1782 ▷

36 Piaristenkirche, barocker Zentralraum mit Deckengemälden von Franz Anton Maulbertsch, 1752/53

38 Palais Lobkowitz (1, Lobkowitzplatz 2). Erbaut 1685–87 durch Giovanni Pietro Tencala

39 Landhaus (1, Herrengasse 13), Landtagssaal mit Deckengemälde ›Größe Österreichs‹ von Antonio Beduzzi, 1710

40 Palais Caprara (1, Wallnerstraße 8). Erbaut 1698 dur Domenico Egidio Rossi

Die *Michaelerkirche* (Abb. 7), ehemals Hofpfarr- und Barnabitenkirche (Michaelerplatz 5), erfuhr um die Mitte des 13. Jahrhunderts eine tiefgreifende Umgestaltung: anstelle des spätromanisch-frühgotischen Chorschlusses trat ein dreijochiger Hauptchor mit seitlichen Nebenchören. In reduzierter Form wurde hier die Chorlösung von St. Stephan wiederholt, ohne allerdings auf den Hallengedanken einzugehen. Während Haupt- und nördlicher Nebenchor um 1780 barockisiert wurden, hat sich im südlichen Nebenchor, der sogenannten Nikolauskapelle, das mittelalterliche Erscheinungsbild mit den Maßwerkfenstern, Sitznischen, Baldachinstatuen und farbig gefaßten Schlußsteinen noch fast unverändert erhalten. Die kürzlich wiederentdeckten Wandmalereien aus der ersten Hälfte des 14. Jahrhunderts legen als Vertreter der Wiener Monumentalmalerei von Rang Zeugnis ab von einer Produktion, die in künstlerischer Qualität der Tafel-, Buch- und Glasmalerei nicht nachsteht. – Im Durchgang rechts neben der Kirche sollte man das in einer Nische der Außenmauer der Kirche befindliche, farbig gefaßte Ölbergrelief (1494) nicht übersehen.

Durch die Schauflergasse erreicht man die *Minoritenkirche.* Der Überlieferung nach wurden die Minoriten 1224 von Leopold VI. nach Wien berufen. Eine kleine Katharinenkapelle wurde zur Keimzelle des Klosters, das in seiner Grundkonzeption samt der Kirche Mitte des 13. Jahrhunderts vollendet war. Anstelle des 1251 geweihten Chores wurde zwischen 1317 und 1328 ein Langchor angebaut (›Ludwigskapelle‹). Zwischen 1340 und 1400 kam es zu einem Neubau von Kirche und Kloster. Besonders prunkvoll präsentiert sich das um 1350 wahrscheinlich vom Ordensbruder Jacobus Parisiensis gestaltete Mittelportal, das seinen französischen Einfluß nicht verleugnen kann (mit dreiteiligem Tympanonrelief ›Kreuzigung Christi‹, Abb. 20). Das Kircheninnere, eine hohe dreischiffige Halle mit Kreuzrippengewölben über reich profilierten Bündelpfeilern, überrascht durch seine Ausgewogenheit der Proportion. Durch die allseitig angeordneten Fenster wird der Raum von Licht durchflutet. Als einziges Stück der mittelalterlichen Ausstattung hat sich eine Marienstatue mit Kind aus der Zeit um 1345/50 erhalten, die sich nach der Gewandfibel mit dem Monogramm ›A‹ als Stiftung Albrechts II. erweist. Ihr heutiges Aussehen erhielt die Kirche erst zu Beginn des 20. Jahrhunderts, als man das angrenzende Kloster abbrach, um an seiner Stelle das Haus-, Hof- und Staatsarchiv (Minoritenplatz 1) zu errichten. Im Zuge der anschließenden Restaurierung kam es zum Anbau des chorähnlichen Sakristeihauses im Südosten und des kreuzgangähnlichen Arkadenganges im Süden.

Durch die Regierungsgasse, Wallnerstraße und den Haarhof (dessen Senke noch an den ältesten Stadtgraben des 12. Jahrhunderts erinnert) gelangt man auf den Platz Am Hof, dessen Anlage ebenfalls in das babenbergische Wien zurückführt. Hier stand die älteste *herzogliche Burg,* in deren Komplex später die herzogliche Münze verlegt wurde. 1386 übergab Albrecht III. die Gebäude den Karmelitern. Zahlreiche Schenkungen ermöglichten den Bau einer dreischiffigen gotischen Hallenkirche mit langgestrecktem Mönchschor, der 1403 beendet gewesen sein dürfte. Während nach Westen zu der mittelalterliche Baubestand durch die prachtvolle frühbarocke Fassadenwand verschleiert wird, erschließt sich der ursprüngliche gotische Charakter am besten vom Schulhof aus, weil von dort der Blick auf den Ostchor frei ist. Im Inneren ist im Langhaus unter den frühbarocken Stukkierungen das gotische Wölbungsschema deutlich zu spüren, hingegen ist durch die nüchtern-klassizistische Dekoration des nunmehr tonnengewölbten Chors (1798) das gotische Sterngewölbe für immer verdeckt.

Durch die Färber- und Schwertgasse führt der Weg zu einem Juwel der Gotik, zur Kirche *Maria am Gestade* (Salvatorgasse) (Farbt. 19). In städtebaulich interessanter Lage (am Steilhang der Altstadt zu einem einst am heutigen Salzgries entlang fließenden Donauarm bzw. zum Ottakringer Bach im Tiefen Graben) wurde anstelle einer 1158 erstmals genannten Kapelle im 13. Jahrhundert eine romanische Kirche erbaut, die im 14. und 15. Jahrhundert durch einen Neubau ersetzt wurde. Zwischen 1343 und

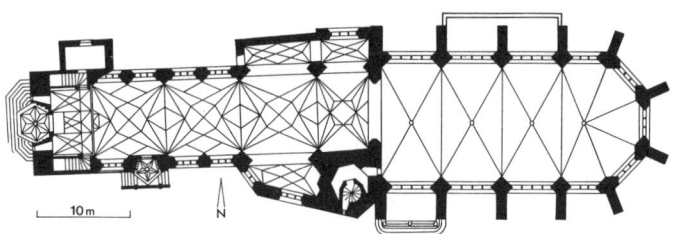

Maria am Gestade,
Grundriß

1360 entstand der Chor, an den unter leichtem, durch das Terrain bedingtem Knick 1394–1414 das von Michael Knab konzipierte Langhaus angefügt wurde (Abb. 21). Ein überraschender Kontrast entwickelt sich dabei zwischen der dunklen Schlucht des siebenjochigen Langhauses und der Weiträumigkeit des hellen Chores. In der reichen, plastischen Durchgestaltung der Wandstruktur des Langhauses ist der Zusammenhang mit der Wiener Dombauhütte wohl am deutlichsten spürbar. Eindrucksvoll ist die überschlanke, 33 m hohe Westfassade, über der sich auf siebeneckigem Grundriß der 56 m hohe, 1430 vollendete Turm erhebt: bekrönt von einem kuppelig gestalteten, von zarter Maßwerkarbeit durchbrochenen Steinhelm, der geradezu einer Goldschmiedearbeit gleicht und zum Schönsten gehört, das aus dem gotischen Wien erhalten geblieben ist (Abb. 19).

Am Fuße der Kirche führt eine Treppenanlage zum Tiefen Graben. Drei frühneuzeitliche *Wohnhäuser* mit mittelalterlichem Kern (Am Gestade 3, 5, 7) dürfen als Musterbeispiele sinnvoller Altstadterhaltung und Revitalisierung bezeichnet werden.

*

Die Epoche der Gotik hat zwar kein so einheitliches Gepräge wie dies bei anderen Stilrichtungen der Fall ist, doch können die Architekturen dennoch als lebendige Zeugnisse einer durchlaufenden Entwicklung angesehen werden. Sie führen uns, wie es Rupert Feuchtmüller formuliert hat, einen stilistischen Ablauf vor Augen, der bei der innerlich geschlossenen Auffassung der Romanik beginnt, in der Idealisierung des

Realen seinen Höhepunkt hat und bis an die Schwelle einer neuen Zeit vordringt, deren Individualität die Einheit des Mittelalters sprengt.

*

Das Ende des Wiener Mittelalters. Die zweite Hälfte des 15. Jahrhunderts ist durch zwei für die politische Entwicklung markante Ereignisse gekennzeichnet: den bereits in den vierziger Jahren beginnenden und 1463 in der Hinrichtung des Bürgermeisters Wolfgang Holzer kulminierenden Kampf der Bürgerschaft mit den Landesherren (der durch den Zwist zwischen Friedrich III. und seinem Bruder Albrecht VI. verschärft wurde und 1462 zu einer regelrechten Belagerung Friedrichs in der Wiener Burg führte), gefolgt von der Besetzung Wiens durch die Ungarn in den achtziger Jahren. Die Zerrüttung der städtischen Finanzen, eine andauernde Abwertung des Geldes, steigende Unsicherheit auf den Straßen, ein empfindlicher Rückgang der gewerblichen Produktion infolge steter Teuerung, dazu hohe Steuern und teure Söldner, die von den Bürgern, die längst nicht mehr selbst zur Waffe greifen wollten, bezahlt werden mußten: das waren die den Bewohnern erwachsenden Nachteile, die durch geringe, vom Ungarnkönig gewährte Begünstigungen für Handel und Weinbau nicht ausgeglichen werden konnten. Wien besaß nicht mehr die Vermittlerposition zwischen West und Ost, sondern war, seiner Wirtschaftsverbindungen beraubt, zu einer Stadt jenseits der ungarischen Grenze degradiert.

Als nach des Ungarnkönigs überraschendem Tod (1490) Maximilian in die Stadt einzog, machte er die Hoffnungen der Wiener auf eine Besserung der Verhältnisse zunichte. Wohl kam es zu einer Blüte humanistischer Kultur, doch verloren die Wiener durch die Privilegierung der oberdeutschen Kaufleute, der Geldgeber des Kaisers, ihre wirtschaftliche Existenzgrundlage und damit ihre politische Attraktivität. Dazu kam, daß Maximilian in jeder Aufwertung städtischer Freiheiten eine Beeinträchtigung seiner eigenen hochfliegenden politischen Pläne erblickte.

Das Jahr 1515 ist in doppelter Hinsicht signifikant: Daß der Großhandel endgültig allen Ausländern geöffnet wurde, bedeutete das Ende der mittelalterlich geprägten Wirtschaftspolitik; daß Maximilian aber in einer glanzvollen Doppelhochzeit seine Enkel mit den Kindern des Polenkönigs Wladislaw vermählte, wies den Weg in eine neue Epoche. Innenpolitisch zog Maximilians Enkel Ferdinand nach der Niederschlagung eines ständischen Aufstands, der den Bürgermeister Dr. Martin Siebenbürger 1522 aufs Schafott brachte, mit der Erlassung einer die Rechte des Landesfürsten fixierenden Stadtordnung (1526) den Schlußstrich. Die beginnende Bevormundung, verschärft durch das aus Spanien übernommene Hofzeremoniell und die Strenge des spanischen Katholizismus, wurde aber durch ein anderes Ereignis gemildert: den Erbfall Böhmens und Ungarns nach dem Tod Ludwigs II. in der Schlacht bei Mohács 1526, der auch die Stadtentwicklung in eine neue Bahn drängte. Die Interessen der Habsburger richteten sich auf den europäischen Südosten, kollidierten dort allerdings mit jenen der Hohen Pforte in Konstantinopel; dies sollte wenige Jahre später (1529) ein türkisches Belagerungsheer vor die noch mittelalterlichen Mauern Wiens bringen.

Türkennot und Glaubenskampf

Die Epoche der Renaissance erstreckt sich in Österreich über kaum mehr als ein Jahrhundert, tritt demnach im Vergleich zu Romanik, Gotik oder Barock merklich zurück. Dennoch sollte man vermeiden, sich jener pauschalen Geringschätzung anzuschließen, welche die Renaissance zuweilen als einen ›Übergangsstil‹ bezeichnet.

Humanismus und Renaissance

Schon Friedrich III. (1440–1493) war von lateinischen Dichtern und Humanisten umgeben, deren engstem Kreis Enea Silvio Piccolomini angehörte, ein Mann, der vom Konzilssekretär in Basel zum Geheimschreiber des Kaisers aufstieg, um 1447 Bischof und 1458 Papst zu werden. Der Kaiser selbst war jedoch kein Humanist, und auch jener Mann, der ihm lange Jahre als politischer Berater diente, war es nicht: der Theologieprofessor und Diplomat Thomas Ebendorfer, der dem neuen Zeitgeist fremd und ablehnend gegenüberstand.

Maximilian I. (1493–1519), in seinem Denken dem Mittelalter längst entwachsen, ist hingegen in die Reihe der großen Renaissance-Mäzene einzuordnen. Er beschäftigte in den ersten beiden Jahrzehnten des 16. Jahrhunderts zahlreiche Künstler, denen er einzigartige Aufgaben stellt, und zog darüber hinaus bedeutende Gelehrte, wie Konrad Celtes und Johannes Cuspinian, an sich. Celtes – sein Epitaph ist unter der Orgelempore des Stephansdoms aufgestellt – gründete die Sodalitas Danubiana (Donaugesellschaft), Cuspinian erwarb sich als Historiker und Staatsmann Anerkennung. Beide beeinflußten in starkem Maße die Lehre an der Universität. Neben dem Geistesleben war es die Musik, die von Maximilian besondere Förderung erhielt. Seine wichtigste Schöpfung ist 1498 die Gründung der Hofkapelle in Wien, als deren erster Hofkapellmeister der spätere Bischof von Wien, Georg Slatkonia, eingesetzt wurde.

Zerrissenes und zwiespältiges 16. Jahrhundert

Zwei Ereignisse in den letzten Lebensjahren Maximilians sollten das ganze Jahrhundert entscheidend beeinflussen: die Erbverträge mit Wladislaw von Polen (1515) und die Thesen Martin Luthers (1517). Wurde durch die Schaffung der Grundlagen einer künftigen Donaumonarchie das osmanische Reich aufgeschreckt, so löste Luther, möglicherweise unbeabsichtigt, jene Bewegung aus, die man ›Reformation‹ zu nennen pflegt.

Religiöse Situation. Auf dem Reichstag zu Worms verteidigte Luther seine Thesen vor Kaiser Karl V. Vom Augsburger Religionsfrieden (1555) über die Duldung der protestantischen Lehre unter Maximilian II. führt der Weg zum Vordringen der Gegenreformation, die, mit der Berufung der Jesuiten (1551) eingeleitet, unter Kardinal Melchior Khlesl seit 1598 einen gewaltsamen Durchbruch erlebte. Der ständische Adel, von dem Ferdinand abhängig war, neigte stark der neuen Lehre zu und bot ihr, als die Religionsausübung in Wien verboten wurde, in seinen rund um Wien gelegenen Schlössern (besonders Hernals und Inzersdorf) eine Zufluchtsstätte. Die Gegenreformation – besser: die Rekatholisierung – war eine machtpolitische Konfrontation und eine äußerst dynamische religiöse Bewegung, wirkte sich aber auch auf die städtebauliche Entwicklung Wiens aus, vor allem durch die ›Klosteroffensive‹ des 17. Jahrhunderts. Der selbstbewußte Adel, die nach stärkerem Einfluß strebenden Stände und das reiche städtische Bürgertum, das seine Stellung untergraben sah, wandten sich immer offener gegen die zentralistische kaiserliche Gewalt. Verschärft wurde der Konflikt durch die aus Spanien berufenen katholischen Orden und die im Religionskampf erstarkenden Klöster.

Außenpolitische Stellung. Das 16. Jahrhundert ist bestimmt durch den kometenhaften Aufstieg des Hauses Habsburg, das sich – seit es 1477 in den Besitz Burgunds gelangt war – aus einer provinziellen Herrschaft zur europäischen Großmacht entwickelte. Karl V. sicherte dem Haus durch die spanische Königswürde die erste Position in Europa, doch trug diese Machtentfaltung bereits den Keim des Zerfalls in sich. Nach Teilung des Reichs (1521/22) konzentrierte sich Ferdinand auf die österreichischen Stammlande, die nach dem Erbfall von 1526 durch Böhmen und Ungarn vermehrt wurden.

Militärische Konflikte. Die Hohe Pforte in Konstantinopel, die ihre Interessen auf dem Balkan bedroht sah und sich nach dem Tod Ludwigs II. (1526) eines Teils von Ungarn bemächtigte, bildete bis Ende des 17. Jahrhunderts eine Gefahr für die westliche Kultursphäre, als deren Bollwerk Wien zum Angelpunkt der Auseinandersetzungen werden sollte. 1529 stand Soliman II. mit einem Heer von dreihunderttausend Mann zum erstenmal vor den Mauern Wiens. Etwa gleichzeitig kam es in den Erblanden durch die Bauernkriege zu schwerwiegenden Zerwürfnissen, deren Ursachen zu einem beträchtlichen Teil in sozialer Benachteiligung und Unzufriedenheit zu suchen sind.

*

Die Jahrzehnte nach Maximilians Tod (1519) brachten einen grundlegenden Wandel in den Lebensverhältnissen der europäischen Kulturwelt; politische und geistige Grenzen, Geschmack und Begriffe, Urteile und Glaube, Wissen und Können – dies alles hatte sich verändert. War Karl V. in seinem Denken und Fühlen eher mittelalterlich eingestellt, so war Ferdinand, in Spanien und zeitweilig von Erasmus von Rotterdam in den Niederlanden erzogen, im Humanismus groß geworden. Unter den Erben Ferdinands war es dann sein Erstgeborener, der in religionspolitischen Fragen eine recht eigentümliche Haltung einnehmende Maximilian II., der auf kulturellem Gebiet für Wien Bedeutung erlangte. Er bemühte sich um die Ausgestaltung der kaiserlichen Sammlungen, ließ sich die Sorge um die Hofbibliothek angelegen sein, förderte die Künste und Wissenschaften, richtete seine Wünsche auf die Gewinnung berühmter italienischer Architekten und wandte sein Augenmerk auch der Hofkapelle zu, die im Ruf stand, die beste zu sein, die es damals gab.

Bollwerk des christlichen Abendlandes

Die zwanziger Jahre des 16. Jahrhunderts brachten in kurzer Aufeinanderfolge Ereignisse von größter Tragweite:
• 1522 die Hinrichtung des Bürgermeisters Dr. Martin Siebenbürger und anderer ›Rädelsführer‹, die sich dem landesfürstlichen ›Regiment‹ widersetzt hatten; gleichzeitig fielen auch die verfassungsmäßigen Einrichtungen, auf die sie sich gestützt hatten: die Gremien der ›Genannten‹ (Äußerer Rat) und der Münzer-Hausgenossen, die Symbole der politischen und wirtschaftlichen Eigenständigkeit;

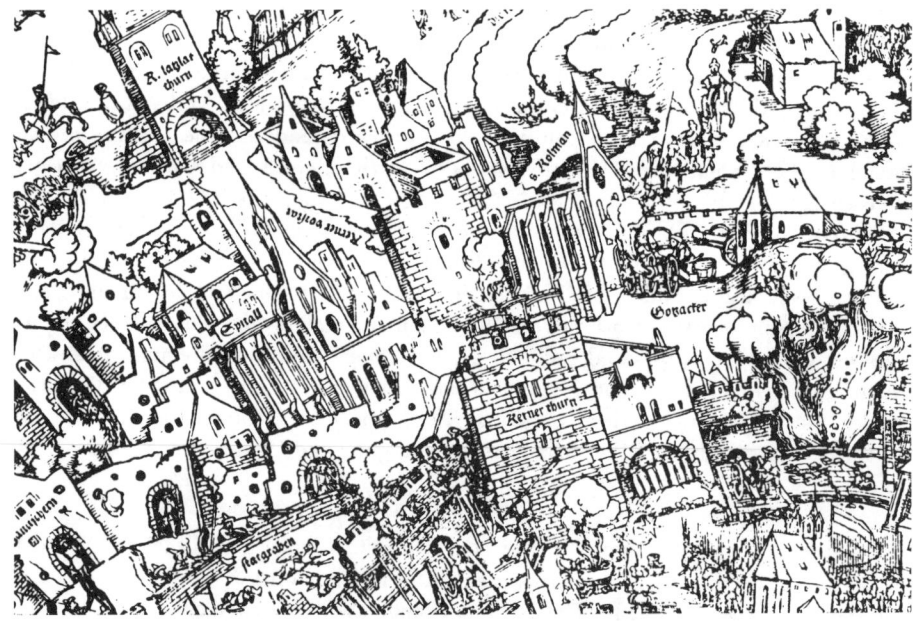

Die Belagerung Wiens 1529. Ausschnitt aus dem Rundplan von Niklas Meldeman

- 1525 brach ein verheerender Stadtbrand aus, dem über 400 der damals rund 1000 Häuser der Innenstadt zum Opfer fielen, darunter auch jenes des Johannes Cuspinian, dem wir einen Augenzeugenbericht über die Katastrophe verdanken;
- 1526 empfingen die Wiener ›aus Lieb und Gnad‹ des Landesfürsten eine Stadt-›ordnung‹, welche die bisherigen Stadt›rechte‹ ablöste und die Grundlagen der städtischen Verfassung und Verwaltung veränderte; die Bürgerschaft geriet für über drei Jahrhunderte unter die Vormundschaft der Landesfürsten.

Es ist ein merkwürdiges Zusammentreffen, daß Wien wenige Monate nach der Stadtordnung durch den Tod Ludwigs II., der bei Mohács auf der Flucht vor den Türken jämmerlich in den Sümpfen ertrank, das Tor in eine glanzvolle Zukunft geöffnet wurde. Die sich anbahnende Entwicklung Wiens zur ›Hauptstadt‹ eines größeren Reiches bedeutete allerdings zunächst nichts anderes als die Konfrontation mit der Hohen Pforte. Durch die Belagerung kam es binnen weniger Jahre zum zweitenmal zu einem nachhaltigen Eingriff in die bauliche Substanz der Stadt: man sah sich nämlich gezwungen, die Vorstädte niederzubrennen, um dem Feind die Möglichkeit zu nehmen, sich in ihnen zu verschanzen oder sie gar als Winterquartier einzurichten. So konnten alle Angriffe, mit größter Mühe auch der Generalsturm am 14. Oktober 1529, unter der Leitung des Stadtkommandanten Niklas Graf Salm erfolgreich abgeschlagen werden. Das Grabmal dieses heldenhaften Verteidigers, eine Grabtumba mit Schlachtszenen von Loy Hering (1530–33), wurde von König Ferdinand I. gestiftet und steht heute in der Votivkirche (Abb. 23).

Doch eines hatte die Belagerung mit Sicherheit erwiesen: die mittelalterlichen Ringmauern würden einem neuerlichen Ansturm nicht mehr gewachsen sein. Trotz ständiger Finanznöte mußte sich daher Ferdinand, der 1533 seine Residenz und die wichtigsten Hofämter nach Wien verlegte und der Stadt damit eine neue Funktion gab, zu einem Neubau der Befestigung entschließen. Er berief deutsche und italienische Fachleute nach Wien, die unter dem Wiener Festungsbaumeister und Kommunalpolitiker Hermes Schallautzer wirkten: Dürers Freund Johann Tscherte, Benedikt Kölbel, Augustin Hirschvogel und Bonifaz Womuet, dazu die Italiener Jacobe de Spacio, Francesco de Pozo, Pietro Ferrabosco, Sigmund de Preda und Domenice de Laglio.

Hermes Schallautzer (1503–1561) entstammte einer politisch wie wirtschaftlich bedeutenden Wiener Familie. Er wird seit den dreißiger Jahren immer wieder in Verbindung mit dem Festungsbau genannt, die eigentliche Bauleitung übertrug ihm Ferdinand allerdings erst 1547, als er ihn zum Superintendenten der landesfürstlichen Gebäude bestellte. 1546 erbaute Schallautzer das Arsenal in der Renngasse, 1548 die mächtige Kärntnerbastion.

Augustin Hirschvogel (1503–1553) war Kartograph, Geometer und Radierer. Der gebürtige Nürnberger war zeitweise in Venedig und Laibach tätig, bevor er 1543 nach Wien kam. Neben zwei Stadtansichten (1547) schuf er einen Rundplan der Stadt, der nach einer genauen Vermessung entstanden war. Der Plan ist die älteste kartographische Aufnahme Wiens und so eine Grundlage für den Bau der Stadtbefestigung.

Die Befestigungsanlagen der Stadt Wien
Bastionen: 1 Biberbastion 2 Hollerstauden-(Dominikaner-)bastion mit Kavalier 3 Braun-
bastion 4 Wasserkunstbastion mit Kavalier 5 Kärntnerbastion mit Kavalier 6 Burgbastion
mit ›Spanier‹ 7 Löblbastion 8 Mölkerbastion mit Kavalier 9 Elendbastion 10 Neutor-
bastion 11 und 12 Große und kleine Gonzagabastion

Bonifaz Wolmuet (vor 1510–1575), ein Steinmetz und Architekt aus Überlingen, zwischen 1530 und 1546 unter der Leitung von Schallautzer und Hirschvogel an der Befestigung, gemeinsam mit Tscherte und Ferrabosco auch an der Burg tätig. Zur selben Zeit wie Hirschvogel schuf er einen eigenen Stadtplan, wobei er offensichtlich Unterlagen seines Konkurrenten benutzte.

Der Einbruch der italienischen Renaissance als Baustil wirkte sich in Wien zweifellos am deutlichsten in der Umgestaltung der hochmittelalterlichen Stadtbefestigung aus; 1530 begonnen, konnten wesentliche Teile bis 1560 vollendet werden. Das Ziel war klar: die Anwendung des in Italien erprobten Systems sich gegenseitig flankierender und unterstützender Vorwerke. Die zwölf Basteien (vier von ihnen später durch erhöhte Cavaliers verstärkt) wurden durch Kurtinen (geradlinige Mauern) verbunden und durch elf, im Stadtgraben vorgeschobene Ravelins zusätzlich geschützt. Das Bild der Stadt überliefert uns Hans Sebald Lautensack (um 1524–1565), ein Holzschneider und Kupferstecher. Der gebürtige Bamberger, der von Nürnberg nach Wien kam, schuf 1558 eine Südansicht der Stadt, zu der der Humanist Wolfgang Lazius – Verfasser der ›Vienna Austriae‹ (1546), der ersten Stadtgeschichte, und übrigens Neffe von Schallautzer – den Text verfaßte. ›Lobsprüche‹ von Cristobal de Castillejo (um 1530), Wolfgang Schmeltzl (1547) und Hans Sachs (1567) geben die Möglichkeit, sich ein detailreiches Bild vom damaligen Aussehen der Stadt, aber auch vom Leben und Treiben in Wien zu machen, wobei die ausführliche Darstellung des Schottenschulmeisters Schmeltzl mit Abstand an der Spitze steht.

Die Blütezeit des Kunsthandwerks

Die humanistischen Ideen haben die Akzente der Entwicklung Wiens merklich verändert. Architektur, Plastik und Malerei wurden als weniger bedeutend betrachtet, seltener gefördert und traten daher in den Hintergrund. Das Anlegen von Sammlungen und Kuriositätenkabinetten führte hingegen zu einem Aufblühen des Kunsthandwerks, dessen Produkte sich bis heute in reicher Zahl erhalten haben. Diese Vorliebe der Herrscher hat einen durchaus realen Grund: Die politischen Verhältnisse und die militärischen Konflikte verhinderten eine prunkvolle Hofhaltung, die zudem vom festungsartigen Charakter der Residenz bestimmt wurde; für große Bauaufträge fehlte neben freier Baukapazität auch das nötige Kapital; damit blieben die Kunstförderung und die Sammeltätigkeit die einzigen Möglichkeiten, kulturelle Interessen zu befriedigen.

Wurden die Aufträge der Habsburger für Skulpturen überwiegend außerhalb Wiens vergeben und dominiert in der Malerei anfangs eher die stadtferne Donauschule mit ihren Porträts und Landschaftsbildern, die später von italienisch geschulten Künstlern abgelöst wurde, so erreichte das Kunsthandwerk in Wien einen künstlerischen Höhepunkt, gleichberechtigt neben den Fürstenhöfen Prag, Graz und Innsbruck.

Die Erneuerung des mittelalterlichen Hausbestandes ging während des 16. Jahrhunderts nur sehr zögernd vor sich und blieb zumeist auf eine Neugestaltung der Fassade beschränkt, während dahinter die engen, tief gestaffelten Höfe erhalten blieben. Der beengte Raum innerhalb der mauerumwehrten Stadt bot damals kaum Gelegenheit, den verhältnismäßig kleinen Parzellen noch einen reizvollen Hof abzuringen. Erst durch die Zusammenlegung zweier oder mehrerer Grundstücke, wie sie seit der zweiten Hälfte des 16. Jahrhunderts in immer stärkerem Maße durchgeführt wurde, konnten sich hinter den Häuserfronten gegliederte Höfe mit mehrstöckigen Arkaden entwickeln. Im Gegensatz zu einer weit verbreiteten Meinung sind solche Laubenhöfe kein Stilimport aus Italien, sondern knüpfen an traditionelle Formen, nämlich Arkadenhöfe in gotischen Bürgerhäusern, an. Hob jedoch in der Gotik Steinmetzarbeit die tragenden Elemente hervor, so wirken die Renaissancearkaden nicht räumlich, sondern flächig, die Proportion der aufgegliederten Wand entscheidet über die Wirkung.

Die verschiedenartige Stellung zu Architektur und Kunst erklärt sich zum Teil aus religiösen Motivationen. Die Habsburger, dem katholischen Glauben verbunden, verstanden sich in den unsicheren Zeiten der Glaubenskämpfe als Bewahrer der traditionellen Formen des Mittelalters, weshalb sich der protestantische Adel, als zweitmächtigster Mäzen, fast zwangsläufig der >modernen< Renaissance zuwandte. Es ist allerdings nicht zu leugnen, daß sich bereits in der Kunst der Spätgotik ein Stilwandel vollzogen hatte, der die innere Aufnahmebereitschaft für italienische Vorbilder sowie das Streben nach Klarheit der Körper und nach Ordnung des Raumes begünstigte. Das Neue zeigt sich am deutlichsten im modischen Zierat, in Kassettenformen der Rippenfiguration, in geometrischen Maßwerkmustern und in vegetabilischen Verzierungen.

Das architektonische Erbe

Nur wenige Bauwerke in Wien sind uneingeschränkt der Renaissance zuzuordnen. Sieht man von einzelnen Gebäudeteilen der Hofburg (Stallburg, Amalienburg und Schweizertor) ab, so präsentiert sich der neue Baustil in seiner reinsten Form im Portal der *Salvatorkapelle* (1, Salvatorgasse 5) (Abb. 27) neben dem Alten Rathaus. Die Ende des 13. Jahrhunderts von bürgerlicher Seite gestiftete Hauskapelle kam 1316 an die Stadt Wien und wurde um 1520 durch das an der Salvatorgasse liegende, nördliche Kirchenschiff erweitert. Als Zugang entstand ein Eingangsportal oberitalienischer Prägung mit reichem ornamentalen und figuralen Schmuck. Die leichte und freie Handhabung antiker Motive an den beiden Balustersäulen und dem wuchtigen Gebälk läßt mit ziemlicher Sicherheit einen italienischen Künstler als Urheber des Portals vermuten. Das Relief des Erlösers mit der fürbittenden Muttergottes im Bogenfeld gehört hingegen noch der Spätgotik an und wird einem einheimischen Künstler zugeschrieben.

Vor den Toren Wiens – im heutigen Simmering – ließ ab 1569 Kaiser Maximilian II. am Steilufer über der Donau das Jagdschloß >Neugebäude< errichten, das 1587 von Pietro Ferrabosco vollendet wurde. Aus den weitläufigen Galerien bot sich ein herrlicher Blick über die kaiserlichen Jagdgefilde in den Donau-Auen des rechten Ufers bis hinüber zu dem nahegelegenen kaiserlichen Jagdschloß Ebersdorf. Hinter dem Neugebäude erstreckte sich ein geräumiger Fasanengarten, der durch vier sechseckige Türme abgegrenzt war. Rudolf II. bringt mit dem Bau einer mit zehn Rundtürmen bewehrten Mauer das große Werk zum Abschluß. Noch unter seinem Bruder Mathias wurden hier höfische Jagden abgehalten, bestaunten die vornehmen Gäste die exotischen Gärten mit ihren Wasserspielen und das seltene Getier in den Zwingern. Mit der Umwandlung in ein Pulvermagazin unter Maria Theresia begann der Verfall. Wertvolle Bauteile wurden abgetragen und in das neue kaiserliche Lustschloß Schönbrunn gebracht. Innerhab des ehemaligen Lustgartens entstand 1922/23 nach Entwürfen von Clemens Holzmeister das Krematorium der Stadt Wien. Im Jahr des Denkmalschutzes 1975 entschloß sich die Stadtverwaltung, den gesamten Komplex zu restaurieren.

Das Beispiel eines weitläufig angelegten, aber schlichten Renaissancegebäudes in der Innenstadt, dessen Fassade von italienischem Typus sich ohne wesentliche Änderungen erhalten hat, ist das *Palais Porcia* (Herrengasse 23). Kurz nach 1546 von einem unbekannten Architekten für den Grafen von Salamanca-Ortenburg erbaut, wurde das Palais mit seiner schlichten dreigeschossigen, siebenachsigen Fassade, den schmalen Doppelfenstern und einfachen Fensterbekrönungen von dekorativ-zeichnerischem Charakter maßgebend für die weitere Stilentwicklung der Renaissancearchitektur auf Wiener Boden. Gegenüber italienischen Vorbildern ist allerdings selbst das in der Mittelachse gelegene Portal mit seinen toskanischen Säulen und reliefartigen Voluten über den Kapitellen als recht einfach zu bezeichnen.

Einige wenige Bürgerhäuser aus dem 16. Jahrhundert haben sich ebenfalls bis auf unsere Tage erhalten. Nicht immer war es möglich, alle vier Seiten eines Hofes in Arkadenstellungen aufzulösen, doch gelang es oftmals einem unbekannten Baumeister, an einer oder sogar zwei Seiten durch Arkadengänge ein südlich anmutendes Bild zu schaffen. Im *Schwanenfeldschen Haus* (1, Bäckerstraße 7) (Abb. 25) hat sich der wohl schönste Arkadenhof eines repräsentativen Bürgerhauses der Inneren Stadt erhalten. Zwar sind die vor 1587 entstandenen Arkaden in späterer Zeit zum Teil verglast oder abgemauert worden, aber noch immer wird ein solcher Hof von einem Hauch romantischer Idylle belebt. Der Arkadenhof des angrenzenden *Windhagschen Stiftungshauses* (1, Bäckerstraße 9) – es wurde vom späteren Bürgermeister Hanns von Thau erbaut – fiel dem Zweiten Weltkrieg zum Opfer: nur das 1559 datierte Portal ist erhalten geblieben. Ein interessantes Renaissanceportal schließlich findet sich am *Haus 1, Sonnenfelsgasse 15,* dessen Kern ebenfalls aus dem 16. Jahrhundert stammt.

Wenden wir uns den wenigen Zeugnissen kirchlicher Baukunst dieser Periode zu, so steht an erster Stelle die sehr einfache und bescheidene *Kirche des Königin-Klosters* (1, Dorotheergasse 18), die 1582 durch Königin Elisabeth von Frankreich, Tochter Kaiser Maximilians II., gestiftet wurde. Der wohlproportionierte, schlichte Renaissanceraum wurde über kreuzförmigem Grundriß mit ³/₈-Chor-Schluß von Pietro Ferrabosco und Jacob Vivian errichtet.

Eine Auseinandersetzung mit der süddeutschen Renaissance verrät die *Franziskanerkirche,* die 1603–1614 vermutlich nach den Ideen des damaligen Guardians, Pater Bonaventura Daum, erbaut wurde. Die westlichen Einflüsse werden an dem kleinteiligen, statuengeschmückten Volutengiebel und an den Putzrahmungen der noch spitzbogigen Fenster spürbar, in die beschlagwerkartige Ornamentbänder eingekerbt sind. Mit den gotisierenden Gewölben des Kircheninnern wird hier bewußt an die ungebrochene Kraft mittelalterlichen Predigertums angeknüpft. Zum letzten Mal kommt hier eine durch neue Ideen befruchtete Nachgotik zum Tragen. Die Fassaden des anschließenden Klosters, zwischen 1616 und 1621 von den Baumeistern Abraham Mall und Peter Center errichtet, erinnern mit den rasterförmig angeordneten, vertieften Kreisfeldern (tondi) an italienische Bauten des Franziskanerordens.

Kirchliche Bauwerke der italienischen Renaissance wird man in Wien vergeblich suchen. Vereinzelt finden sich Grabsteine und kunstgewerbliche Arbeiten in den Kirchen und Klöstern. Reichhaltig ist hingegen der Schatz an Werken dieser Periode in Museen und Schatzkammern, wo unter anderem das weltberühmte Salzfaß Benvenuto Cellinis (Abb. 24) (Kunsthistorisches Museum, Saal XXVII) aufbewahrt wird.

Noch im Jahre 1609 konnte Jacob Hoefnagel in seiner Vogelschau das fast unveränderte mittelalterliche Bild der Stadt Wien zeigen. Die zögernde Erneuerung des mittelalterlichen Baubestandes ließ auch das mittelalterliche Straßensystem – und zwar bis heute – bestehen. Nur die Ringmauer war verschwunden. An ihrer Stelle erhoben sich mächtige Bastionen, die Wien zur stärksten Festung des Reiches machten.

Die kaiserliche Burg

Ein Gebäudekomplex, der so viele Stilrichtungen vereinigt wie die Hofburg, läßt sich nicht in eine nach kunsthistorischen Perioden geordnete Darstellung zwängen (Abb. 43). Ihr Verteidigungscharakter, der sie mehrfach zum Angriffsziel auch der Bürgerschaft machte, trug viel zu einer eher spartanischen Ausstattung bei. Die Burg hat allerdings – von der Gotik des 13. bis zum Historismus des 20. Jahrhunderts – niemals bloße architektonische Bedeutung gehabt. Hier fielen den ganzen europäischen Kontinent beeinflussende politische Entscheidungen, von hier aus lenkte man die Geschicke der Völker der Monarchie, hier entfaltete sich auch ein facettenreiches kulturelles Leben von höchster künstlerischer Strahlkraft. Betrachten wir den historischen Ablauf, so sehen wir deutlich, daß prunkvolle Festivitäten und tragische Ereignisse einander die Waage halten, daß konstruktive Konferenzen mit der Waffe ausgetragene Familienzwistigkeiten ablösten und daß Zeiten, in denen die Fürsten der Burg kaum Beachtung schenkten, mit anderen wechselten, in denen sie im Blickpunkt der Welt stand. Wenn man davon ausgeht, daß die Burg Machtposition, Ruhm und Ansehen des Landesfürsten widerspiegelt, so darf man auch nicht übersehen, daß zwischen ihrem fortschreitenden Ausbau und der politischen Bedeutung der Herrscher eine unmittelbare Wechselbeziehung besteht.

Der ›Spatenstich‹ des Böhmenkönigs Ottokar II.

Die Burg ist keineswegs die älteste Fürstenresidenz Wiens. Die vorbabenbergischen Formbacher saßen im *Berghof* nächst der Ruprechtskirche. Der Babenberger Heinrich II. residierte seit etwa 1155 in Wien im *Herzogshof* am Rande des damals noch unverbauten Platzes Am Hof. Nach dem Tod des letzten Babenbergers, Friedrich II. (1246), beanspruchte Ottokar II. unter Hinweis auf seine Ehe mit Margarete, der ältesten Schwester Friedrichs, die Herrschaft in den österreichischen Ländern.

Die erste Nachricht, die sich auf die *Burg* bezieht, findet sich in der ›Continuatio Vindobonensis‹, in welcher der Chronist zum Jahre 1275 vermerkt, Ottokar habe den Bau einer wohlbefestigten Burg nahe dem Widmertor (heute etwa Durchfahrt vom Heldenplatz zum Platz In der Burg) begonnen. Der Zeitpunkt hat durchaus aktuellen

Bezug: Ottokar erwartete nicht nur eine Auseinandersetzung mit König Rudolf von Habsburg, sondern er mißtraute auch dem Adel, ja selbst der von ihm stets favorisierten Stadt. Damit war der erste ›Spatenstich‹ getan. Die Richtigkeit der Überlegungen sollte sich zwar schnell erweisen, ebenso rasch allerdings zeigen, daß die Burg für eine Verteidigung noch zu schwach war. Im Mai 1275 erklärte Rudolf, als der Böhme einer Vorladung keine Folge leistete, Österreich und die Steiermark für heimgefallen, im November 1276 erschien er mit seinen Truppen vor Wien, das sich nach kurzer Zeit ergeben mußte. Die weitere Entwicklung bis zum Tod Ottokars bei Dürnkrut ist bekannt. Seit 1279 urkundeten die Habsburger ›in castro Wiennensis‹, also in der Burg.

Vom Wehrbau zur Kaiserresidenz

Der älteste Teil der Burg ist der *Schweizertrakt* (Abb. 41). Von den gotischen Bauten sichtbar ist nur mehr die 1296 erstmals erwähnte, 1447–49 unter Friedrich III. neu erbaute Burgkapelle (schöner Blick auf den Chor vom Kapellenhof). Fast quadratisch angelegt, hat der Schweizertrakt die planvolle Symmetrie seiner ursprünglichen Anlage (vier Trakte zwischen vier wehrhaften Ecktürmen um einen rechteckigen Innenhof, umgeben von wassergefüllten Gräben) bis heute bewahrt. In der Renaissancezeit – als die Stallung und die Amalienburg gebaut wurden – kam es auch zu einer Veränderung des Schweizertrakts: 1547/52 wurde die bis dahin kaum gegliederte Fassade umgestaltet, 1552/53 das prächtige Westportal (›Schweizertor‹) errichtet.

Residenz und Wehrcharakter wurden erstmals 1287 ersichtlich: Albrecht I. wurde von den unzufriedenen Wienern in der Burg belagert und entkam nur mit List auf die Feste des Leopoldsbergs. Im 15. Jahrhundert muß es in der Burg bereits repräsentative Räumlichkeiten gegeben haben, denn 1422 hielt sich, umgeben von höchsten kirchlichen Würdenträgern, König Sigmund hier auf, und 1426 weilte König Johann I. von Portugal in der Burg. Von einer dauernden ›Residenz‹ konnte allerdings noch keine Rede sein; lediglich bei Familientreffen spielte die Burg eine Rolle. 1458 kam es zwischen Friedrich III., Albrecht VI. und Sigmund von Tirol zu einer regelrechten Teilung der Räume, 1462 wurde Friedrich mit Gattin Eleonore und Söhnchen Maximilian von den Wienern, die sich auf die Seite Albrechts geschlagen hatten, in der Burg so lange belagert, bis ihn Georg Podiebrad von Böhmen aus seiner prekären Lage befreite. Erst das 16. Jahrhundert brachte (wenn wir vom Intermezzo des Ungarnkönigs Matthias Corvinus absehen) endgültigen Wandel: 1515 trafen sich in der Burg drei Souveräne – Wladislaw von Ungarn, Sigmund von Polen und Maximilian I. – zu Beratungen, die den Grundstein zur Donaumonarchie legen sollten, und 1533, nach erfolgreich abgewehrter türkischer Belagerung, verlegte König Ferdinand seine Residenz samt den wichtigsten Hofämtern nach Wien. Dies macht einen systematischen Ausbau der mittelalterlichen Burg erforderlich, um für die kaiserliche Familie, aber auch für die Unterbringung vornehmer Gäste geeignete Räumlichkeiten zu schaffen. Die Bautätigkeit Ferdinands regte Adelige und kaiserliche Beamte an, sich in der Umgebung der Burg – im soge-

nannten Herrenviertel, in der Schauflergasse, Herrengasse und Wallnerstraße – niederzulassen. Bald war die Burg vom Minoritenkloster über das ›Kaiserspital‹ am Ballhausplatz, den Cillierhof (später Amalienburg) und ein Reitschulgebäude am Josefsplatz bis zum Augustinerkloster von einem weitverzweigten Netz weltlicher und
geistlicher Baulichkeiten umgeben und damit endgültig in die Stadt integriert.

Stallburg und Amalienburg

Der architektonisch formvollendetste Bau aus der Zeit Ferdinands ist die als selbständiger Komplex jenseits der Reitschulgasse errichtete *Stallburg* (1558–65), ursprünglich

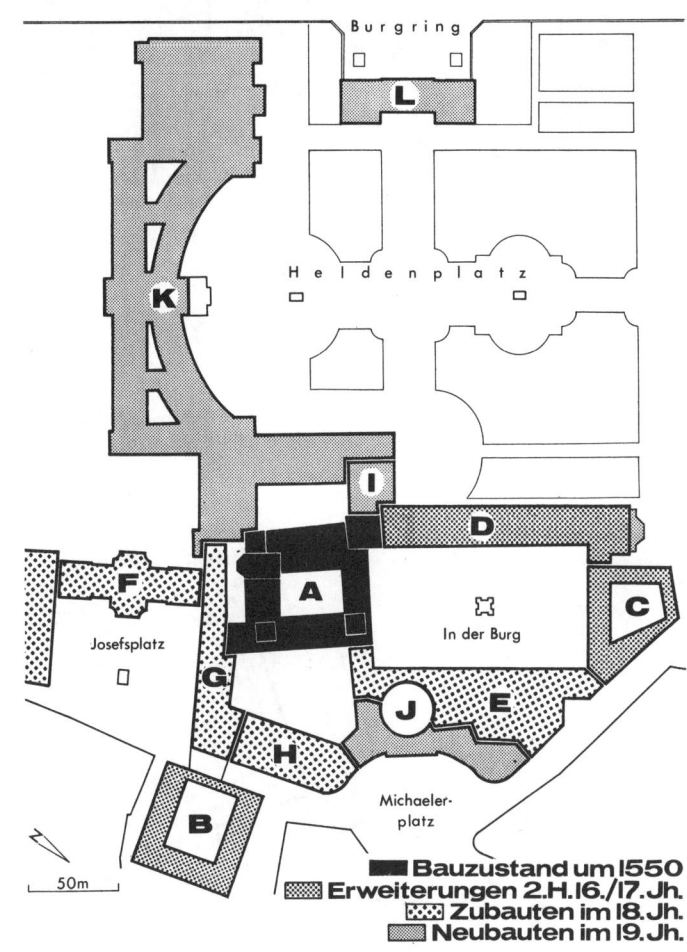

Die räumliche
Entwicklung der
kaiserlichen Burg

A Schweizerhof
B Stallburg
C Amalienburg
D Leopoldinischer
Trakt
E Reichskanzleitrakt
F Hofbibliothek
G Großer und Klei-
ner Redoutensaal
H Winterreitschule
I Kongreßzentrum
(Zeremoniensaal)
J Michaelertrakt
K Neue Burg
L Äußeres Burgtor

50m

Bauzustand um 1550
Erweiterungen 2.H.16./17.Jh.
Zubauten im 18. Jh.
Neubauten im 19. Jh.

DIE KAISERLICHE BURG

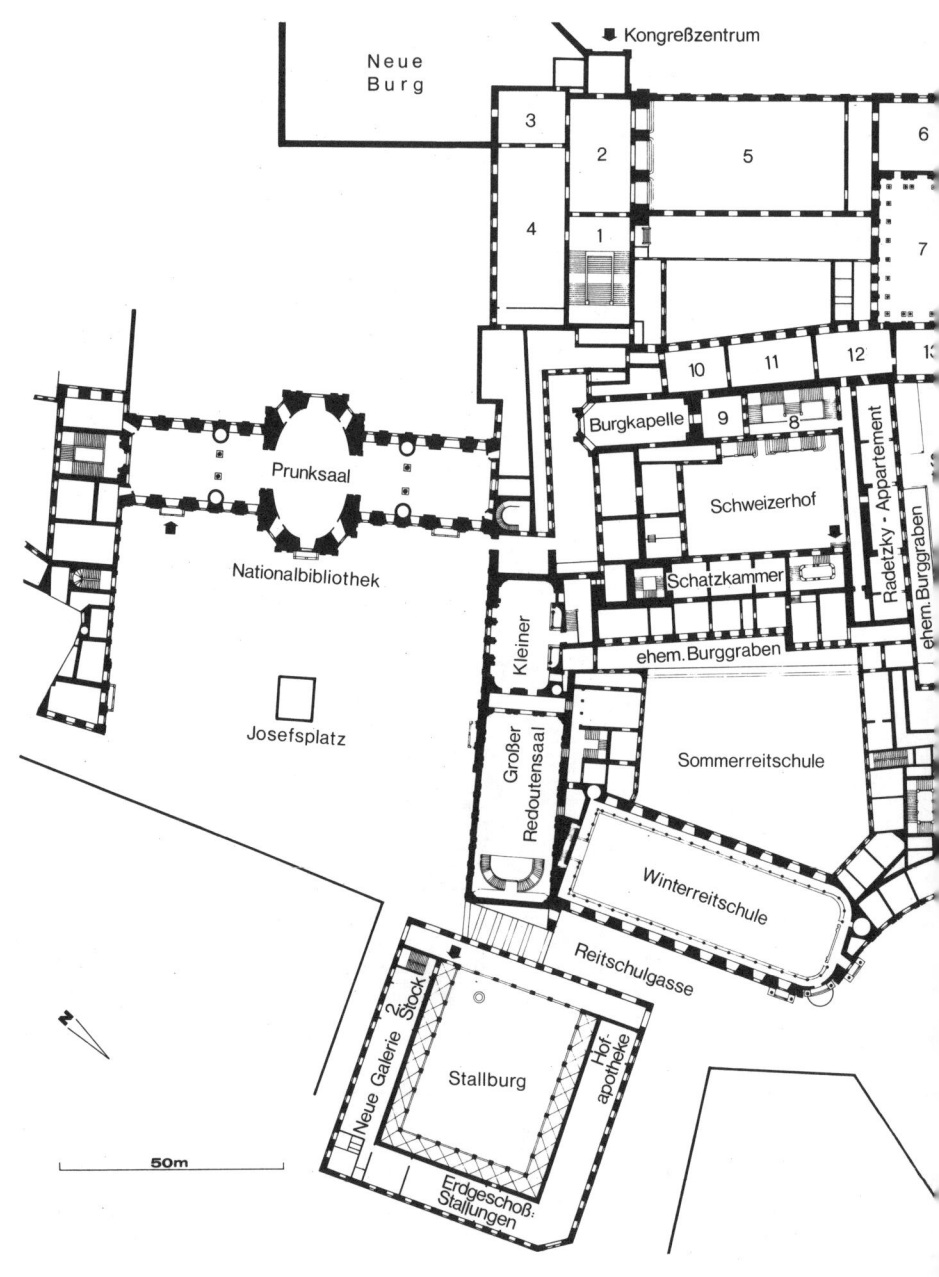

Kongreßzentrum

Neue Burg

3
2
5
6

4
1
7

10
11
12
13

Burgkapelle
9
8

Prunksaal

Schweizerhof

Radetzky - Appartement

ehem. Burggraben

Nationalbibliothek

Schatzkammer

Kleiner

ehem. Burggraben

Josefsplatz

Großer Redoutensaal

Sommerreitschule

Winterreitschule

Reitschulgasse

N

Neue Galerie 2. Stock

Stallburg

Hof-apotheke

50m

Erdgeschoß: Stallungen

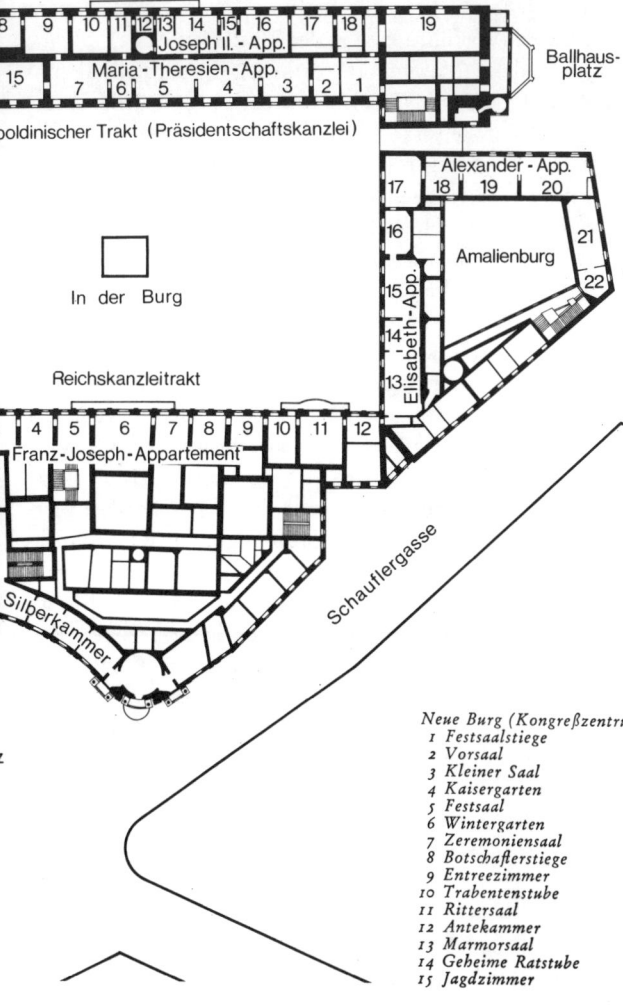

Heldenplatz

8 9 10 11 12 13 14 15 16 17 18 19

Joseph II.-App.

15

Maria-Theresien-App.

7 6 5 4 3 2 1

Leopoldinischer Trakt (Präsidentschaftskanzlei)

Ballhaus-platz

In der Burg

Alexander-App.

17 18 19 20

16

15

14

13

Amalienburg

21

22

Elisabeth-App.

Reichskanzleitrakt

3 4 5 6 7 8 9 10 11 12

Franz-Joseph-Appartement

Silberkammer

Schauflergasse

Neue Burg (Kongreßzentrum)
1 Festsaalstiege
2 Vorsaal
3 Kleiner Saal
4 Kaisergarten
5 Festsaal
6 Wintergarten
7 Zeremoniensaal
8 Botschafterstiege
9 Entreezimmer
10 Trabentenstube
11 Rittersaal
12 Antekammer
13 Marmorsaal
14 Geheime Ratstube
15 Jagdzimmer

*Das Hauptgeschoß der Hofburg
mit den kaiserlichen Appartements
im gegenwärtigen Zustand*

*Leopoldinischer Trakt
(Präsidentschaftskanzlei)*

Maria-Theresien-Appartement:
1 Erstes Bellariazimmer
2 Zweites Bellariazimmer
3 Rosenzimmer
4 Pietra-dura-Zimmer
5 Spiegelsaal
*6 Miniaturenkabinett (Arbeits-
zimmer Maria Theresias)*
*7 Maria-Theresia-Zimmer
(Sterbezimmer Maria
Theresias)*

Joseph II.-Appartement:
*8 Schlafzimmer des Kaisers
(mit danebenliegender sogen.
Bettlerstiege zum
›Kontrollorgang‹)*
*9 Grüner Salon (ehem. Arbeits-
zimmer von Joseph II., heute
Arbeitszimmer des Bundes-
präsidenten)*
*10 Empfangssalon (Arbeits-
zimmer des Kabinetts-
direktors)*
11 Wartezimmer
12 und 13 Durchgangszimmer
14 Audienzzimmer
15 Kabinett
*16, 17 und 18 Fremden-
Appartements*
19 Josefs- oder Kammerkapelle

*Reichskanzleitrakt und Amalien-
burg (Kaiserappartements)*

Franz-Joseph-Appartement:
1 Vorraum
2 Speisesaal für Stabsoffiziere
3 Cerclezimmer
4 Rauchsalon
5 Trabantenstube
6 Großer Audienz-Saal
7 Audienzzimmer des Kaisers
8 Konferenzzimmer
*9 Arbeitszimmer Kaiser Franz
Josephs*
10 Schlafzimmer
11 Großer Salon
12 Kleiner Salon

Elisabeth-Appartement:
*13 Wohn- und Schlafzimmer
der Kaiserin*
14 Toilette- und Turnzimmer
15 Großer Salon
16 Kleiner Salon
17 Vorzimmer

Alexander-Appartement:
18 Vorraum
19 Roter Salon
20 Arbeitszimmer Kaiser Karls I.
21 Speisesaal
22 Ausgangszimmer

als Residenz für den 1552 von Spanien nach Wien gekommenen Erzherzog Maximilian geplant, weil dieser schon frühzeitig das Bedürfnis nach einer eigenen Hofhaltung kundtat; die Notwendigkeit war sicherlich auch dadurch gegeben, daß der alternde Ferdinand seinem Sohn in steigendem Maße staatspolitische Aufgaben übertrug. Der Bau ging aus Geldmangel recht schleppend vonstatten. Das annähernd quadratische vierflügelige Schloß ist das bedeutendste Renaissancebauwerk Wiens. Ungeachtet seiner einfachen ungegliederten Außenfassaden besitzt der Innenhof in drei Stockwerken prachtvolle Arkadengänge (Abb. 26); bemerkenswertes Renaissancetor mit Wappen. Heute sind im Gebäude neben der ›Neuen Galerie‹ die Stallungen der weltberühmten Spanischen Hofreitschule untergebracht (Vorführungen in der Winterreitschule).

Als Ferdinand 1564 starb, übersiedelte Maximilian, dem bei der Erbteilung mit Karl II. von Innerösterreich und Ferdinand von Tirol neben der Kaiserwürde Österreich zufiel, in die alte Hofburg und ließ seit 1565 den Neubau zu einem Hofstallgebäude umgestalten. Maximilian II. ging wegen seiner Toleranz in Glaubensfragen sowie als leidenschaftlicher Kunstsammler, Mäzen der Wissenschaften und Förderer der Hofbibliothek, zu deren Direktor er Dr. Hugo Blotius bestellte, in die Geschichte ein. In den Jahren seiner Regierung entstanden das ›Neugebäude‹ in Simmering sowie der mit großem Raffinement ausgestattete Landsitz Kaiserebersdorf, der dem Geschmack dieses Renaissancefürsten offenbar besser entsprach als die spartanische Burg.

Nach dem Tod Maximilians (1576) war die Raumnot in der Burg so groß geworden, daß man sich – in einer dritten Bauphase – entschloß, auf dem Gelände zwischen dem heutigen Ballhausplatz, der Schauflergasse und dem Platz In der Burg anstelle des alten Cillierhofes (in dem eine Zeitlang das Zeughaus untergebracht war) ein Gebäude zu errichten, das wir als *Amalienburg* kennen: ein im Auftrag Rudolfs II. 1575–77 nach Entwürfen von Pietro Ferrabosco begonnener, ursprünglich freistehender Vierflügelbau um einen trapezförmigen Innenhof (am Hoftor figurale Renaissancebeschläge), der 1600–11 durch Hans Schneider und Antonio de Moys fertiggestellt wurde. Ursprünglich für die Hofhaltung Rudolfs II. bestimmt, wurde er – als Rudolf seine Residenz nach Prag verlegte – von seinem Bruder Erzherzog Ernst bezogen. Das nach einem Entwurf von Pietro Ferrabosco erbaute Schloß wurde auf Wunsch des kunstsinnigen Rudolf von erstrangigen, für diesen Zweck extra aus Florenz nach Wien berufenen Künstlern ausgestattet. Die von Maria Theresia durch Nikolaus Pacassi neu gestalteten Innenräume (heute Schauräume) bewohnten im 19. Jahrhundert Zar Alexander I. (während des Wiener Kongresses 1815) sowie die Gattin Kaiser Franz Josephs I., Elisabeth, und am Ende der Monarchie Kaiser Karl. Die Bezeichnung Amalienburg bezieht sich darauf, daß hier die Gattin Kaiser Josefs I., Wilhelmine Amalia, 1711 ihren Witwensitz einrichtete.

*

Bis zur zweiten Türkenbelagerung blieben Wehrhaftigkeit und Zweckmäßigkeit für die architektonische Gestaltung der Burg ausschlaggebend, selbst der Leopoldinische Trakt machte infolge seiner Lage unmittelbar an der Stadtmauer keine Ausnahme

(1683 war er als Hauptquartier des Grafen Starhemberg ein Hauptangriffsziel der Türken). Bis ins frühe 17. Jahrhundert hat es an einer weitblickenden und einheitlichen Bauplanung gefehlt, so daß wir am Beginn der Regierung Leopolds I. eine Vielzahl untereinander kaum zusammenhängender Baukörper vor uns haben.

Barocke Erweiterungen von Leopold I. bis Karl VI.

Mit der Vollendung absolutistischen Herrschaftswillens brachte das 17. Jahrhundert jenen Aufstieg des Adels mit sich, der, zu ungeheurem Reichtum gelangt und um den Kaiser geschart, mit seinem schrankenlosen Repräsentationsbedürfnis auch den monarchischen Repräsentationswillen anstachelte. Seit der zweiten Jahrhunderthälfte wurde zudem das kirchliche Element in steigendem Maße vom weltlichen verdrängt. Mit der Rückkehr des Hofes unter Kaiser Matthias von Prag nach Wien (1612) begann die Entwicklung Wiens zur ›Kaiserstadt‹. Der Leopoldinische Trakt der Hofburg, von Leopold I. kurz nach seinem Regierungsantritt in Auftrag gegeben, ist der Ausdruck eines aufkommenden Residenzgefühls der Habsburger, die Umsetzung des Barockideals eines Fürstenschlosses, wie es der gleichzeitige Bau von Versailles verkörpert. Wir unterscheiden eine frühbarocke vierte Bauphase (Leopoldinischer Trakt) und eine hochbarocke fünfte Bauphase, in der mit dem Reichskanzleitrakt, der Hofbibliothek und dem Reitschultrakt die bedeutendsten Bauwerke geschaffen wurden.

Der Leopoldinische Trakt

Mit Leopold I. (1658–1705) kam der erste österreichische ›Barockkaiser‹ auf den Thron. Unter ihm entwickelte sich Wien zum Mittelpunkt der europäischen Musik- und Theaterwelt und zu einem wirtschaftlichen Zentrum des Merkantilismus. Es gelang Leopold, die Türken entscheidend zu schlagen, Ungarn mit Siebenbürgen zu gewinnen und das Habsburgerreich zur europäischen Großmacht emporzuführen. Seine absolutistisch-zentralistischen Regierungsgrundsätze zeitigten die verschiedensten Auswirkungen. Es ist bemerkenswert, daß der Hof eine ganz besondere Anziehungskraft auf weite Teile der Bevölkerung ausübte, ja daß es weit attraktiver war, das kleinste Amt bei Hof zu bekleiden als etwa ein hohes städtisches Amt; nicht das Vertrauen der Bürger gab das größte Ansehen, sondern der Abglanz der kaiserlichen Huld. Die Übernahme des feierlichen spanischen Hofzeremoniells führte dazu, daß auch das bürgerliche Leben pedantischer wurde und daß sich die soziale Kluft zwischen den verschiedensten Schichten der Bevölkerung verbreiterte. Was sich einige Jahrzehnte danach ins Gegenteil verkehren sollte, war um diese Zeit noch die Maxime: alles drängte in die Stadt, der Besitz eines Hauses oder gar eines Palais innerhalb der Mauern dünkte manchem als das erstrebenswerteste Ziel seines Lebens. Dieser Trend löste damals geradezu eine frühbarocke Bauhausse aus.

Da Leopold die Burg als ›altväterisch‹ betrachtete, ließ er zwischen dem Wohngebäude der Kinder Ferdinands I. beim Widmerturm und der Amalienburg anstelle der Stadtmauer nach Plänen von Philibert Lucchese einen Neubau errichten, der sich an der Münchner Residenz orientierte. Wenige Monate nach dem Bezug des Trakts wurde dieser 1668 ein Raub der Flammen; der Wiederaufbau warf zwar große finanzielle Probleme auf, erfolgte aber dennoch nach neuen Plänen von Giovanni Pietro Tencala in vergrößertem Umfang. Die Sinnenfreudigkeit des Barock äußerte sich auch nach außen hin in der Farbigkeit der Fassade: die Wandflächen waren hellgelb gehalten, die Pilaster und Gesimse steingrün, die Metopenfelder im Kranzgesimse abwechselnd grau und rosa.

Die Erweiterungen unter Karl VI.

Nach der Befreiung Wiens 1683 und dem Gegenstoß in den europäischen Südosten waren die politisch-militärischen Voraussetzungen gegeben, die einer Festung ähnelnde Residenz in einen Palast zu verwandeln, der dem aufkommenden Repräsentationsbedürfnis der Habsburger und dem Aufstieg Österreichs zur Großmacht Rechnung trug. Weder Leopold I. noch Josef I. vermochten die von ihnen gehegten Pläne zu realisieren. Erst Karl VI. (Abb. 54), ein typisch barocker Bauherr und Mäzen, der – dem spanischen Zeremoniell zugetan – dem Begriff der ›Majestät‹ Bedeutung verlieh, entwickelte jene Prunkentfaltung, die zu einer beispiellosen Förderung der Künste, vor allem der Architektur als äußerem Zeichen der Macht, führte. Unmittelbar nach seiner Rückkehr aus Spanien gab Karl den Auftrag, die Ausgestaltung in Angriff zu nehmen. Die prominentesten Architekten der Zeit – Johann Bernhard Fischer von Erlach (Abb. 52), sein Sohn Joseph Emanuel und Johann Lukas von Hildebrandt (Abb. 53) – bemühten sich, unter Schonung des Vorhandenen geeignete Vorschläge zu unterbreiten. Man kam zwar zu keiner Gesamtlösung, aber auch die Teilergebnisse der hochbarocken Bauära sind imponierend.

Monumental – und selbst in jener an prachtvollen Bauwerken überreichen Zeit hervorragend – ist der von Johann Bernhard Fischer konzipierte und von seinem Sohn vollendete Bau der *Hofbibliothek* (Abb. 44) am Josefsplatz. Gleichzeitig begann der ältere Fischer in Gemeinschaft mit Hildebrandt den Reichskanzleitrakt der Burg, der die zweite Verbindung vom Schweizerhof zur Amalienburg herstellte und den inneren Burghof endlich auch stadtseitig abschloß. Die vom jüngeren Fischer entworfene Winterreitschule verband die älteste Burg mit der Stallburg; die Front zum Michaelerplatz blieb allerdings für eineinhalb Jahrhunderte ein Torso. Nikolaus Pacassi blieb es vorbehalten, nachdem bis 1748 die beiden Redoutensäle erbaut worden waren, Ende der sechziger Jahre die Bauten am Josefsplatz zu einer Einheit zusammenzufassen und damit die klassische Ausgewogenheit einer der schönsten Plätze Wiens zu schaffen.

Hofstallungen (7, Messeplatz; heute Messegebäude). Der 1719 an Johann Bernhard Fischer von Erlach vergebene Auftrag bildet den eigentlichen Auftakt zur Schaffung einer würdigen kaiserlichen Residenz, wie sie auch von der gehobenen Wiener Gesellschaft als wünschenswert erachtet wurde. Die Hofstallungen, das letzte Werk des älteren Fischer, erinnern in ihrer weitläufigen Anlage in gewisser Hinsicht an seinen ursprünglichen Entwurf für Schönbrunn und lassen eine grundlegende Neuplanung des gesamten Hofburgkomplexes erahnen. Trotz spärlicher Mittel erzielte Fischer durch Staffelung der einzelnen Baukörper großartige künstlerische Wirkung.

Reichskanzleitrakt (1, In der Burg). Die Grundsteinlegung (1723) bot Anlaß zur neuerlichen Ausarbeitung umfangreicher Erweiterungspläne, die Johann Lukas von Hildebrandt im Todesjahr des älteren Fischer (1725) vorlegte. Der Bau wurde kurz danach in die Hände des neuen leitenden Hofarchitekten Joseph Emanuel Fischer von Erlach gelegt. Der Reichskanzleitrakt zeigt keine Verwandtschaft mit Werken des älteren Fischer, strömt aber – beeinflußt durch Studien in westlichen Ländern – Gleichmaß und majestätische Wirkung aus. Die plastischen Gruppen an den Portalen der Burghoffassade schuf der aus dem Venezianischen stammende Hofbildhauer Lorenzo Mattielli (1727–29).

Hofbibliothek (1, Josefsplatz 2; heute Österreichische Nationalbibliothek) (Abb. 44). Sie zählt zu den bedeutendsten architektonischen Leistungen unter Karl VI. und faßt noch einmal die Architekturgedanken des älteren Fischer zusammen. Der Bau wurde 1721 noch von Johann Bernhard begonnen, allerdings erst durch seinen Sohn Joseph Emanuel, der einige Änderungen vornahm, fertiggestellt (1735). Die plastische Belebung des Baukörpers ist durch die späteren repräsentativen Fassaden und die Dachsilhouette gemildert; im Sinne Hildebrandts haben sich Steildächer durchgesetzt. Der Mittelrisalit ist weit vorgezogen und läßt das mächtige Kuppeloval des Prunksaals erahnen, der dank seines hohen künstlerischen Wertes als schönster Bibliothekssaal der Welt bezeichnet wird. Die Raumfolge im Inneren ist durch ihren harmonischen Aufbau von überwältigender Schönheit. Die Wand- und Deckengemälde schuf Daniel Gran.

Winterreitschule (1, Reitschulgasse) (Abb. 48). Der nach Plänen des jüngeren Fischer errichtete Bau (1726–35) wirkt in seiner sachlichen Zweckmäßigkeit durchaus modern. Der in Weiß gehaltene Reitschulsaal mit seiner umlaufenden, auf sechsundvierzig Säulen ruhenden Galerie und der tempelartigen Hofloge entspricht in seinem Gesamtcharakter bereits der klassizistischen Richtung der Wiener Barockarchitektur und distanziert sich damit deutlich von Johann Bernhards Hofbibliothekssaal. Seit Karl VI. Pflegestätte der spanischen Reitkunst, wird der Saal bis heute für Vorführungen der Spanischen Hofreitschule verwendet. Hier fanden zur Zeit Maria Theresias farbenprächtige Reiterspiele und ›Karussells‹ statt, so 1743 unter persönlicher Leitung der Monarchin das berühmte und einzigartige ›Damenkarussell‹, worin symbolisch der Sieg einer Frau über ihre Feinde dargestellt wurde.

Redoutensäle (1, Josefsplatz). Wahrscheinlich 1744–48 nach einem Entwurf von Jean Nicolas Jadot de Ville-Issey erbaut, 1752 innenarchitektonisch verschönert und 1760 von Johann Ferdinand Hetzendorf von Hohenberg ausgeschmückt, wurde die Fassade 1767 dem gegenüberliegenden Flügel der Hofbibliothek angeglichen.

*

Mit Karl VI. ging eine für die Hofburg bedeutsame Ära zu Ende. Mit Recht wird ihm nachgerühmt, er habe der Hofburg ihre charakteristische Gestalt und das eines

Kaisers würdige Aussehen verliehen. Die baulichen Veränderungen sind auch unter dem Blickwinkel zu sehen, daß Maria Theresia das Schloß Schönbrunn bevorzugte und sich seit 1750 überwiegend in diesem aufhielt.

Die Kunstsammlungen in der Hofburg

Die verteidigungsfähige Burg war von altersher dazu bestimmt, in einem ›Sagraer‹, einer Sakristei, den ›thesaurus‹ der Habsburger – Silbergeschirr, Schmuck, Heiltümer, Urkunden – zu verwahren. Albrecht III. hat in seinem Testament 1395 auf einen solchen Aufbewahrungsort Bezug genommen, Albrecht IV. verfügte über Wertgegenstände im »Turm bey der gemahlten stube«.

Als Begründer der ältesten ›Kunstkammer‹ wird Ferdinand I. bezeichnet; einen urkundlichen Nachweis können wir zum Jahr 1554 erbringen. Es folgte Erzherzog Ernst, der gegen Ende des 16. Jahrhunderts Kunstkammern in der Amalienburg einrichtete. Ein halbes Jahrhundert später hören wir auch von der berühmten Kunstsammlung Erzherzog Leopold Wilhelms in der Stallburg; ohne sein Mäzenatentum hätte sich die Gemäldegalerie des Kunsthistorischen Museums niemals zu ihrer heutigen Reichhaltigkeit entwickeln können. Im Zuge der hochbarocken Burgerweiterungen kam es unter Karl VI. auch zu Neuordnungen der inzwischen stark angewachsenen Sammlungen; zu besonderem Ansehen gelangte damals die Galerie in der Stallburg, die Schatzkammer wurde in ihre jetzigen Räumlichkeiten verlegt.

Die Neubauten in der Ringstraßenära (nach 1857) – Kunsthistorisches und Naturhistorisches Museum, Michaelertrakt (Abb. 45), Neue Burg – führten zu einer Neuaufstellung der Sammlungen, die nach dem Ende der Monarchie 1918 in den Besitz der Republik Österreich übergeleitet wurden. Heute sind die Kunstsammlungen, von denen einige Weltberühmtheit erlangt haben, auf viele Teile des Burgkomplexes und eine Reihe nahegelegener Gebäude verteilt; die Kaiserappartements in der Hofburg sind als Schauräume zugänglich.

Sammlungen und Schauräume in der Hofburg

Sammlungen des Kunsthistorischen Museums. Im *Schweizertrakt:* Schatzkammer (Weltliche Schatzkammer: Insignien der Habsburger [Farbt. I], Burgunderschatz, Schmuck u. a.; Geistliche Schatzkammer). In der *Neuen Burg* (Mittelrisalit): Waffensammlung; Sammlung alter Musikinstrumente (u. a. Klaviere von Beethoven, Schumann, Brahms); Ephesos-Museum. In der *Stallburg:* Neue Galerie (Romantik bis Expressionismus).

Österreichische Nationalbibliothek. Prunksaal (Josefsplatz 2); Handschriften- und Kartensammlung (Josefsplatz 1); Druckschriftensammlung (Neue Burg, Mittelrisalit); Theatersammlung, Esperanto-Museum (Michaelertrakt); Porträtsammlung, Bildarchiv (Neue Burg, Ringstraßenflügel).

Museum für Völkerkunde (Neue Burg, Ringstraßenflügel).
Hoftafel- und Silberkammer (Michaelerkuppel).
Schauräume in der Hofburg. Im *Reichskanzleitrakt:* Franz Joseph-Appartement. –
In der *Amalienburg:* Elisabeth- und Alexander-Appartement.

Sammlungen im Hofburgbereich

Kunsthistorisches Museum (Burgring 5): Gemäldegalerie (samt Sekundärgalerie),
Ägyptische Sammlung, Antikensammlung, Sammlung für Plastik und Kunstgewerbe,
Sammlung von Medaillen, Münzen und Geldzeichen, Ambraser Porträtsammlung.
Naturhistorisches Museum (Burgring 7).
Papyrus- und Musiksammlung der Österreichischen Nationalbibliothek (Augustiner-
straße 1).

Das ›Kaiserforum‹

Als Napoleon bei seinem Abzug aus Wien 1809 die Burgbastei sprengen ließ, entschloß
man sich zu einer ›kleinen Stadterweiterung‹. Auf dem gewonnenen Terrain legte man
den Volksgarten und den Kaisergarten (heute Burggarten) an, dazwischen entstand
das von Pietro Nobile gestaltete Äußere Burgtor (1821–24). Schon zuvor hatte Kaiser
Franz II. von Louis von Montoyer einen Erweiterungsbau errichten lassen (1802–06),
der im rechten Winkel an das Südostende des Leopoldinischen Trakts anschloß (heute
Kongreßzentrum). 1817 wurde der Verteidigungscharakter Wiens aufgehoben, die
Basteien standen seither den Bürgern zur Promenade offen.

Mit Handschreiben vom 20. Dezember 1857 bewilligte Kaiser Franz Joseph I. die
Schleifung der gesamten Befestigungsanlagen. Ein zentraler Punkt der Ringstraßen-
planung war eine großzügige Erweiterung der Hofburg. Theophil Hansen, Heinrich
Ferstel, Carl Hasenauer und Moritz von Löhr legten 1867 Vorschläge vor, von
denen jedoch keiner unverändert zur Durchführung geeignet schien. Über Anregung
Hasenauers erging daher, um den Streit durch Anrufung einer europäischen Autorität
zu beenden, 1869 eine Einladung an Gottfried Semper nach Zürich, weil dieser durch
seine Platzlösung vor dem Dresdner Zwinger als die geeignetste Persönlichkeit angesehen wurde, ein Gutachten zu erstellen. Semper erklärte, die beiden projektierten
Hofmuseen hätten sich dem neuen Residenzbau (Neue Burg) unterzuordnen, und legte
die Idee eines ›Kaiserforums‹ vor, dem der Kaiser auch seine prinzipielle Zustimmung
erteilte. Nach Sempers Entwurf sollte dem Leopoldinischen Trakt ein kuppelbekrönter
Thronsaal vorgelagert werden. Die beiden von ihm vorgesehenen Seitenflügel der Burg
mit ihren eingeschwungenen Hemizyklen – von denen nur der östliche gebaut wurde –
erinnern in ihrer ovalen Grundrißgestaltung an die Kolonnaden Berninis in Rom, in
ihrer architektonischen Gliederung an die Kolonnaden des Pariser Louvre; die Brenn-
punkte des ›Heldenplatzes‹ fielen mit den beiden bereits aufgestellten Reiterdenk-
mälern Anton Dominik Fernkorns (Prinz Eugen, Erzherzog Carl, Abb. 47) zusam-

men. Da diese beiden Burgflügel über die Ringstraße hinweg mit den Museen durch Triumphbogen verbunden werden sollten, hätte sich jenes gewaltige, auf der zweiten Schmalseite durch das Gebäude der Hofstallungen abgeschlossene ›Kaiserforum‹ ergeben, das Semper als Ausdrucksform imperialer Macht vorschwebte.

Die *Neue Burg* wurde nach Plänen von Gottfried Semper und Carl Hasenauer 1881 in Formen der Renaissance begonnen und der südliche Hemizyklus durch Emil Förster (1897–99), Friedrich Ohmann (1899–1907) und Ludwig Baumann (1907–13) fertiggestellt. Es war die letzte große Planung innerhalb des Hofburgkomplexes.

Michaelertrakt (Abb. 45). Unabhängig von diesen Planungen kam es zu einer abschließenden architektonischen Gestaltung am Michaelerplatz, bei der man auf alte Pläne Joseph Emanuel Fischers von Erlach zurückgriff. Nach Schließung des alten Burgtheaters (1888), das in sein neues Gebäude am Ring übersiedelte, war der Weg frei zur Gestaltung der Michaelerfront, die 1889–93 im Sinne Fischers von Burghauptmann Architekt Ferdinand Kirschner ausgeführt wurde. Die Fassade und die achteckige Kuppelhalle, das sogenannte Oktogon, erhielten würdigen plastischen Schmuck: vor den Pfeilern der Portale Heraklesgruppen, in den Nischen an den Eckbauten Brunnengruppen (links ›Macht zur See‹ von Rudolf Weyr, rechts ›Macht zu Lande‹ von Edmund Hellmer), im Oktogon Darstellungen der Devisen von vier Habsburgern. Das Zusammenwirken zahlreicher Bildhauer ist ein eindrucksvolles Beispiel für die Kreativität der bildenden Künste in der Zeit des Historismus.

*

Die Plätze des Burgkomplexes dokumentieren, ungeachtet des Umstandes, daß die letzte große Erweiterung ein Torso blieb, Entwicklungsphasen und Baustile der Burg: der Schweizerhof die Gotik, der Innenhof der Stallburg die Renaissance, der Platz In der Burg zum Teil den Frühbarock, der Josefsplatz den Spätbarock und der Heldenplatz den Historismus.

Das Werden der Kaiserstadt

Ehe Skepsis und rationales Denken die bestehenden Ordnungen Europas auflösten und die bis dahin einigende Macht der Kirche erlahmte, sammelte der alte Kontinent nochmals alle seine Kräfte in der letzten gemeinsamen Kulturleistung des Abendlandes: dem Gesamtkunstwerk des Barock. Wir erblicken im Barock deshalb eine der universalsten Ausdrucksformen der europäischen Kultur, weil es sich keineswegs nur um einen kunsthistorischen Begriff, sondern um ein tiefgreifendes geistiges Phänomen in einer spannungsgeladenen Epoche handelt. Viel zu sehr werden allerdings über der Betrachtung des hochbarocken Zeitalters die Tendenzen in jenen Jahrzehnten vergessen, welche die Voraussetzungen für den Glanz des ›großen 18. Jahrhunderts‹ bilden. Deshalb sollten die Wurzeln des Barock – Sieg der Gegenreformation, Ausbildung des landesfürstlichen Absolutismus, Triumph über die Türken – stets bewußt bleiben. Wenn die verworrene politisch-militärische Lage den Eindruck entstehen läßt, das kulturelle Leben sei durch sie entscheidend beeinträchtigt gewesen – die Not der Bevölkerung, die Verrohung des Geistes und die allgemeine Unruhe scheinen diese These zu erhärten –, so ist dies eine trügerische Halbwahrheit. Die Verherrlichung der Siege und die Glorifizierung der herrschenden Gewalten bildeten nämlich als Pendant die entscheidenden Impulse, zum Höhepunkt barocken Schaffens zu gelangen.

Die ›Klosteroffensive‹ des Kardinals Melchior Khlesl

Die zweite Hälfte des 16. Jahrhunderts stand in Wien, bei völlig beruhigter außenpolitisch-militärischer Lage, im Zeichen von Religionszwistigkeiten. Die Bevölkerung war zur Zeit Maximilians II. zu etwa 80% lutherisch, und 1575 stand mit Christoph Hutstocker kurzfristig sogar ein protestantischer Bürgermeister an der Spitze der Stadt. Hatte Maximilian den Evangelischen gegenüber auch nicht das gehalten, was sie sich von ihm erhofft hatten, so war sein Tod (1576) für sie doch ein schwerer Schlag. Dies zeigte sich bereits 1577, als Rudolf II. jeden öffentlichen protestantischen Gottesdienst und das Schulehalten unter strengster Strafandrohung verbot, 1578 auch das letzte protestantische Reservat, die Landhauskapelle, aufhob und die Kirche im Jörgerschen Schloß zu Hernals sperrte, so daß den Wienern fortan nur noch Inzersdorf zum ›Auslaufen‹ – wie man den Besuch eines protestantischen Gottesdienstes außerhalb der

VIENNA

DANUBIVS

Vogelschau der Stadt Wien von Norden, um 1649. Kupferstich nach Matthäus Merian

AVSTRIÆ.

LUVIVS

Stadt nannte – übrigblieb. Daran konnte auch die ›Sturmpetition‹ nichts ändern, jene erschütternde Kundgebung im Burghof, bei der unter dem Ruf »Wir bitten ums Evangelium!« Glaubensfreiheit gefordert wurde.

Den Beginn des 17. Jahrhunderts markieren zwei bedeutsame Ereignisse: 1606 anerkannten die Türken im Frieden von Tsitva Torok den Kaiser als gleichberechtigten Partner (womit der Weg für diplomatische Verhandlungen geebnet war), 1620 leitete die Schlacht am Weißen Berg die Unterdrückung des Protestantismus und der ständischen Verfassung in den Erblanden ein. Als Denkmal der Kämpfe steht auf dem Platz Am Hof die 1644 von Ferdinand III. gelobte Mariensäule, deren Typus sich von der Mariensäule in München ableitet (heute Bronzeguß, 1664/67).

Die hervorragendste Persönlichkeit war der aus Wien gebürtige und zunächst evangelisch erzogene Melchior Khlesl, der unter Kaiser Matthias nicht nur die Regierungsgeschäfte führte, sondern als Kirchenfürst die Seele der Gegenreformation wurde. Wohl von den Jesuiten erzogen, jedoch der Societas Jesu selbst nicht angehörend, zählte Khlesl doch zu deren namhaftesten Wegbereitern. 1594 stieg – erkennbar an der Übergabe der starken Festung Raab – die Türkengefahr neuerlich bedrohlich an, im selben Jahr starb der Wiener Bischof Neubeck. Es war klar, daß nur Khlesl sein Nachfolger werden konnte – doch er zögerte. Als er endlich 1602 in sein Amt eingeführt wurde, setzte jene ›Klosteroffensive‹ ein, mit der sich, begleitet von architektonischen Veränderungen des Stadtbilds, das Gedankengut der Gegenreformation endgültig durchsetzte. War es im 16. Jahrhundert zu keinen nennenswerten Kirchen- oder Klosterbauten gekommen, so überstürzten sich die Neugründungen nun in einem weder zuvor noch danach jemals erreichten Maß.

Den Anfang machten 1603 die Franziskaner, ihnen folgten 1614 jenseits des Donaukanals, in der Leopoldstadt, die Barmherzigen Brüder, in der Stadt 1622 die Dominikaner mit ihrem Kloster und im selben Jahr die Kapuziner, 1623 die Karmeliter in der Leopoldstadt und 1624 die Paulaner auf der Wieden, 1626 die Barnabiten. 1628 folgten die Unbeschuhten Karmeliter, 1630 berief Ferdinand II. die Unbeschuhten Augustiner und quartierte sie in dem der Hofburg benachbarten Kloster ein; die bis dahin dort wirkenden Beschuhten Augustiner mußten in die Vorstadt Landstraße abwandern und erbauten dort 1642 die Rochuskirche. Nachdem die Dominikaner 1631 auch mit ihrem Kirchenbau begonnen hatten, bildeten 1633 die Schwarzspanier, 1638 die von Ferdinand III. berufenen Serviten und 1643 die Schotten mit ihrem Kirchenneubau den Ausklang.

Geistliche Frömmigkeit und römisches Barock auf Wiener Boden

Seinen monumentalen Auftakt erhält das österreichische Frühbarock in Salzburg – im Profanbau, als Erzbischof Wolf Dietrich 1596 den Neubau seiner Residenz beginnt und damit den römischen Adelspalast in die gotische Stadt verpflanzt, im Sakralbau, als er 1604 durch Vincenzo Scamozzi, einen Schüler Palladios, Pläne für den Dom entwerfen läßt. Das 17. Jahrhundert sollte ein Jahrhundert der Italiener werden. Die Abhängigkeit von italienischen – im Sakralen vorwiegend römischen – Vorbildern ist unverkennbar. In Wien arbeiten ganze Familien: die Carlone, d'Allio, Tencala, Rossi, Galli-Bibiena und Martinelli sind (neben anderen) als Architekten, Ingenieure oder Stukkateure tätig. Aber trotz ihrer Verankerung in ihrer römischen oder oberitalienischen Heimat tragen die Bauten das Signum des Eigenständigen: sie können sich hierzulande der österreichischen Tradition nicht gänzlich entziehen.

Unter den die Stadt bald wie ein Spinnennetz überziehenden kirchlichen Bauwerken befinden sich mit der Dominikaner-, Jesuiten-, Kapuziner-, Paulaner-, Karmeliter-, Rochus- und Servitenkirche klassische Beispiele des Wiener Frühbarock. War bei den Benediktinern, Augustinern oder Zisterziensern die Kirche Mittelpunkt ausgedehnter Klosteranlagen fern der Stadt, so waren die Dominikaner, Franziskaner, Minoriten, Kapuziner oder Serviten an das Schicksal städtischer Gemeinwesen gebunden. Die Bedeutung der Klöster trat eher zurück, hingegen entwickelten sich die Kirchenfassaden zu Dominanten von Straßen und Plätzen. Hatte die sakrale Kunst demgemäß auf dem flachen Land mit der Schloßarchitektur zu konkurrieren, so bildete sie in der Stadt das bewußte Pendant zu Adelspalästen und Bürgerhäusern.

Die Jesuiten

Die Societas Jesu ist nicht nur Wegbereiter der tridentinischen Reformwelle und dank des leidenschaftlich-fanatischen Glaubens ihrer Mitglieder führende Kraft der Gegenreformation, sondern auch Träger einer neuen Einstellung zu Wissenschaft, Kunst und Theater, das sie ebenfalls religiösen Zielen dienstbar machte. Die hagere Gestalt des hl. Petrus Canisius, fast verzehrt von einem Übermaß an Arbeit und letztem Einsatz, steht vor uns als Beispiel unermüdlicher Ausdauer und beispielgebenden Durchhaltens. Zäher Verhandlungspartner, überragender Organisator, zugleich aber auch, wo immer es not tat, leidenschaftlicher Seelsorger und – nicht zuletzt – kreativer theologischer Schriftsteller, machte er den Orden unter Anwendung eines rigorosen Ausleseprinzips zu jener militanten Elitetruppe Gottes, die ihre Aufgabe weniger in der Gewinnung der Masse, als in der Beeinflussung von Hof und Adel sah; als Hofprediger, Hofbeichtväter und Prinzenerzieher wirkten die Jesuiten an den Fürstenhöfen, als Lehrer an den Kollegs und Universitäten.

Seit Canisius 1549 die Ingolstädter Universität unter seine Kontrolle gebracht hatte, begründete er Kolleg um Kolleg. 1552 wurde der Orden von Ferdinand nach Wien berufen, 1623 übertrug man ihm die Leitung der philosophischen und theologischen Fakultät, allerdings mit der Auflage, für den Bau eines Kollegiums und einer Kirche zu sorgen. Langsam lebte sich so eine ganze Generation hinein in jenen heroischen Aktivismus, der die Gesellschaft Jesu im ersten Jahrhundert ihres Bestehens prägte. Erst die Aufklärer und Akademiker, nicht zuletzt Fürst Kaunitz, brachten den Orden zu Fall; mit ihm verschwand 1773 ein wesentliches Element des alten Österreich.

Entscheidender als die Gunst und Förderung des Hofes sollte für die Gesellschaft Jesu ihre Stellung in Erziehung und Unterricht werden. Der volle Glanz und Gelehrtenruhm ruhte dabei auf der Wiener Universität. Durch tätiges Wirken und systematische Arbeit bildeten die Jesuiten aber auch einen das ganze Land überspannenden Frömmigkeitstyp aus: den ignatianischen. Setzte das »Age contra te ipsum« dem gewaltig andringenden Barock und seinem Streben nach äußerem Schein einen beachtlichen Damm entgegen, so öffnete das »Ad maiorem Dei gloriam« mit seiner Mischung von glühendem Enthusiasmus und kühler Berechnung zweckdienlicher Mittel wieder jene Schleusen, die eine gewaltige Glorifizierung mit Ausdrucksmitteln der Kunst ermöglichten.

Alte Universität (1, Dr.-Ignaz-Seipel-Platz 1, auch 1, Bäckerstraße 20). Teile der alten Universität wurden 1623–27 zu einem Akademischen Kollegium umgebaut (heute Sitz des Ordens in Wien); der Universitätsplatz erhielt seine heutige Form allerdings erst im 18. Jh. (Neufassadierung der Kirche, Bau der Universitätsaula).

Jesuitenkirche (Ehem. Universitätskirche; 1, Dr.-Ignaz-Seipel-Platz 3). Von einem unbekannten Architekten 1627–31 erbaut, von Andrea Pozzo 1703–07 in die heutige Form gebracht (von ihm stammen die Türme, Änderungen der Fassade, Umgestaltung des Inneren durch Veränderung der Seitenkapellen und Ausführung der Deckenfresken). Streng gegliederte zweigeschossige Fassade mit typisch frühbarocker, enger, horizontaler und vertikaler Gliederung; Fenster und Figurennischen, bekrönt von schmalem Mittelgiebel und seitlichen Voluten, im Gegensatz dazu Pozzos hochbarocke Türme mit mächtigen Helmen. Inneres trotz erkennbar gebliebener frühbarocker Gestalt mit hochbarockem Gepräge; die Decke des ursprünglich tonnengewölbten Raums von Pozzo in einzelne Felder unterteilt und mit illusionistischer Malerei versehen, Höhepunkt in der täuschenden Scheinkuppel im westlichen Teil des Langhauses (Abb. 31).

Die Kapuziner

Durch die Bezeichnung ›Ordo Fratrum Minorum Capucinorum‹ als Zweig der alten franziskanischen Familie ausgewiesen, hatten sie sich zwischen 1525 und 1545 unter heftigen Kämpfen vom Gesamtorden gelöst. Um in der Armut wieder dem ›poverello‹ gleichzukommen, wandten sich die Kapuziner besonders dem einfachen Volk zu. 1574 gab Papst Gregor XIII., mit dem die gegenreformatorische Weltpolitik einsetzt, dem Orden die Erlaubnis, sich auch außerhalb Italiens niederzulassen. Von Venedig kamen die Kapuziner über Tirol und Salzburg nach Prag, und von dort rief sie Kaiser Matthias nach Wien, wo sie die Grabstätte der Habsburger in ihre Obhut nehmen sollten. Mögen die Leute sich zunächst auch an der Fremdartigkeit des neuen Ordens gestoßen haben, in dem so viele Italiener und Welschtiroler den Ton angaben, so gewann dieser doch bald eine Volkstümlichkeit, die beispiellos war.

Was die Kapuziner über andere Orden erhebt, ist aber etwas anderes: mit ihnen kam zum religiösen Ziel einer vereinigten Christenheit die fanatische Kraft, den Kampf gegen die neuerlich vordrängenden Türken wieder aufzunehmen. In den Bet- und Bauernalltag hineingestellt, wurde der Kreuzzug gegen die Türken das ureigenste Anliegen der Kapuziner, und dieses ›Türkenmotiv‹ verstärkte auch den Ruf eines Marienbildes, das der Orden als ›sein‹ Gnadenbild schlechthin zu betrachten pflegte: den Ruf nach ›Maria-Hilf‹. Von Passau verbreitete sich der Kult über die Lande, um schließlich 1660 mit Maria-Hilf in Wien die bedeutendste Marienwallfahrt der Kaiserstadt zu schaffen. Den Ausklang unserer Periode finden wir bei Marco d'Aviano, dem Apostolischen Missionar und päpstlichen Legaten von 1683, mit dem noch einmal eine heiße Welle italienischer Kapuzinerfrömmigkeit und Marienverehrung nach Wien schlug und die Massen in ihren Bann zog; dabei hat d'Aviano, wie dereinst Bernhard von Clairvaux, hier in seiner fremden Sprache gepredigt! Der Sieg am Kahlenberg und der nachfolgende Offensivstoß nach Ungarn waren gewiß auch ein Verdienst des italienischen Kapuziners, und so zählt er zu jenen, die das Aufblühen Wiens zur barocken Kaiserstadt ermöglicht haben.

Kapuzinerkirche (1, Neuer Markt). Zu der von Kaiserin Anna 1618 gestifteten Kirche legte Ferdinand II. 1622 den Grundstein. Die Fassade (1933–36 in Anlehnung an alte Ansichten rekonstruiert) erhielt 1760 einen Portalvorbau, durch den man den schlichten einschiffigen Saal mit seinem Tonnengewölbe betritt; durch die Anfügung je einer Kapelle links und rechts ergibt sich eine kreuzförmige Anlage, eine Einteilung, die den Baugewohnheiten der Kapuziner entspricht. – Im Kloster starb 1699 Marco

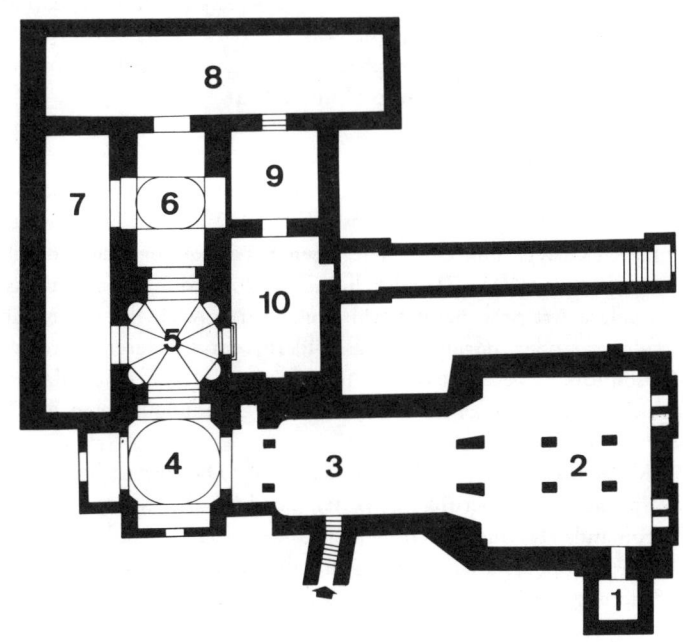

Kapuzinergruft
Grundriß

1 Gründer-(Engels-)gruft
2 Leopoldinische Gruft
3 Karolinische Gruft
4 Maria-Theresia-Gruft
5 Franzensgruft
6 Ferdinandsgruft
7 Toskanagruft
8 Neue Gruft
9 Franz-Josephs-Gruft
10 Gruftkapelle

Frühbarocke Fassadenschemata
Rom, Il Gesù (Fassade von Giacomo della Porta, begonnen 1568); Wien, Karmeliterkirche
(1623–27), Paulanerkirche (1627–55), Dominikanerkirche (1631–34)

d'Aviano, der hier auch begraben ist (Grabplatte in der rechten Kapelle vor dem
Altar, daneben Gedenkstein von Rieser, 1891). Sein Denkmal (Hans Mauer, 1935)
steht in einer Nische links vom Kircheneingang.

Kaisergruft (Zugang links vom Kircheneingang), als ›Kapuzinergruft‹ bekannte
Begräbnisstätte der Habsburger. Von Kaiser Matthias und seiner Gattin Anna gestiftet
und vom 17. bis zum 20. Jahrhundert sukzessive erweitert, enthält die Anlage in neun
Grufträumen insgesamt 138 Metallsärge (aus Zinn, seit 1790 aus Kupfer), darunter
den berühmten Doppelsarkophag für Franz Stephan von Lothringen und Maria Theresia von Balthasar Ferdinand Moll (Abb. 46).

Die Karmeliter

Schwerer als die Bewegungen des Ignatius von Loyola oder der Kapuziner ist die
barocke Frömmigkeit der karmelitischen Welle zu interpretieren. Ihre Ideale des
›inneren Gebets‹ und der ›eingegossenen Beschauung‹, der komplizierte psychologische
Stufenbau mit dem Ziel der höchsten Vollendung mußten das religiöse Leben auf
besondere Art prägen. Immerhin gelang den Karmelitern, im Gegensatz etwa zu den
Paulanern oder Barmherzigen Brüdern, ein stärkerer Durchstoß, geformt von der
Persönlichkeit des Paters Dominikus a Jesu Maria, eines Mannes, der in der inneren
Glut des Ekstatikers brannte. Die Klostergründung bezeugt den Dank und die Bewun-
derung des Kaiserhauses.

Karmeliterkirche (2, Karmeliterplatz). Die Karmeliter, bereits von Rudolf IV.
1360 nach Wien berufen, erbauten zunächst die Kirche Am Hof (1386–1403). Mit
Ferdinands II. Unterstützung entstanden 1623–27 Kirche und Kloster im Unteren
Werd (Leopoldstadt). Kirche mit dreigeschossiger frühbarocker Fassade (Pilaster-
gliederung, verjüngte Obergeschosse, Voluten, Dreiecksgiebel) und frühbarockem Innenraum (Vierungskuppel ohne Tambour), ein für die Gegenreformation typischer Bau.

Kirchenbauten anderer Orden

Im Zuge der ›Klosteroffensive‹ entstanden so zahlreiche sakrale Bauwerke, daß nur eine Auswahl geboten werden soll.

Paulanerkirche (4, Wiedner Hauptstraße/Favoritenstraße). Von unbekanntem Architekten 1627–55 als Klosterkirche erbaut (Turm erst 1717), mit schlichter frühbarocker Fassade und basilikalem Innenraum.

Kirche der Barmherzigen Brüder (2,Taborstraße 16). Erster Bau einer Klosterkirche durch den 1614 von Kaiser Matthias nach Wien berufenen Orden 1622–52 (heutiger Bau Ende des 17. Jahrhunderts) mit dreigeschossiger Fassade, einschiffigem Saalraum mit basilikalem Querschnitt und Gurttonnengewölbe. Kloster, Spital und Apotheke.

Dominikanerkirche (1, Postgasse 4). Die Dominikaner, nach den Jesuiten der einflußreichste Orden in Wien, begannen 1631 ihre während der Türkenbelagerung (1529) beschädigte und seither verfallene Kirche neu zu errichten, wobei der Plan die aufwendige Form einer Kreuzkuppelkirche vorsah (vollendet 1674). Je drei Seitenkapellen (Abb. 33), über denen sich Emporen mit flachen Balkonen befinden, gliedern die Tonne des Langhauses durch Stichkappen und Gurtbögen, das Querhaus ragt nicht vor, der Chor ist flach geschlossen, über der Vierung ruht eine Kuppel mit hohem Tambour: alles in allem ein Innenraum, bei dem sich die Dominikaner der künstlerisch reichsten Bauform ihrer Zeit bedienten. Die kräftig gegliederte Fassade entspricht Vorbildern des römischen Frühbarock, die Giebelfassade ist plastisch geformt, der mittlere Teil vorgezogen. Bauführer waren der Kremser Jakob Spatz sowie die Italiener Cipriano Biasino und Antonio Canevale, der Architekt ist unbekannt (vielleicht ein Tencala?). Carpoforo Tencala, ein Verwandter des Architekten Giovanni Pietro, gleichsam ein Sprachrohr seiner Zeit, trug historisch-politische Themen in den Sakralraum: an prominenter Stelle, nämlich an den beiden Chorwänden, malte er zwei Schlachtendarstellungen; zwar war schon im Mittelalter die Historie als Ermutigung für kommende Entscheidungen beliebt, dennoch ist die sakrale Bedeutung des politischen Auftrags neu.

Schottenkirche (1, Freyung 6). Etwa um dieselbe Zeit (1643–48) wurden unter der Leitung von Carlo Antonio und Silvestro Carlone, Marco Spazio und Andrea d'Allio Langhaus und Westfassade der Schottenkirche in frühbarocker Art neu erbaut (Farbt. III).

Rochuskirche (3, Landstraßer Hauptstraße bei 56). Frühbarocke Anlage, zu der Ferdinand III. 1642 den Grundstein legte, nachdem die Augustinereremiten von der Stadt auf die Landstraße transferiert worden waren. Die heutige Form entspricht der Restaurierung nach der zweiten Türkenbelagerung (1711–21 nach Entwurf von Anton Ospel).

Ursulinenkirche (1, Johannesgasse 8). Dem frühbarocken Typus der Schottenkirche schließt sich jene der 1660 von Kaiserin Eleonore nach Wien berufenen Ursulinen an, des einzigen Frauenordens, der im Zusammenhang mit der Baukunst der Gegenreformation zu erwähnen ist. 1665–75 von einem unbekannten Architekten entworfen, besteht die Kirche aus einem kurzen, hohen Saal mit Tonnengewölbe, die Emporen über den zu beiden Seiten liegenden zwei Kapellen schaffen eine hallenartige Ausweitung.

Servitenkirche (9, Servitengasse bei 9). Als letzter im Zuge der Gegenreformation nach Wien berufener Orden erhielten die Serviten 1638 die Erlaubnis, in der damaligen Vorstadt Roßau ein Kloster zu errichten. 1651 konnte – nach entsprechender Dotation durch Ottavio Fürst Piccolomini – anstelle einer 1639 geweihten kleinen Kapelle mit dem Kirchenbau begonnen werden; er war bis 1656 im Rohbau, 1677 auch im Inneren vollendet. Das Gotteshaus setzte neue architektonische Maßstäbe: Bauführer Carlo Canevale errichtete einen Zentralbau – der für die Serviten typisch werden sollte – mit dem frühesten barocken ovalen Kuppelraum, den es in Wien gibt. Abgesehen von den aus dem 18. Jahrhundert stammenden beiden Türmen (1754–56) hat sich die Kirche als stilreines Beispiel des Frühbarock erhalten; sie diente der Peterskirche und der Karlskirche als Vorbild.

Die Kirche Am Hof. Die gotische Karmeliterkirche (1386–1403) ist wohl das prominenteste Beispiel römischen Vorbildern folgender Architektur in Wien. Nach der Barockisierung des Innenraums (1607–10) wurde 1662 die heutige Fassade errichtet, die den Beschauer in die pathetische Welt des Barock führt (Abb. 30). Durch Altane und Balustrade gemahnt die Kirche in einzigartiger Weise an römische Papstkirchen. Der fremdartige Eindruck wird betont durch den zurückspringenden, tempelartig bekrönten Mittelgiebel, der durch zwei palastartige Seitenflügel flankiert wird, die vor dem Sakralbau gleichsam einen Ehrenhof bilden. Die Verbindung von Profanbau und Kirchenfassade zu einer größeren künstlerischen Einheit, die Verschmelzung in einer Massengliederung mit der hochaufragenden Stirnwand des mittleren Kirchenschiffes als Blickpunkt, die Riesenpilaster, die durch die Geschosse laufen, das Zurückdrängen der Wandflächen durch die großzügige Linienführung: dies alles bestimmt den Gesamteindruck, der in Steigerung, Rhythmisierung und Verklammerung der Motive das kompositorische Können des Baumeisters (vielleicht Carlo Antonio Carlone, nach anderer Meinung ein Künstler aus dem römischen Kreis um Carlo Fontana) erkennen läßt und in manchem an das Theatralische der Inszenierungskunst der Jesuiten erinnert. Tatsächlich wurde die Altane mehrfach genutzt: von hier erteilte Papst Pius VI. 1782 dem Volk den Segen Urbi et orbi, von hier ließ Kaiser Franz II. die Annahme der österreichischen Kaiserwürde verkünden. Mit Recht präsentiert man die Kirche als typisches Beispiel einer das Hochbarock ankündigenden Konzeption.

*

Die Architekturformen allein sind für die klösterliche und kirchliche Baukunst nicht entscheidend; die Wirkung der Innenräume wird bereits im 17. Jahrhundert durch andere Faktoren – man prägte das Wort vom ›Stuckbarock‹ – bestimmt. Ornament und figürliche Plastik wurden zu einem wesentlichen Bestandteil des Raumeindrucks, das Verhältnis von Dekor und Architektur gibt Einblick in die Zielrichtung früh-

barocken Kunstschaffens, die Malerei wird zu einem wichtigen Akzent des Gesamtkunstwerks und Schnitzereien zierten nicht nur die Altäre, sondern auch die übrige
Kircheneinrichtung. Auch in diesen Bereichen sind italienische Einflüsse unverkennbar. Einige Meister bestimmten die Entwicklung:

Tobias Pock, aus Konstanz gebürtig, schuf Werke für zahlreiche Wiener Kirchen (darunter die Dominikaner-, Jesuiten-, Kapuziner-, Serviten-, Michaeler- und Deutschordenskirche); von venezianischen und niederländischen Vorbildern beeinflußt, trägt
seine Malerei zwar noch konservative Züge, doch tritt durch starke dynamische
Akzente bereits eine neue Kraft hervor (Abb. 64).

Joachim Sandrart, der damals prominenteste deutsche Maler, ein Künstler mit europäischem Horizont, in Nürnberg und beim Hofkupferstecher Rudolfs II., Egidius
Sadeler, ausgebildet sowie mit Rubens bekannt, schuf Altargemälde für Wiener
Kirchen, wobei das ehemalige Hochaltarbild ›Himmlische Glorie‹ für die Schottenkirche
gewiß seine größte Leistung ist (heute im Festsaal des Stiftes) (Abb. 65).

Johann Spillenberger, der jüngste unter den bedeutenden Kirchenmalern des 17. Jahrhunderts, war nicht – wie Sandrart – von Rubens und Rembrandt, sondern vielmehr
von Tizian, Tintoretto und Veronese beeinflußt. Für die Dominikanerkirche malte er in
den siebziger Jahren eine ›Hl. Familie‹ und eine ›Anbetung der Hirten‹, für die Ursulinen den ›Tod der hl. Ursula‹, für die Augustiner eine ›Hl. Anna‹. Die venezianische
Beschwingtheit seiner Gemälde, die ihn so sehr von Pock und Sandrart unterscheidet,
die Beleuchtung der wesentlichsten Bildelemente und die Überkreuzung der Komposi-
tionslinien, nicht zuletzt die sichtbar gemachte Anteilnahme seiner Figuren an der
Handlung weisen den Weg in die Zukunft; für das österreichische Hochbarock bedurfte
es nach diesen Vorbedingungen nur noch einiger weniger Impulse.

Verschwundene und erhaltene Palastarchitektur

In der frühbarocken Periode war für den weltlichen Herrscher der *Leopoldinische
Trakt* in der Hofburg entstanden, dessen Fassade als die monumentalste profane
Architektur des Frühbarock angesprochen werden kann. Für das kirchliche Oberhaupt
wurde das *Erzbischöfliche Palais* (1, Rotenturmstraße 2) geschaffen.

Der heutige Bau (zurückgehend auf einen seit 1276 urkundlich nachweisbaren
Pfarrhof von St. Stephan) wurde als Sitz der Bischöfe (seit 1723 Erzbischöfe) 1632–41
nach einem Entwurf von Giovanni Coccapani erbaut. Die ursprünglich in einfachen
Formen gehaltenen Fassaden wurden 1716 durch architektonische Dekorationselemente
bereichert, das oberste Geschoß im 19. Jahrhundert aufgesetzt; die Wirkung der hof-
seitigen Fassade ist durch die Vermauerung der offenen Arkaden des Bibliotheksflügels
(1641) stark beeinträchtigt.

Von den übrigen weltlichen Bauten haben sich lediglich das Palais Starhemberg und
das Palais Esterházy, in seiner Grundkonzeption auch das Palais Lobkowitz, erhalten.

Dies könnte zu dem falschen Schluß führen, in Wien habe es im 17. Jahrhundert keine erwähnenswerte profane Bautätigkeit gegeben. Daß dem nicht so ist, beweist eine Sammlung von Fassadenaufrissen, der ›Architektonische Schauplatz‹ von Johann Wilhelm Praemer. Mit Staunen sehen wir die Fülle der zwischen 1660 und 1683 entstandenen Paläste. Die Gründe für die rege Bautätigkeit lassen sich erschließen. Für den Adel war es wohl die Anziehungskraft der kaiserlichen Hofhaltung, die den Anreiz bot, sich in der Nähe der Residenz im ›Herrenviertel‹ anzusiedeln; für die reichen Bürger war es die Einführung von ›Quartierfreijahren‹, das heißt das Privileg, im Falle eines Neubaues von der Verpflichtung befreit zu sein, Hofbedienstete zu ermäßigter Miete aufnehmen zu müssen.

Palais Starhemberg (1, Minoritenplatz 5). Das prominenteste Beispiel eines Adelspalastes jener Zeit, von einem unbekannten Architekten nach 1661 für Konrad Graf Starhemberg erbaut. Flächige Fassade mit Lisenen, Blendfeldern und stark betonten Fensterbekrönungen, schlichtes Hauptportal (ursprünglich nicht in der Mittelachse; der Fassadeneindruck wurde durch drei 1895 gegen die Abraham a Sancta Clara-Gasse hinzugefügte Achsen verändert). Charakteristisches Beispiel für die Palastfassadenarchitektur des 17. Jahrhunderts.

Palais Esterházy (ursprünglich Grundemann von Falkenberg; 1, Kärntner Straße 41), Bau aus der Mitte des 17. Jhs., Fassade 1785 durch Anbringung des Balkons verändert.

Palais Lobkowitz (ursprünglich Dietrichstein; 1, Lobkowitzplatz 2) (Abb. 38). Das dem Erbauer des Leopoldinischen Hofburgtrakts, Giovanni Pietro Tencala, zugeschriebene Palais wurde zwar nach der zweiten Türkenbelagerung (1685–87) für Sigismund Graf Dietrichstein, den Bruder des Staatsministers Ferdinand Josef Fürst Dietrichstein, erbaut, kann aber als Übergangslösung ans Ende unserer Betrachtung gestellt werden. Die Gleichförmigkeit der frühbarocken Gliederung ist weitgehend überwunden, Sockel- und Hauptgeschoß sind zusammengefügt, doppelte Rustikastreifen über die Pilaster geschoben und die Putzfelder der Hoffassade rhythmisch gestaltet. Hochbarocken Charakter erhielt das Palais erst 1710 durch Johann Bernhard Fischer von Erlach, der ihm mit dem prächtigen Portal in Form eines Diadembogens einen axialen Akzent gab.

Das Türkenjahr 1683

Nach Jahrzehnten der Unsicherheit sammelte Großwesir Kara Mustapha 1683 neuerlich eine gewaltige Heeresmacht zu einem Vorstoß nach Mitteleuropa. Die Aufbringung der erforderlichen Gelder und die Aufstellung von Kampfverbänden bereiteten dem Kaiser größte Schwierigkeiten; allein durch die maßgebliche finanzielle Unterstützung seitens des Papstes und dank eines Bündnisses mit dem Polenkönig Johann Sobieski erhielt die Verteidigung überhaupt noch eine reelle Chance. Am 16. Juli 1683 war die Einschließung Wiens vollendet; durch die niedergebrannten Vorstädte rückten die Türken bis an den Rand des Glacis vor.

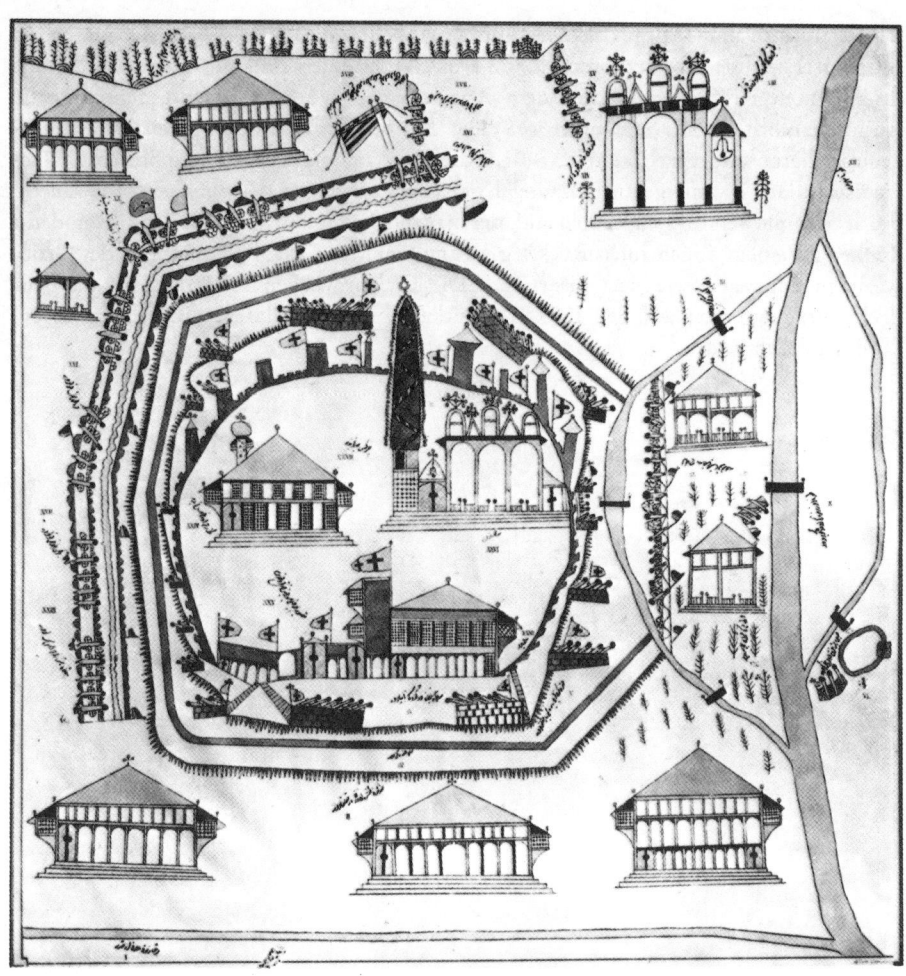

Türkischer Plan von Wien, 1683

Die Verteidiger, allen voran Stadtkommandant Ernst Rüdiger von Starhemberg und Bürgermeister Johann Andreas von Liebenberg, hatten sich, soweit dies unter den gegebenen Umständen überhaupt möglich gewesen war, vorgesehen: sie ließen in Eile die Befestigungen ausbessern, die Lebensmittelvorräte ergänzen, die Geschütze aus den Arsenalen auf die Basteien und Ravelins schaffen sowie die Vorstädte niederbrennen. Bald war jedoch klar, daß sich Wien aus eigenen Kräften nicht würde aus der Umklammerung befreien können. Die Zusage militärischer Hilfe aus den Erblanden, dem Reich und Polen beschränkte sich allerdings lange Zeit auf Versprechungen.

Als der Kampf immer dramatischere Formen annahm, die Türken Teile der mächtigen Burgbastei in ihren Besitz brachten und die Verteidiger sich nur unter Aufbietung ihrer letzten Kräfte verzweifelt dem Ansturm der Janitscharen entgegenstemmten, strömte endlich am 12. September 1683 das Entsatzheer von den Höhen des Kahlengebirges herab und verwickelte das türkische Heer in eine weiträumige Schlacht. Nach wechselvollem Kampf gelang Herzog Karl von Lothringen der entscheidende Durchbruch, der die feindlichen Linien auf der ganzen Front ins Wanken brachte und die Türken zu einem allgemeinen Rückzug zwang, der trotz aller Bemühungen des Großwesirs in eine regellose Flucht ausartete. – Die Türken wurden im Verlauf der nächsten drei Jahrzehnte weit auf den Balkan zurückgeworfen. Die latente Bedrohung Wiens fand damit ein Ende.

Glanz der Barockstadt

Es ist ein signifikantes Charakteristikum der hochbarocken Periode, daß sie identisch ist mit der gerne als ›Heldenzeitalter‹ bezeichneten größten Epoche der österreichischen Geschichte und einer aus dieser Entwicklung resultierenden besonderen Stellung der ›Kaiserstadt‹, die sich als Residenz Karls VI. zu einem Mekka der Kunst entfaltete. Stand am Beginn dieser Blütezeit der siegreich geführte Kampf gegen den gewaltigen vom Orient her anbrandenden Türkensturm, der in der zweiten Belagerung Wiens 1683 – während der sich das Wort vom ›Bollwerk der Christenheit‹ bewahrheitete – einen ersten dramatischen Höhepunkt erreichte und in der Folge die Osmanen am Balkan und die Franzosen in Westeuropa in ihre Schranken wies, so hatte sich das Bild ein Jahrhundert danach, als die barocke Bewegung versandete, grundlegend gewandelt: nicht mehr gegen den Südosten Europas richtete sich die militärische Kraft Österreichs, sondern ausschließlich gegen die unter Napoleons Führung durch Süddeutschland und über Italien bedrohlich anrückenden französischen Heere. Flüchtete Leopold I. 1683 donauaufwärts nach Linz, so führte der Fluchtweg seiner Enkelin Maria Theresia, deren Regierungszeit bereits zum Spätbarock und Rokoko überleitet, donauabwärts nach Preßburg. Eine Parallelität ist bei aller Gegensätzlichkeit unverkennbar: versperrte die Festung Wien 1683 den Türken den Weg nach dem Westen, so traf den für unverwundbar gehaltenen großen Korsen im Raum von Wien, bei Aspern, 1809 jene erste Niederlage in offener Feldschlacht, die sein weiteres Vordringen nach dem Osten im Donauraum stoppte.

Das Aufblühen der Stadt nach der Türkenbefreiung

Werfen wir einen Blick auf die Lage nach 1683, so werden wir die Stellung Wiens in Europa besser verstehen. Die Entsatzschlacht war geschlagen, die latente Bedrohung Wiens beseitigt. Im Gegenstoß wurden binnen weniger Jahre Ungarn und Siebenbürgen erobert. 1697 erhielt Prinz Eugen den Oberbefehl über die kaiserliche Armee in Ungarn; sein im selben Jahr bei Zenta errungener Sieg ermöglichte den Frieden von Karlowitz (1699). Damit war eine vorläufige Entscheidung gefallen, das Tor gegen Südosten weit aufgestoßen. Des Kaisers »weitläufige und herrliche Monarchie« stand gesichert da, die bewährte Grenzfestung Wien aber war mit einemmal der Mittelpunkt eines Großreichs. Bereits im nächsten Jahr entstand jedoch eine neue Gefahr im Westen Europas, als Ludwig XIV. nach dem Tod des habsburgisch-spanischen Königs Karl II. Spanien für seinen Enkel Philipp von Anjou beanspruchte. Leopold I., ebenfalls mit einer Schwester Karls vermählt, meldete gleichzeitig Ansprüche für seinen Sohn Karl (III.) an. Die Gegensätze entluden sich im Spanischen Erbfolgekrieg. Zwei unvorhersehbare Ereignisse brachten nach Anfangserfolgen der Habsburger einen Umschwung: der frühzeitige Tod Josefs I. (1711) und ein politischer Kurswechsel in England. Karl sah sich als Kaiser (VI.) mit einer veränderten europäischen Szene konfrontiert: die Seemächte – ein Wiedererstehen des Reiches Karls V., in dem »die Sonne nicht unterging«, befürchtend – schlossen sich gegen Habsburg zusammen. Der Friede von Utrecht (1714) brachte den Verlust Spaniens (dessen Krone allerdings niemals mit jener Frankreichs verbunden sein sollte), die spanischen Nebenlande hingegen fielen an Österreich.

Karl VI. war inzwischen mit inneren Problemen hinreichend beschäftigt. Als einziger Sproß des Geschlechts mußte er in einem Staat, der noch keine so ausgeprägte territorialstaatliche Struktur aufwies wie etwa Frankreich, darauf bedacht sein, die Erbfolge auch den weiblichen Mitgliedern des Hauses zu sichern; damit wurde die Durchsetzung der ›Pragmatischen Sanktion‹ zur vordringlichen Frage der Staatsdiplomatie. Die Voraussicht sollte sich 1717 mit der Geburt Maria Theresias als richtig erweisen. Die Territorialpolitik Karls hatte nicht denselben Erfolg. In den Friedensschlüssen nach dem Polnischen Erbfolgekrieg (1735–38) gingen Neapel und Sizilien, die nach dem Spanischen Erbfolgekrieg gewonnen worden waren, wieder verloren und im Frieden von Belgrad (1739) zum größten Teil die bedeutenden Erwerbungen des Friedens von Passarowitz (1718) auf dem Balkan. Dies führte zu einem empfindlichen Prestigeverlust; die Idee eines habsburgischen Weltreichs wurde damit unrealistisch, Maria Theresia übernahm 1740 ein bedrohtes Erbe.

Das ›große 18. Jahrhundert‹ war für Wien das Jahrhundert des Barocks, ein Zeitraum von unvergleichlicher architektonischer, künstlerischer und kultureller Entwicklung. In wenigen Jahren suchte man nachzuholen, was eineinhalb Jahrhunderte hindurch versäumt worden war. Die Stadt erlebte – auch in ihrer Ausdehnung – einen Aufschwung sondergleichen. Adel und Bürgertum strömten aus den engen, finsteren Gassen der Altstadt hinaus in die luftigen, grünen Vorstädte, die, rasch wiederaufgebaut und 1704 durch den ›Linienwall‹ militärisch gesichert, eine rege Bautätigkeit ermöglichten, weil noch genügend landwirtschaftlich genutztes Terrain zur Verfügung stand. War ein Jahrhundert zuvor für den Adel der Besitz eines Palais, für den Bürger eines eigenen Hauses in der Stadt ein Statussymbol gewesen, so wurde nun der Bau eines Sommerpalais in der Vorstadt, das sich in bescheidenerem Ausmaß selbst Bürger in gehobener sozialer Stellung leisteten, zu einer Frage des Prestiges. In diesem Jahrhundert wuchs die Stadt auf das Zehnfache ihrer Größe an, nahm die Bevölkerung durch ständigen Zuzug rapid zu: schätzt man um 1700 rund 80 000 Bewohner, so ergab 1754 eine Volkszählung 175 000 Bewohner; diese Zahl sollte sich bis zum Tode Josephs II. (1790) auf 207 000 erhöhen.

Damals entstanden jene Gartenpaläste, die noch heute – wenn auch in verminderter Zahl und meist ihrer Parkanlagen beraubt – zwischen Ringstraße und Gürtel das Stadtbild beeinflussen, und jene weit ausladenden Bürgerhäuser des zuweilen nobilitierten Mittelstands, die zwar im Laufe der Zeit verschwanden, uns jedoch aus zeitgenössischen Darstellungen ein Begriff sind. Gleichzeitig kam es zur Ausbildung des architektonisch gegliederten Raums, der im barocken Palastgarten seine charakteristische Ausdrucksform fand. Der abgesonderte Renaissancegarten, der sich in althergebrachter Weise, eher ländlich anmutend, um ein ›Lusthaus‹ erstreckte, ging über in jene barocke Anlage, die in Planung und Ausführung zu einem integrierenden Bestandteil des barocken Bauwerks wurde und im Raumgefühl innerhalb der Stadt und in den Vorstädten neue Akzente setzte. Man darf allerdings auch die negativen Seiten nicht übersehen: neue Gewerbebetriebe und die ersten Manufakturen entstanden inmitten der Wohngebiete der Vorstädte und führten zu jener Vermischung von Wohnhäusern und Betriebsstätten, die bis heute nicht behoben werden konnte.

Die siegreiche Idee des Absolutismus und die aus ihr resultierende kaiserliche Machtfülle führte zu jener höfischen Repräsentation, die während der Regierungszeiten Karls VI. und Maria Theresias deutlich zum Ausdruck kam. Was der Hochadel begonnen hatte, fand im Wirken des Hofs eine konsequente Fortsetzung. Die Auswirkungen zeigten sich auch in der bürgerlichen Bevölkerung, die dank des Residenzcharakters der Stadt ein Reichsbewußtsein entwickelte, das ihr bis dahin völlig fremd gewesen war.

Hochbarock – glänzendste Epoche der künstlerischen Entfaltung

Die das Zeitalter des Hochbarock kennzeichnende beispiellose Bauleidenschaft hatte ihre Wurzeln im Materiellen und im Geistigen gleichermaßen. Die Zerstörungen des Krieges zwangen natürlich zu Neu- und Wiederaufbauten. Dazu kam aber noch, daß die rückständige Wirtschaftsstruktur mit ihrem Mangel an bodenständiger Industrie den Vermögenden kaum Chancen zu ertragreicher Geldanlage boten, weshalb die Feudalherren und die Kirche ihre freien Kapitalien – nicht zuletzt auch deshalb, weil sie der kaiserlichen Finanzgebarung mißtrauten und dauernd einen nahenden Staatsbankrott fürchteten – so weit als möglich zum Bauen verwendeten. Für die großen Herren des Hochbarock wurde die Bauleidenschaft geradezu eine Verpflichtung, was nicht hinderte, daß Kurfürst Schönborn einmal seufzte: »Das Bauen ist ein Teufelsding, wenn man einmal damit angefangen, kann man danach nicht mehr aufhören!« und Abraham a Sancta Clara wetterte: »Bau'n ist eine schöne Lust, Daß soviel kost, hab' ich nicht g'wußt!«

Die Wiege des Barock stand, den Machtverhältnissen Rechnung tragend, in der Residenzstadt Wien, die am Beginn der hochbarocken Ära überwiegend sakrale Monumentalbauten besaß. Vier Jahrzehnte später hatte sich das Bild gewandelt, war

Wien zu einer ›Palaststadt‹ geworden. Da man sich nicht entschließen konnte, die Befestigungen niederzureißen, blieb die Innenstadt allerdings weiterhin ein selbständiger Baukörper, der von den sie umgebenden Vorstädten hermetisch abgeschlossen war. Demgemäß erwuchsen dem Hochbarock zwei voneinander unabhängige Aufgaben: der Stadtpalast und der Gartenpalast. Bis 1720 entstanden rund um Wien an die zweihundert adelige Lustschlösser, Gartenpalais und Belvederes – bis 1740 hatte sich diese Zahl verdoppelt.

Waren die in den Norden eingedrungenen italienischen Architekturelemente im 17. Jahrhundert mit bodenständigen Formen zu einem völlig neuen Stil prägnanter Ausdruckskraft modifiziert worden, so brachte die erste Hälfte des 18. Jahrhunderts die großartigste Offenbarung österreichischer Schaffenskraft. Der Einfluß italienischer Künstler wurde gebrochen, ein Strom künstlerischer Kreativität, der erst in der zweiten Jahrhunderthälfte langsam verebbte, führte zu immer neuen Höhepunkten. Wien, die Residenz der römisch-deutschen Kaiser, war unbestritten das überragende Zentrum und der ideelle Hauptschauplatz der Kunst; nur Salzburg konnte von Anfang an mit Wien Schritt halten, andere österreichische Provinzen folgten erst in den zwanziger Jahren. Das Ergebnis ist ein seltenes Phänomen: keine Gegend Mitteleuropas weist, obwohl das Barock europaweit die Kunstentwicklung prägte, eine ähnliche Fülle vollendeter Werke dieses Stils auf wie Österreich.

Das Zeitalter der großen österreichischen Architekten, Bildhauer und Maler beschenkte vor allem Wien mit unvergänglichen Werken von unübertrefflicher Großartigkeit. Ganz besonders zeigt sich dies an den Prachtbauten des *Johann Bernhard Fischer von Erlach,* eines in seiner Genialität einmaligen Baukünstlers, des *Johann Lukas von Hildebrandt,* eines europäischen Architekten von unerhörter Eleganz, und des *Joseph Emanuel Fischer von Erlach,* der die Arbeiten seines Vaters in durchaus individueller Art fortsetzte. Außerhalb Wiens darf *Jacob Prandtauer* nicht vergessen werden, der sich dem Zauber der Verschmelzung von Architektur und Landschaft verschrieb. Wohl wird die Architektur gerne – und nicht zu Unrecht – als die ›Königin der Kunst‹ bezeichnet, aber in der Barockzeit darf die Wirkung des Gesamtkunstwerks nicht unterschätzt werden. Einen überzeugenden Beitrag in dieser Richtung leistete die Deckenmalerei, die vielen Künstlern ein gänzlich neues Betätigungsfeld eröffnete. Kaum überschaubar sind die Freskenzyklen, die etwa *Daniel Gran, Johann Michael Rottmayr* oder *Franz Anton Maulbertsch* geschaffen haben. Malerei – man denke nur an *Paul Troger* und seinen Schülerkreis – und Bildhauerei – von *Lorenzo Mattielli* und seinen Zeitgenossen bis zur klassischen Eleganz eines *Georg Raphael Donner* – entwickeln zum Teil eigenständigen Charakter.

Das Kaisertum mit seiner den realen Machtpositionen angepaßten Hofhaltung, die Überwindung der türkischen Bedrohung, die durch die Gegenreformation gestärkte Kirche, der nach den Umwälzungen des Dreißigjährigen Kriegs zu ungeheurem Reichtum gelangte Adel, das Kunstmäzenatentum eines Prinzen Eugen, dazu das allseits bewiesene Repräsentationsbedürfnis und der Wunsch, die militärischen und geistigen

Siege entsprechend zu glorifizieren: nichts hätte eine günstigere Grundlage für den künstlerischen Aufschwung bieten können, als das Zusammentreffen aller dieser Faktoren. Hatten sich die Blicke zunächst auf Josef I. gerichtet, so wandten sich nach dessen überraschendem Tod – er fiel 33jährig den Schwarzen Blattern zum Opfer – alle Hoffnungen dem aus Spanien heimkehrenden Karl zu, der gewillt war, aus seiner Residenzstadt ein neues Rom und ein neues Athen zu machen. Ein vom Feind befreites Mitteleuropa und ein konsolidierter Absolutismus schickten sich an, den Sieg in einer weltlich-sakralen Symbiose zu verherrlichen, die alle Künste zu kreativen Leistungen aufrief. In den Schöpfungen der Kunst finden das Hoch- und das Spätbarock mit ihrer Lebenslust und verfeinerten Kultur kongenialen Ausdruck, zugleich verschafft sich ein der Ewigkeit geöffnetes Lebensgefühl beherrschend Geltung. Hand in Hand mit der bildenden Kunst entwickelten sich auch Musik und Theater in ungeahntem Maße. Aus dieser Zeit stammt der Glanz, der Wien als Theaterstadt umgibt; Schauspiel, Musik und Tanz vereinigten sich mit Malerei und Bühnenarchitektur im ›Großen Welttheater‹.

Bewußt Kontraste setzend, das Dynamische, Bewegte, Erregende in den Vordergrund stellend, bevorzugte die barocke Kunst in Architektur, Plastik und Malerei gleichermaßen das Dekorative und Prächtige, das Diesseitige und Lebensbejahende, erweckte sie mit ihren Leistungen ein Gefühl der Leichtigkeit, das über die Mühen der künstlerischen Arbeit hinwegtäuscht. So wurde die Kunst zum Spiegelbild der Gesellschaft Wiens, die – sei es aktiv teilnehmend, sei es passiv aufnehmend – an glanzvollen Festen, repräsentativen Empfängen, pompösen Aufzügen und Prunkgewändern, kostümreichen Theateraufführungen höchsten Gefallen fand. Ohne Unterschied zum Leben und Tod in dem Bestreben, die Grenzen möglichst zu verwischen, durch den Pomp eines Lebensstils verherrlicht und glorifiziert, der sich nur in diesem Zeitabschnitt in voller Eigenständigkeit entfalten konnte, im Laufe der folgenden Jahrzehnte hingegen – im Spätbarock und Rokoko – zu jener verspielten und überquellenden Kunstform ausartete, der fast zwangsläufig der nüchterne Klassizismus folgen mußte.

Straßen und Plätze in der Reichshaupt- und Residenzstadt

Wien war befreit, aber in arger Not. Vorstädte, Vororte und das Land bis weit hinein in den Wiener Wald waren verbrannt, verwüstet, entvölkert. Auch in der Stadt selbst stand es kaum besser. Der Leopoldinische Trakt der Hofburg war derart von Geschossen durchlöchert, daß der Kaiser sich in die Stallburg zurückziehen mußte.

Wie sah es innerhalb der Festungsmauern am Beginn der hochbarocken Ära aus? Die Straßen und Gassen waren noch sehr eng, die Kärntner Straße etwa nur neun Meter breit. Anstelle rasterförmiger Stadtteile befanden sich weitläufige Baukomplexe wie das Bürgerspital (zwischen Kärntner Straße, Neuem Markt, Lobkowitzplatz und Augustinerstraße) der Margarethenhof bei der Brandstätte, der Gundelhof beim Wildpretmarkt oder das Arsenal in der Gegend der Renngasse, weiters beim weitläufigen Areal des Kaiserspitals zwischen Hofburg und Minoritenplatz. Der Stephansplatz hatte ebenfalls noch ein anderes Gesicht: rund um den Dom erstreckte sich, wie auch um andere städtische Kirchen, ein Friedhof. Stephansplatz, Stock-im-Eisen-Platz und Graben gingen nicht ineinander über, sondern waren in sich abgeschlossen, neben der Domkirche stand der Heiltumstuhl (der 1700 aus Verkehrsrücksichten abgerissen wurde), und von diesem zog sich vor der Westfassade eine Gebäudefront bis zur Magdalenenkirche (die 1781 während einer kirchlichen Feier abbrannte und deren Fundamente während des U-Bahn-Baues freigelegt wurden). Auch die Gegend um den Michaelerplatz unterschied sich wesentlich von der heutigen Situation: es gab noch keinen Durchgang zum Ballhausplatz und die Südseite wurde durch das an die Winterreitschule angeschmiegte alte Hofburgtheater beherrscht (das erst 1888 abgerissen wurde). Im Norden der Stadt floß die unregulierte Donau, die zahlreiche Inseln bildete, darunter auch jene des Praters. Auf dem Plan von Anguissola-Marinoni (1706) sind erstmals die Vorstädte in ihrer ganzen Ausdehnung ersichtlich; sie reichen zum Teil bereits bis zum Linienwall, der eine inoffizielle Vorstadtgrenze bildete.

Ansichtenfolgen von Johann Adam Delsenbach, gestochen nach eigenen Zeichnungen und jenen der beiden Fischer (1713–19), sowie von Salomon Kleiner, Johann Andreas Pfeffel und Johann August Corvinus, in denen der Architektur das Straßenbild mit dem lebendigen Alltag gleichberechtigt an die Seite gestellt wird (1724–37), überliefern uns das Aussehen der wesentlichsten Paläste, Kirchen und Klöster, aber auch der bedeutendsten Plätze, Straßen und Gärten. Viele Straßenzüge, wie etwa die Kärntner Straße, der Graben oder der Neue Markt, die im 18. Jahrhundert fast durchgehend barock verbaut waren, haben ihr Aussehen in der ›Gründerzeit‹ des 19. Jahrhunderts grundlegend verändert.

Die großen Architekten, Bildhauer und Freskanten des Barock

Der Durchbruch der hochbarocken Bauidee gelang, als in Wien mit Johann Bernhard Fischer von Erlach ein an Einfallsreichtum, Schaffenskraft, Erfahrung und Produktivität überragender Künstler ans Werk ging, ein Architekt, der die barocke Baukunst des Südens in genialer Weise in eine der Wiener Mentalität entsprechende Kunstform zu modifizieren verstand.

Johann Bernhard Fischer von Erlach

Der 1656 in Graz geborene Fischer (Abb. 52), die gewaltigste architektonische Begabung, die Österreich hervorgebracht hat, wirkte eineinhalb Jahrzehnte im Kreise Berninis in Rom, bevor er 1686, im Alter von dreißig Jahren, nach Wien kam. Schnell schuf er sich bei Hofe, beim Prinzen Eugen und bei Adelsgeschlechtern – den Strattmann, Althan, Starhemberg und Batthyány – eine so feste Position, daß er 1693 mit Genugtuung feststellen konnte, er habe »vierzehn große Werke unter der Hand«. 1696, zur Zeit, da er Schloß Schönbrunn zu bauen begonnen hatte, mit dem Prädikat ›von Erlach‹ geadelt, erreichte er 1705 mit der Stellung eines Oberhofingenieurs die höchstmögliche Stufe im kaiserlichen Dienst. Ungewollt sah er sich bald in einem Konkurrenzverhältnis zu Johann Lukas von Hildebrandt, an den er Prinz Eugen als Bauherrn verlor. Die Wende begann mit dem Sieg in dem Wettbewerb für die Karlskirche, und bald fand Fischer auch einen neuen Auftraggeberkreis im bömischen Adel, bei den Clam-Gallas, Schwarzenberg und Trautson. 1719 erhielt er mit dem Auftrag des Hofes, die Hofstallungen zu bauen, zugleich den Auftrag, Entwürfe für eine Neugestaltung der Hofburg vorzulegen. Schuf er mit der Karlskirche (Farbt. 15, Abb. 35) sein bedeutendstes sakrales Werk, so gelang ihm mit der Hofbibliothek der genialste Wurf bei einem Profanbauwerk. Von Krankheit gezeichnet, berief er 1722 seinen Sohn Joseph Emanuel von einer Studienreise nach Wien zurück, um ihm die Vollendung seiner Bauten anzuvertrauen; 1723 ist Fischer von Erlach gestorben.

In seinen ersten Stadtpalästen entwickelt Fischer eine neue Individualisierung des Gliederungssystems, er verlebendigt die Fassade, löst sich von den unbewegten Massenbauten der Italiener und verleiht seinen Schöpfungen den Charakter eines lebensvoll bewegten Organismus. Wie naturgewachsene Gebilde sind seine Bauwerke von schwellenden Energien erfüllt und wandeln sich zu stets neuem Ausdrucksrhythmus. Typische Beispiele dafür, daß Fischer sein Gestaltungsprinzip nicht nur an Fassaden, sondern auch an den Baukörpern selbst einsetzt, sind das Palais Trautson und die Böhmische Hofkanzlei. Fischer, der vollkommene Kenntnisse der italienischen Barockarchitektur seiner Zeit besaß, in Prag mit französischen Einflüssen und in Berlin mit dem Werk Schlüters vertraut wurde, gestaltete seine Werke in einer gewaltigen, alle Wesenszüge des europäischen Barock verarbeitenden Synthese.

Johann Lukas von Hildebrandt

Der 1668 als Sohn deutscher Eltern in Genua geborene Hildebrandt (Abb. 53) ist die zweite entscheidende individuelle Größe der barocken Architekturperiode Wiens. Ebenfalls in Rom – allerdings bei Carlo Fontana, einem Architekten, der die klassizierende Gegenbewegung zum römischen Hochbarock einleitete – ausgebildet, kam er ein Jahrzehnt nach Fischer (1696) nach Wien, wurde 1701 kaiserlicher Hofingenieur und 1720 in den Reichsadelsstand erhoben. Fehlten Hildebrandt auch kontinuierliche Aufträge des Hofs, so wurde er doch durch einen Bauherrn entschädigt, dessen schier unerschöpfliche finanzielle Mittel ihm drei Jahrzehnte hindurch Beschäftigung sicherten: Prinz Eugen, unter dem er 1695/96 in Piemont freiwillig als Feldingenieur gedient hatte. Und noch ein zweiter, Friedrich Carl Graf Schönborn, bewahrte ihm – neben einer Reihe anderer Adeliger, die ihm Aufträge erteilten (wie die Harrach oder Daun) – bis ans Lebensende seine Zuneigung; durch den Onkel Schönborns, den Kurfürsten von Mainz, war Hildebrandt vielbeschäftigter Architekt am Schloß Pommersfelden und an der Würzburger Residenz. Viele von Hildebrandts großen Bauten stehen außerhalb Wiens; er gestaltete auch den Neubau von Stift Göttweig und baute in Wien die Peters- und die Piaristenkirche. Ein weiterer Auftraggeberkreis waren Bürgerliche, welche der Kunst Hildebrandts eine breite Wirkung verschafften.

Vergeblich bemühte er sich hingegen nach des älteren Fischers Tod um den Titel eines kaiserlichen Oberhofingenieurs; gegen Joseph Emanuel Fischer, der damit auch die Leitung des von Hildebrandt begonnenen Reichskanzleitrakts der Hofburg erhielt, konnte er sich nicht durchsetzen.

Joseph Emanuel Fischer von Erlach

Als Sohn Johann Bernhards von diesem künstlerisch ausgebildet, ist des jüngeren Fischers architektonisches Werk nicht leicht zu erfassen. Als gesichert gelten eigentlich nur das Gartenpalais Althan in der Ungargasse und die Winterreitschule der Hofburg, dazu eine Reihe von Adelspalästen in der Stadt und in den Vorstädten. Joseph Emanuel steht schon am Ausklang der hochbarocken Ära: bezeichnend dafür ist, daß er der Technik, dem neu beginnenden Dampfmaschinenbau – eine seiner ›Feuermaschinen‹ stellte er im Schwarzenberggarten zum Betreiben eines Springbrunnens auf –, das gleiche Interesse zuzuwenden beginnt wie der Architektur. Den jüngeren Fischer einzig und allein als einen Vollender der Werke seines Vaters zu sehen, hieße ihm jedenfalls nicht gerecht werden. Er entwickelte in seinem Stil durchaus individuelle, einer moderneren Sachlichkeit zugewandte Züge, die seine Werke über den Durchschnitt seiner Zeitgenossen weit hinausheben. Der großartige Individualismus des plastischen Hochbarock wird in eine durch französisch-niederländische Einflüsse wieder flächenhaftere Architektur übergeleitet, wobei für diesen Stilwandel die Winterreitschule ein gutes Zeugnis abgibt. Joseph Emanuel ist 1742 im 49. Lebensjahr in Wien verstorben.

Wien – ein Dorado barocker Bildhauer

Der Plastik kam in der Barockzeit im Bereich des Thematischen eine besondere Funktion zu: sie ist nicht nur Zierat der Architektur, sondern Trägerin eigener, von der Baukunst unabhängiger Ideen. Nach großen Leistungen des 17. Jahrhunderts, als *Frühwirt* und *Rauchmiller* an der Pestsäule (Farbt. 17, Abb. 71) am Graben, *Peter* und *Paul Strudel* an den Habsburgerstandbildern und am Altar der Kapuzinerkirche arbeiteten, traten zu Beginn des 18. Jahrhunderts zunächst italienische Künstler hervor: *Giovanni Giuliani* mit seinen phantasievoll geformten Gruppen, eine Persönlichkeit, die der Skulptur ihre eigenen Gesetze gab und sie aus dem Zusammenhang der Architektur heraushob, leitet über zu seinem Schüler Georg Raphael Donner. *Lorenzo Mattielli*, sein Gegenspieler, der in der Konkurrenz um den Brunnen für den Neuen Markt unterlag, schuf Plastiken für das Palais Kinsky, für die Hofburg und das Bürgerliche Zeughaus Am Hof, erreichte aber seine beste Leistung im Engelsturz (Abb. 37) der Michaelerkirche. Der aus dem Chiemgau stammende *Balthasar Permoser* lieferte sein bedeutendstes Werk in der Apotheose des Prinzen Eugen: sie spiegelt nicht nur die sieghafte Kraft der barocken Kunst wider, sondern gibt auch Einblick in die geistig bewegenden Kräfte jener Epoche.

Am Ende der Periode steht als überragende Persönlichkeit *Georg Raphael Donner*, dessen wichtigste Werke in Wien – abgesehen von seiner Apotheose Karls VI., die gegenüber Permoser einen großen Wandel erkennen läßt (das Moment der sieghaften Allegorie tritt hinter dem schlichten Standbild zurück) – der Providentia-Brunnen (Abb. 76) für den Neuen Markt und der Andromeda-Brunnen (Abb. 75) im Hof des Alten Rathauses sind. Der Providentia-Brunnen, den die Stadt Wien in Auftrag gab, bricht nicht nur mit den theatralischen, raumgreifenden Effekten der Italiener, indem er an die Stelle reicher Silhouettenwirkung ein ruhendes Zentrum setzt, sondern ist auch der erste öffentlich aufgestellte Brunnen von rein profanem Charakter.

Österreichische Freskanten in Wien

Der Siegeszug der Gegenreformation erfuhr seine glänzendste Repräsentation in einer monumentalen Freskenmalerei, einer »Sonderleistung der österreichischen Kunst«. Hof, Adel und Kirche vereinten sich in dem Bemühen, die Malerei als »der Architektur getreue Gehilfin, welche die angelegten Werke und Gebäude ansehnlich schmücket und zieret«, in ihre Dienste zu stellen. Die künstlerische Gestaltungskraft steht ebenbürtig neben der Mannigfaltigkeit der thematischen Vorwürfe. Auch bei der Freskenmalerei waren es anfangs noch Italiener, die in Wien wirkten: allen voran der Austro-Italiener *Andrea Pozzo* aus Südtirol, der Meister der Scheinarchitektur, der als Sechzigjähriger nach Wien kam, um hier die Jesuitenkirche auf dem damaligen Universitätsplatz auszuschmücken, dann aber einen Auftrag übernahm, dessen künstlerische Lösung das Vorbild für immer neue Nachahmer abgeben sollte: die Ausmalung des Festsaales im Gartenpalais des Fürsten Liechtenstein in der Vorstadt Roßau (1704–08), desselben Palastes, in dem sich Johann Michael Rottmayr mit einem untergeordneten Auftrag zufriedengeben mußte. Ein anderer Italiener, *Antonio Beduzzi,* wurde 1710 dafür gewonnen, das Landhaus der niederösterreichischen Stände in Wien (1, Herrengasse 13) mit Fresken auszuschmücken (Abb. 39); das vom Historiographen Comazzi entworfene Programm läßt die bedeutende Stellung erkennen, die das Land damals gehabt hat – seine Schätze und Kräfte werden als Voraussetzung der hohen Stellung der kaiserlichen Majestät angesehen. Der in den Fresken zum Ausdruck kommende Hymnus auf Österreichs Größe ergibt den eigenartigen Reiz des Raumes.

Die meisten Italiener – *Carlo Carlone* (Erdgeschoßräume und Marmorsaal), *Martino Altomonte* (Mittelsaal im Unteren Belvedere), *Marcantonio Chiarini* (Festsaal im Oberen Belvedere) und dessen Schwiegersohn *Gaetano Fanti,* ein Spezialist der Architekturmalerei – stehen im Dienste des Prinzen Eugen; Chiarini und Fanti arbeiten auch im Stiegenhaus des Palais Daun-Kinsky (Abb. 59) auf der Freyung.

Der Salzburger *Johann Michael Rottmayr,* ein Altersgenosse der großen österreichischen Architekten, sollte die Monopolstellung der Italiener brechen. In der großen Kuppelmalerei der Peterskirche löst er sich von Pozzo und anderen Vorbildern, die Kuppelmalerei der Karlskirche, ein Alterswerk des Meisters, zeigt ihn in voller künstlerischer Reife (Abb. 32). Die spezifisch österreichische Freskantengeneration beginnt jedoch mit *Daniel Gran.* Das Palais Schwarzenberg ist das erste Wiener Gesamtkunstwerk, an welchem ausschließlich heimische Künstler tätig waren (Hildebrandt, die beiden Fischer und Gran). Der Akzent seiner gemalten Architektur liegt auf der Farbstimmung, entbehrt jedoch jeder Dynamik. Grans bedeutendstes Werk, das ihm die uneingeschränkte Bewunderung der Zeitgenossen sicherte, war die Ausmalung der Hofbibliothek (1730). Das dem Maler vorgeschriebene Konzept ist das Musterbeispiel eines barocken Programms: ein himmlischer Schauplatz von Gedanken und Begriffen, die allein im Kuppelfresko durch mehr als einhundertfünfzig ikonologische Figuren verdeutlicht werden. Die formale Lösung, die Gran gefunden hat, ist beispielgebend für die Gestaltungsprinzipien der ikonologischen Stilform. Da Gran – ein seltener Fall! – alle humanistischen Voraussetzungen mitbrachte, den Intentionen des Konzeptverfassers zu folgen und sie entsprechend in die Kunst umzusetzen, entstand jener »prächtigste Tempel, welcher je der Gelehrsamkeit und den Musen errichtet worden« ist: ein einmaliger Höhepunkt barocken Kunstschaffens.

Der Tiroler *Paul Troger*, Professor und Rektor der Wiener Akademie der bildenden Künste, ist neben *Bartolomeo Altomonte*, der ausschließlich für klösterliche und geistliche Auftraggeber in den Bundesländern arbeitete, der dritte Künstler einer Generation, der die Deckenmalerei ihre bedeutendsten Werke verdankt; auch er wirkte hauptsächlich außerhalb Wiens. Seine Schüler – *Josef Ignaz Mildorfer, Johann Wenzel Bergl*, vor allem aber *Franz Anton Maulbertsch*, der Vollender des barocken Illusionismus – gehören bereits dem ins Rokoko übergehenden Spätbarock an.

Paläste, Gärten und Kirchen im barocken Wien

Der Vogelschauplan von Folbert van Alten-Allen, der wenige Jahre nach der Türkenbelagerung, 1686 – also in jenem Jahr, da mit dem Eintreffen Johann Bernhard Fischers der Auftakt zur hochbarocken Ausgestaltung der Stadt gegeben wurde –, erschien, steht am Beginn einer neuen Ära, gilt uns aber zugleich als ausgezeichnete Dokumentation des frühbarocken Stadtbilds (Abb. 29).

Palaisbauten Fischers und Hildebrandts. Eine Chronologie

Mit ihren Schaufronten gegen die Stadt gerichtet, entstanden auf den Hügeln und in den Niederungen der Vorstädte im Schutze des 1704 über Anraten des Prinzen Eugen angelegten Linienwalls vor allem Sommerpaläste des Hochadels, die von bürgerlichen, in Gartenanlagen situierten, heute längst verschollenen Sommersitzen umgeben waren. Vor allem am äußeren Glacisrand bot sich eine ausgezeichnete Gelegenheit, Prachtbauten in günstiger Lage zu errichten: das Schwarzenbergpalais, die Karlskirche, die Hofstallungen, das Trautson- und das Auerspergpalais. Sind in der Vorstadt Garten- und Palastarchitektur eine untrennbare Einheit, so erzwang die Beengtheit des Raums beim Stadtpalais eine andere Bauform und Repräsentation: hier wurden Portal und Stiegenhaus zum Kristallisationspunkt barocker Prachtentfaltung.

Am Beginn des Hochbarock standen allerdings nicht Werke der Architektur, sondern ›sprechende Kunstwerke‹ ohne realen Zweck: die Pestsäule am Graben – in der Ver-

Die mittelalterliche Hofburg mit St. Stephan, um 1490. Ausschnitt aus einem Kreuzigungstriptychon, St. Florian

43 Blick auf den Hofburg-Komplex ▷

Der ehemalige Hochaltar der Wiener Schottenkirche, um 1470. Schottenstift Wien

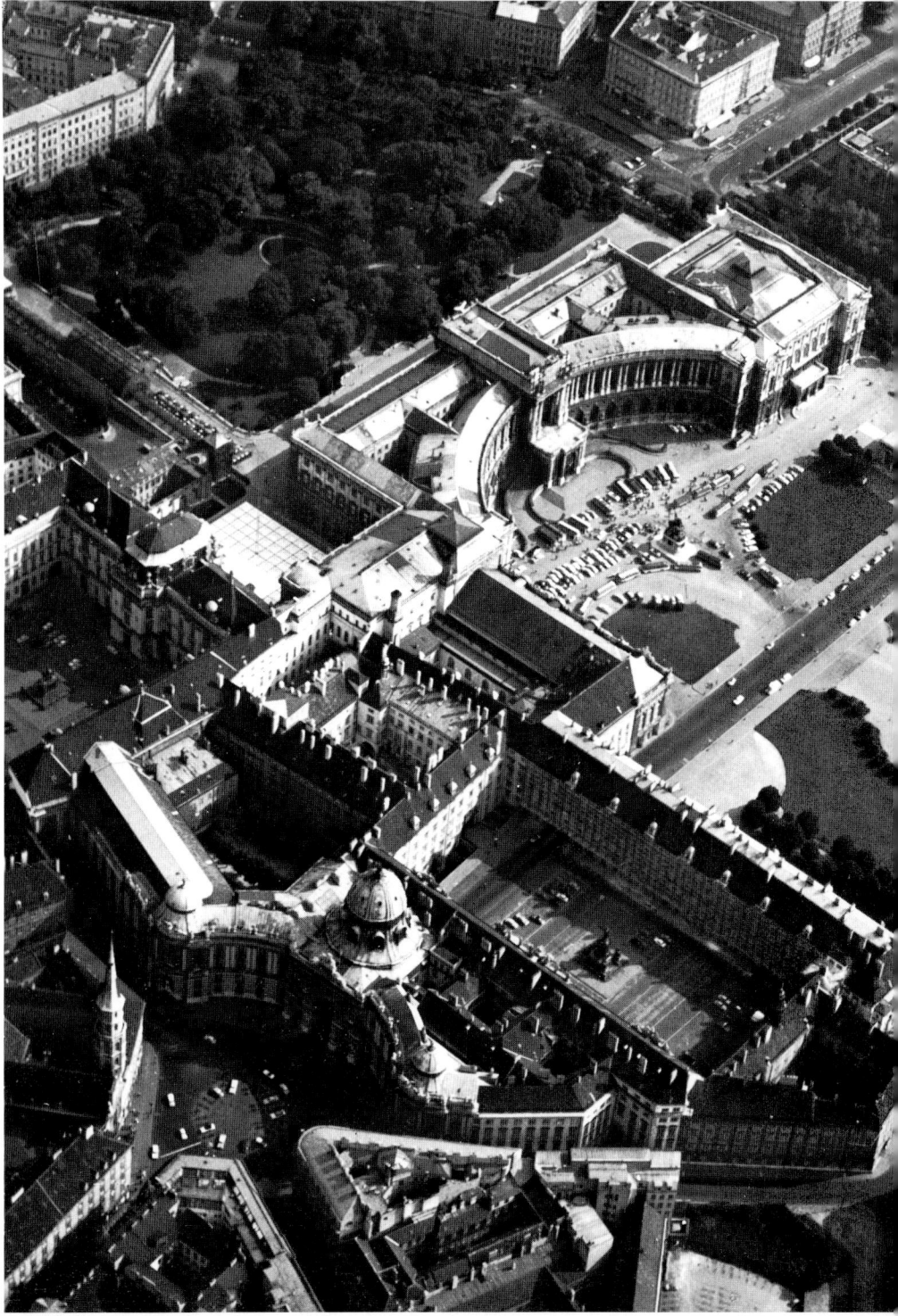

44 Hofburg, ehemalige Hofbibliothek. Erbaut 1721–35 nach Plänen von Johann Bernhard Fischer von Erlach

45 Hofburg, Michaelertrakt. Begonnen 1726 durch Joseph Emanuel Fischer von Erlach, fertiggestellt 1889–93

Kapuzinergruft, Doppelsarkophag für Maria Theresia († 1780) und ihren Gemahl von Balthasar Ferdinand Moll

47 Erzherzog Carl-Denkmal (1, Heldenplatz), 1853–59. Anton Dominik Fernkorn

Hofburg, Winterreitschule. Vorführung der Spanischen Hofreitschule

49   Die Gloriette im Schloßpark von Schönbrunn. Errichtet 1775 durch Ferdinand Hetzendorf von Hohenberg

51   Schloß Schönbrunn. Große Galerie mit Deckenfresken von Gregorio Guglielmi, 1760/61

50   Schloß Schönbrunn, Gartenfront

52 Johann Bernhard Fischer von Erlach (1656–1723). Porträt
von Adàm Mànyoki, 1723

53 Johann Lukas von Hildebrandt (1668–1745). Porträt v
Jan Kupecky, um 1720

54 Kaiser Karl VI. (1685–1740). Stich von Andreas und Josef
Schmutzer (nach einem Gemälde von Martin van Meytens)

55 Prinz Eugen von Savoyen (1663–1736). Apotheose v
Balthasar Permoser, 1721

Blick über die Anlage des Lustschlosses Belvedere

57   Unteres Belvedere (erbaut 1714–16 durch J. L. v. Hildebrandt), Spiegel- oder Goldkabinett ▷

58 Oberes Belvedere (erbaut 1721–23 durch J. L. v. Hildebrandt), Sala terrena mit Atlanten von Lorenzo Mattielli

59 Palais Kinsky (1, Freyung 4). Stiegenhaus nach Entw
von J. L. v. Hildebrandt, 1713–16

60 Palais Neupauer-Breuner (1, Singerstraße 16). Hauptportal
in der Art des J. L. v. Hildebrandt, 1715/16

61 Palais Liechtenstein (1, Bankgasse 9). Seitenportal
Atlanten von Giovanni Giuliani, 1705

63 Jakob Seisenegger (um 1505–1567), Predigt des
päpstlichen Nuntius Cornelius Musso in der Wiener Augustinerkirche, 1561

65 Joachim von Sandrart (1606–1688), Allerheiligenbild (Ausschni
1671. Schottenstift

◁ 62 Ehemaliges Stadtpalais des Prinzen Eugen von Savoy
(1, Himmelpfortgasse 4–8). Stiegenhaus nach Entwurf v
J.B. Fischer v. Erlach, 1695–98

64 Tobias Pock (1609–1683), Marter des hl. Stephanus (Ausschni
um 1647. St. Stephan

Paul Troger (1698–1762), Der hl. Ulrich in der Schlacht auf dem Lechfeld (Ausschnitt), 1750. St. Ulrich

67 Franz Anton Maulbertsch (1724–1796), Tod des hl. Josef (Ausschnitt), um 1767. St. Josef

69 Palais Schwarzenberg (3, Rennweg 2). Kuppelsaal mit Deckenfresken von Daniel Gran, 1724 ▷

Ludwig Schnorr von Carolsfeld (1788–1853), Schleierauffindung, 1842. Burgrestaurant Leopoldsberg

schmelzung von Festlichkeit und Monumentalität, Demut und Glorifizierung ein glänzendes Beispiel der architektonischen Plastik des Hochbarock –, Ehrenpforten, Reiterstatuetten. Die Architektur harrte noch eines repräsentativen Auftrags. Ein Jahr später, 1687, tat Leopold I. den entscheidenden Schritt: er übertrug Johann Bernhard Fischer die Planung eines Sommerschlosses am Südufer des Wienflusses für seinen Sohn Josef, das an jener Stelle entstehen sollte, an der Maximilian II. ein kleines Jagdschlößchen, die ›Katterburg‹, erworben hatte; hier entdeckte Kaiser Matthias auf der Jagd jenen ›schönen Brunnen‹, nach dem das Schloß benannt wurde. Während Fischer in Schönbrunn neue Wege zu gehen versuchte, bauten in der Stadt zunächst weiterhin Italiener nach römischen Vorbildern:

1685–87 schuf *Giovanni Pietro Tencala* für den Oberstallmeister Philipp Sigismund Graf Dietrichstein jenes Palais, das 1753 Wenzel Fürst Lobkowitz erwarb: das *Lobkowitz-Palais (*1, Lobkowitzplatz 2), einen Palasttypus, der noch auf die Jahrhundertmitte zurückweist und dessen langgestreckte, niedrige und wenig gegliederte Fassade durch die eigenwillige Rustizierung und Verwendung von Konsolen auffällig ist (Abb. 38). Im 19. Jahrhundert war das Palais ein bedeutendes Zentrum des kulturellen Lebens: hier erklang 1803 in privatem Rahmen zum erstenmal Beethovens ›Eroica‹.

Der weitaus bedeutendste Italiener, der zu Beginn des Hochbarock noch in Wien wirkte, war der aus Lucca stammende und in Rom ausgebildete *Domenico Martinelli.* 1690 nahm er bei seinem Gönner, dem Grafen Bonaventura Harrach, auf der Freyung Logis und begann für diesen den Umbau des Palais (1, Freyung 3). Nach starken Veränderungen kann man am heutigen *Harrach-Palais* nur in der schlichten, der Herrengasse zugewandten Fassade das seinerzeitige Aussehen erkennen. Stärker als beim Harrach-Palais hat Martinelli mit zwei seiner ureigensten Werke in die Entwicklung des Wiener Barock eingegriffen: mit seinen Arbeiten für die Familie Liechtenstein, bei denen nichts seine persönliche Entfaltung hemmte.

1691 wurde das *Gartenpalais Liechtenstein* in der Vorstadt Roßau (9, Fürstengasse 2) begonnen, zweifellos ein Werk von echt italienischem Pathos. Der große römische Baumeister Carlo Fontana lieferte Entwürfe, die allerdings, bereits klassizistisch beeinflußt und der Aulandschaft in keiner Weise Rechnung tragend, vom Bauherrn kurzerhand abgelehnt wurden; der endgültige Auftrag erging an Domenico Martinelli. Trotz des Architektenwechsels kann das Liechtensteinsche Sommerschloß durch die strenge Gliederung, die kühle Einfachheit der Wirkung und seine imposanten Ausmaße den fremden Zug der italienischen Architektur nicht verleugnen.

1694 begann Antonio Riva nach Plänen Domenico Martinellis im Auftrag von Dominik Graf Kaunitz mit dem Bau des noch im selben Jahr an Johann Adam Fürst Liechtenstein verkauften Palais in der Bankgasse 9, des Liechtensteinschen Majoratshauses im Herrenviertel (*Stadtpalais Liechtenstein,* Abb. 61). Der um einen quadratischen Hof angelegte viergeschossige Palast mit seiner repräsentativen Hauptfassade, dem mächtigen, attikabekrönten Mittelrisalit und dem monumentalen Hauptportal war wegen seiner Kunstschätze und seiner Kuriositäten auf dem Gebiet der Kunstbautechnik berühmt. Der persönliche Streit Martinellis mit seinem Bauherrn, der sich aus einer gegen den Willen des Architekten vorgenommenen Änderung des Stiegenhauses entwickelte, hat symptomatischen Charakter: wandte sich Martinelli doch ebenso gegen die nunmehr einarmige Stiege, die er im Sinne römischer Tradition für eines Palastes unwürdig erachtete, wie auch gegen jene Fülle an plastischem Schmuck, in der sich die Entwicklung zur heiteren und toleranten österreichischen Eigenart anbahnte, die wenig später zu vielbestaunten und anerkannten Lösungen, wie etwa beim Palais Kinsky auf der Freyung, führen sollte.

Betrachtet man das Lobkowitz- und das Liechtenstein-Palais heute, so sieht man, wie sehr spätere Veränderungen den Eindruck des römischen Barock verdrängt haben: beim Lobkowitz-Palais vermittelt die Fassade durch die Hinzufügung des Portals durch Johann Bernhard Fischer von Erlach den österreichisch-hochbarocken Eindruck, beim Liechtenstein-Palais in der Stadt bringen das Seitenportal (Minoritenplatz 4) und die von Statuen bekrönte Dachbalustrade, beides Werke von Giovanni Giuliani, neue schmückende Elemente in die heroisch anmutende Architektur.

Die in den neunziger Jahren entstandenen Werke des älteren Fischer in Wien – ›Belvedere‹ im Park des Liechtensteinschen Sommerpalastes, Gartenpalais Althan in der Roßau, Palais Strattmann in der Bankgasse – haben sich zwar nicht erhalten, doch wurde das Strattmannpalais (Bankgasse 8) zum Modell künftiger Stadtpaläste des Architekten. Danach trat, wenn auch nur kurzfristig, ein neuer Bauherr in Fischers Leben: Prinz Eugen, der ihm 1695 den Bau seines Stadtpalais in der Himmelpfortgasse übertrug, ein Auftrag, den Fischer sieben Jahre danach an Hildebrandt verlieren sollte. Mit dem Wirken der beiden großen Konkurrenten Fischer und Hildebrandt, denen sich bald eine große Schar bodenständiger Talente anschloß, wurde der Primat der Italiener in Wien gebrochen und der unvergleichliche Triumphzug des österreichischen Barock eingeleitet.

Nach der Trassierung des heutigen Schwarzenberggartens durch Jean Trehet (1697) nahm Hildebrandt für Heinrich Franz Fürst Mansfeld-Fondi sein erstes Werk auf Wiener Boden in Angriff: das (spätere) *Schwarzenberg-Palais* (Abb. 69), ein am Beginn des Rennwegs mit seiner Front zum damaligen Glacis gewendetes Gartenpalais, von dem aus sich der Blick auf die basteienumgürtete Innenstadt richtete (3, Rennweg 2). Der konsequent durchgeführte französische Ehrenhof, die elegant geschwungenen Seitenflügel, die Kurven der Terrasse und die festliche Fassade mit ihrem feingliedrigen Schmuck machen nicht nur den Unterschied zur römischen Architektur, sondern auch den zu Fischers Bauten deutlich. Nach einer Bauunterbrechung erwarb 1716 Adam Fürst Schwarzenberg den Torso, ließ 1720–23 den Bau von Johann Bernhard Fischer weiterführen – Hildebrandt baute zur selben Zeit bereits am benachbarten Belvedere des Prinzen Eugen –, um ihn schließlich Joseph Emanuel Fischer zu übertragen, der das Palais 1728 vollendete. Die entscheidende Änderung des älteren Fischer – eigentlich geringfügig, doch stark wirksam – war die Durchbrechung der Hildebrandtschen Fassade auf der Gartenseite durch den vorgewölbten Festsaaltrakt.

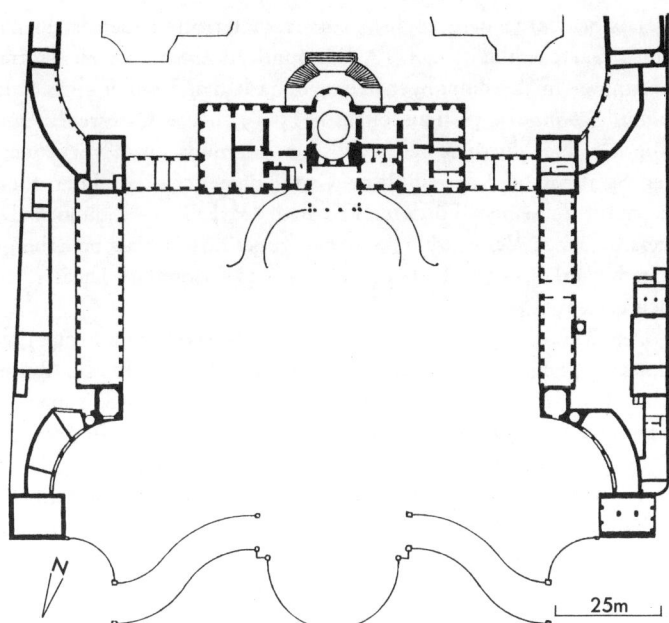

Palais Schwarzen-
berg, Gesamtplan

25m

Das Schwarzenbergpalais ist ein bemerkenswertes Architekturbeispiel, an dem die verschiedenen Auffassungen der beiden großen Barockarchitekten transparent werden: Hildebrandts Stärke lag in der Liebenswürdigkeit des dekorativen Elements, Fischers Architektur ist gekennzeichnet durch reiche Phantasie, Bewegtheit und plastische Durchformung des Baukörpers.

Um 1700, zu einer Zeit, da Fischer für Erzbischof Graf Thun in Salzburg Schloß Klesheim zu bauen beginnt, nimmt die Zahl der in Wien vergebenen künstlerischen Aufträge beträchtlich zu. Dominique Girard trassierte den ausgedehnten Park des Belvederes mit seinen Brunnen und Wasseranlagen, den Bau selbst übertrug Prinz Eugen 1702 an Hildebrandt, der ihn in zwei Ausbaustufen nach beiden Seiten erweiterte. Inzwischen baute Fischer 1699–1706 in der Stadt das *Palais Batthyány-Schönborn* (1, Renngasse 4), das sich damals im Besitz von Adam Graf Batthyány befand, 1740 jedoch von Friedrich Karl Fürst Schönborn erworben wurde. Der Bau schließt sich mit interessanter flach genuteter Fassade künstlerisch an das Winterpalais des Prinzen Eugen an.

1705 – Fischer wurde zum Hofoberinspektor ernannt – baute Hildebrandt, inzwischen kaiserlicher Hofingenieur geworden, jedoch zeit seines Lebens vom Hof mit keinen größeren Aufgaben betraut, das *Palais Starhemberg-Schönborn* (4, Rainergasse 11) mit seinen strengkräftigen Formen und klaren Linien, die der Bauweise des

Palais Schwarzenberg entsprechen; trotz Kriegsschäden ist hier das typische Aussehen eines Gartenschlosses des 18. Jahrhunderts noch gut zu erkennen. Ein Jahr später begann er in der damaligen Alservorstadt den Umbau eines Landhauses zum *Gartenpalais Schönborn* (8, Laudongasse 15–19, heute Österreichisches Museum für Volkskunde), eines durch seinen plastischen Schmuck intim wirkenden Palastes mit schlichter Straßenfront, der ähnliche Grundzüge aufweist. Hier fand Hildebrandt ersten Kontakt zu seinem Förderer Friedrich Carl Graf Schönborn. Das im Laufe der Zeit verschiedenen Verwendungszwecken zugeführte Palais beherbergte im 19. Jahrhundert eine bemerkenswerte Liebhaberbühne, das Pasqualati-Theater, das sich großer Beliebtheit erfreute.

Am Rand der ehemaligen Vorstadt Josefstadt, mit Front gegen das Glacis, wurde um 1710, angeblich nach einem Entwurf Hildebrandts, für Reichsgraf Ferdinand Karl von Weltz ein Palais errichtet, dessen Mittelteil – wenn man der Tradition Glauben schenkt – um 1721 Johann Bernhard Fischer von Erlach grundlegend umgestaltet hat. Das 1721 an Hieronymus Marchese Capece di Roffrano gelangte Palais wurde 1781 von Johann Adam Fürst Auersperg erworben und ist seither als *Palais Auersperg* bekannt (8, Auerspergstraße 1).

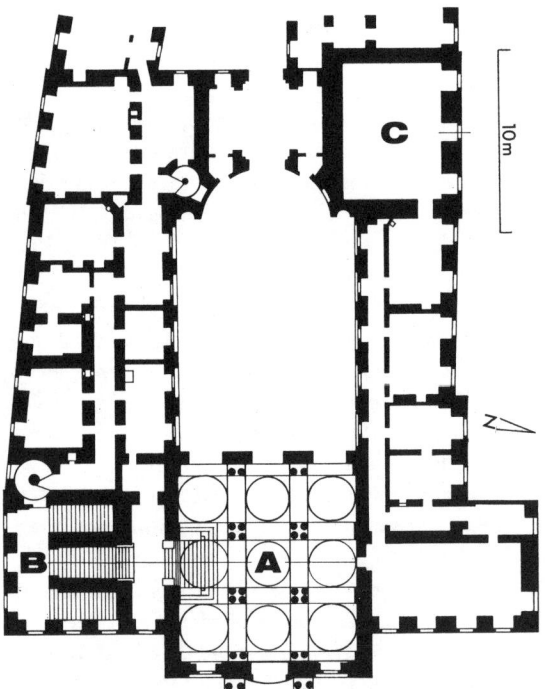

Palais Trautson

A Vestibül
B Treppenhaus
C Sala terrena mit Fresken von
Marcantonio Chiarini und
Gaetano Fanti

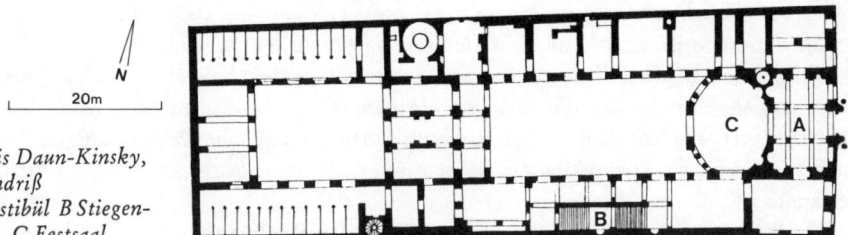

Palais Daun-Kinsky,
Grundriß
A Vestibül B Stiegen-
haus C Festsaal

Johann Bernhard Fischer begann um 1710, nachdem er das Lobkowitz-Palais hochbarock verändert und sich dort deutlich einem dekorativeren Kunstwollen verschrieben
hatte, das *Trautson-Palais* (7, Museumstraße 7), eines seiner Hauptwerke. Die großartige, wenngleich kühle Formensprache der Fassade, die im Giebel bereits klassizistische Züge anklingen läßt, führt uns, obwohl wir den rhythmischen Schwung Fischer-
scher Frühwerke vermissen, in der Eingangshalle eine bedeutende architektonische Leistung vor Augen, die sich im Treppenaufgang zur Manifestation einer echt barocken
Bauidee und bezwingenden künstlerischen Komposition steigert.

Ein weiterer Bau Fischers, die ehemalige *Böhmische Hofkanzlei* (1, Wipplingerstraße 7 – Judenplatz 11), ab 1708/10 entstanden, zeigt uns, wie anpassungsfähig der
Architekt in seiner Planung war: hier, in einer engen Straße – gegenüber dem von
einem unbekannten Architekten nach 1700 neu fassadierten und 1712/13 innen repräsentativ ausgestalteten *Alten Rathaus* – überbietet er sich geradezu in der Verlebendi-
gung der Fassade durch plastische Elemente, wobei der Mittelrisalit (heute mit linkem
Portal; die Erweiterung mit dem rechten Portal stammt von Matthias Gerl, der
1751–54 im Stil Fischers weiterbaute) in einer Vereinigung aller plastischen Ideen
seine besondere Steigerung erfährt und durch freistehende Balustradenstatuen aus der
Hand Lorenzo Mattiellis bekrönt wird. Mit diesem Werk, dessen ungewöhnliche und
in ihrer weitausgreifenden Abfolge neuartige Durchgliederung des Baukörpers beach-
tenswert ist, steht Johann Bernhard Fischer bereits auf dem Höhepunkt seiner Schaffenskraft.

In diesen Jahren wird das Wirken Hildebrandts in Wien immer dominierender. Das
1713 begonnene *Palais Daun-Kinsky* (1, Freyung 4) (Abb. 59) bereichert die Stadt um
einen neuen liebenswerten Palaistypus, dessen schwerer Baukörper mit barocker Leichtigkeit verhüllt erscheint. Hildebrandt verzichtet auf eine Gruppierung der Fassade,
die ihre eleganten Bewegungen einzig und allein aus dem dekorativen Element empfängt, und präsentiert eine der reichsten Fassadenlösungen des österreichischen Barock.
Fast zur gleichen Zeit, ebenfalls 1713, beginnt der Architekt nach eigenen Plänen mit
den Arbeiten an Wiens schönstem Gartenpalais, dem Belvedere des Prinzen Eugen (das
einer gesonderten Behandlung bedarf); das *Untere Belvedere* war 1716 fertiggestellt,
das *Obere* – in aller Welt nicht nur durch seine Kunstschätze und Sammlungen, son-

dern auch durch den hier im Marmorsaal am 15. Mai 1955 abgeschlossenen Österreichischen Staatsvertrag bekannt – folgte 1721–23 (Farbt. 13, 14, Abb. 56–58).

Inzwischen baute Hildebrandt 1717–19 anstelle eines kaiserlichen Meierhofs auf dem damaligen Ballplatz die *Geheime Hofkanzlei* (1, Ballhausplatz 2, heute Bundeskanzleramt), die ein halbes Jahrhundert danach durch eine Erweiterung des wohl meistbeschäftigten Architekten des Spätbarock, Nikolaus Pacassi, ihr heutiges Aussehen erlangte.

Nachdem der ältere Fischer 1716 den Bau der Karlskirche, seines bedeutendsten sakralen Bauwerks, sowie 1719 – im Zuge der bereits bekannten Neuplanung der gesamten Hofburg – den Bau der Hofstallungen und um 1720 den Umbau des Palais Schwarzenberg (um 1721 vielleicht auch des Palais Auersperg) begonnen hatte, wandte er sich, nunmehr 66jährig, der Ausführung seines bedeutendsten Profanbaues zu: der *Hofbibliothek*, seiner letzten architektonischen Aussage. Von Krankheit gezeichnet, rief er 1722 seinen Sohn Joseph Emanuel von einer Studienreise nach Wien zurück und wies ihn in alle Pläne ein. Joseph Emanuel vollendete nach seines Vaters Tod (1723) noch im selben Jahr die Hofstallungen, bis 1726 die Hofbibliothek und bis 1737 die Karlskirche. Wie sein Vater steht er in immerwährendem Konkurrenzkampf zu Hildebrandt, der nach Johann Bernhards Tod seine Chance bei Hof wahrnehmen wollte und auch tatsächlich mit der Ausarbeitung von Plänen für den Ausbau der Hofburg beauftragt wurde. Als jedoch der erst 33jährige Joseph Emanuel 1725 zum Leitenden Hofarchitekten bestellt und damit dem alternden Hildebrandt vorgezogen wurde, nahm er auch die Weiterführung des begonnenen *Reichskanzleitrakts* selbst in die Hand. Des jüngeren Fischers Planungen zeigen keine Verwandtschaft zu den Werken seines Vaters; besonders in den Reichskanzleitrakt flossen deutlich Erkenntnisse ein, die er auf Studienreisen in westlichen Ländern gewonnen hatte, und die *Winterreitschule* weist ausgesprochen sachlich-moderne Züge auf, die den Weg in den barocken Klassizismus anbahnen.

Inmitten eines im 19. Jahrhundert völlig modernisierten Straßenzuges steht am Graben 11 als einziges erhaltenes Barockgebäude das um 1720 gestaltete *Palais Bartolotti-Partenfeld*. Der Name des Bauführers, Franz Jänggl (der Hildebrandts architektonische Pläne in und außerhalb der Stadt ausführte), ebenso aber auch die äußere Erscheinung des nach der Dorotheergasse zehn- und gegen den Graben vierachsigen Palais weisen mit Sicherheit auf Hildebrandt als Schöpfer der Pläne hin. Dennoch liegt hier etwas Neues, Ungewohntes verborgen: ähnlich wie beim *Palais Neupauer-Breuner* (1, Singerstraße 16) (Abb. 60) und dem *Palais Erdödy-Fürstenberg* (1, Himmelpfortgasse 13) wurde das Gebäude nicht mehr als Wohnbau für ein einzelnes Adelsgeschlecht errichtet, sondern für mehrere Mietparteien. Mit dem Verzicht auf das repräsentative Vestibül, das aufwendige Treppenhaus und die Betonung des Hauptgeschosses beginnt ein grundsätzliches architektonisches Umdenken.

Fischer und Hildebrandt, mit Aufträgen überhäuft, verharrten nicht im Eklektizismus und Epigonentum, sondern haben durch die Verschmelzung fremden und heimischen Ideenreichtums in genialer Synthese völlig Neues geschaffen und damit Anschluß an die europäische Entwicklung gefunden, ja, mehr noch: es scheint, als hätten sie unter Nutzung ihrer schöpferischen Kräfte eine europäisch gültige Form gefunden, durch die das Wesen Wiens in einer eigenwüchsigen und großartigen Erscheinung vor die Welt getreten ist.

Prinz Eugen und sein Belvedere

Prinz Eugen von Savoyen (1663–1736), ein Grandseigneur von allseitiger Bildung, menschlicher Wärme und gewinnender Schlichtheit, ein Feldherr, der an seine eigene Leistung den strengsten Maßstab anlegte, der ›kleine Kapuziner‹, wie ihn seine Soldaten wegen seines einfachen braunen Waffenrocks gerne nannten, ein Mann, der sein Denken und Trachten der einzigen großen Aufgabe zuwandte, die Großmachtstellung Österreichs zu sichern, war ein Kunstverständiger, Kunstmäzen und Kunstsammler von unerhörter Vielseitigkeit und damit auch auf diesem Gebiet entscheidend daran beteiligt, daß die Donaumetropole in den ersten Jahrzehnten des 18. Jahrhunderts europäische Geltung erlangt hat. Fast scheint es so, als wollte er sich mit seinen Augen an der Schönheit seiner Umgebung für das entschädigen, was ihm selbst die Natur körperlich vorenthalten hatte. Die Ehrenhaftigkeit und höfliche Gelassenheit, die Unterordnung persönlicher Wünsche unter höhere Belange und die soldatischen Tugenden hatte ihm sein Vater als Erbteil in die Wiege gelegt, den scharfen Verstand und die politische Begabung, ebenso den Wagemut und die beispiellose Kühnheit, aber auch den Kunstsinn hatte er seiner Mutter, einer Nichte des Kardinals Mazarin, zu danken. Als siegreicher Feldherr und europäischer Diplomat in der politischen Geschichte Österreichs fest verankert, ist er auch in der Kultur- und Geistesgeschichte seiner Zeit leuchtender Mittelpunkt einer hochstehenden Gesellschaft. Es nimmt nicht wunder, daß eine Persönlichkeit mit diesen Anlagen und von diesem Rang in eine Art Wettstreit mit dem Kaiserhof trat, und der Bau des Belvederes wird wegen der geographischen Lage, die einen Blick von erhöhtem Platz auf die Hofburg ermöglicht, gern so beurteilt – auf Bernardo Bellottos Gemälde kann man die damalige Situation gut erkennen (Farbt. 4).

Nach dem Erwerb des unmittelbar an den Schwarzenberggarten angrenzenden Grundstücks, das vom Rennweg bis an den späteren Linienwall reichte, ließ Prinz Eugen – ein Jahr, nachdem 1699 der Friede von Karlowitz das Werk der Befreiung Wiens besiegelt hatte – den *Park* mit allen seinen komplizierten wassertechnischen Anlagen und den nur zum Teil erhalten gebliebenen reichen Programmen an Gartenplastik, die sich auf den Bauherrn und seine Schlösser bezogen, beginnen. Wenig später entschied sich der Prinz für jenen Architekten, den er lebenslang beschäftigen sollte: Johann Lukas von Hildebrandt. Der Schloßbau des Belvedere mit seiner frei gestaltbaren landschaftlichen Umgebung ermöglichte diesem die größten künstlerischen Aussagen. Das *Untere Belvedere* (Zugang: 3, Rennweg 6) (Abb. 56), ein langgestreckter eingeschossiger Baukörper mit einem durch ein triumphbogenartiges Eingangsportal zu betretenden Ehrenhof, entstand 1714–16. Mit dem Mittelrisalit der Hoffront und der originell gegliederten Dachsilhouette setzte Hildebrandt die ersten künstlerischen Akzente, bereitete er den Beschauer gewissermaßen vor auf das Hauptschloß, das *Obere Belvedere* (1721–23) (Farbt. 13, 14, Abb. 58), auf das sich der Blick erst nach Überwindung einer das Gartenparterre abriegelnden großen Wasserkaskade öffnet. Hildebrandt bekennt sich zur Tradition, übernimmt vom Renaissanceschloß die seitlich gesetzten Rundtürme. Trotz der Größe des Schlosses, das die ganze Breite des Gartens wie eine Schranke sperrt und alle Blicke magisch auf sich zieht, ist es dem Architekten gelungen, dem Baukörper die Schwere zu nehmen, dem Bau durch eine gestaffelte Dachlinie eine wirksame Silhouette zu geben, den blockartig vorspringenden Mittelrisalit elegant mit den Seitenflügeln zu verbinden und beide Fronten des Schlosses (Zugang: 3, Prinz Eugen-Straße 27 oder vom Gürtel) in bestechender Weise plastisch zu schmücken. Die Spiegelung des Baues in der Wasserfläche des Teichs »entkleidet das Schloß seiner materiellen Wirkung, verwischt die Grenzen zwischen Bild und Wirklichkeit« (Feuchtmüller). Die prächtige Innenausstattung, größtenteils das Werk italienischer Freskanten, ist reich an mythologischen Anspielungen, wie auch die Plastiken des Parks mit ihrer Symbolik zu einem Denkmal des Bauherrn geworden sind. Was immer Schönes und Kostbares es in der Welt gab: Prinz Eugen trug es in seinen Schlössern zusammen. Dem Französischen längst entwachsen, fällt es in der Beurteilung schwer, ob man ihn als einen der größten Österreicher oder einen der faszinierendsten Europäer charakterisieren soll.

Höhepunkte hochbarocker sakraler Baukunst

Auch bei den Kirchenbauten steht am Beginn der Entwicklung noch ein Italiener: 1702 begann Gabriele Montani den Neubau der *Peterskirche* (1, Petersplatz). Als ein Jahr später Johann Lukas von Hildebrandt den Bau übernahm, verlor das Gotteshaus durch ihn seine ursprünglich plumpe äußere Form; geschwungene Linien, zarter plastischer Schmuck, vor allem aber die beiden reizvoll übereck gestellten Türme deuten an, daß der Architekt trotz der Bindung an einen vorliegenden Plan versuchte, das Bauwerk nach seinem Willen zu formen. Die glanzvolle Ausstattung des Innenraums, die gewiß alle Ansprüche erfüllt, die man an ein barockes ›Gesamtkunstwerk‹ stellen kann – Rottmayr, der um 1705 auch Deckenbilder im Schönbrunner Schloß malte, schuf das Kuppelfresko, Antonio Galli-Bibiena und Johann Georg Schmidt malten die Chorkuppel –, macht die Peterskirche zu dem wohl schönsten sakralen Barockraum der Innenstadt. Etwa zur selben Zeit, um 1704, fiel eine andere wesentliche architektonische Entscheidung: die Annahme der Hildebrandtschen Pläne für das Belvedere.

Das zweite Jahrzehnt des 18. Jahrhunderts sieht die barocke Kunst in einer reichen Ensemblewirkung, die sich in besonderem beim Kirchenbau auswirkte. Im Hochbarock entstanden jene repräsentativen Gotteshäuser, die der Einstellung, die Kirchen zur Ehre Gottes zu erbauen und sie daher architektonisch wie künstlerisch reich zu ge-

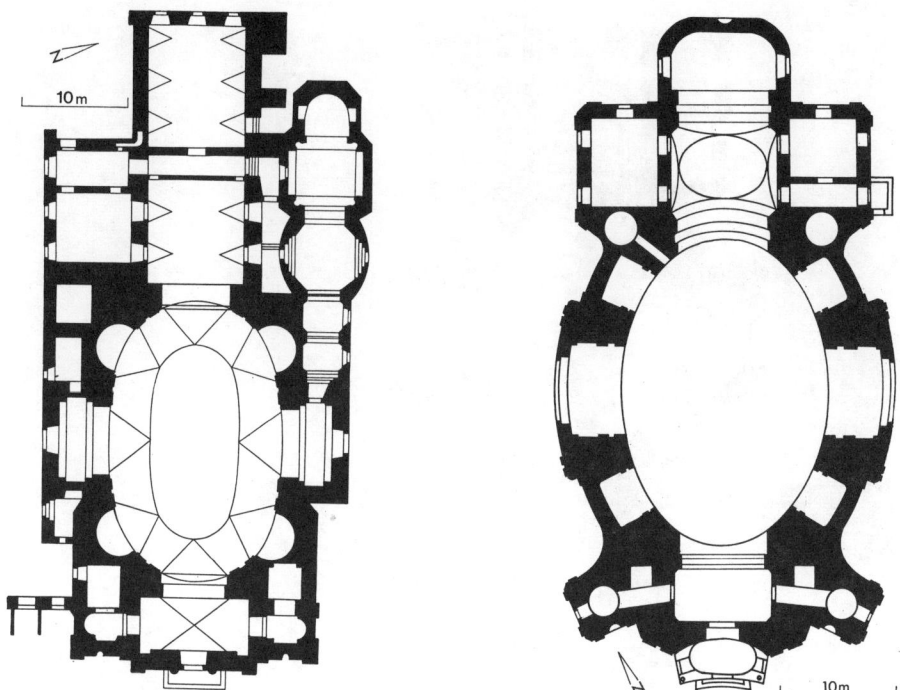

Entwicklung des barocken Zentralraums (s. auch Grundrisse S. 122/23): Servitenkirche und Peterskirche, Grundrisse

stalten, in vollem Maße gerecht wurde. Entstanden um diese Zeit die monumentalen Stadt- und Vorstadtkirchen, so wurden seit Maria Theresia überwiegend kleinere Vorstadtkirchen erbaut, die dem Bedürfnis der Bevölkerung nach Ausübung des Gottesdienstes entgegenkamen, bis schließlich unter Joseph II. die spätbarocken Tendenzen von nüchternen Überlegungen des aufgeklärten Absolutismus abgelöst wurden.

Als Karl VI. Johann Bernhard Fischer von Erlach den Auftrag zum Bau der *Karlskirche* (4, Karlsplatz) (Farbt. 15, Abb. 35) erteilte und damit ein 1713 während der Pestepidemie getanes Gelübde einlöste, war Wien nicht nur das Ziel bedeutender europäischer Architekten, sondern auch von Künstlern verschiedenster Arbeitsgebiete: der virtuose italienische Theateringenieur Antonio Galli-Bibiena wird nach Wien berufen, Johann Michael Rottmayr malt in der Peterskirche, der Bildhauer Lorenzo Mattielli erhält Auftrag über Auftrag und wird zum Hofbildhauer ernannt. Fischer hatte in seiner Planung im Gegensatz zu seinen beiden Konkurrenten Hildebrandt und Ferdinando Galli-Bibiena mit einer gänzlich neuartigen, genialen Architektur überrascht, in der seine schöpferische Phantasie verschiedene historische Stilelemente zu einer barocken Einheit verschmolz. Die damals noch jenseits des unregulierten, in offe-

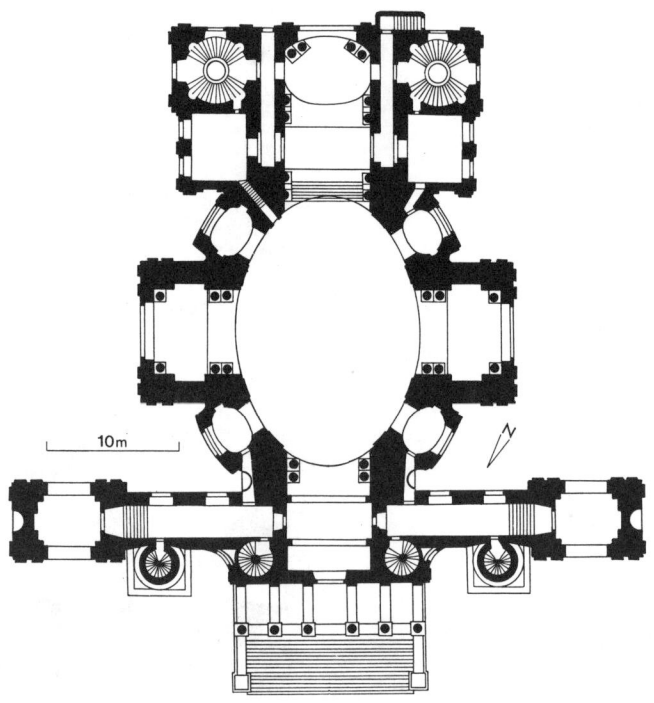

Karlskirche, Grundriß

nem Gerinne der Donau zuströmenden Wienflusses mit seinen Auwäldchen auf einer
teilweise mit Reben bepflanzten Anhöhe situierte Kirche beherrschte bis zur Mitte des
19. Jahrhunderts das unverbaute Glacis vor dem Kärntner Tor und war in ihrer Konzeption auf frontale Fernwirkung berechnet. Der Kirchenvorhalle ist ein griechischer
Tempelportikus vorgesetzt, hinter dem aus der Attika die Kuppel herauswächst. Zu
beiden Seiten schwingt die Fassade konkav zurück; hier stehen die beiden Triumphsäulen mit ihren Spiralreliefs, ganz außen die Glockentürme – stadttorartig ausgebildet – als seitliche Begrenzung. Sind die Triumphsäulen (Abb. 34) römisch beeinflußt
(sie erinnern an die Trajanssäule), die Glockentürme eher asiatisch, so ähnelt doch der
ganze Bau einem salomonischen Tempel. Am plastischen Schmuck waren die hervorragendsten Bildhauer der Zeit beschäftigt: Lorenzo Mattielli, Johann Baptist Straub,
Jakob Schletterer, Giovanni Stanetti und viele andere.

Fischer vereinigte die klassische Architektur von Rom, Athen und Konstantinopel
in gelungener Synthese und schöpferischer Umwertung, wobei er dem Beschauer mit
Nachdruck vor Augen führt, daß es sich um ein kaiserliches Bauwerk von universell
kirchlichem und imperialem Anspruch in der Residenz eines Weltreichs handelt. Das
Gotteshaus ist ein »Werk von allerhöchstem Rang und überdies geradezu ein Kompen-
dium barocken Bau- und Symboldenkens«. Diese Symbolik beherrscht das ganze Bau-

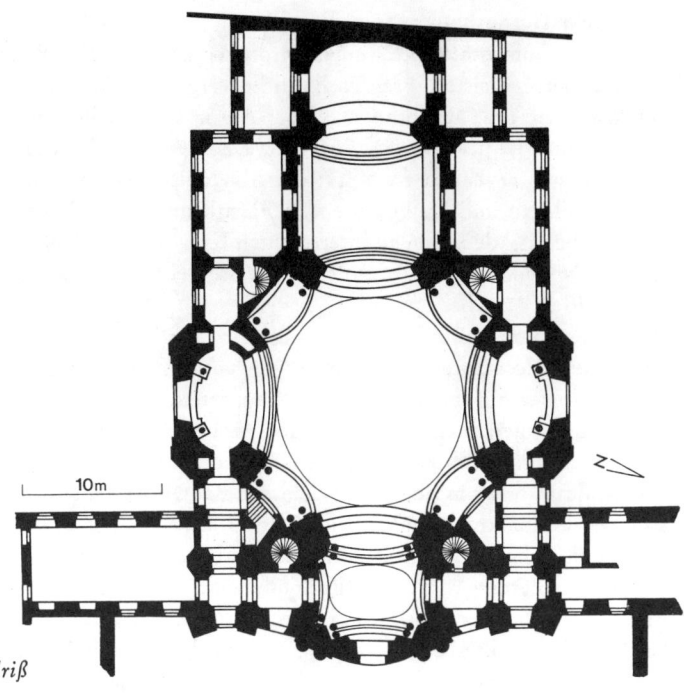

10m

Piaristenkirche, Grundriß

werk. Der Innenraum wirkt gegenüber der Front kühl, die Kuppelfresken Rottmayrs dominieren (Abb. 32); die Wölbung des weiten Raums erscheint durch die perspektivische Scheinwirkung des Längsovals noch höher gestreckt. Die Karlskirche ist Fischers letzter Kirchenbau und zugleich sein sakrales architektonisches Hauptwerk.

Kurz nach dem Baubeginn der Karlskirche wird 1716 die Hildebrandt zugeschriebene *Piaristenkirche* (8, Jodok-Fink-Platz) begonnen, die allerdings erst 1751–53 von Matthias Gerl vollendet worden ist (der Ausbau der Türme erfolgte sogar erst 1858–60 durch Franz Sitte); die von Maulbertsch geschaffenen Deckenfresken (1752/53) gehören zum Schönsten, das uns ein spätbarocker Freskant hinterlassen konnte.

Zur gleichen Zeit (1717–30) entsteht noch ein dritter bedeutender Kirchenbau: die von Donato Felice d'Allio entworfene *Salesianerinnenkirche* (3, Rennweg 10) mit ihrer 48 Meter hohen Kuppel, bei der man einer wesentlich fortgeschritteneren Architekturauffassung begegnet, ja, wenn man will, bereits Anzeichen des Verlöschens der schöpferischen barocken Kraft erkennen kann. An der reizvollen zweigeschossigen Fassade mit ihrer großen Pilasterordnung, hinter der sich der hohe Längsovalraum des Kircheninneren verbirgt, arbeitete ein anderer großer Architekt mit: Joseph Emanuel Fischer von Erlach.

Das barocke Bürgerhaus

Über den monumentalen Leistungen profaner und sakraler Baukunst darf man das Wirken anderer Meister ihres Fachs nicht vergessen. So arbeitete als Architekt der Stadt Wien seit 1722 der Stadtzeugwart Anton Ospel, ein Schüler Ferdinando Galli-Bibienas. Sein Hauptwerk, das *Bürgerliche Zeughaus* (1, Am Hof 10) verdankt seine Fassade (1731/32) seinem Entwurf; die Abhängigkeit von französischen (oder spanischen) Vorbildern und die bedeutenden Plastiken Lorenzo Mattiellis machen die dreiachsige Giebelfassade zu einem interessanten Kunstwerk. Ospel baute übrigens 1722/23 auch die *Waisenhauskirche* (9, Boltzmanngasse bei 9) und 1724–28 die *Leopoldskirche* (2, Große Pfarrgasse bei 15).

Das Bürgertum wollte selbstverständlich hinter Hof, Adel, Kirche und Stadt nicht zurückstehen. Vorstädte und Vororte wurden großzügig verbaut, andere an Ausfallstraßen im bis dahin landwirtschaftlich genutzten Terrain neu gegründet. Die Bürgerhäuser schossen geradezu aus dem Boden, wobei prominente Architekten, wie Johann Lukas von Hildebrandt, zu jenen gehörten, die mit ihren Palais das Vorbild für das vermögende Bürgertum abgaben. Viele der Bauten haben sich bis heute erhalten und bestimmen an manchen Punkten das Stadtbild. Es ist hier nicht Raum, die Wandlungen des bürgerlichen Wohnhausstils zu analysieren. Hatte anfangs die palastartige Fassade dominiert, so war die Stilperiode nach 1720 – wie auch in der Monumentalarchitektur – durch erste klassizistische Versuche, durch die Reduktion des ornamentalen Details charakterisiert, wobei bis zur Jahrhundertmitte bereits verschiedene Strömungen nebeneinanderliefen: einerseits die an den Manierismus anschließende Richtung des Plattenstils, andererseits die Umsetzung der barocken Palaisfassade in die intimeren Formen des Wohnhauses, schließlich, vor allem in den Vorstädten, die Beeinflussung durch die Volkskunst. Standen im zweiten Viertel des 18. Jahrhunderts der ›Hofbaumeister‹ Joseph Emanuel Fischer von Erlach und der ›Stadtbaumeister‹ Anton Ospel mit dem ›Adelsbaumeister‹ Johann Lukas von Hildebrandt bei aller Verschiedenartigkeit der Auffassungen zwar gleichberechtigt auf einer Stufe, so übte letzterer doch den größten Einfluß auf den vom Bürgertum gewählten Baustil aus.

Bemerkenswert und daher herausgehoben seien aus der Vielzahl der Bürgerhäuser das auf einen Entwurf Hildebrandts zurückgehende *Märkleinsche Haus* (1, Am Hof 7), eines der schönsten bürgerlichen Barockgebäude der Innenstadt (1727–30); das gegenüberliegende *Urbanihaus* (1, Am Hof 12) mit seiner um 1730 in der Art Hildebrandts gestalteten Fassade; der von einem unbekannten Architekten 1719 gebaute *Hochholzerhof* (1, Tuchlauben 5); der 1718 errichtete *Schwindhof* (1, Fleischmarkt 15), das Geburtshaus des Malers Moritz von Schwind (1804); das sogenannte *Hildebrandthaus* (1, Sonnenfelsgasse 3) mit seiner aus dem Jahre 1721 stammenden Fassade oder das vor 1724 erbaute *Große Michaelerhaus* (1, Kohlmarkt 11), in dem seit 1750 mehrere Jahre hindurch Joseph Haydn lebte und 1782 Pietro Metastasio starb. In der Vorstadt St. Ulrich ist das *Bürgerhaus 7*, St. Ulrichs-Platz 2, als Vorstadthaus markant, in den ehemaligen Vororten außerhalb des Gürtels das in der Art Hildebrandts erbaute *Töpfelhaus* (14, Penzinger Straße 34) das typische Beispiel eines barocken Vororthauses.

Weite Gebiete Deutschlands und Böhmens sind von der barocken Palastkunst Wiens befruchtet worden. Der Gestaltungsreichtum im Außenbau und die repräsentative Vornehmheit der Erscheinung sind ebenso einzigartig wie die Fülle der Innenraumformen in den Vestibülen, Stiegenhäusern und Sälen. Das barocke Zeitalter, überreich an schöpferischen Persönlichkeiten, verebbt zuerst in der Architektur (um 1740), dann in der Plastik (um 1760), zuletzt in der Malerei (um 1780). Die welthistorischen Perspektiven, in deren Schatten Wien im 18. Jahrhundert steht, entsprechen der europäischen Funktion der barocken Kunst. Es ist jene Zeit, in der die Stadt besonders ausgeprägt jene Mittler- und Verschmelzerrolle eingenommen hat, die für sie in vielfacher Hinsicht typisch ist: die künstlerischen Formenwelten des italienischen Südens, des französischen Westens und des holländischen Nordens verbanden sich auf dem kunstträchtigen Wiener Boden zu einer völlig eigenständigen Kunst, die ihrerseits in alle Himmelsrichtungen des europäischen Raumes ausstrahlte.

Das Zeitalter Maria Theresias

Überliefert der Plan von Folbert van Alten-Allen 1686 das frühbarocke Wiener Stadt-bild, so besitzen wir im Vogelschauplan des Joseph Daniel Huber, eines Obristwacht-meisters des Großen Generalquartiermeisterstabs, ein getreues Abbild der Stadt samt ihren Vorstädten am Höhepunkt der barocken Bauhausse. Die 1769 von Maria Theresia und Joseph II. in Auftrag gegebene ›topographische Urkunde‹ vermittelt einen um-fassenden Eindruck von der territorialen Ausdehnung der ›Kaiserstadt‹, vom Ver-bauungsgrad ihrer Umgebung, ja, selbst vom Aussehen der einzelnen Häuser.

Das Zeitalter Maria Theresias (1740–80) umschließt bedeutende politische, militäri-sche, wirtschaftliche und gesellschaftliche Ereignisse, ebensowenig fehlt es aber in gei-stig-künstlerischer Hinsicht an Aktivitäten. Man unterläge sicherlich einem Irrtum, wollte man in diesen vier Jahrzehnten entweder den Ausklang der hochbarocken Ära Karls VI. oder den Übergang zum Josephinismus sehen – ganz im Gegenteil: gerade in der maria-theresianischen Zeit wurde Österreich in vielen Bereichen neu geformt. Die barocke Kunst unternahm damals nicht einmal den Versuch, mit den Glanzzeiten unter Karl VI. in Konkurrenz zu treten, sondern suchte sich dadurch zu profilieren, daß sie neue – wenn man will: menschlichere – Akzente setzte.

Der Weg zum absolutistischen Zentralstaat

Als Maria Theresia im Oktober 1740 die Regierung übernahm, stand sie einer Welt von Feinden gegenüber, die ihr nicht nur die Nachfolge, sondern auch ihr Territorium streitig machte. Kurfürst Karl Albert, mit Frankreich liiert, beanspruchte unter fälsch-licher Bezugnahme auf das Testament Ferdinands I. das Erbe Karls VI.; Friedrich II., wenige Monate zuvor König von Preußen geworden und damit Erbe eines schlag-kräftigen Heeres und voller Staatskassen, erhob Ansprüche auf Schlesien, den Haupt-stützpunkt der habsburgischen Industrie- und Handelspolitik. Tatsächlich wurde Karl Albrecht 1742 als erster Nicht-Habsburger seit 1438 zum Kaiser gekrönt (Karl VII.). Der Österreichische Erbfolgekrieg (1740–48) und die beiden Schlesischen Kriege (1740–42 und 1744/45) verliefen wechselvoll, die europäischen Mächte fanden sich zu mehrfach wechselnden Koalitionen zusammen. Einer günstigen Konstellation ver-dankte der Gemahl Maria Theresias, Franz Stephan von Lothringen, 1745 seine Wahl zum römisch-deutschen Kaiser (Franz I.). Als endlich 1748 der Friede von Aachen den militärischen Auseinandersetzungen ein Ende bereitete, verlor Maria Theresia zwar endgültig Preußisch-Schlesien und mußte Gebietsteile in Italien mit Parma an Spanien abtreten, doch ging die Monarchie dennoch innerlich gestärkt aus dem Kampf hervor. Nach Jahren des Friedens formierten sich – ein Ergebnis jahrelangen diplomatischen Ringens – die Festlandsmächte gegen Preußen und England, der Siebenjährige Krieg (1756–63) brachte aber letztlich weder territoriale Veränderungen noch eine Bereinigung offener europäischer Fragen. Die künstlerische Entfaltung wurde durch die Kampfhandlungen nicht beeinträchtigt. Das Preußen Friedrichs II., der fortan als nationaler Vorkämpfer galt, war zur europäischen Großmacht aufgestiegen, Deutschland stand ebenbürtig neben Österreich.

Unmittelbar nach dem Erbfolgekrieg, 1749, konnte Maria Theresia, damals zweiunddreißig Jahre alt, unterstützt von Haugwitz und Kaunitz, jene einschneidenden Reformen in den Bereichen Verwaltung (Trennung von Justiz und Verwaltung, Vereinigung der böhmischen und österreichischen Hofkanzlei, Schaffung eines Staatsrats), Rechtswesen, Finanzverwaltung (Theresianischer Kataster), Schulwesen (Reichsvolksschulgesetz, allgemeine Schulpflicht) und Heereswesen (allgemeine Wehrpflicht) in Angriff nehmen, die darauf abzielten, aus der vom Landesfürsten absolut, jedoch mit Hilfe der Stände – gewissermaßen also dualistisch – regierten Monarchie einen einheitlich zentralistisch gelenkten, im absolutistischen Sinn modernen Staat, das heißt einen der Macht der Stände entzogenen Beamtenstaat, zu machen und damit aus der Haupt- und Residenzstadt Wien den eigentlichen Mittelpunkt eines im Entstehen begriffenen habsburgischen Großreiches. Prag und Budapest mußten damals alle Hoffnungen aufgeben, im kommenden Reich eine Wien ebenbürtige Rolle zu erhalten: für Prag sollten die Zeiten Rudolfs II., der lieber in der ›Goldenen Stadt‹ als im gefährdeten Wien residieren und seinen kulturellen Ambitionen nachgehen wollte, nicht mehr wiederkehren, für Budapest wurde die angestrebte Gleichberechtigung zum unerfüllbaren Traum. Die Verwaltungsstellen aller Länder befanden sich nun – ausgenommen die der ungarischen Krone – in Wien, und Maria Theresia selbst betonte die Bedeutung der Stadt durch ihre dauernde, nur selten auf wenige Wochen unterbrochene Anwesenheit. Da sie die Neue Favorita, in der ihr Vater gestorben war, nicht mehr betreten wollte, entschloß sie sich zum Ausbau des Schlosses Schönbrunn.

Die Hebung der staatsrechtlichen Bedeutung Wiens änderte nichts daran, daß das politische Leben der Stadt selbst weiterhin verkümmerte, daß es keine Möglichkeit gab, den mittelalterlichen Zustand mit seinem bürgerlichen Standesbewußtsein wiederherzustellen. Deutlich vollzog sich auf dem gesellschaftlich-sozialen Sektor ein Wandel, der die Stellung der Bewohner beeinflußte; die Ausbildung eines Untertanenbewußtseins führte zu einer erkennbaren Minderung der politischen Ambitionen und ermöglichte es Maria Theresia, verhältnismäßig leicht den von ihr angestrebten Einfluß auf alle Ämter zu nehmen, die seinerzeit ausschließlich den Bürgern offengestanden waren. Am Ende der Entwicklung stand die umfassende staatliche Verwaltung.

Die Wirtschaft kam dem Staat in seinen Absichten insofern zu Hilfe, als das auf groß-
räumige Territorien ausgerichtete merkantilistische Gedankengut eine starke Wechsel-
wirkung zwischen politischen und wirtschaftlichen Bereichen nach sich zog.

Kunst und Kultur zwischen Barock und Rokoko

Kommt es mit dem Tod Johann Bernhard Fischers von Erlach (1723) in der Stadt, mit
jenem Prandtauers (1726) auf dem flachen Land zu einer ersten Zäsur, so scheiden
zwischen 1739 und 1745 praktisch alle bedeutenden Schöpfer des österreichischen
Barock aus dem Leben: 1739 Prunner, 1741 Munggenast, 1742 der jüngere Fischer und
zuletzt, 1745, Hildebrandt. Spätere Künstler, wie etwa Maulbertsch und Schmidt,
sprengten durch ihre zunehmend klassizistischen Elemente bereits die Einheit des
barocken Gesamtkunstwerks. Heimische Begabungen wurden immer seltener, ausländische Architekten machen wieder von sich reden; es ist auch symptomatisch, daß so
mancher Baumeister dem Maschinenbau das gleiche Interesse zuzuwenden beginnt wie
der Baukunst. Aus dem Süden und dem Westen kommende Architekturgedanken inspi-
rieren lediglich ein Nachklingen, dem die innere Spannung fehlt und das über die
spätbarocke Nutzarchitektur in den vormärzlichen Klassizismus mündet.

Kunst und Kultur erleben dennoch während der fünfziger und sechziger Jahre eine
neue Blüte. Das Theater beispielsweise erreicht 1762 mit der Erstaufführung von
Christoph Willibald Glucks ›Orpheus und Eurydike‹ im alten Burgtheater einen glanzvollen Höhepunkt. 1752 beginnt das öffentliche Konzertleben in Form von Aka-
demien, die an theaterfreien Tagen des Burgtheaters abgehalten werden. Joseph
Haydn ist als Musiklehrer und Korrepetitor in Wien tätig, 1759 schreibt er seine
I. Symphonie. 1762 kommt Wolfgang Amadeus Mozart zum erstenmal nach Wien.
1771 wird die Tonkünstlersozietät begründet.

In die Jahre 1759/60 fallen die Ölveduten, die *Bernardo Bellotto,* genannt *Cana-
letto,* der unübertreffliche Meister der Vedutenmalerei, geschaffen hat (Farbt. 3–5).
Diese künstlerisch wertvollsten Wiener Ansichten, die es überhaupt gibt, stehen zwi-
schen den schätzenswerten, wenn auch nüchternen Kupferstichen von Delsenbach-
Fischer und Pfeffel-Kleiner (die uns das Wien Karls VI. zeigen) und jenen kolorierten
Stichfolgen, die Carl Schütz (Farbt. 2), Johann Ziegler und Laurenz Janscha in der
Zeit Josephs II. und Franz' II. geschaffen haben, Straßenbilder, die durch eine Staf-
fage entzückender Rokokofigürchen belebt werden, deren Kleidung bei jeder neuen
Auflage der veränderten Mode angeglichen wurde. Die Lebendigkeit des Spätbarock
und Rokoko verschmelzen in diesen Veduten Stadtbild und Mensch zu einer Einheit
von höchster Aussagekraft und Bildwirksamkeit.

Das kaiserliche Lustschloß Schönbrunn

Für den Klosterneuburger ›Escorial‹, die von ihrem Vater als Torso zurückgelassene
gigantische Klosterresidenz nördlich von Wien, konnte sich Maria Theresia nicht

begeistern. Hingegen entschloß sie sich, die ungenutzten Schlösser des 1736 verstorbenen Prinzen Eugen anzukaufen und – um ein modernes Wort zu gebrauchen – zu revitalisieren: das ›Winterpalais‹ in der Himmelpfortgasse wurde Sitz der Obersten Montanbehörde, das Belvedere diente der kaiserlichen Familie als Wohnsitz (erst 1781 wurde es Gemäldegalerie), Schloßhof in Niederösterreich gedachte die Herrscherin selbst zu benützen. In die Geschichte eingegangen ist Maria Theresia allerdings durch eine andere Entscheidung: die Anordnung zum Ausbau von Schönbrunn, das sie zu ihrer neuen Residenz bestimmte. War auch der Hof am Ende der Regierung Karls VI. immer mehr mit der Residenzstadt zusammengewachsen, so ist sein Herzschlag doch am deutlichsten in Schönbrunn zu spüren, in jenem Schloß, das man trotz mancher Bedenken mit einem »idyllischen Absolutismus theresianischer Prägung« gleichzusetzen verleitet ist; lag bis Karl VI. das Hauptgewicht auf der heroischen Außengestaltung der Bauwerke, so gehört nun dem Innenraum die Liebe der Architekten, und diesem Schaffen kam zweifelsohne das liebenswürdig-verspielte Rokoko sehr entgegen.

Planung Johann Bernhard Fischers
Sein erster Plan sah ein ›Über-Versailles‹ vor, ein auf der Anhöhe der heutigen Gloriette stehendes, 73 Fensterachsen breites Schloß mit vier Flügelbauten und drei Ehrenhöfen, von dem aus der Blick frei nach Norden und Süden schweifen konnte. Dieser grandiose Entwurf überschritt offenbar die finanziellen Möglichkeiten Leopolds I., so daß um 1694 ein zweiter, in seinen Dimensionen wesentlich bescheidenerer Plan ausgearbeitet wurde: das Schloß, nach wie vor für den Thronfolger Josef bestimmt, stand nun im untersten Gartenparterre, an seiner heutigen Stelle. 1695 begann Jean Trehet mit der Anlage des Parks, 1700 war der Mitteltrakt des Schlosses im Rohbau vollendet. 1711 – nach dem überraschenden Tod Josefs I., der einer Geißel des Barockzeitalters, den Schwarzen Blattern, zum Opfer fiel (die Maria Theresia später einmal, als die Krankheit auch die von ihrem Sohn Joseph II. heiß geliebte erste Gattin hinwegraffte, den »Erzfeind des Hauses Habsburg« genannt hat) – ließ Karl VI., vom spanischen Königs- auf den Wiener Kaiserthron wechselnd, die Arbeiten einstellen: er wählte die Neue Favorita (heute Theresianum, 4, Favoritenstraße 15) zum Sommersitz.

Umbauten unter Maria Theresia durch Nikolaus Pacassi
Um 1730, als sich Karl für das gigantische Projekt einer Residenz in Klosterneuburg begeisterte, geriet das unvollendete Schloß vorübergehend völlig in Vergessenheit. 1736, im Jahr der Vermählung seiner 19jährigen Tochter mit Franz Stephan von Lothringen, erwog dann der Kaiser, das Schloß dem jungen Paar als Sommerresidenz ausbauen zu lassen. Erst im dritten Jahr nach ihrer Regierungsübernahme – genau am 25. Februar 1743 – war Maria Theresia allerdings in der Lage, die langgehegten Pläne zu realisieren. Als selbstbewußte Bauherrin wollte sie sich keineswegs mit einer Renovierung begnügen, sondern ordnete an, daß das Schloß »nicht nur repariert, sondern

Erstes Projekt für Schönbrunn von Johann Bernhard Fischer von Erlach

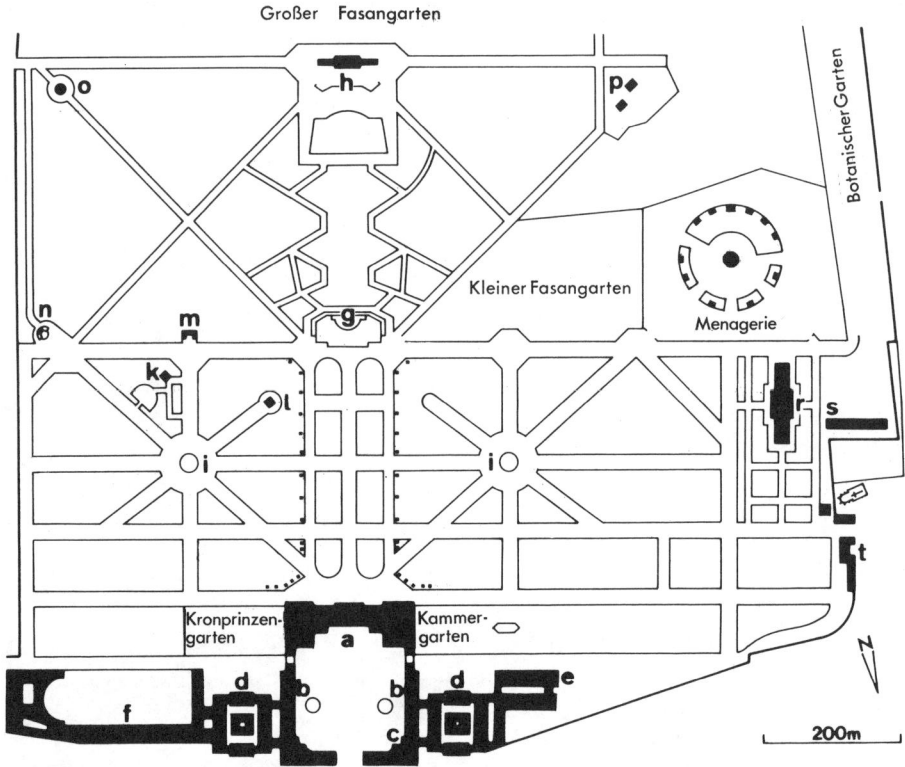

Schematischer Übersichtsplan von Schönbrunn

*a Schloß b Kavaliertrakt c Schloßtheater d Ehem. Stallgebäude e Wagenburg f Oran-
gerie g Neptunbrunnen h Gloriette i Najadenbrunnen k Schöner Brunnen l Taubenhaus
m Römische Ruine n Obelisk-Kaskade o Kleine Gloriette p Tirolergarten r Palmenhaus
s Sonnenuhrhaus t Kaiserstöckl*

auch erweitert und zu bequemer Unterbringung der Hof Statt ausgebauet werden
solle«, wobei man bei Durchsicht ihrer Briefe nicht den Eindruck gewinnt, als habe die
Kostenfrage eine besondere Rolle gespielt. Den Auftrag gab sie jenem Architekten,
der nicht nur als meistbeschäftigter seiner Zeit, sondern auch unbestritten als ihr
Günstling in die Geschichte eingegangen ist: *Nikolaus Pacassi*.

Der mit der Monarchin fast gleichaltrige Wiener Neustädter Pacassi hatte die
Wiener Akademie absolviert, wurde 1745 Unterbaumeister bei Hof, 1748 Hofarchi-
tekt, 1753 erster Architekt im Hofbauamt und 1760 k. k. Oberhofarchitekt; seine
Karriere wurde 1760 durch die Erhebung in den Ritterstand und 1768 durch seine
Wahl zum wirklichen Mitglied der Wiener Akademie der bildenden Künste gekrönt.

Pacassi ist aus der Architekturgeschichte des 18. Jahrhunderts nicht wegzudenken. Er übernahm für den Hof den Umbau des *Hetzendorfer Schlosses* (seit 1743), den Umbau des *Theresianums* (seit 1753), die Erweiterung des *Schlosses Laxenburg* (1761–65), die Instandsetzung der *Hofbibliothek* (1763–69) – die einer Rettung des weltberühmten Prunksaals vor dem Verfall gleichkommt –, die Innengestaltung des *Amalientrakts der Burg* (1764–66), den Umbau der *Geheimen Hofkanzlei* (1767, heute Bundeskanzleramt) und die Errichtung der *Flügelbauten der Hofbibliothek* (1767), wodurch der Josefsplatz seine beispielhaft geschlossene architektonische Wirkung erhielt; für den Erzbischof erneuerte er dessen *Schloß* in *Ober-St. Veit* (1762–77), außerdem baute er die *Gardekirche* am Rennweg (1755–63).

Wollte Pacassi seine eigenen architektonischen Vorstellungen verwirklichen, so mußte er stark in die Bausubstanz des Mitteltraktes von Schönbrunn eingreifen. Er entschloß sich, den ursprünglich quergestellten Prunksaal abtragen zu lassen, und errichtete parallel zur Längsachse des Bauwerks die *Große* (Abb. 51) und die *Kleine Galerie* (mit Rundkabinett und Ovalkabinett zu beiden Seiten), die seither das repräsentative Zentrum des Schlosses bilden. Die Entscheidung Pacassis, die Galerien nicht als in sich geschlossene Raumzentren, sondern eben wie fluktuierende Achsen zu behandeln, ist sein größtes architektonisches Verdienst, bedeutet aber mehr als eine bloße Änderung der Konzeption: hier liegt der bewußte Verzicht auf die ausgewogene hochbarocke Symmetrie, die einer Dynamisierung der Raumdisposition geopfert wird. Aber noch ein zweites Moment muß gewürdigt werden: das neue Raumensemble im ersten Stock wird zu einem Hauptwerk des österreichischen Rokoko.

Die funktionelle Dynamisierung, die in der Anordnung der Säle der Denkweise des theresianischen Pragmatismus entspricht, der stets Repräsentatives und Funktionelles im Gleichgewicht zu halten suchte, setzt Pacassi im Erdgeschoß fort. Hier läßt er die Fischersche Prunkauffahrt vor der Gartenfassade abtragen und schafft zwischen Ehrenhof und Gartenparterre eine Durchfahrt. Gleichzeitig läßt er die von Martinelli stammende wuchtige und steile Dachanlage abtragen und ersetzt sie durch niedere Pultdächer, wobei durch die Wiedererrichtung der Balustrade mit ihren Skulpturen der alte Eindruck völlig wiederhergestellt wird. Wenig zu verändern hatte Pacassi an der noch aus der Frühzeit des Baues stammenden Schloßkapelle, deren Deckengemälde 1744 Daniel Gran schuf, hingegen gehört das auf ausdrücklichen Wunsch Maria Theresias entstandene Schloßtheater zu den Neuschöpfungen der vierziger Jahre.

Mitte der sechziger Jahre wird Pacassi ein letztes Mal im Zusammenhang mit dem Schönbrunner Schloßbau erwähnt. Seine Stellung nimmt nun ein junger begabter Mann ein, *Johann Ferdinand Hetzendorf*, der auch als Innen- und Theaterarchitekt seinen Weg gemacht hat.

Johann Ferdinand Hetzendorf von Hohenberg

Die erste Aufgabe, die der damals 27jährige Architekt, der seine Ausbildung in Wien genossen hatte, 1760 für den Hof ausführte, war die Festausstattung der beiden

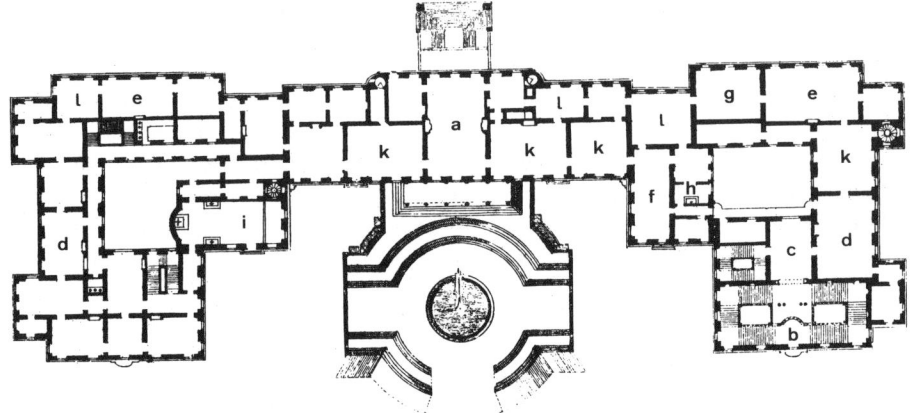

*Das Hauptgeschoß von Schloß Schönbrunn vor dem Umbau durch Pacassi nach dem Grundriß
Johann Bernhard Fischers von Erlach*

*a Großer Saal b Kaiserstiege c Großes Vestibül d Saal e Audienzzimmer f Kleiner
Saal (Spiegelsaal) g Schlafzimmer h Kammerkapelle i Schloßkapelle k Antichambre
l Retirade*

Redoutensäle in der Hofburg. 1766 mit dem Prädikat ›von Hohenberg‹ geadelt, schuf
er 1766/67 die Innendekoration des Schönbrunner Schloßtheaters und wandelte es zu
einem typischen Beispiel kunstvollen Spätrokoko-Interieurs. Seit 1773 (bis zu seinem
Tod 1816) Direktor der Wiener Akademie der bildenden Künste, begann er um diese
Zeit einen 1772 entworfenen Gesamtplan für die Ausschmückung des Schloßparks
Zug um Zug in die Tat umzusetzen. 1775 – im selben Jahr, in dem er zum Hofarchitekten ernannt wurde – vollendete er die *Gloriette* (Abb. 49), einen klassizistischen
Kolonnadenbau, von dem aus man einen prächtigen Blick auf die Schloßanlage und
das Häusermeer von Wien genießt; zwischen den zur Gloriette in Serpentinen empor-
führenden breiten Gehwegen wurde 1780 der monumentale Neptunbrunnen angelegt. 1777 folgte die Obelisk-Kaskade, 1778 die Römische Ruine. – Beachtenswerte
Leistungen vollbrachte Hetzendorf auch durch seine Ausstattungsänderungen in Kirchen der Innenstadt: völlig neue Wege beschritt er 1784/85 mit der Regotisierung der
Augustinerkirche, 1785 folgte die Neugestaltung der Minoritenkirche.

Beide, der noch im Spätbarock wurzelnde Nikolaus Pacassi und sein Nachfolger
Hetzendorf von Hohenberg, der führende Architekt des ›spätbarocken Klassizismus‹,
haben Schönbrunn gestaltet, aber sie haben die Anlage einfacher und klassizistischer
zu Ende gebaut als es Fischer von Erlach geplant hatte. Auch die von ihnen geschaffenen Lustschlösser Laxenburg und Hetzendorf sind äußerlich keineswegs besonders
großzügig gestaltet. Dafür verlieh der Rokokostil den Innenräumen von Schönbrunn
eine Kraft und Wärme, wie wir sie kaum anderswo vorfinden.

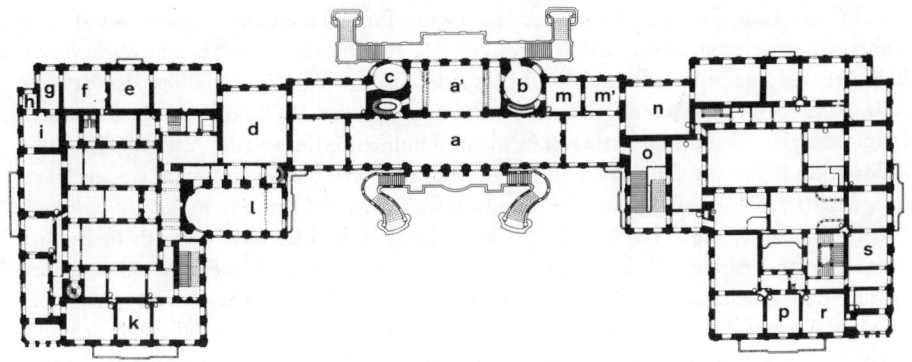

Das Hauptgeschoß von Schloß Schönbrunn im gegenwärtigen Zustand

*a Große Galerie a' Kleine Galerie b Rundkabinett c Ovalkabinett d Zeremoniensaal
e Vieux-laque-Zimmer f Napoleon-Zimmer (Sterbezimmer des Herzogs von Reichstadt)
g Porzellanzimmer h Miniaturenkabinett i Millionenzimmer (Vicatin-Cabinet) k Schreibzimmer l Schloßkapelle m und m' Kleines Rosa-Zimmer n Großes Rosa-Zimmer o Blaue
Stiege p Arbeitszimmer von Kaiser Franz Joseph r Schlafzimmer des Kaisers s Schlafzimmer der Kaiserin Elisabeth*

Großartiger Ausdruck des Rokoko

Der sinnenfreudige und illusionistische Pariser Rokokostil hat in Schönbrunn eine
Wandlung erfahren: er bietet zwar den festlichen Rahmen, wird aber ergänzt durch
inhaltsschwere Darstellungen, die dem Geist des Rokoko eigentlich widersprechen.
Dies betrifft ebenso die Kleine Galerie und den Zeremoniensaal, wo das Rokoko eine
den Repräsentationsansprüchen der Dynastie entsprechende Ernüchterung erfuhr, wie
auch (im Westtrakt) das Vieux-Laque-Zimmer, das Maria Theresia nach dem Tod
ihres Gatten als Privatgemach benützte und in dem die exotischen, der Chinoiserie
zuzurechnenden Rokoko-Interieurs zu den gewichtigen Familienporträts einen eigenwilligen Kontrast bilden, oder das Vicatin-Cabinet, der intime Salon Maria Theresias –
besser bekannt als ›Millionenzimmer‹ –, das mit seinen prachtvollen Rokoko-Orien-
talismen eine Dokumentation reinsten Rokokos darstellt. Mit seiner ›Allegorie auf
das milde Regiment der Kaiserin‹, dem Deckenfresko der Kleinen Galerie, und der
›Allegorie auf die Kronländer und ihre Reichtümer‹ in der Großen Galerie, dem
architektonischen und funktionellen Mittelpunkt des Schlosses, bewies Gregorio
Guglielmi, daß er mit seiner Kunstauffassung seiner Zeit vorauseilte.

Chinoiserien, die Vorliebe der spätbarocken Menschen für die fernöstliche Kultur
unterstreichend, gehörten damals zum guten Ton der feinen Gesellschaft, sind allerdings in Wien erst en vogue geworden, als sie in ihrem Ursprungsland Frankreich schon
wieder in Vergessenheit gerieten. Auch das auf die erste Gattin Josephs II., die früh-

verstorbene Isabella von Parma, zurückgehende Porzellanzimmer (später als ›Blaues Kabinett‹ Arbeitszimmer Maria Theresias), das familiär-intim wirkende Miniaturen-kabinett und das Schreibzimmer sind Beispiele einer zwar der Hochblüte des Rokoko adäquaten, dennoch eher vorbiedermeierlich anmutenden Wohnkultur, die zur stillen Demonstration einer maria-theresianischen Familienidylle wurde. Zum Spätrokoko gehören auch die im Osttrakt liegenden ›Landschaftszimmer‹ mit ihren riesigen, fast die gesamten Wände einnehmenden Landschaftsbildern des Kammermalers *Joseph Rosa* (›Rosa-Zimmer‹), die – thematisch die unberührt-wilde Schönheit der sich bedrohlich auftürmenden Alpen wiedergebend – die frühromantische Liebe zur unwegsamen Natur vorwegnehmen. In ähnlicher Weise hat *Josef Roos* gewirkt, vor allem aber *Johann Wenzel Bergl,* der dem Farbraum eine sehr individuelle Note verlieh und versuchte, den profanen Raum zum barocken Gartenpavillon zu gestalten; das Er-gebnis sind die nach ihm benannten qualitätsvollen Zimmer des Erdgeschosses mit ihren illusionistischen Landschaften.

Die Spätrokokoausstattung Schönbrunns steht in ihrer ganzen Vielfalt an der Schwelle eines neuen Zeitalters.

*

Schloß Schönbrunn, repräsentativer Sommersitz der Kaiser, in mehrfacher Hinsicht ein künstlerisches Phänomen, ein Begegnungspunkt der kühlen Hoheit des Barock mit dem höfischen Glanz des Rokoko, ein Gegensatz zwischen frühklassizistischer Klarheit und nachklingender Lust an festlich-verspielter Dekoration, ist mit seinen funkelnden Spiegelgalerien, den zierlich ausgestatteten Rokoräumen und seiner chinois-exotischen Atmosphäre Ausdruck eines neuen Lebensgefühls, das sich gleichermaßen in einem dem Zeremoniell des Hofes angepaßten Rahmen wie in dem der Monarchin eigenen persönlich-familiären Stil äußert: ein Schloß, das, fern jeder Realität, in seiner Mischung von zeitgenössischer Nostalgie und Avantgarde ein Denkmal des Herrscher-hauses sein sollte (Umschlagvorderseite, Farbt. 11, 12, Abb. 50).

Spätbarock und Rokoko in der Innenstadt und in den Vorstädten

Der Hauptvertreter der französischen Vorbildern nacheifernden Architekten, *Jean Nicolas Jadot de Ville-Issey,* der mit seinem Entwurf für die Umgestaltung des Schlosses Schönbrunn hinter Nikolaus Pacassi hatte zurückstehen müssen (er entwarf lediglich um 1750 den Kammer- und Kronprinzengarten), hat 1753–55 mit der *Aula der Alten Universität* (1, Dr.-Ignaz-Seipel-Platz 2, heute Österreichische Akademie der Wissenschaften) sein Meisterwerk geschaffen, zugleich den einzigen profanen Rokoko-bau Wiens von Bedeutung (Deckenfresko im Festsaal von Gregorio Guglielmi, 1755, Abb. 70). Im Gefolge Franz Stephans als dessen Hofarchitekt nach Wien gekommen, baute er hier im Sinne seiner in Frankreich erhaltenen Ausbildung, lieferte 1748 die Pläne für die Redoutensäle der Hofburg und baute 1753/54 die Maria-Theresien-Gruft unter der Kapuzinerkirche aus.

Im Gegensatz zu Jadot bewahrte *Matthias Gerl d. J.* das heimische Erbe, wenn man auch den Eindruck gewinnt, daß die bodenständigen Baumeister ausländischen Kräften zu weichen begannen. Gerl erweiterte 1751-54 die Böhmische Hofkanzlei, wobei er sich in der Wipplingerstraße mit derartiger Einfühlungsgabe dem Fassadenstil Fischers anpaßte, daß man keinerlei Bruchstelle erkennen kann; an der Front zum Judenplatz, wo er ungebunden arbeiten konnte, verwirklichte er hingegen eigene architektonische Ideen. Dasselbe gilt für die von ihm 1751-53 vollendete Piaristenkirche (8, Jodok-Fink-Platz), bei der er von den aufwendigeren Plänen Hildebrandts abrückte und dem Gotteshaus – wie sich am deutlichsten an der Fassade zeigt – ein wesentlich schlichteres Aussehen verlieh. Kurz darauf (1756) übernahm Gerl den grundlegenden Umbau der aus dem 13. Jahrhundert stammenden Penzinger Pfarrkirche (14, Einwanggasse 30).

In der sakralen Kunst gibt es wenig Spektakuläres, weil man unter Maria Theresia davon abging, Gotteshäuser überwiegend aus Repräsentationsgründen zu errichten. Seit 1750 entstanden, tatkräftig unterstützt durch Kardinal Migazzi, vor allem kleine spätbarock-klassizistische Vorstadtkirchen, die unmittelbar auf die Bedürfnisse der Bevölkerung abgestimmt waren. Viele von ihnen haben sich fast unverändert erhalten, stehen allerdings heute längst inmitten dichtverbauter Großstadtviertel. Im dritten Bezirk ist es die Waisenhauskirche ›Mariä Geburt‹ (Rennweg 91) des Schönbrunner Schloßinspektors Thaddäus Adam Karner (1768-70), in welcher der 12jährige Mozart seine erste Messe dirigierte, im vierten Bezirk die Thekla-Kirche (Wiedner Hauptstraße bei 82) von Josef Gerl (1754-56), im fünften Bezirk die Josefs-Kirche (Schönbrunner Straße bei 71) von Franz Duschinger (1768/69), im sechsten Bezirk die dem hl. Ägyd geweihte Gumpendorfer Pfarrkirche (Ecke Gumpendorfer Straße – Brückengasse) von Franz Sebastian Rosenstingl (1765-70), im neunten Bezirk die Lichtentaler Kirche ›Zu den 14 Nothelfern‹ (Marktgasse bei 40) von Josef Ritter und Thaddäus Adam Karner (1769-73), in der Franz Schubert getauft worden ist und für die er 1814/15 die großen Messen in F und G schrieb.

Zwei Kirchen bedürfen einer gesonderten Behandlung: die bereits erwähnte Piaristenkirche und die Gardekirche. Die *Piaristenkirche* ist der Mittelpunkt einer Platzanlage, deren Flügelbauten das Piaristenkolleg und das Löwenburgkonvikt bilden; der auf äußerst kompliziertem Grundriß erbaute schöne Innenraum (Abb. 36) erweckt das Interesse, erhält seine künstlerische Krönung allerdings durch die Deckenfresken von Franz Anton Maulbertsch. – Die von Nikolaus Pacassi 1755-63 erbaute *Gardekirche* (3, Rennweg 5a), in ihrer Konzeption deutlich manieristisch, läßt noch einmal den Gedanken des Zentralraums aufleben und präsentiert sich nur im Außenbau betont klassizistisch, dem neuen Zeitgeist gemäß; ihre heutige Form hat sie 1769 von Peter Mollner erhalten. Mit ihrer vorzüglichen, teilweise durch Vergoldung hervorgehobenen Rokoko-Stuckdekoration ist die Kirche das letzte vorzügliche Beispiel der Rokokoarchitektur in Wien und das sakrale Hauptwerk Pacassis.

Werfen wir noch einen Blick auf Plastik und Malerei, so vermögen wir das Bild abzurunden. Der nach Georg Raphael Donner und Lorenzo Mattielli bedeutendste Bildhauer seiner Zeit, *Balthasar Ferdinand Moll*, schuf 1753 den berühmten Doppel-sarkophag (Abb. 46) für Franz I. und Maria Theresia in der Kapuzinergruft, der den Geist des Rokoko in einem Maße verkörpert wie kaum eine andere Kunstschöpfung der Zeit; das auf dem Deckel des prächtigen Zinnsargs liegende Kaiserpaar erhebt sich, von den Posaunen des Jüngsten Gerichts aus dem Todesschlaf erweckt, zu neuem Leben. Neben Moll bewahrten auch *Johann Georg Dorfmeister*, dessen Plastiken in einigen Wiener Kirchen stehen, und *Franz Kohl*, der für die Schönbrunner Schloß-kapelle arbeitete, Donners Erbe.

Der in München und danach bei Donner ausgebildete Württemberger *Franz Xaver Messerschmidt* modellierte seine berühmten Charakterköpfe, Büsten und Standbilder, darunter 1760 jene des Kaiserpaares, hat aber – gemeinsam mit *Johann Martin Fischer* – auch den im Hof des Savoyschen Damenstiftes (1, Johannesgasse 15) stehen-den Wandbrunnen mit der Bleifigur der Witwe von Sarepta geschaffen (1766–70). Der Allgäuer Fischer, der sich 1760 in Wien niederließ, schuf anfangs überwiegend Garten-plastiken (auch für Schönbrunn), dann Altar- und Brunnenplastiken (Hochaltäre in der Michaelerkirche und in der Währinger Pfarrkirche; Wachsamkeitsbrunnen, 8, Schle-singerplatz, Hygieabrunnen im Ehrenhof des Josephinums, 9, Währinger Straße 25); seine wohl bedeutendsten Werke stehen auf dem Franziskanerplatz (Mosesbrunnen) und auf dem Graben (die beiden Brunnen beiderseits der Pestsäule).

Steht Guglielmi mit seinem Deckenfresko in der Universitätsaula zukunftsweisend am Endpunkt des Barock, so sind seine Zeitgenossen in ihrer fast provinziell-liebens-würdigen Art traditionsverbunden. In diesem Kreis begegnen wir den Schülern Paul Trogers: dem aus dem Bodenseeraum stammenden *Franz Anton Maulbertsch*, der die Deckenfresken der Piaristenkirche schuf; dem Tiroler *Ignaz Mildorfer*, der die Kup-pel der Kapuzinergruft schmückte; dem aus Böhmen kommenden *Johann Wenzel Bergl*, einem der bedeutendsten Rokokofreskanten, der Wand- und Deckenfresken, aber auch Landschaften für Schönbrunn und die Hofbibliothek, für das Erzbischöf-liche Schloß in Ober-St. Veit und den Melker Hof malte. Dazu kommt der prominen-teste Maler des spätbarocken Altarbilds, *Martin Johann Schmidt*, besser bekannt als ›Kremser Schmidt‹, der allerdings in Wien ebenso wie *Paul Troger* (Hochaltarbild der Schönbrunner Schloßkapelle, Arbeiten für die Mariahilfer Pfarrkirche) kaum gearbeitet hat (Karmeliterkirche, Melkerhofkapelle). Franz Anton Maulbertsch, der größte Freskant des ausgehenden Barock, hat mit dem auf der Höhe seines Schaffens 1752/53 entstandenen gewaltigen Freskenzyklus in der Piaristenkirche (Abb. 36) be-wiesen, daß er sich zwar die Kraft barocker Illusion bewahrt hat, sich aber dennoch gewohnten Relationen entzog, die ungeheuren Dimensionen des Lebens transparent machte und Farben verwendete, die den Beschauer nicht mehr in andachtsvolle Stim-mung versetzten, sondern ihn in unfaßbare Fernen einer künstlerischen Zukunft ent-führten.

Rokoko kontra Aufklärung

Die stilistische Geschmacksrichtung des Rokoko kam aus dem französischen Westen nach Wien, wo sie sich, vorwiegend in Paris, bereits seit 1720 entwickelte, also zu einer Zeit, da in Österreich das Hochbarock seine Blüte erlebte. Verbreitung fand das Rokoko durch die eleganten adeligen Interieurs, die als ›style moderne‹ Beachtung fanden. Lebhaft und leicht, der Lebensart der Franzosen entsprechend und weitgehend profanen Charakters, löste sich das Rokoko vom schwerfälligen, statisch und majestätisch prunkvollen Hochbarock. Die variable und elastisch schmiegsame Rocaille, die in unendlichen Variationen verwendet wurde, bildet nicht nur den sprachlichen Ursprung, sondern auch das Hauptmerkmal eines Stils, dessen Verbreitung mit der Mode der Zeit unmittelbar zusammenhängt.

Überschwengliche Formenwelt der Innenarchitektur

Der neue ›Ornamentstil‹, der mit geradezu unglaublicher Schnelligkeit die bedeutendsten Pariser Palais erfaßt und in großen Dekorateuren seine entschiedensten Verfechter findet, triumphiert in den Farben Weiß und Gold in hellen Sälen mit anmutigen arabesken Linien, welche Holztäfelungen umgeben, Kamine bekrönen und in Soproporten bis in die leicht gewölbten Zimmerdecken emporwuchern. Längst ist die traditionelle Symmetrie vergessen, entfalten sich die in ungezählten Windungen gebrochenen Linien in ungebundener, freier Phantasie.

Ein Stil von der Ausdrucksmöglichkeit des Rokoko konnte nicht beschränkt bleiben auf Architektur oder architektonische Dekoration. Denken wir nur an Watteau, der, den raffinierten Geist der Epoche vielleicht am besten personifizierend, den Adel in unzähligen Bildern bei seinen Fêtes galantes darstellte, an die Meister der Skulptur, die – wie der sensible Falconet – natürlich auch für die Porzellanwerkstätten arbeiteten und deren Kollektionen mit genialen Figuren bereicherten, oder an die Protagonisten der Innenausstattung, die Scharen von Dekorateuren und Möbeltischlern, die Schöpfer von Tapisserien und Gobelins, die eng mit den großen Malern zusammenwirkten.

Die dekorationsüberladenen Möbelstücke mit ihren detailreichen Elfenbeininkrustationen, kostbaren Bronzeverzierungen und figürlichen Darstellungen, die golden intarsierten Möbel, vor allem aber die Lackmöbel, die in Italien, und hier wieder vor allem in Venedig, ihre elegantesten und raffiniertesten Ausführungen erhalten haben, drangen ebenso nach Wien vor wie Keramiken und Gläser, Porzellan und Majoliken, Figürchen und Chinoiserien. Versailles und Fontainebleau in Frankreich, Ca'Rezzonico und Palazzo Albrizzi in Venedig, der Zwinger in Dresden, Schloß Sanssouci in Potsdam, das Cuvilliés-Theater in München – ein wahres Meisterwerk schillernder Intarsie – oder die Würzburger Residenz dürfen mit Schönbrunn ruhig in einem Atem genannt und bei der Beurteilung der europäischen Formensprache des Rokoko gemeinsam betrachtet werden.

Süddeutsches und österreichisches Rokoko sind zwar von französischen Gestaltungsprinzipien abhängig, entwickeln sich aber aus anderen Wurzeln, die teilweise auch im Religiösen zu suchen sind. Zum eigentlichen Heiligen des Rokoko konnte sich der böhmische Johann von Nepomuk aufschwingen, der seit dem Hochbarock zur Ehre von Altären gekommen ist und als Märtyrer des Beichtgeheimnisses auch von den Jesuiten stark herausgestellt wurde. Und noch etwas ist zu registrieren: eine Veränderung in der Art der Marienverehrung. Das barocke heroische Marienbild wird ebenso wie das mütterlich-tröstende Maria-Hilf-Bild abgelöst durch eine Rokokowelle an Immaculata-Darstellungen, durch welche eine jahrzehntelange theologisch-gelehrte Diskussion aufbrach, die erst 1854 im Dogma der Unbefleckten Empfängnis ihr Ende fand.

Wer die europäische Entwicklung verfolgt, wer auch die reichen Schöpfungen des Rokoko in Deutschland betrachtet, der wird unschwer die Lücke erkennen, die in Wien geblieben ist. Nur zwei Architekten von Rang, Pacassi und Jadot, haben Bauwerke hinterlassen, die von der Nachwelt gewürdigt werden: Pacassi Schönbrunn und die Gardekirche, Jadot den Hauptbau Wiens im dritten Viertel des 18. Jahrhunderts, die Universitätsaula. In der Malerei sind die Grenzen fließender; man wird wohl darüber diskutieren können, ob etwa der Kremser Schmidt oder Maulbertsch bereits die Schwelle überschritten haben. In der Fülle dekorativer Leistungen jedoch kann sich Wien mit allen konkurrierenden Ländern messen.

Das ›französische Jahrhundert‹ – Vorstufe der Aufklärung

War das 17. Jahrhundert ein italienisches gewesen, so sollte das 18. Jahrhundert nach dem Abklingen der heimisch dominierten hochbarocken Ära zum französischen werden. Das Zentrum war Maria Theresias Gemahl Franz Stephan, der 1736 den ganzen Hofstaat samt Künstlern und Gelehrten aus seinem verlorenen Stammland Lothringen in die Toskana, dann nach Wien mitnahm und aus diesem Reservoir fähige Männer für die höchsten Posten in den von ihm favorisierten Sammlungen, mit Nikolaus Jacquin auch für die Leitung des Botanischen Gartens wählte und auch die Universität nicht vernachlässigte. Die Person des Kaisers war gewiß nicht der alleinige Grund für das geschlossene Vordringen französischer Kultur, die sich auch darin äußerte, daß man sich anstelle der italienischen nunmehr der französischen Sprache zu bedienen begann. Alle diese Persönlichkeiten – Architekten und Gartenkünstler, Maler und Bildhauer, Gelehrte, Pädagogen oder Literaten – entwickelten sich nämlich zu Vertretern neuer Richtungen und Auffassungen in Kunst und Wissenschaft, sie trugen maßgeblich dazu bei, daß das Interesse an gelehrten Fragen zu einer Sache des guten Tons wurde, und entsprachen damit voll und ganz einem Postulat der Aufklärung.

Sichtbare Neuorientierung

Eine neue Generation suchte mit dem Bauen neue Bedürfnisse zu befriedigen. Hatte Graf Starhemberg die Wohnungsnot des 17. Jahrhunderts durch die Errichtung palastartiger Häuser bekämpft, weil damals vor allem die rasch anwachsende Oberschicht von ihr betroffen war, so befreite Joseph II. 1781 durch die Aufhebung der Hofquartierpflicht vom höfischen Druck und stellte damit die Weichen für die Zukunft. Ungewollt lieferte er aber damit die Mieter schutzlos der Willkür der Hausbesitzer aus, so daß der Wiener ›Hausherr‹ – schon von Zeitgenossen karikiert und kritisiert – sehr bald zum Symbol tyrannischer Ausbeutung wurde. Da Neubauten fortan unter Vermeidung alles Überflüssigen eine möglichst weitgehende Raumnutzung gewährleisten sollten, mußte sich dies auch auf den Baustil auswirken. Andreas Zach war es, der als erster beim ›Schubladkastenhaus‹, dem 1775 neben der Schottenkirche auf der Freyung errichteten Prioratsgebäude (dessen Namen von den abgerundeten und an ein Möbelstück erinnernden Ecken der Geschosse herrührt) auf eine palastartige Gliederung verzichtete. Das Ziel – ein Wohnhaus mit gleichartigen Etagenwohnungen zu schaffen – verleiht einer neuen Geisteshaltung baulichen Ausdruck.

1767 zog man erstmals in Erwägung, Wien als Festung aufzulassen und das die Stadt umgebende Glacis zu verbauen. Doch die Zeit war noch nicht reif für eine so folgenschwere Entscheidung. Einerseits beharrten die Militärs auf der Verteidigungsmöglichkeit – sie sollte sich wenige Jahrzehnte später als illusorisch erweisen! –, andererseits klafften zwischen Stadt und Vorstädten so tiefe soziale Gegensätze, daß man sich aus einer Verschmelzung keine Einheit erhoffen durfte. Die bauliche Veränderung, die mit dem jähen Abbruch der barocken Tradition einsetzt und in eine Tendenz zu verhältnismäßiger Gleichförmigkeit mündet, ist symptomatisch für die ganze Wandlung der maria-theresianischen zur josephinischen Zeit, für die Umgruppierung der tragenden Kräfte, die sich in der Architektur ebenso zeigt wie bei Musik und Theater. Dennoch hat die stürmische Reformtätigkeit die Tradition nicht völlig verdrängt, sondern ihr ungeahnte neue Möglichkeiten eröffnet: das sozial und ideell Exklusive wurde seiner elitären Stellung entkleidet und einem breiten Kreis zugänglich gemacht. In Wien versinkt nicht das Barock im Rokoko, sondern es lebt den größten Teil des Jahrhunderts hindurch weiter, von den Zierformen des Rokoko geschmückt, aber nicht verdrängt.

In der letzten Phase tritt die Architektur gegenüber anderen kulturellen Ausdrucksformen mehr und mehr in den Hintergrund. Die dekorative Freskenmalerei erlebt eine eigenartige Nachblüte, die Bildhauerei findet eigenwillige Interpreten, vor allem aber ist es die Wiener Musik, welche die Wesenszüge dieser Übergangszeit am deutlichsten transparent macht: eine Musik, die Altes verarbeitet und Neues gebiert, deren Schöpfer – der Niederösterreicher Joseph Haydn (Abb. 157), der Salzburger Wolfgang Amadeus Mozart (Abb. 110), der Rheinländer Ludwig van Beethoven (Abb. 111) – im wahrsten Sinne des Wortes nach Wien hineingewachsen sind, um daraufhin den Ruhm dieser Stadt in alle Welt zu tragen.

Josephinismus und Vormärz

Die Bestellung Josephs II. zum Mitregenten in den Erblanden (1765) ist eine so starke Zäsur, daß man geneigt ist, in ihr bereits das Ende der maria-theresianischen Ära zu sehen, um so mehr, als in der Aufklärung wurzelnde Umwälzungen ihre Schatten vorauswarfen. Das Jahrzehnt zwischen 1770 und 1780 ist zudem der Beginn jenes Zeitraums, den man in der Wirtschaftsgeschichte als Manufakturzeitalter zu bezeichnen pflegt. Wien war seither nicht allein Kaiserresidenz und Verwaltungsmittelpunkt des Reiches, sondern auch Zentrum für Großhandel und Hochfinanz. Neben dem alteingesessenen Adel gewannen wohlhabende Bürger, die nicht selten nobilitiert wurden, immer mehr an Einfluß. Parallel zur räumlichen Entwicklung und stärkeren Verbauung der Vorstädte kommt es zu Veränderungen in Stadtverfassung und Stadtverwaltung.

Wir stehen am Ende des aristokratisch-feudalen Bauens: nicht mehr das Palais, sondern das Miethaus wird für das Aussehen der Stadt bestimmend. Die Angleichung der bürgerlichen an die adelige Bauweise führt zu einer Anpassung der Vorstädte an die Innenstadt; wurde innerhalb der Festungsmauern einfacher, so wurde draußen, jenseits des Glacis bis zum Linienwall, städtischer gebaut. Schnell setzt sich ein jede Ornamentik zurückdrängender, ausschließlich auf Rentabilität ausgerichteter Baustil durch, der bereits den Keim zu jenen charakterlosen Straßenzügen in sich trägt, die im 19 Jahrhundert das Stadtbild bestimmen sollten.

Die Reformen Josephs II.

Joseph, der 1741 geborene älteste Sohn Maria Theresias und Franz Stephans, wurde 1764 zum König, 1765 – nach dem Tode seines Vaters – zum Kaiser gewählt und im selben Jahr von seiner Mutter, die vorübergehend daran gedacht hatte, die Regierung niederzulegen und in ein Kloster einzutreten, zum Mitregenten in den Erbländern bestimmt, wobei ihm – einem Rate des Fürsten Kaunitz zufolge – vor allem militärische und finanzielle Aufgaben übertragen wurden. Nach dem Tode seiner Mutter war er 1780 bis 1790 Alleinherrscher, und erst jetzt konnte er alle seine Reformen durchführen, die er zum Teil bereits in den siebziger Jahren vorbereitet hatte. Der kaum Vierzigjährige ging mit einer derartigen Hast ans Werk, daß er seine Zeitgenossen mit seinen weit in die Zukunft greifenden Maßnahmen nicht selten überfor-

derte. Weit davon entfernt, wie seine Mutter mit Geduld, Vorsicht und Einfühlungsvermögen vorzugehen, forderte er damit den Widerstand selbst jener heraus, die von
der Sache her gewillt waren, ihn bei seinen Reformen zu unterstützen.

Joseph war ein Hauptvertreter des europäischen aufgeklärten Absolutismus, dessen
österreichische Sonderentwicklung als ›Josephinismus‹ in die Geschichte eingegangen
ist. Wichtiger als seine außenpolitischen und militärischen Aktivitäten – 1772 Gewinn
von Galizien, 1775 Abtretung der Bukowina durch die Türken, 1781 Verteidigungs-
bündnis mit Rußland, 1788 Krieg gegen die Türkei – waren seine innenpolitischen
Maßnahmen. Er beseitigte die Reste einer ständischen Verfassung und setzte an ihre
Stelle eine Beamtenverwaltung, milderte die Zensur, schaffte die Folter ab, setzte eine
neue Gerichtsordnung in Kraft, führte eine allgemeine Grundsteuer (auch für den
Adel) ein und verbot jeden Zunftzwang. Das 1781 erlassene Toleranzpatent, das
nichtkatholischen Christen freie Religionsausübung gewährte – Einschränkungen gab
es nur beim Kirchenbau: keine Türme, keine Glocken, keine Straßenportale (deutlich
zu sehen an den Griechisch-katholischen Kirchen Wiens) –, die 1782 verfügte Aufhebung aller beschaulichen Klöster und Orden – die Papst Pius VI. veranlaßte, sich,
wenngleich erfolglos, auf den Weg nach Wien zu machen, wo er dem Volk von der
Altane der Kirche Am Hof den Segen ›Urbi et orbi‹ erteilte –, die 1783 dekretierte
Magistratsreform, das 1784 errichtete Allgemeine Krankenhaus und das 1785 eröffnete
Institut zur Ausbildung von Militärärzten (›Josephinum‹, 9, Währinger Straße 25)
sind die für Wien am nachhaltigsten wirksamen Entscheidungen des Kaisers.

Der ›Josephinismus‹
Um die Mitte des 18. Jahrhunderts verlagerte sich der Schwerpunkt der Aufklärung
von England nach Frankreich. So kamen mit der allgemeinen ›französischen Kultur-
welle‹ auch die neuen Gedanken der Aufklärer auf direktem Weg nach Wien. Die
Voraussetzungen waren mit dem Durchbruch zum modernen Naturrecht und mit der
aus dem Umbruch in den Naturwissenschaften resultierenden durchgreifenden Säku-
larisierung gegeben. Der Gedanke einer Reform der Monarchie in der ›vernünftigen
Zwecksetzung‹ ihres Neuverständnisses von Staat und Gesellschaft führte konsequen-
terweise zu einer umfassenden Ordnung der Wissenschaften und ihrer Kenntnisse, die
zentrale Funktion der Pädagogik im Entwicklungsprozeß aufgeklärten gesellschaftlichen Gesamtbewußtseins zur Reform des Erziehungswesens, die aus dem Naturrecht
abgeleiteten Menschenrechte aber sollten die Vorstufe sein für bürgerliche Freiheiten
und gewandelte Gesellschaftsstrukturen, durch die überkommene Ordnungen wie die
des Absolutismus in aufgeklärte Herrschaft mit dem Endziel konstitutioneller Verhältnisse geändert werden sollten. Die ›Aufklärung‹, die man gewöhnlich mit der Regierungszeit Josephs II. in den Erblanden (1780–90) gleichzusetzen pflegt, weil er
erst nach dem Tode seiner Mutter unbehindert seine Reformen verwirklichen konnte,
ist tatsächlich wesentlich älter und in ihrem Kern, wenn vielleicht auch nur unter-
schwellig, in den Reformen Maria Theresias enthalten.

Die durchgreifende Universitätsreform von 1753, die in Jadots Aula einen prächtigen monumentalen Ausdruck fand, hatte durchaus realistische Wurzeln. Das Ziel der Beamtenheranbildung bestimmte den Geist der juridischen Fakultät, an der Sonnenfels, Martini und Schrötter lehrten; bei den philosophischen und medizinischen Studien konnte sich der wissenschaftliche Geist ungehemmt entfalten, Gerhard van Swieten, die wichtigste Persönlichkeit, zog bedeutende Mediziner an die Universität nach Wien. Die Dekretierung des Reichsvolksschulgesetzes und der allgemeinen Schulpflicht (1771), die Auflösung des bis dahin die Universität dominierenden Jesuitenordens (1773) und die Einführung der deutschen Unterrichtssprache an den Gymnasien (1776) sind wesentliche Schritte auf dem Weg der Aufklärung. Alle Reformen verknüpfen zwei Triebkräfte: der Glaube an die Allmacht des Staates und die Humanitätsidee, die Betonung individueller Menschenrechte.

Unter Joseph II. nahm Wien eine eigenartige Entwicklung: die Stadt ist unter ihm nicht nur französischer, sondern zugleich deutscher als je zuvor – erhob sich damals doch durch das Bewußtwerden der Eigenart ein süddeutsch-bajuwarisch-österreichisches, betont auch ein wienerisches Wesen zu einer Vitalität, die das Deutschtum zum Bekenntnis höherer Lebensform werden ließ. Vielleicht ist es verfrüht, schon von einem erst dem 19. Jahrhundert spezifisch zukommenden Nationalgefühl zu sprechen – aber das Aufkeimen derartiger Gedankengänge kann nicht geleugnet werden, errichtete Joseph doch eine Vielzahl literarischer und künstlerischer Institute nationaler Prägung, erhob er doch 1776 das Burgtheater zum deutschen Nationaltheater. Staatliche Förderung von Wissenschaft, Technik und Erziehung, Freiheit des Unternehmertums und des Handwerks, Gleichheit vor dem Gesetz, soziale Aufstiegsmöglichkeit, Humanisierung des Strafrechts, Entmachtung der Kirche, Zurückdrängung städtischer Autonomie: alle diese Grundsätze der Aufklärung bilden zugleich den harten Kern des ›Josephinismus‹. Auf dem Höhepunkt der Aufklärung in Europa sehen wir die Hauptstadt Wien von gelehrten und publizistischen Diskussionen erfüllt, die ein neues Zeitalter ankündigen, ein Zeitalter, das infolge widriger Umstände noch längere Zeit Utopie bleiben sollte.

Die Situation am Ende des 18. Jahrhunderts

Nach dem Tod Josephs II. (1790) stehen wir in den neunziger Jahren an einem entscheidenden Wendepunkt. Innenpolitisch mußte Leopold II. manche Reform seines Bruders zurücknehmen, sein Sohn Franz II., 1792 zur Regierung gekommen, geht völlig neue Wege. Außenpolitisch zeichnet sich das Ende der römisch-deutschen Kaiserstadt ab, die 1804 in jene ›k. k. Kaiserstadt‹ übergeleitet wird, welche als Zentrum des monarchischen Staates, mit neuen Funktionen ausgestattet, für mehr als ein Jahrhundert zum Kristallisationspunkt Mitteleuropas werden sollte. Militärisch schafft das Auftreten Napoleons eine grundlegend veränderte Situation in Europa. Wirtschaftlich bahnt sich der Übergang zur modernen Großstadt an, in der Industrie und Handel, damit aber auch ein neues Bürgertum, eine entscheidende Rolle spielen. Sozial liegen

1 Die Krone des Heiligen Römischen Reiches Deutscher Nation, vor 962. Kunsthistorisches ▷
Museum, Weltliche Schatzkammer, Wien

Die Freyung gegen die Schottenkirche, Ölgemälde von Bernardo Bellotto, genannt Canaletto, um 1760 (Ausschnitt). Kunsthistorisches Museum, Wien

2   Der Graben gegen den Kohlmarkt. Kolorierter Stich von Carl Schütz, 1781 (Ausschnitt)

4 Blick über Wien vom Belvedere aus. Ölgemälde von Bernardo Bellotto, genannt Canaletto, um 1760. Kunsthistosches Museum, Wien

5 Schloß Schönbrunn vom Gartenparterre. Ölgemälde von Bernardo Bellotto, genannt Canaletto, 1759. Kunsthisrisches Museum, Wien

6 Maria Theresia mit dem Bildnis des dreijährigen Sohnes Joseph. Ölgemälde von Martin van Meytens, 17 Historisches Museum der Stadt Wien

IE KVLTVR·DENKMAL VOR DEM KAISER FRANZ JOSEF STADTMVSEVM

Unausgeführter Entwurf für ein Denkmal vor dem projektierten Museum am Karlsplatz von Otto Wagner, 1909

7   Der Stephansplatz. Ölgemälde von Rudolf von Alt, 1834 (Ausschnitt). Historisches Museum der Stadt Wien

9   Die Staatsoper während der Wiener Festwochen. Ölgemälde von Oskar Kokoschka, 1956

die Folgen auf der Hand: die Änderung im Gefüge der Stadt macht Wien zu einem Sammelplatz der unterdrückten Unzufriedenen, zu einem Schmelztiegel des Widerstands gegen den langsam morsch werdenden Absolutismus, der sich, von seinen ursprünglichen Zielsetzungen immer weiter entfernt, im Polizei- und Zensurstaat des Vormärz eine letzte Möglichkeit schafft, seine Position zu verteidigen. Vergebens sucht sich der Staat gegen das seine Rechte fordernde ›Proletariat‹ etwa dadurch zu schützen, daß er die Ansiedlung von Industrien in Stadtnähe verbietet. Künstlerisch stehen wir am Ende des Barockzeitalters. Kulturell wird das ›Jahrhundert der Architektur‹, das mit den großartigen Schöpfungen des Barock, Rokoko und Klassizismus noch heute das Antlitz der Stadt prägt, von einer Periode abgelöst, in der vor allem Musik, Malerei und Dichtkunst Wien zu einer künstlerischen Metropole Europas machen.

Klassizismus, Empire, Biedermeier

Die Jahrzehnte vom Ausklang des Spätbarock und Rokoko um 1770 bis in die Zeit um 1830 verlaufen trotz der Akzeptierung verallgemeinernder Begriffe wie ›Klassizismus‹ oder ›Biedermeier‹ keinesfalls einheitlich, sondern sind Ausdruck der Verflechtung differenzierter Kunstströmungen. Die Abwendung vom Barock beginnt bereits im Rokoko, als das spielerisch-kleine, anmutig-idyllische Element an die Stelle des pathetisch-großen und symbolhaft-heroischen tritt. Deshalb ist der Abstand des Biedermeier zum Barock auch merklich größer als jener zum nachfolgenden Historismus, den das Biedermeier vorbereiten half. Der heroisch-klassischen Zeit, die noch in den Napoleonischen Kriegen ihren Ausdruck fand, folgte eine bürgerlich-romantische Ära. Demgemäß wandelte sich auch das mit Napoleon verknüpfte Empire – das sich in einem pompösen Möbelstil und in einer repräsentativen Mode manifestierte – zum liebenswürdigen Biedermeier mit seinem im Dienste des Menschen stehenden kunsthandwerklichen Schaffen, seinem noch heute anerkannten Möbel- und Interieurstil und einer in Farben schwelgenden, an Accessoires überreichen und dem Vergnügen zugetanen Mode. In der bildenden Kunst offenbart sich das biedermeierliche Weltbild am deutlichsten, in der Malerei findet die bürgerliche Existenz ihre künstlerische Verklärung. Das Biedermeier, ein in Österreich sehr ausgeprägter und charakteristischer Stil, bringt in der Kunst zwar keinen geistigen Umbruch, aber es verbürgerlicht die revolutionäre Gesinnung anderer Stilrichtungen.

Die Grundlagen klassizistischer Architektur
Der barocke Klassizismus des dritten Viertels des 18. Jahrhunderts, der den Ausgangspunkt der Veränderungen bildet, hat seine Wurzeln in Frankreich und Holland, von wo bereits zu Beginn des Jahrhunderts der jüngere Fischer von Erlach Anregungen mitnahm, die zu einer merklichen Dämpfung der Dynamik des Hochbarock beitrugen. Der durch die wissenschaftliche Beschäftigung mit der Antike ausgelöste Kontakt mit den architektonischen Grundsätzen der Griechen und Römer ergab den letzten Anstoß

zu grundlegenden Veränderungen des Baustils, wobei die vom Geist der Aufklärung getragene künstlerische Kreativität eine betont intellektuelle Note besitzt.

Drei Komponenten ergeben gemeinsam die Grundlage: Einmal der Revolutionsklassizismus jener in Frankreich revolutionär auftretenden Architekten, die das Bauwerk auf seine stereometrischen Grundformen zurückführten (und damit dem unüberhörbar erschallenden Ruf nach ›Rückkehr zur Natur‹ entsprachen); in Wien fanden diese Ideen nur im Dezennium der Alleinherrschaft Josephs II. Eingang (ein Beispiel die Atzgersdorfer Pfarrkirche Andreas Fischers 1783). – Von Ungarn aus stark beeinflußt, entwickelte sich als zweite Komponente der ›Neoklassizismus‹, der durch die Vereinfachung der Bauformen und die Verwendung neuer, teilweise der Antike entlehnter, Elemente gekennzeichnet ist (vorherrschend Kubus, Kuppel, Säule und Bogen); ein prägnantes Beispiel ist die Kirche der helvetischen Protestanten, die von Gottlieb Nigelli – einem in seiner Bedeutung oft unterschätzten Künstler – 1783/84 erbaute *Dorotheerkirche* (1, Dorotheergasse bei 16). – Parallel dazu kam es schließlich, von französisch geschulten Architekten als Reaktion auf die allzu nüchternen josephinischen Zweckbauten geprägt, zur Ausbildung eines romantisch-gotisierenden Stils, der sich vorwiegend im Kirchenbau und bei der Gartengestaltung durchsetzte.

Bei den Kirchen der josephinischen Zeit geht die Entwicklung vom zweijochigen Laienraum (wie bei der *Lichtentaler Pfarrkirche* ›Zu den 14 Nothelfern‹ von Ritter und Karner 1769–73, 9, Marktgasse 40, oder bei der *Schottenfelder Laurentius-Kirche* von Andreas Zach 1784–86, 7, Westbahnstraße 17) zum dreijochigen Saalraum (wie bei der typisch josephinischen *Reindorfer Pfarrkirche* Johann Michael Adelpodingers 1786–89, 15, Reindorfgasse bei 21, oder der *Gumpendorfer Pfarrkirche St. Ägyd* Rosenstingls 1765–70, 6, Gumpendorfer Straße – Brückengasse) und zum reinen Zentralraum, welcher sich im Kleinkirchenbau Wiens schließlich durchsetzte (ein späteres Beispiel die *Döblinger Pfarrkirche* Josef Reiningers 1826–28, 19, Hofzeile – Vormosergasse), um im kreisrunden Bau romantisch-klassizistischer Prägung zu enden (typisch die *Inzersdorfer Pfarrkirche* ›Zum hl. Nikolaus‹ 1817–20, 23, Draschestraße). Die von Joseph Kornhäusel 1825/26 erbaute *Synagoge* in der Seitenstettengasse in der Innenstadt – übrigens das einzige jüdische Gotteshaus, welches die nationalsozialistische Ära überdauert hat – ist neben Nigellis Dorotheerkirche die bedeutendste Leistung der sakral-klassizistischen Architektur. – Bestehende Kirchen erhielten in diesen Jahrzehnten neue Gestalt. Hierher gehören ebenso die klassizistische Fassade der *Michaelerkirche* (1, Michaelerplatz, 1792) von Heinrich Koch mit großem Mittelfenster, Pilasterordnung und Dreieckgiebel wie die schmale Empirefassade, die 1806–08 in der Art Montoyers der gotischen *Malteserkirche* (1, Kärntner Str. 37) vorgesetzt wurde.

Die Architekten des Klassizismus

Die ersten Träger der durch strenge stereometrische Baukörper gekennzeichneten neuen Architekturidee waren der Tessiner Peter Nobile und der Wiener Johann Ferdinand Hetzendorf von Hohenberg.

Der von seinem Posten als städtischer Baudirektor in Triest zur Leitung der Akademie der bildenden Künste nach Wien berufene *Peter Nobile* arbeitete im Sinne des französischen Revolutionsklassizismus, weshalb seinen Werken ein Hauch der Fremde anhaftet. Mit seinen repräsentativen Bauten stand er im Dienste des Staates. 1819 baute er für die ›Theseusgruppe‹ (heute Stiegenhaus des Kunsthistorischen Museums) (Abb. 88), mit welcher Antonio Canova symbolhaft die Überwindung Napoleons verewigt, den dem athenischen Theseion nachgebildeten *Theseustempel* im Volksgarten, 1824 vollendete er das 1821 von Luigi Cagnola begonnene *Äußere Burgtor* (heute Heldendenkmal). Gegenüber den Franzosen Montoyer und Moreau haben Nobiles Bauwerke eine historisierende Note. Nach längerer Abwesenheit begegnen wir dem Architekten in den dreißiger Jahren wieder, als er 1831 auf die Entwürfe zum *Landesgerichtsgebäude* (8, Landesgerichtsstraße 9A–11) Einfluß nahm, 1835 das *Metternich-Palais* (3, Rennweg 27, heute Italienische Botschaft) erweiterte und 1836/37 den Festsaal der 1816–18 errichteten *Technischen Hochschule* (4, Karlsplatz 13, heute Technische Universität) gestaltete.

Anders *Johann Ferdinand Hetzendorf von Hohenberg*, der konzilianter, vielleicht ›wienerischer‹ baute, niemals die der Wiener Architektur typischen Grenzen überschritt und sich auch jenen romantischen Strömungen zu öffnen verstand, die später im Historismus ihre ausgeprägte und vielschichtige Entwicklung erfahren sollten. Hetzendorfs Name ist mit jener Nachgotik verbunden, die etwa bei der *Deutschordenskirche* (1, Singerstraße bei 7) begann (bereits 1720–22), in der josephinischen Zeit jedoch bei der – sicherlich problematischen – Regotisierung der *Augustiner-* und *Minoritenkirche* sinnfällig ins Auge springt. Hetzendorfs Tätigkeit im Schönbrunner Park wurde bereits gewürdigt, doch auch die Palaisarchitektur verdankt ihm Impulse. Seine architektonischen Lösungen – etwa bei dem 1783/84 anstelle des von Joseph II. aufgehobenen Königinklosters für den Bankier Moriz Graf Fries erbaute (spätere) *Pallavicini-Palais* (1, Josefsplatz 5) (Abb. 79) – waren allerdings zu großartig, als daß sie auch auf die bürgerliche Baukunst Auswirkungen gehabt hätten; auf diesem Sektor war Joseph Kornhäusel wesentlich erfolgreicher.

In Bewegung geriet die klassizistische Baukunst jedoch erst durch drei zugewanderte Franzosen: Canevale, Montoyer und Moreau.

In dem aus Vincennes bei Paris kommenden *Isidor Canevale*, dem wohl bedeutendsten Vertreter des Revolutionsklassizismus in Österreich, fand Joseph II. einen ihm genehmen Architekten, der es verstand, die vom Kaiser geförderten Nutzbauten mit der revolutionären Kraft französischen Bauwillens zu verschmelzen. Das *Kaiser-Joseph-Stöckel* im Augarten (1782/83), das *Lusthaus* am Ende der Prater-Hauptallee (1781–84) und die Beteiligung am Bau des *Allgemeinen Krankenhauses* (9, Alser Straße 4; 1784) treten allerdings hinter dem Hauptwerk Canevales in Wien, der *Medizinisch-chirurgischen Militärakademie* (›Josephinum‹, 9, Währinger Straße 25) zurück. Selbst bei diesem Bau zeigt sich jedoch in der konventionellen Anlage, daß die Zeit für die letzte Konsequenz noch nicht reif war: äußerlich blieben Anklänge des

Barockklassizismus – man betrachte nur den Ehrenhof! – erhalten, nur das Innere präsentiert sich durch die Raumaufteilung moderner. Im Allgemeinen Krankenhaus ist der wohl von Canevale entworfene ›Narrenturm‹ – ein eigenwilliger, schlichter, jedoch funktionell genau durchdachter Zylinderbau mit rundem Hof für die damalige Psychiatrie – der markanteste Ausdruck fortschrittlichen Baudenkens.

Ein Bindeglied zwischen dem Westen und Österreich ist *Louis von Montoyer*. In Marimont geboren, stand seine Tätigkeit in Brüssel zwar noch unter dem Einfluß des Barockklassizismus, doch erhielt er dort auch Impulse durch die Franzosen. Im Dienste des Generalgouverneurs der österreichischen Niederlande, Herzog Alberts von Sachsen-Teschen vertrat er als dessen Hofarchitekt die herrschende Stilrichtung und folgte seinem Gönner 1795 nach Wien. Hier begann er seine Tätigkeit 1801–04 mit dem Umbau des hoch auf der Bastei stehenden *Palais Tarouca* (heute Albertina, 1, Augustinerstraße 1), bei dem er in seiner schlicht vornehmen Gestaltung Brüsseler Vorbildern auf der Grande Place folgte. Der heute der Graphischen Sammlung Albertina (der größten Graphiksammlung der Welt) dienende, von Joseph Kornhäusel gestaltete Hauptsaal mit seiner spätklassizistischen Dekoration ist das Kernstück des Gebäudes, aber auch die übrigen, teilweise mit Skulpturen von Joseph Klieber geschmückten Räume sind bemerkenswerte Zeugnisse des Wiener Klassizismus. – 1804–07 folgte der *Zeremoniensaal* der Hofburg, der die ganze Prunkentfaltung des Klassizismus zur Schau stellt, 1806/07 Montoyers bedeutendstes Werk in Wien, das für den russischen Gesandten Andreas Kyrillowitsch Fürst Rasumofsky erbaute *Palais* (3, Rasumofskygasse 23–25, heute Geologische Bundesanstalt), der prachtvollste klassizistische Bau Wiens. Deutlich ist zu erkennen, daß das Interesse des Architekten weniger der – noch an das Barock gemahnenden – Bauform, sondern ihrer Wirkung, vor allem den Schmuckelementen, galt, die reinster Ausdruck des Neoklassizismus sind. Von Anfang an Treffpunkt von Künstlern – Ludwig van Beethoven war hier häufiger und gern gesehener Gast (dem Fürsten Rasumofsky und dessen Schwager, dem Fürsten Lichnowsky, widmete er die 6. Symphonie) – und Schauplatz glanzvoller Festivitäten, wurde das Palais während des Wiener Kongresses bei einer solchen Gelegenheit zu Silvester 1814 in Anwesenheit Zar Alexanders I. zu einem großen Teil mitsamt seinen unermeßlichen Kunstschätzen ein Raub der Flammen. Als das wiederhergestellte Palais nach Rasumofskys Tod in den Besitz Johann Fürst Liechtensteins überging, versammelte dieser als Mäzen hier einen Kreis ausgewählter Künstler.

Pierre Charles de Moreau, der dritte Franzose, tritt weniger in Erscheinung. Nachdem er anfangs ausschließlich in Paris gewirkt hatte, schuf er in Wien 1809–13 das *Palais Palffy* (1, Wallnerstraße 6, heute Österreichisches Verwaltungsarchiv), wo 1892 während seines letzten Wiener Aufenthalts Fürst Otto Bismarck logierte.

Neben Ausländern – zu ergänzen noch der später in St. Petersburg zu hohen Ehren gekommene Giacomo Quarenghi (1811 Umbau des Palais Modena, 1, Herrengasse 7) – waren auch bedeutende heimische Architekten am Werk, von denen einige hervorgehoben zu werden verdienen:

Franz Jäger baute 1798–1801 das *Theater an der Wien* (6, Linke Wienzeile 6) mit seinem interessanten *Papagenotor* (Abb. 80), einem zierlichen klassizistischen Seitenportal in der Millöckergasse (im Theatergebäude wohnte übrigens 1803, als er seinen ›Fidelio‹ schrieb, Ludwig van Beethoven);

Joseph Schemerl von Leytenbach schuf 1816–18 den noblen Bau der *Technischen Hochschule* (4, Karlsplatz 13), an dem mit der Festsaalgestaltung Peter Nobile Anteil hatte;

Johann Aman errichtete 1821–23 die *Tierärztliche Hochschule* (3, Linke Bahngasse 11);

Heinrich Koch, dessen Fassadenveränderung der Michaelerkirche wir bereits kennen (1792), gestaltete 1804 das *Theresianum* (4, Favoritenstraße 15); seinem bedeutendsten Spätwerk (1834/35), dem *Palais Clam-Gallas* (9, Währinger Straße 30), fehlt allerdings bereits die klassizistische Ausdruckskraft, so daß der Palast mehr einem unausgeglichenen Villenbau ähnelt;

Leopold Mayer baute 1837–42 den *Domherrenhof* (1, Stephansplatz 5), an dem schon viele historisierende Details auffallen;

Alois Pichl, der ein recht gutes Verhältnis zum bürgerlichen Zweckbau hatte, baute 1834/35 die *Döblinger Wertheimsteinvilla* (19, Döblinger Hauptstraße 96), ein vornehmes Landhaus des Großindustriellen Rudolf von Arthaber, der hier seine berühmte Gemäldegalerie unterbrachte (die Villa, die heute museal gestaltet ist, gehört zu den vorzüglichsten Beispielen bürgerlicher Wohnkultur der Biedermeierzeit); 1835–38 folgte das *Sparkassengebäude* Graben 21, das mit seinem ruhigen, nur noch im Fassadendekor erkennbaren Spätklassizismus bereits zum Historismus überleitet; Achtung vor historischem Baubestand bewies Pichl beim Umbau des *Niederösterreichischen Landhauses* 1837–48 (1, Herrengasse 13);

Karl Schleps, der Fürstlich-Liechtensteinsche Architekt, steht am Ende der Reihe von Privatarchitekten, denen wir noch den Hofbauamtsklassizismus gegenüberzustellen haben werden; er baute auf der damaligen Braunbastei das *Palais Coburg* (1843–47), dessen klassizistische Gartenfassade mit ihrer großen Säulenordnung (heute von der Ringstraße her zu sehen) erst 1864 entstanden ist (Stadtfront 1, Seilerstätte 3).

Das Bürgerhaus

Ähnlich dem Barock bedurfte es einer Vermittlung, um die große architektonische Form in die intimere Gestalt der Bürgerhäuser umzusetzen. Diese Aufgabe erfüllte vornehmlich der überwiegend in der Kurstadt Baden wirkende *Joseph Kornhäusel,* in dessen Bauten sich das dem klassizistischen Ideal entsprechende stereometrische Gefüge des großen Baublocks mit der traditionsgebundenen Gliederung harmonisch verband. Einige Wiener Bauten des Architekten sind hier besonders zu erwähnen: das *Theater in der Josefstadt* (8, Josefstädter Straße 26) – noch heute eines der bedeutendsten Privattheater Wiens –, das 1822 mit einer zu diesem Anlaß komponierten Ouvertüre Beethovens eröffnet wurde, die bereits besprochene *Synagoge* in der Seitenstettengasse, das *Schottenstift* (1, Schottengasse/Freyung; 1826–32) mit der letzten monumental gestalteten Stiftsbibliothek Österreichs – seine Fassaden entsprechen trotz majestätischer Einfahrtshalle mit ihrer modernen Sachlichkeit und klassizistischen Frontengliederung dem Typus eines städtischen Miethauses – und das *Mechitaristenkloster* (7, Neustiftgasse 4; 1835–37).

Damit kennen wir einen wesentlichen Typus des Wohnhauses, und zwar jenen, der im wesentlichen den Charakter der späteren Zinskaserne vorwegnahm. Daneben gibt es die kleineren Biedermeierhäuser, die vor allem in neu angelegten Straßenzügen der Vorstädte entstanden. Fassadenverzierungen – Lünetten mit Tierköpfen über den Fenstern, Reliefs mythologischen oder profanen Inhalts, figurale, pflanzliche und geometrische Dekors – sind die Regel. Als dritter Typus erhielt sich – im Anschluß an den josephinischen Plattenstil – ein Bürgerhaus mit flacherem Fassadenrelief, wohlproportionierten Fensterfronten, betonten Fensterrahmen, Konsolen und Verdachungen, das die Basis für die weitere architektonische Entwicklung bilden sollte.

Ein typisches *Zinshaus* der josephinischen Zeit steht 1, Bräunerstraße 11 (1783), eines aus der Spätzeit des josephinischen Klassizismus 1, Schreyvogelgasse 10 (1803, sog. *Dreimäderlhaus*, Abb. 78), das fälschlich mit Franz Schubert in Verbindung gebracht wird, ein anderes 1, Annagasse 14 (1814 von Karl Ehmann erbaut, mit klassizistischem Hauszeichen ›Blauer Karpfen‹ [Abb. 83] von Joseph Klieber). Einen guten Einblick in die Gestaltung einer Vorstadtgasse der ersten Hälfte des 19. Jahrhunderts gibt noch heute die *Lenaugasse* im 8. Bezirk mit ihrer Mischung von klassizistischen und biedermeierlichen Wohnhäusern.

Die Zäsur fällt in die Zeit um 1830. Seit den späten dreißiger Jahren entstehen große Zinshäuser als unmittelbare Vorläufer der gründerzeitlichen Wohnhausbauten. Damit verschwindet jeder individuelle Zug, das bürgerliche Wohnhaus büßt seinen organischen Charakter ein, versinkt in der Schablone.

Napoleon und der Wiener Kongreß

Am 13. November 1805 rückten die Franzosen zum erstenmal in Wien ein: allen voran Joachim Murat mit seinen Reitern. Die ›übelangebrachte Neugier‹ der Wiener, die auf die Straßen eilten und so den einrückenden Truppen Spalier bildeten, wich bald kalter Ablehnung, die durch übermäßige Kontributionen, Einquartierungen, Lebensmittelknappheit und Preissteigerungen genährt wurde. Nur vier Jahre nach dem Abzug der Franzosen war Wien neuerlich bedroht. Anfänglicher Widerstandswille wurde gebrochen, als die französische Armee sich der Stadt näherte. Wie schon 1805 bezog der Korse auch 1809 Schloß Schönbrunn. Die auf den vorübergehenden Rückzug Napoleons nach der Schlacht bei Aspern, in der Erzherzog Carl das Feld behaupten konnte, gesetzten Hoffnungen erfüllten sich nicht.

In Österreich regierte seit 1792 Franz II., der Sohn Leopolds II. Obwohl er es verstand, seinen Despotismus durch zur Schau getragene Biederkeit zu verschleiern, hat sich die Kritik an seiner Person immer stärker entzündet. Zwei historische Ereignisse – die Annahme des Titels ›Kaiser von Österreich‹ 1804 (Franz I.) und die Niederlegung der römisch-deutschen Kaiserkrone 1806 – wurden von den Wienern mit größter Gleichgültigkeit aufgenommen. Jedenfalls konnte sich Wien seit 1806 nur mehr als ›österreichische Kaiserstadt‹ fühlen und wandte sich, losgelöst von den norddeutschen Gebieten mit dem aufstrebenden Zentrum Berlin, stärker dem europäischen Südosten zu.

Mit der Berufung Metternichs schlug Franz I. jene Politik ein, die mit ihrer ständigen Überwachung des Volkes, der leidigen Zensur und der Behinderung selbst geringfügiger Neuerungen das politische Leben und die kulturelle Entfaltung schwer beeinträchtigte. Die Eigenheiten des Monarchen – starres Festhalten am Bestehenden, Mißtrauen, Rückhalt bei Bürokratie und Polizei – nahmen immer deutlichere Formen an; zuerst Stagnation, dann Rückschritt waren die Folge. – Als 1813 durch den Sieg bei Leipzig die Entscheidung gegen Napoleon gefallen war, atmete Wien, befreit von außenpolitischer und militärischer Gefahr, auf. Der Wiener Kongreß (1814/15) stellte Wien in den Mittelpunkt der europäischen Diplomatie und bot der Kaiserstadt die Möglichkeit, sogar Paris und London zu überrunden. Daß er dem Herrscher die Möglichkeit bot, von inneren Schwierigkeiten – etwa dem Staatsbankrott von 1811 – abzulenken, sei am Rande vermerkt. Die Ansammlung von Herrschern, Fürsten und Ministern, die in verschwenderischer Pracht gestalteten Festlichkeiten und das glänzende gesellschaftliche Leben haben in der Betrachtung des Kongresses ein so starkes Übergewicht erhalten, daß man geneigt ist, den wahren Grund des Zusammentreffens zu vergessen: und dieser lag schlicht und einfach in der ›Verteilung der Beute‹. Die Hintergründe der Verhandlungen, Intrigen und Absprachen konnte der Bürger vielfach nicht verstehen, weshalb er sich darauf beschränkte, die für ihn registrierbaren kostspieligen Vergnügungen zu kritisieren. Der Slogan ›Der Kongreß tanzt‹, bis heute in aller Munde, sollte allerdings nicht darüber hinwegtäuschen, daß wir am Beginn einer an politischen, wirtschaftlichen und sozialen Problemen überreichen Zeit stehen, die, von den Verantwortlichen nicht bewältigt, in der Revolution von 1848 münden sollte.

Die ›kleine Stadterweiterung‹

Bevor die Franzosen 1809 aus der Stadt abzogen, sprengten sie die Burgbastei. Da diese Maßnahme militärisch völlig bedeutungslos war, erregte sie unter der Bevölkerung wegen ihrer demütigenden Absicht starken Unwillen. Nach kurzer Überlegung machten die Wiener das Beste aus der Situation, sie verzichteten auf die Wiederherstellung der geborstenen Bastei und nützten die Gelegenheit zu einer kleinen Erweiterung der von den Befestigungen wie von einem Panzer umschlossenen Innenstadt. Für die Bevölkerung wurde der Volksgarten geschaffen, für den Hof der Kaisergarten (heute Burggarten, seit 1918 öffentlich zugänglich), dazwischen entstand das Äußere Burgtor. Im Volksgarten wurde das Cortische Kaffeehaus eingerichtet, das sich bald größter Beliebtheit erfreute, ebenso wie das auf der benachbarten Bastei etablierte ›Paradeisgartel‹. Die heutige Gestalt erhielt der Heldenplatz allerdings erst in den Jahrzehnten des Historismus.

Biedermeier und Vormärz

Bei oberflächlicher und einseitiger Betrachtung können auch Perioden stärkster Spannungen in der Rückschau verklärt werden, weil man sich an einzelne signifikant erscheinende, immer wieder hervorgehobene, jedoch häufig willkürlich ausgewählte oder sogar falsch interpretierte Fakten hält. Einen Modellfall für diese Behauptung stellt zweifelsohne das Biedermeier dar, jene ältere der ›guten, alten Zeiten‹, an denen es in Wien wahrlich nicht mangelt. Es sind die Jahrzehnte, die unter dem Zeichen des ›guten Kaisers Franz‹, seit 1835 unter dem seines Sohnes Ferdinand stehen, den die Geschichtsschreibung in Ermangelung anderer Werte ›den Gütigen‹ nennt. Beide Herrscher werden neuerdings einer wesentlich strengeren Kritik unterzogen, weil man die Despotie des Vaters und die beschränkte intellektuelle Potenz des Sohnes für die weitere politische und soziale Entwicklung verantwortlich macht.

Charakteristik der Zeit

Schubertiaden und Lannersche Walzer, Singvereine und Hausmusik, Wäschermädelbälle, Kaffeehausmilieu und idyllische Landpartien, verbunden mit typischer Biedermeierkunst, werden sehr oft zu einer Kultur-, ja, in völliger Verkennung der vormärzlichen Situation, sogar zu einer Sozialgeschichte geformt und so zum Inbegriff einer Zeit gemacht, der es wahrlich an schweren Problemen nicht mangelte. Zweifellos darf man alle diese liebenswert-wienerischen Lebensgewohnheiten als Symptome, auf keinen Fall jedoch als dominierende Charakteristika jener Jahrzehnte betrachten, in welcher sich die sozialen und wirtschaftlichen Schwierigkeiten, die Einengung geistiger Freiheit, die politische Unterdrückung und die polizeiliche Kontrolle in einem Maße gesteigert hatten, daß sie einer gewaltsamen Lösung zustrebten. Das Philistertum, sagt man gerne, herrschte liebenswürdig, aber allmächtig.

Unter diesem Blickwinkel erscheint der unbestreitbare kulturelle Glanz der bürgerlichen Biedermeierzeit – unbeschadet der echten künstlerischen Leistungen – in einem anderen als dem gewohnten Licht: als der Ausdruck der erzwungenen Abkehr des einzelnen vom politischen Leben und von den Staatsgeschäften; als eine Möglichkeit, in der Abgeschiedenheit des eigenen Heims ein Eigenleben zu behaupten, ein Leben im humanen Sinn zu führen und eine Weltgeborgenheit zu finden, die der Staat nicht zu bieten vermochte; als der Wunsch, sich in behaglicher Genußfreudigkeit ausschließlich den perönlichen Interessen zuzuwenden. Die Merkmale der Biedermeierzeit sind zwar allgemein europäisch, aber in ihrer reinsten Ausbildung doch nur in Österreich, und hier wieder im vormärzlichen Wien, zu finden.

Biedermeierkultur

Architektur. Gelöst vom großen Barockpathos und unter Vermeidung großer Fassa-

10 Die Dom- und Metropolitankirche von St. Stephan ▷

Die Schloßanlage von Schönbrunn mit der Gloriette

Schloß Schönbrunn, Gartenfront

Oberes Belvedere mit Gartenparterre   14   Oberes Belvedere, Treppenhaus

Pallas-Athene-Brunnen vor dem Parlament

Hofburg durchs Michaeler Tor

17 Die Pestsäule am Graben

19 Maria am Gestade

15 Karlskirche

20   Alt-Wiener Gasthausschild ›Zu den drei
      Husaren‹

21   Das »Griechenbeisel«

22   Einkaufspassage am Graben

23   Das ›Sacher‹-Hotel mit alter Tradition

24 Nach Ideen des Malers Friedensreich Hundertwasser von Architekt Josef Krawina realisiertes Wohnhaus in Wien 3, Löwengasse 41–43 / Kegelgasse 36–38, erb. 1983–85

25 Internationales Zentrum (»UNO-City«) nach Plänen von Johann Staber in Wien 22, Wagramer Straße

26 Stift Melk – das Tor zur Wachau

27 Schloß und Servitenkloster Schönbühel in der Wachau

Dürnstein, Stift und Burgruine

Die Donau bei Weißenkirchen

30 Pittoreske Felsnadel in den Peilsteinwänden im Wiener Wald ▷

Stift Heiligenkreuz am Sattelbach

Eisenstadt, Kalvarienberg

33   Laubenganghaus in Mörbisch

denordnungen wendet sie sich dekorativen Schmuckformen und intimen Lösungen zu. So wird sie zum passenden Rahmen für Theater, Konzertsäle und Bibliotheken, vor allem aber für die ›Biedermeierzimmer‹ in bürgerlichen Wohnhäusern und individuellen Villen. Durch ihre Verwurzelung im allgemeinen Geschmack verfügt die Biedermeier-architektur über eine Stilbreite, die sich auf die ganze Stadt nachhaltig auswirkte. Die vormärzlichen Bauten überzeugen durch ihre handwerkliche Tüchtigkeit und ihre zur Schau getragene Zweckmäßigkeit, erscheinen sympathisch und modern und fügen sich den Straßenzügen ungezwungen ein.

Plastik. *Johann Martin Fischer* stellte seine Brunnen auf belebten Straßen auf, der Tiroler *Franz Anton Zauner* errichtete 1795–1807 das Reiterdenkmal Josephs II. (1, Josefsplatz), *Pompeo Marchesi* schuf 1843–46 das Kaiser-Franz-Denkmal (1, In der Burg). Mit dem Grabmal für die Gattin Herzog Alberts, Christine, schuf *Antonio Canova* in der Augustinerkirche ein Monument, das durch seinen dekorativen Schwung und die Großartigkeit der Gebärden von zeitloser Wirkung ist (Abb. 81). *Joseph Klieber*, ebenfalls ein Tiroler – einer jener Bildhauer, die dem Vormärz das Gepräge geben – wurde häufig zur Ausschmückung von Bauwerken herangezogen (Albertina, Hauptmünzamt, Landhaus, Technische Hochschule usw.); er vertrat ein biedermeier-liches Spätbarock. Besonders charakteristisch für das Biedermeier ist jedoch das Vor-herrschen der Kleinkunst, der Gläser, der Nippfiguren und des bemalten Porzellans.

Malerei. Ein Lieblingskind des Biedermeier, vermochte sie alle Vorteile, die der Wiener Boden bietet, zu nützen und zugleich Anregungen aus europäischen Zentren der ›Mo-derne‹ zu verarbeiten. Die Neigung zum Beschaulichen, Naturgetreuen und Sorgfälti-gen sind ihre zentralen Werte, Sitten- und Genrebilder, Einzel- und Gruppenporträts, Miniaturen und Kinderbildnisse, Stilleben und realistische Landschaften die vorherr-schenden Themen, neben Hof und Hochadel zu Reichtum gelangte Bürger, vornehm-lich Industrielle und Bankiers, die wichtigsten Auftraggeber. *Friedrich Heinrich Füger* reagiert auf die literarischen Anregungen von Klassizismus und Romantik, *Josef Führich* verknüpft die Nachklänge des Barock mit einer neuen kirchlichen Gesinnung, *Peter Kraft* versucht das Zeitgeschehen monumental zu gestalten, *Josef Danhauser* formt Ereignisse aus der bürgerlichen Sphäre, zeichnet aber auch Entwürfe für Möbel und Interieurs, *Peter Fendi* wird zum bevorzugten Kinderporträtisten und Zeichen-lehrer bei Hof und Aristokratie, *Carl Schindler* schafft Genrebilder aus dem Soldaten-leben, *Joseph Nikolaus Kriehuber* duftig-zarte Aquarell-Bildnisse, verhilft daneben aber auch der Porträt-Lithographie zum Durchbruch, *Leopold Kupelwieser* hinterläßt realistische Porträts aus dem Schubert-Kreis und widmet sich später der religiösen Malerei, *Moritz Michael Daffinger* entwickelt sich zum gesuchten Miniaturisten des Hochadels und Großbürgertums, *Friedrich Amerling* hingegen zum ersten Porträtisten der Spitzen der Gesellschaft. Trotz aller Bedeutung und Schaffensfülle der bisher Ge-nannten ist jedoch *Ferdinand Georg Waldmüller* der einzige zu europäischem Maß emporgewachsene unter den biedermeierlichen Malern; im Kampf gegen den akademi-

schen Klassizismus pflegt er die Malerei der freien Natur und wird mit seinen Landschaften zum Vorläufer des Impressionismus.

Musik. Der Umstand, daß die Rolle des musikinteressierten und musikfördernden
Publikums vom Adel auf das Bürgertum überging, findet seinen Ausdruck in einem
großen Aufschwung der Hausmusik (Liebhaberquartette, Begründung der Kammer-
musiktradition durch Schuppanzigh) und in musikalischen Zirkeln (›Schubertiaden‹),
aber auch im Aufblühen einer hochwertigen Instrumentenindustrie, in der Gründung
von Musikverlagen und Musikschulen sowie musikalischer Zeitschriften. Das Biedermeier verhalf den Meistern der Wiener Klassik, *Ludwig van Beethoven* (Abb. 111) und
Franz Schubert (Abb. 112), zu einer Produktivität unbeschreiblichen Ausmaßes, ermöglichte aber zugleich dem Wiener Walzer einen Höhenflug besonderer Art (*Johann
Strauß' Vater* und *Josef Lanner*). Die Gründung der Gesellschaft der Musikfreunde
(1812) und des Orchesters der Wiener Philharmoniker (1842) sind prägnante Daten der
Musikgeschichte. Im Vormärz entwickelt sich Wien zur klassischen Weltstadt der Musik.

Dichtkunst und Theater. Wurde das Burgtheater als Heimstätte der Klassiker zum
Theater des Adels und Großbürgertums, so wandte sich das ›Volkstheater‹ mit seiner
Prägung packender Typen an das gesamte Volk. *Franz Grillparzer*, der in seinem Mi-
lieu durchaus wienerische größte österreichische Dramatiker, *Ferdinand Raimund*, der
in einer Verbindung von Barock und Romantik die Basis seiner Poesie findet, und *Johann Nestroy*, dessen Komödien von tiefer Einsicht in das Menschliche zeugen, dessen
Drastik und Sarkasmus jedoch, ohne daß er dadurch zum Sittenprediger wurde, an
Abraham a Sancta Clara gemahnen, sind die tragenden Kräfte der Zeit, doch darf man
auf andere, wie *Adalbert Stifter, Eduard Bauernfeld, Adolf Bäuerle, Ignaz Franz Ca-
stelli* oder die Lyriker *Nikolaus Lenau* und *Anastasius Grün,* um nur einige herauszugreifen, nicht vergessen. Obwohl das Theater unter der strengen Zensur ganz besonders
zu leiden hatte – wie das Beispiel Grillparzers beweist –, wirkt es doch, vor allem in
der Person des genialen Nestroy, der viele seiner Figuren auch selbst spielte, wie ein
Ventil für unterdrückte Gedanken und erlebte eine bemerkenswerte Blütezeit.

Wohnkultur. Das rege gesellschaftliche Leben in den Bürgerhäusern, die Pflege des
gemütlichen Heims und die weltentzogene Lebensweise schufen ideale Voraussetzungen
für die spezifisch österreichische Wohnkultur des Biedermeier. Porzellan und Silber,
Standuhren und Nippsachen, Genrebilder und Miniaturen, bemalte und geschliffene
Gläser, Teppiche und Gemälde gehörten mit zur bürgerlichen Umwelt. Sind Zeugnisse
der Architektur und Plastik im Stadtbild zu finden, so muß man jene der Malerei,
Innenarchitektur und des Kunsthandwerks in den Sammlungen suchen:

Schausammlung des ehem. k.k. Hofmobiliendepots (7, Mariahilfer Straße 88): erster
Teil Frühbarock bis Empire (u. a. Empire-Schlafzimmer Kaiser Franz' I.), zweiter Teil
Biedermeier (reichhaltigste Sammlung Österreichs) mit eingerichteten Räumen (u. a.
Musiksalon, Speisezimmer, Schlafraum, Frühstückszimmer);

Österreichisches Museum für angewandte Kunst (1, Stubenring 5): Möbel, Porzellan, Gläser, Goldschmiedearbeiten; *Sammlung Sobek* (18, Khevenhüllerstraße 2): Uhren in Empire- und Biedermeierinterieurs; *Kunsthistorisches Museum* (Gemälde- und Sekundärgalerie, 1, Burgring 5); *Österreichische Galerie des 19. und 20. Jahrhunderts* (Oberes Belvedere, 3, Prinz Eugen-Straße 27); *Neue Galerie in der Stallburg* (1, Reitschulgasse 2); *Akademie der bildenden Künste* (1, Schillerplatz 3): Gemälde; *Historisches Museum der Stadt Wien*. Schausammlung (4, Karlsplatz); *Uhrenmuseum der Stadt Wien* (1, Schulhof 2); *Modesammlung* (12, Hetzendorfer Straße 79); *Gedenkstätten und Gedenkräume*: Beethoven-Erinnerungsräume (1, Mölkerbastei 8); Schubert-Museum (9, Nußdorfer Straße 54; Geburtshaus, Abb. 109), Schubert-Sterbezimmer (4, Kettenbrückengasse 6); Wohnung Franz Grillparzers (4, Karlsplatz, Historisches Museum); Direktionszimmer Grillparzers (Gedächtniszimmer im Hofkammerarchiv, 1, Johannesgasse 6); Stifter-Museum (1, Mölberbastei 8), Gedenkräume für Bauernfeld und Saar (19, Döblinger Hauptstraße 96); *Sammlung alter Musikinstrumente* (1, Neue Burg; Teil des Kunsthistorischen Museums): u. a. Klaviere von Beethoven, Schumann und Brahms; *Friedhof St. Marx* (3, Leberstraße): einziger erhaltener Biedermeier-Friedhof Wiens (gärtnerische Gestaltung), u. a. Begräbnisstätte Mozarts.

Romantischer Historismus und Hofbauamtsarchitektur

Nach der Zäsur um 1830 fallen die Ausprägung des betont kubischen Stils, die Planungen des Hofbauamts und die Anfänge der Ingenieurarchitektur mit einer Phase zusammen, in der sich der romantische Historismus zu profilieren beginnt.

Im Sakralbau begegnen wir *Karl Roesner*, einem aktiven Bahnbrecher der neuen Stilrichtung. Er baute 1834–36 *Kirche und Kloster der Redemptoristinnen* (3, Rennweg 63), eine trotz größter Sparsamkeit einheitliche Anlage mit Anklängen an die italienische Renaissance, 1841–46 die *Leopoldstädter Johann Nepomuk-Kirche* (2, Praterstraße – Nepomukgasse), einen romantisch-historisierenden Bau, dessen Fassade eine Einheit aus Kontrasten im romantischen Sinn ist und der den Typus der Hallenkirche in eigenwilliger Weise in eine mit byzantinischen Motiven bereicherte Formensprache umsetzt, 1842–45 die *Meidlinger Johann Nepomuk-Kirche* (12, Migazziplatz) mit einem von der Triumphbogenidee abgeleiteten Fassadenmotiv und 1854–56 die *Arsenalkapelle ›Maria vom Siege‹* (3, Arsenalstraße), in der sich romanische mit italienisierenden gotischen Formen zu einer eigenständigen, klar profilierten Dekorationsform von großer Einheitlichkeit verbinden.

Im Profanbau macht sich ein Wandel im Begriff ›Monumentalarchitektur‹ bemerkbar. Die im Historismus meist als Mehrzweckbauten konzipierten Gebäude nähern sich in ihrer Raumgestaltung einander immer mehr an, so daß sich Palais, Wohnhaus oder Zweckbau nicht mehr so klar voneinander unterscheiden lassen wie früher. Zu den einflußreichsten Faktoren, die aus dem biedermeierlichen Bauklassizismus herausführen, gehören die Bauämter, die immer stärker in die Planung eingriffen; das Hofbauamt bot mehrfach eigene Entwürfe zur Ausführung an.

Aus der Gruppe vielfach unbekannter oder vergessener Architekten ragt einer heraus: der Hofbaurat *Paul Eduard Sprenger,* eine vielfach kritisierte, doch interessante Persönlichkeit, deren Schaffen vom Spätklassizismus über die Romantik bis an die Schwelle des Historismus reicht. Seit 1828 Professor an der Akademie, übertrug man ihm 1842 die Leitung sämlicher Staatsbauten; die Qualität seiner Werke lag zweifellos weniger auf dem künstlerischen als auf dem bautechnischen Sektor, der Motivschatz der dekorativen Ausgestaltungen stammt vorwiegend aus dem Italien des 14. und 15. Jahrhunderts. Als Sprenger 1848 die Bauführung der von ihm begonnenen *Altlerchenfelder Kirche* (Abb. 93) entzogen wurde, feierte man dies als den Sieg einer neuen Generation über den trockenen Stil des kaiserlichen Hofbaurats.

Die wichtigsten Werke Sprengers sind das sachlich gehaltene *Hauptmünzamt,* ein typisches Beispiel für die Bauweise des Hofbauamts (1835–38; 3, Am Heumarkt 1), das *Kommendehaus des Malteserordens* (1837–39; 1, Johannesgasse 2), der neue Trakt des *Hofkammerarchivs* (1843/44; 1, Johannesgasse 6), der reine Zweckbau des *Hauptzollamts* (1840–44; 3, Hintere Zollamtsstraße 4), das in Renaissanceformen errichtete *Finanzlandesdirektionsgebäude* (1844–47; 3, Vordere Zollamtsstraße 3) mit seiner einem Wohnhaus angeglichenen Fassade und das spätromantische *Statthaltereigebäude* (1846–48; 1, Herrengasse 11), ein im Banne des kubischen Stils stehender Bau mit unakzentuierten Fensterfronten und einer durch Terrakottaschmuck gemilderten architektonischen Strenge, dessen aus dem Winkel gehender Grundriß dem Architekten bei der Konzipierung der Durchfahrten und Stiegenhäuser große Schwierigkeiten bereitete.

Die Revolution von 1848

Ferdinand I. übernahm 1835 die Regierung in einer Zeit des Umbruchs. Im selben Jahr begann der Bau einer seinen Namen tragenden Wasserleitung, man hielt aber auch die Erste Gewerbe-Produkten-Ausstellung ab: eine Art Mustermesse im heutigen Sinn. Zwei Jahre danach gab es eine Sensation: zwischen Floridsdorf und Deutsch-Wagram verkehrte der erste Dampfeisenbahnzug. Im ersten Augenblick dürfte wohl – ausgenommen vielleicht das Bankhaus Rothschild, welches das Privileg für den Bahnbau besaß – kaum jemand die zukunftsträchtige Bedeutung dieses neuen Verkehrsmittels erfaßt haben.

In den vierziger Jahren entwickelte sich Wien endgültig zur Industriestadt. Die gesellschaftspolitischen Nebenerscheinungen, das steigende Verkehrsaufkommen, spekulative Auswüchse auf dem Wohnungsmarkt, die alarmierenden Teuerungen und Lebensmittelverknappungen, die sich stetig verschlechternde Lage der Arbeiterschaft – lange Arbeitszeiten bis zu 97 Stunden pro Woche und geringe Löhne – und die sich versteifende konservative Haltung des Kaisers und der Regierung: all dies hätte

Sofortmaßnahmen erfordert, zu denen sich aber niemand bereit fand. Stadterweiterungen wurden erwogen und wieder verworfen; in der Innenstadt begnügte man sich mit ›Regulierungen‹, wie etwa der Beseitigung einer den Verkehr behindernden Häusergruppe am Nordwestende des Grabens (1840).

Mitte der vierziger Jahre war die wirtschaftliche und soziale Lage weiter Teile der Bevölkerung derart katastrophal, daß man bereits offen eine gewaltsame Änderung diskutierte. Es würde zu weit führen, den Verlauf der im März 1848 ausgebrochenen Revolution auch nur in groben Zügen nachzuzeichnen. Bürgermeister Czapka, nicht bereit, die Führung der revolutionären Bürger gegen den Kaiser zu übernehmen, mußte die Stadt fluchtartig verlassen. Im Mai fanden Wahlen in den Provisorischen Gemeindeausschuß statt, der Frühsommer brachte eine politische Entspannung, keineswegs aber die erhofften wirtschaftlichen Erleichterungen. Die durch Erfüllung einiger politischer Forderungen zufriedengestellte bürgerlich-gewerbliche Bevölkerung begann sich zurückzuziehen, wogegen die um ihr Recht weiterkämpfende Arbeiterschaft an Boden gewann. Ende August flammte die Revolution neuerlich auf: Nun kam es zu blutigen Zusammenstößen zwischen Bürgern und Arbeitern. Hatte das Bürgertum im März die Hilfe des ›Proletariats‹ noch begeistert aufgenommen, fühlte es sich jetzt in der Erhaltung des inzwischen Gewonnenen durch den ›vierten Stand‹, von dem es grundsätzliche soziale Veränderungen befürchtete, gestört. Der Ausgang der Revolution ist bekannt: Am 31. Oktober eroberte Fürst Windisch-Graetz an der Spitze kaiserlicher Truppen die Stadt, die daraufhin die harte Hand des Siegers zu fühlen bekam. Standrecht, Prozesse und Todesurteile beendeten den Traum von Freiheit und Verfassung, die Hoffnung auf eine politische Rolle Wiens. Der junge Kaiser Franz Joseph I. war nicht gewillt, auf irgendeines seiner Rechte zu verzichten. Übrig blieben wirtschaftliche Not, Verwüstungen und die Trauer um die im Kampf Gefallenen.

Entwicklung zur Weltstadt

Die Revolution war niedergeschlagen, über Wien der Ausnahmezustand verhängt. Den Thron bestieg der 18jährige Franz Joseph I., vom Volkswitz wegen seiner Jugend und der Generalsuniform, die er gerne trug, respektlos als »rothosiger Leutnant« verspottet, von anderen »als Herold einer neuen Zeit« gepriesen. Hatten Franz I. und Ferdinand I. ihre Macht auf Metternich und Sedlnitzky, auf Polizei und Zensur, begründet, so wurden nun – auf den Rat seines politischen Lehrmeisters Felix Fürst Schwarzenberg hin – die Armee unter der Führung des legendären Heerführers ›Vater‹ Radetzky und die Kirche unter dem einstigen Lehrer des Kaisers, dem nunmehrigen Kardinal Othmar Rauscher, die Hauptstützen des jungen Monarchen. An die Stelle des zivilen Biedermeierbratenrocks trat die Uniform, die der Kaiser zeit seines Lebens nicht mehr ablegte. Hatte die Revolution auf geistigem Gebiet kaum irgendwelche Folgen, so wirkte sich die Tatsache, daß der Herrscher seinen Thron ebenso wie seine außen- und innenpolitische Stellung ausschließlich der Armee verdankte, sehr wohl in einer militärisch-ideologischen Ausrichtung der Kunst aus. Man braucht als Beweis nicht den eher kuriosen ›Heldenberg‹ in Klein-Wetzdorf heranzuziehen, jenen gigantischen Denkmalhain, den der schwerreiche Armeelieferant Josef Pargfrieder dem greisen Radetzky hatte aufrichten lassen, es gibt auch Beispiele in Wien: das Arsenal mit seiner Ruhmeshalle, die Planung der Votivkirche, die Denkmäler in der Ringstraßenzone.

Der im Geiste der Märzrevolution frei gewählte Wiener Gemeinderat war im November 1848 aufgelöst worden. Die ›oktroyierte‹ Verfassung von 1849 bestätigte Wien seinen Rang als »Mittelpunkt des Reiches und als Sitz der Zentralverwaltung«, aber nicht viel mehr. Und doch lag in diesem Wenigen Zukunft. Dies sollte sich kurz danach zeigen, als Innenminister Alexander Freiherr von Bach äußerte, eine Hauptstadt im Sinne des ›Provisorischen Gemeindegesetzes‹ müsse in allem und jedem die Provinzstädte übertreffen. Diese Überlegung führte zweifellos dazu, daß die Regierung noch in den fünfziger Jahren daranging, Wien zu einer ›Metropole‹ im engeren Sinn des Wortes zu gestalten – man konnte damals nicht ahnen, daß es die letzte Europas werden sollte. Die Dominanz Wiens im Reigen der Städte der Monarchie mußte selbstverständlich auch im Architektonisch-Städtebaulichen ihren Ausdruck finden. Wie auch immer man es betrachtet: die einzige reale Chance, eine repräsentative, auch städtebaulich befriedigende Lösung zu finden, lag in der Beseitigung der Befestigungen. Seit man dies erkannte, sind die Diskussionen darüber nicht mehr verstummt.

»Es ist mein Wille«

Als der Kaiser 1850 die ›Provisorische Gemeindeordnung‹ in Kraft setzte, vollzog er mit der Unterschrift unter diesen Akt die Eingemeindung aller 34 Vorstädte, die sich – dicht verbaut und zum Teil auch industriell-gewerblich genutzt – zwischen dem äußeren Rand des Glacis (heute sogenannte Lasten- oder Äußere Ringstraße) und dem Linienwall sowie zwischen dem Donaukanal und dem noch unregulierten Donauhauptstrom (Bogen der Alten Donau) ausdehnten; die Grenzen der neuen Gemeindebezirke wurden entlang der wichtigsten Radialstraßen gezogen. Eine bauliche Verbindung zwischen Altstadt und Vorstädten war nicht möglich, solange Basteien und Kurtinen, Stadtgraben und Glacis eine unüberwindliche Barriere bildeten.

Damit wurde die räumliche Vereinigung der Vorstädte mit der Innenstadt zu einem Hauptanliegen der Bevölkerung. Als 1853 der zwischen Berggasse und Türkenstraße liegende Teil der Glacisgründe zur Versteigerung gelangte und nach dem mißglückten Attentat auf Kaiser Franz Joseph (1853) die Genehmigung erteilt wurde, auf dem Glacis eine ›Votivkirche‹ zu errichten (Grundsteinlegung 1856), lag in diesen Entscheidungen etwas Präjudizierendes. Hatten die Militärs, mag so mancher Bürger gedacht haben, in diesen beiden Fällen Zugeständnisse gemacht, so sollte es wohl über kurz oder lang auch möglich sein, den gesamten Befestigungsgürtel, dessen militärische Nutzlosigkeit sich ja bereits zur Zeit Napoleons erwiesen hatte, zu beseitigen. Damit allein aber, argumentierten die Verfechter dieser Forderung, könne die Stadterweiterung zu einem optimalen Abschluß gebracht werden.

Die Entscheidung fiel am 20. Dezember 1857. Sie kam nur für Uneingeweihte überraschend und dürfte, soweit man es beurteilen kann, vom Kaiser gegen den Ratschlag höchster militärischer Stellen getroffen worden sein. Was sich an diesem vorweihnachtlichen Tag vollzog, lasen die Bürger am 25. Dezember, als sie beim Frühstück die amtliche ›Wiener Zeitung‹ zur Hand nahmen – ein kaiserliches Handschreiben an den Freiherrn von Bach, dessen erste Sätze lauteten:

»Es ist Mein Wille, daß die Erweiterung der inneren Stadt mit Rücksicht auf eine entsprechende Verbindung derselben mit den Vorstädten ehemöglichst in Angriff genommen und hierbei auch auf die Regulierung und Verschönerung Meiner Residenz- und Reichshauptstadt Bedacht genommen werde. Zu diesem Ende bewillige Ich die Auflassung der Umwallung und der Fortifikationen der inneren Stadt sowie der Gräben um dieselbe.«

Nach jahrzehntelanger Diskussion um die Verwertung der überalteten Stadtbefestigungen und nach Ablehnung zahlreicher vormärzlicher Stadterweiterungsvorschläge wurde damit die Ära der Großstadterweiterung Wiens eingeleitet. Aus dem wallumgürteten Idyll des Biedermeier-Wien entstand seit den sechziger Jahren des 19. Jahrhunderts die moderne Großstadt Wien, deren Antlitz durch die Ringstraßenzone mit ihren rund 150 öffentlichen Bauwerken und 650 noblen Zinshäusern geprägt wurde. Wenn man sich in den folgenden Jahrzehnten um das Zustandekommen jener Einrichtungen bemühte, die, wie es damals hieß, »das Emporblühen der Stadt und das Wohl ihrer Bürger förderten«, dann war zugleich der Aufgabenbereich abgesteckt, den sich die liberale Gemeindeverwaltung setzte. Franz Joseph I. und der Hof, die stagnierende Blutadelsgesellschaft, die sich zu einer letzten Kraftentfaltung aufraffte, und die zu Reichtum und Nobilität gelangte Industrie- und Börsengesellschaft, die sich nicht zuletzt auch in der Rolle des Kunstmäzens gefiel, haben im Verein mit heimischen und nach Wien strömenden fremden Künstlern und Wissenschaftlern jenes Gesamtkunstwerk geschaffen, das wir zu einem erklecklichen Teil, von den Wunden des Zweiten Weltkriegs geheilt, noch heute vor uns sehen: eine Zone, in der es paradoxerweise gelungen ist, eine Vielzahl von Gegensätzlichem in harmonischer Weise zu verschmelzen.

Die liberale Ära des Gemeinderats

Im Oktober 1850 fanden Gemeinderatswahlen statt. Die vergrößerte Stadt zählte zwar bereits über 431 000 Einwohner, aber nur rund 6000 Männer – solche, die über Besitz, Vermögen oder gehobene Bildung verfügten – waren, untereinander in drei Kurien differenziert, wahlberechtigt. Sie wählten einen Gemeinderat, der in seiner Mehrheit liberal orientiert war und dessen politische und wirtschaftliche Prinzipien für die nächsten vier Jahrzehnte richtungweisend bleiben sollten. Nach dem ›Silvesterpatent‹ 1851, das man gerne als einen ›Staatsstreich von oben‹ bezeichnet, wurden im Jänner des darauffolgenden Jahres die öffentlichen Sitzungen, 1853 auch die Ergänzungswahlen in den Gemínderat verboten.

In den fünfziger Jahren, als zunächst das Standrecht, dann der Absolutismus des Monarchen die Entwicklung beeinträchtigten, konnte sich das Bürgertum in seiner Wesensart nicht entfalten, wenn auch in den Herzen vieler Gemeinderäte der liberale Gedanke nicht erlosch. War die Revolution – wenigstens vorübergehend – politisch mißlungen, so war sie ökonomisch nicht aufzuhalten: Industrie, Handel, Gewerbe und Verkehrswesen wurden zu bestimmenden Faktoren des wirtschaftlichen und gesellschaftlichen Lebens.

Die militärischen und innenpolitischen Ereignisse des Jahres 1859 waren es, die schließlich den Boden für eine Beendigung des neoabsolutistischen Zeitraums ebneten und zu einer Neuordnung auch der kommunalen Verhältnisse führten. Der Ruf des Bürgertums nach politischer Gleichberechtigung gegenüber Adel und Klerus war nicht mehr zu überhören. Zu einer tiefergreifenden Reform der Gemeindeverfassung kam es allerdings erst durch das zentralistische ›Februarpatent‹ von 1861, welches das von den Ungarn, aber auch von deutschnational-liberalen Kreisen in Österreich bekämpfte föderalistische ›Oktoberdiplom‹ von 1860 ablöste. Der Zentralist Anton von Schmerling, den man als Vertreter des vermögenden Bürgertums betrachten kann, schuf durch dieses die Voraussetzungen für eine kommunale Selbstverwaltung. 1861 wurden nach längeren Unterbrechungen wieder Wahlen in den Gemeinderat abgehalten. Wieder zog eine liberale Mehrheit in das Rathaus ein.

Der Liberalismus war eine geistige und wirtschaftliche Richtung, die sich, auf bestimmte Ziele ausgerichtet, allmählich zu einer das politische Leben des vorigen Jahrhunderts nachhaltig beeinflussenden Partei formte. Geistig wollte er jedem Menschen eine möglichst umfassende Bewegungsfreiheit in seinem Denken und Handeln sowie die Freiheit in der Erreichung seiner individuellen Ziele sichern; politisch forderte er die Durchsetzung eines konstitutionellen Regimes, die Beschränkung der Allmacht des Herrschers durch eine Volksvertretung; wirtschaftlich betonte er das Selbstinteresse des einzelnen, den Trieb des Menschen, selbst seine Lage zu verbessern; sozial wirkten sich der Mangel an Bereitschaft, den Menschen zu einer gesicherten Existenz zu verhelfen, und das Prinzip der Selbsthilfe unheilvoll aus. Im Zusammentreffen der industriellen Revolution und des wirtschaftlichen Liberalismus liegen die Anfänge sowohl der christlichsozialen wie der sozialdemokratischen Bewegung begründet, die es sich beide zur Aufgabe gemacht hatten, den Schwächeren – als den die einen den kleinen Gewerbetreibenden, die anderen den unterdrückten Fabrikarbeiter ansahen – zu schützen, ihm ein menschenwürdiges Dasein zu ermöglichen.

Die Hauptprobleme, die sich der liberalen Gemeindeverwaltung in den sechziger und siebziger Jahren stellten, waren die Bewältigung der Stadterweiterung in der Ringstraßenzone (einschließlich des Baues eines neuen Rathauses, der Anlage von Stadtpark und Rathauspark, der Herstellung der Donaukanal- und Wienflußbrücken sowie der Aufschließung des gesamten Glacisgeländes) und die Verbesserung der Infrastruktur in den eingemeindeten Vorstädten, wobei es in manchen Fällen unmöglich war, die Vororte jenseits des Linienwalls aus den Überlegungen völlig auszuklammern. In konsequenter Weiterführung mußte daran gegangen werden, solche infrastrukturellen Maßnahmen zu treffen, die für eine Großstadt von der Ausdehnung und Bevölkerungszahl Wiens zwingend notwendig waren. Die Donauregulierung, die erste Hochquellenwasserleitung, der Zentralfriedhof, der Bau von Markthallen und Schulen und die Eingemeindung Favoritens gehörten zu den bedeutendsten Vorhaben; in privater Hand blieben, den liberalen Wirtschaftsprinzipien entsprechend, die öffentliche Beleuchtung, die Gasversorgung und der innerstädtische Verkehr mittels Pferdestraßenbahnen und Pferdeomnibussen. Die bedeutendste Persönlichkeit war Bürgermeister Dr. Cajetan Felder (1868–78), unter dem die meisten Projekte realisiert wurden. Die Blütezeit der liberalen Wirtschaftspolitik, die man auch mit der eigentlichen ›Hochgründerzeit‹ identifiziert, war mit dem der Weltausstellung von 1873 auf dem Fuße folgenden Börsenkrach zu Ende. Die Periode schwerer Depression mit verminderten Wachstums- und Investitionsraten erleichterte es der Opposition, gegen das auf großbürgerlichen Industrialismus und Kapitalismus abgestimmte Konzept, das bei der Masse der Kleinbürger und Arbeiter keinen Widerhall finden konnte, vorzugehen. In einer letzten Kraftanstrengung konnten die liberalen Gemeindeväter 1890 eine zweite große Stadterweiterung durchsetzen, die Bewältigung derselben fiel jedoch bereits dem nachfolgenden christlichsozial dominierten Gemeinderat unter der Führung von Dr. Karl Lueger (1897–1910) zu.

Die Ringstraße – Treffpunkt der Architekten Europas

Das Handschreiben Franz Josephs von 1857 führte nochmals zu einer Kunstblüte, die nur mit jener des Barock verglichen werden kann. Die Wiener Ringstraße ist als Selbstdarstellung einer Epoche, ganz besonders aber deshalb interessant, weil sie eine der bedeutendsten Kunstschöpfungen des 19. Jahrhunderts und eine auch in Europa einzig dastehende städtebauliche Gesamtleistung darstellt.

Städtebauliches Phänomen des Historismus

Durch ein glückliches Zusammentreffen optimaler Bedingungen auf allen Sektoren von Kunst – Architektur, Plastik, Malerei, Kunstgewerbe, Gartenbaukunst – und Städtebau sind eindrucksvolle Zeugnisse individuell-eigenständigen Bauschaffens entstanden. Der hohe künstlerische und bautechnische Rang der Gebäude konnte erst durch jüngste wissenschaftliche Forschungen über die Ringstraßenzone transparent gemacht werden. Nicht zu leugnen ist allerdings, daß die Architekten des Historismus fast durchweg die Raumaufteilung im Inneren völlig der prunkvollen Fassade unterordneten (für die Neue Burg fand man deshalb jahrzehntelang keinen passenden Verwendungszweck), daß Vestibüle und Stiegenhäuser oft überdimensioniert wurden (wodurch etwa bei den Museen zu viel nutzbarer Raum verlorenging) und daß bei der Innenraumgestaltung auch sonst nicht alles zum besten stand (so mußte der Zuschauerraum des Burgtheaters bereits wenige Jahre nach der Eröffnung wegen unannehmbarer akustischer Verhältnisse umgebaut werden).

Die Kunstgeschichte der Wiener Ringstraße ist eine Geschichte des Historismus, einer lange Zeit hindurch völlig falsch bewerteten Kunstrichtung, welche tatsächlich der Kontinuität von Vergangenheit, Gegenwart und Zukunft in schöpferischer und organischer Synthese Gestalt verlieh. Wenn man von der Ringstraße als einem ›Gesamtkunstwerk‹ spricht, so versteht man darunter im Sinne des Historismus – frei nach Gottfried Semper – ein Zusammenwirken aller Künste zu einer Einheit, wobei die ordnende Funktion der Architektur die Grundlage bildet. Die Grundvoraussetzung des Historismus ist die Annahme der Kontinuität – und damit unterscheidet er sich sowohl von vorangehenden wie von nachfolgenden Kunstrichtungen, denn Revolutionsklassizismus und Secessionismus brachen mit jeder Tradition und leugneten jede wie immer geartete kontinuierliche Abfolge in der Kunst. In der Ringstraßenzone schuf der Historismus zahlreiche und großartige Typen des Wohnbaus, die auf viele Länder anregend gewirkt haben. Das Stadtpalais erlebte eine beispiellose Hochblüte, aber auch der Wohnblock wurde zum Monumentalbau, die Wohnung zum Kunstwerk wie nie zuvor in der Geschichte der Kunst. Bei aller unerschöpflichen Variabilität wird

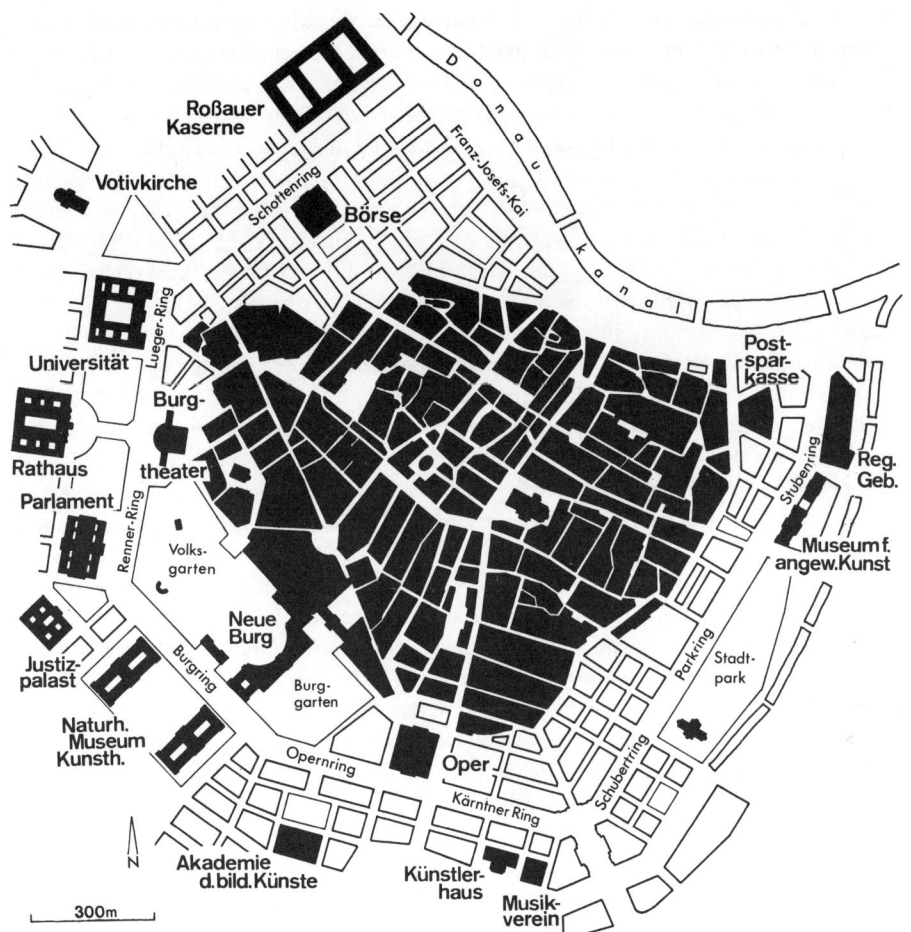

Monumentalbauten an der Ringstraße

jedoch der Einzelbau dem Ensemble, mehr noch: dem städtebaulichen Gesamtkunstwerk integriert. Die Ringstraßenzone wurde zum Treffpunkt der bedeutendsten Architekten aus ganz Europa, die sich, gleich welchen Rang und Namen sie bereits besaßen, gleichermaßen um den repräsentativen Monumentalbau wie um den privaten Wohnbau kümmerten.

Die Gesamtplanung

Fast alle prominenten Architekten Wiens, viele ihrer ausländischen Kollegen und die zuständigen staatlichen Ressorts beteiligten sich an der Ausarbeitung eines Stadterweiterungsgrundplans, wie er – im Gegensatz zu den bürokratisch–despotischen Usancen des vormärzlichen Hofbauamts – im Sinne einer liberaleren Denkweise durch eine internationale Ausschreibung erlangt werden sollte. Bis Mitte 1858 lieferten fünfundachtzig Bewerber ihre Entwürfe ab, bis Ende dieses Jahres befaßte sich eine Jury – der neben hohen Beamten und Offizieren die Architekten Leopold Ernst, Heinrich Ferstel, Theophil Hansen, Johann Julius Romano und Anton Oelzelt angehörten – mit den Einreichungen, wählte drei – von Ludwig Förster, Eduard van der Nüll und August Sicard von Sicardsburg sowie Friedrich Stache – zur Prämiierung aus und versuchte, da keiner der Grundpläne voll entsprach, aus diesen durch ein Gremium von Fachleuten, dem auch die beamteten Architekten Ludwig Zettl und Moriz Löhr angehörten, einen neuen modifizierten Plan erstellen zu lassen. Dieser ›endgültige Entwurf‹ wurde vom Kaiser am 1. September 1859 genehmigt.

Der Plan sah die Anlage einer *Ringstraße* (in der Gegend der im Abbruch befindlichen Befestigungsanlagen), einer *Lastenstraße* (am äußeren Rand des Glacis) und einer *Gürtelstraße* (anstelle des aufzulassenden Linienwalls) vor. Von der zivilen Verbauung ausgeschlossen blieben die für Ringstraßenkasernen vorgesehenen Areale und der auf dem Josefstädter Glacis (zwischen Stadiongasse und Universitätsstraße) verbleibende Exerzier- und Paradeplatz; außerdem sollten Reitalleen beiderseits der Ringstraße (heute Fußgängeralleen oder Nebenfahrbahnen) die schnelle Verschiebung von Kavallerieeinheiten zwischen den Ringstraßenkasernen gewährleisten.

In der Ausschreibung war die Einplanung bestimmter öffentlicher Gebäude und Gärten bindend vorgeschrieben; die Wahl der Standorte blieb im Ermessen der Planer. Zu diesen Bauten gehörten unter anderem die Hofmuseen (Kunst- und Naturhistorisches Museum), ein Hofburgtrakt (Neue Burg), die Hofoper (Staatsoper), das Reichsratsgebäude (Parlament), die Universität, das Rathaus, das Burgtheater, die Börse und der Justizpalast. Bei retrospektiver Betrachtung fällt auf, daß kein einziger Sakralbau vorgesehen war (die Votivkirche befand sich bereits im Bau). Das Rathaus- und das Stubenviertel wurden erst später in die Planung einbezogen: ersteres nach Freigabe des Exerzier- und Paradeplatzes, also nach 1870, letzteres nach Abbruch der Kaiser-Franz-Joseph-Kaserne samt der zugehörigen Dominikanerbastei (ab 1900). Bildet das Rathausviertel dennoch ein Kernstück des Historismus, so dominiert das Stubenviertel bereits der Secessionismus.

Zur Ausführung der Planung setzte der Kaiser eine Stadterweiterungskommission ein, welche die Baugründe an Meistbietende zu verkaufen, die Gelder zu verwalten und aus ihnen die Monumentalbauten zu finanzieren hatte. Mit dem Bau des ersten repräsentativen öffentlichen Gebäudes, der Oper, begann jene ›Ringstraßenära‹, die seither schon mythischen Glanz gewonnen hat, obgleich sie recht reale, durchaus materielle Hintergründe aufweist: die Glanzzeit des privilegierten liberalen Großbürgertums, das in prachtvoll ausgestatteten Zinshäusern und Palais in offen zur Schau getragener Rivalität zum Hochadel seine Selbstbestätigung suchte und gewillt war, sich in der Ringstraßenzone das Denkmal seiner Selbstglorifizierung zu setzen.

Der soziale Background

Mit dem Ringstraßenprojekt wurde das Repräsentationsbedürfnis verschiedener sozialer Schichten angesprochen. Die Verbauung fällt in eine Periode, in der sich das Feudalsystem seinem Ende zuneigte und das liberale Zeitalter begann. Der Ringstraße fiel in diesem Sinn die primäre Aufgabe zu, gediegene Wohnstätten für die Oberschicht des Großbürgertums zu liefern und diese mit dem feudal geprägten Altstadtkern zu verschmelzen, wobei das Bauen durchweg von kapitalistischen Grundsätzen geprägt war. Noch während der Abbrucharbeiten – am 29. März 1858 sauste zum erstenmal der Krampen des ›Herrn Demolierers‹ nieder – wurde 1859 eine neue Bauordnung erlassen, die dem vermögenden Bürgertum so deutliche Vorteile verschaffte, daß es durch den Ankauf von Grundstücken nicht allein dem Wunsche des Monarchen entgegenkam, zur Verschönerung der Residenzstadt beizutragen, sondern in sehr erheblichem Maße auch seinen eigenen Interessen diente.

So einheitlich sich die Ringstraßenzone infolge ihrer aufwendigen Architektur auch präsentiert, besaß sie doch sozial differenzierbare Sektoren. Der Parkring und der Schubertring samt dem Viertel um den Schwarzenbergplatz waren die Domäne des Blutadels, das Kärntner und das Opernviertel – in welches von der Altstadt her auch vermögende Industrielle drängten – entwickelten sich zu Zentren der Finanzaristokratie. Zwischen Babenbergerstraße und Wollzeile (dem 1865 eröffneten Teil der Ringstraße) lagen damals neun Häuser von Adeligen, acht Häuser von Bürgerlichen und nicht weniger als achtunddreißig Häuser von Industriellen, Bankiers und Großhändlern. Auch im später ausgebauten Rathausviertel waren unter den Hausbesitzern überdurchschnittlich Industrielle und Bankiers vertreten, unter den Wohnungsmietern hingegen dominierten Ärzte und Rechtsanwälte. Das Börsen- und Textilviertel (um den Salzgries) schließlich wies unter den Hauseigentümern einen starken Anteil an juristischen Personen (Banken, Versicherungen) sowie Textilfabrikanten auf, unter den Mietern in Börsennähe Rechtsanwälte, im Textilviertel Kaufleute. Im Sektor vor dem Schottentor siedelten sich Banken an, die bis dahin um Freyung und Herrengasse ihren Sitz gehabt hatten. – In die freigewordenen Häuser der Altstadt drangen sozial tieferstehende Schichten ein. Seit die Innenstadt Cityfunktionen zu übernehmen begann, geht die Zahl der Wohnbevölkerung konstant zurück; freiwerdende Objekte wurden immer häufiger in Geschäftshäuser, freie Wohnungen in Büros umgewandelt; auf dem Stock-im-Eisen-Platz entstand 1866/67 für eine Teppichfirma das erste ein ganzes Haus beanspruchende Warenhaus, andere sollten bald folgen.

Hand in Hand mit diesem Umschichtungsprozeß ging eine Umgestaltung der Innenstadt: 1860/66 erhielten Graben und Stock-im-Eisen-Platz ihre heutige Gestalt, 1874/75 Brandstätte und Bauernmarkt, 1876 die Gegend um Renngasse und Wipplingerstraße, 1882/83 das Gebiet zwischen Kärntner Straße und Lobkowitzplatz und um 1900 der Minoritenplatz. Wurden in allen diesen Fällen Stadtviertel saniert, so begann das Bürgertum, durch die Gewährung von Steuerfreiheiten dazu animiert, auch mit der Umgestaltung seiner Wohnhäuser, wobei auf Straßen und Plätzen reihenweise Gebäude der Gotik, der Renaissance und des Barock abgerissen wurden. Wesentliche innerstädtische Straßenzüge – die Kärntner Straße (Abb. 121), der Graben, der Kohlmarkt, die Rotenturmstraße und viele andere – erhielten damals ein gründerzeitliches Aussehen. So stark die Eingriffe in die Bausubstanz auch waren, blieben der City doch zwei Veränderungen erspart, die wahrscheinlich zu einer Vernichtung des Altstadtkerns geführt hätten: die Anlage einer östlich der Kärntner Straße verlaufenden Parallelstraße und der Durchbruch sternförmig auf den Stephansplatz hin ausgerichteter Avenuen nach dem Vorbild Haussmanns in Paris. Der in der Innenstadt dominierende Mittelstand suchte es dem Ringstraßenbürgertum gleichzutun. Unberührt von allen diesen Entwicklungen blieben die in den Vorstädten wohnenden Gewerbetreibenden, hinter deren Wohnhäusern nicht selten eine Hinterhofindustrie zu wachsen begann, und die in den Vororten in Zinskasernen zusammengepferchten Industriearbeiter, deren soziale Not man bei der Betrachtung des Glanzes der Ringstraße nicht gänzlich vergessen sollte.

Vorstufe zum strengen Historismus

Den romantischen Historismus vertreten in Wien zwei Architektengenerationen. Die erste – mit der wir bereits bekannt sind – umfaßt die Geburtsjahrgänge um 1800: *Paul Eduard Sprenger, Franz Xaver Lössl* (der auch eine Stadterweiterung vor dem Kärntner Tor, den sogenannten ›Kaiser-Ferdinands-Bau‹, projektierte), *Karl Schleps, Karl Roesner, Leopold Mayer* und Dombaumeister *Leopold Ernst*. Sie alle repräsentieren den Stil der Zeit und stehen mit der Architektur des Vormärz und dem kubischen Stil in irgendeiner Verbindung, gehen jedoch allmählich dazu über, im Dekorativen eine Synthese vergangener Formmittel zu erreichen. Der romantische Historismus weist einen Formwandel auf, den man als Stilablauf bezeichnen kann, eine Etappe auf dem Weg vom kubischen Stil, der großformige glatte Flächen bevorzugte, zum strengen Historismus mit seinen reichen, malerisch belebten Formen. Die zweite Generation, deren Repräsentanten überwiegend im zweiten Jahrzehnt des 19. Jahrhunderts das Licht der Welt erblickten, strebte zur übergeordneten Einheit, zum ›Gesamtkunstwerk‹: *van der Nüll, Sicardsburg, Hansen, Franz Sitte, Löhr, Romano* und *Schwendenwein* dürfen exemplarisch genannt werden, es ist aber auch auf den derselben Generation angehörenden *Gottfried Semper* zu verweisen, in anderem Zusammenhang auf den Musikdramatiker *Richard Wagner*.

Unter den zahlreichen während des Vormärz mit städtebaulichen Konzepten an die Öffentlichkeit getretenen Persönlichkeiten ist der Herausgeber der ›Allgemeinen Bauzeitung‹, Architekt *Ludwig Ritter von Förster* nicht zuletzt deshalb an prominenter Stelle zu nennen, weil die von ihm redigierte Zeitung entscheidenden Anteil an der Überwindung des Rationalismus in der Baukunst hatte und weil er den unmittelbaren Übergang zur Ringstraßenzeit signalisiert. Schon in den späten vierziger Jahren scharte sich eine Gruppe von Architekten um ihn, die bald von sich reden machen sollten: aus Försters eigenem Atelier Theophil Hansen, den er 1846 bewogen hatte, von Athen nach Wien zu kommen, dazu Eduard van der Nüll, August Sicard von Sicardsburg, Leopold Ernst und der uns bereits bekannte Karl Roesner. Van der Nüll und Sicardsburg errichteten 1843–46 den Schutzengelbrunnen auf der Wieden (4, Rilkeplatz) und 1846–47 das Sophienbad, bevor sie gemeinsam mit Förster, Hansen und Roesner die Arbeit am Arsenal aufnahmen; Ernst gestaltete Säle des Landhauses in der Herrengasse, bevor er 1852 die Arbeiten am Stephansdom aufnahm und 1853 Dombaumeister wurde; Hansen baute 1846–49 gemeinsam mit Förster die Evangelische Kirche in Gumpendorf. Alle diese Architekten standen in mehr oder weniger geschlossener Front dem Hauptvertreter des Spätrationalismus und Hofbauamtsbürokraten Sprenger gegenüber, der allerdings in seinen späteren Werken bereits von der stereometrischen Form abrückte und sich in Details dem Historismus näherte. Man lasse sich aber nicht täuschen: dem ›nützlichen‹ Baukern sind lediglich ästhetisch wirkende Formen appliziert, ohne daß sie mit diesem eine Einheit bilden. Will man den Unterschied zum Historismus sehen, dann vergleiche man die Sprengersche Statthalterei (1, Herrengasse 11) mit dem nur ein Jahr später (1848/49) von Förster und Hansen gebauten Wohnhaus 1, Riemergasse 2, das in jeder Beziehung bahnbrechend wirkte.

Zwei Werke seien aus der Zeit des Frühhistorismus hervorgehoben, weil sie den Weg zu einer neuen Baugesinnung markieren:

Altlerchenfelder Kirche (7, Lerchenfelder Straße bei 111) (Abb. 93). Noch von Sprenger begonnen (1848), ging das in den Fundamenten steckengebliebene Gotteshaus in der Revolution unter. Der Kampf gegen den Baubürokratismus wurde im Sieg über Sprenger, dem die Bauführung entzogen wurde, enthusiastisch gefeiert. Weniger die Architektur – Franz Sitte war durch den Grundriß weitgehend gebunden –, sondern der von Josef Führich geplante und von Blaas, Dobiaschofsky, Kupelwieser und andere 1854–60 ausgeführte Freskenschmuck machte die Kirche zu einem Museum der in Wien tätigen Nazarener. Die religiöse Bildsprache hatte eine konkrete Funktion, die christliche Kunst – auch im Sinne Clemens Maria Hofbauers und seines Kreises – praktische Aufgaben. »Die Kunst ist nicht Religion«, erklärte Führich, »sondern sie lenkt zu ihr hin.« Der ›religiöse Kosmos‹ der Kirche reicht von der Schöpfungsgeschichte in der Vorhalle über das Alte und Neue Testament (Kirchenschiffe) bis zu den Sieben Zuflüchten (Altarraum) und findet mit den acht Seligkeiten in der Kuppel seine Krönung. Illusion und Allegorie des Barock sind vergessen, die schlichte Darstellung ist zu andächtiger Betrachtung in den Kirchenraum eingeordnet. So kam ein überzeugendes Gesamtkunstwerk zustande, in dem das Ideal der religiösen Romantik auf einem Höhepunkt stand und der josephinische Rationalismus überwunden wurde.

Arsenal (3, Arsenalstraße). Noch unter dem Eindruck der Revolution entstanden militärische Anlagen: auf der Höhe des Wiener Bergs in beherrschender Lage 1849–56 das Arsenal, in der Ringstraßenzone die nicht mehr bestehende Fanz-Joseph-Kaserne (1852–57), später die Roßauer Kaserne (9, Schlickplatz 6), eine Defensivkaserne im Stil kaiserlicher Kasernenbauten von festungsähnlichem Charakter mit zinnenbekrönten Türmen (heute Polizeikaserne). Das Arsenal, ein verteidigungsfähiges Festungsviereck, eine Zwingburg, mit deren Hilfe man aufrührerische Bewohner in Schach zu halten hoffte, ist mit seinen verschiedenartigen Funktionen – Kaserne, Fabrikanlage, Werkstätten, Ruhmeshalle, Heeresmuseum und Kapelle – und in seiner künstlerischen Ausstattung – mit seiner Mischung romanisierender, gotisierender und orientalisierender Formen – ebenfalls ein echtes Gesamtkunstwerk des Historismus. Architekten, Bildhauer und Maler, die später maßgeblichen Anteil an der Gestaltung der Ringstraßenzone haben sollten, erprobten hier gewissermaßen ihre Kunst: van der Nüll, Sicardsburg, Hansen, Rahl, Gasser, Blaas u. a. Damit wird das Arsenal zum Ausgangspunkt der letzten großen kaiserlichen Architekturepoche Wiens.

Der ›strenge Historismus‹, der den romantischen um 1860 ablöste und um 1880 endete, ist die klassische Zeit der historisierenden Architektur des 19. Jahrhunderts; er bediente sich zu einem großen Teil der Neurenaissance, wobei parallel dazu auch in der Geistesgeschichte Humanismus und Renaissance in den Mittelpunkt des Interesses rücken. Die nach der Stadterweiterung in Angriff genommenen Vorhaben tragen durchwegs das »Stigma der großzügigen und sehr entschiedenen Konzeption«; zwei Planungen – Hofburg und Karlsplatz – ließen sich allerdings nicht realisieren. Von der ›Vorklassik‹, den reifen Leistungen des romantischen Historismus (Oper [Abb. 95], Bank- und Börsengebäude Ferstels) über das Frühstadium der Klassik (Musikvereinsgebäude [Abb. 106], Votivkirche [Abb. 92], Palais Erzherzog Wilhelm und Ludwig Viktor) macht der strenge Historismus bis zum Höhepunkt der Klassik (Parlament [Abb. 89], Rathaus [Abb. 92], Universität [Abb. 91], ›Kaiserforum‹, Maria vom Siege) einen Stilwandel durch, der mit jenem der Hochrenaissance vergleichbar ist. Der um 1880 beginnende Späthistorismus leitet in eine Zeit der Restaurierungsversuche, aber auch in den Secessionismus über und endet mit dem Ersten Weltkrieg.

Die Architekten und ihre Werke

Die Wirkung der Ringstraße beruht auf der Gestaltung ihrer Ensembles. Die rhythmische Geschlossenheit des Schwarzenbergplatzes, die städtebauliche Einheit der Nordseite des Karlsplatzes mit Musikvereinsgebäude, Künstlerhaus und Handelsakademie, die zurückgezogene Würde des Schillerplatzes, die Einheit und Akzentuierung des Maria-Theresien-Platzes, die ehrenhofartige Flankierung des Rathauses durch die architektonisch gleichwertigen Monumentalgebäude des Parlaments und der Universität sowie die Weite des Rooseveltplatzes mit der Kulisse der Votivkirche im Hintergrund sind die prominentesten Beispiele, das Kaiserforum Gottfried Sempers, dessen Torso mächtig vor uns steht, wäre vielleicht der Gipfelpunkt geworden. An Ensembles und Ringstraßenabschnitten wollen wir uns deshalb bei einem Rundgang orientieren.

Votivkirche

Dem Kathedralenbau (Abb. 92) des damals erst 28jährigen Wieners *Heinrich Ferstel* (9, Rooseveltplatz; 1856–79) – einem meisterhaften Erstlingswerk – fiel die Rolle eines

Ehemalige Universitätsaula (1, Dr.-Ignaz-Seipel-Platz 2). Deckenfresko im Festsaal von Gregorio Guglielmi, 1755

73 Alt-Wiener Gaststätte ›Griechenbeisl‹, das Stammlokal des legendenumwobenen Volkssängers Augustin ▷

Pestsäule am Graben von Paul Strudel, 1682–93

72 Vermählungsbrunnen am Hohen Markt von J.E. Fischer von Erlach, 1729–32

75 Andromeda-Brunnen (Detail) im Alten Rathaus von Georg   76 Providentia-Brunnen am Neuen Markt von Georg Raph
    Raphael Donner, 1741   Donner, 1737–39, dahinter barocke Wohnhäuser

◁ 74 Die Schönlaterngasse, ein malerischer Straßenzug in einem der ältesten Viertel der Stadt

77 ›Hildebrandt-Haus‹ (1, Sonnenfelsgasse 3), Detail, erbaut 1717

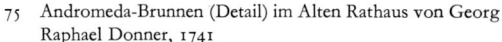

99

› Dreimäderlhaus ‹ (1, Schreyvogelgasse 10), erbaut 1803 mit reichen Dekorationen im Zopfstil

Palais Pallavicini (1, Josefsplatz 5). Portal von Franz Anton Zauner, 1786

80 › Papageno-Tor ‹, Seitenportal des Theaters an der Wien (um 1800): Theaterdirektor Emanuel Schikaneder als Papageno und seine Kinder

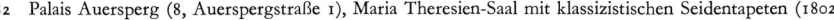

VXORI · OPTIMAE
ALBERTVS

81 Antonio Canova, Grabmal von Erzherzogin Marie Christine (1798–1805). Augustinerkirche, Seitenschiff

83 Haus ›Zum blauen Karpfen‹ (1, Annagasse 14). Klassizistisches Hauszeichen von Joseph Klieber (1814)

82 Palais Auersperg (8, Auerspergstraße 1), Maria Theresien-Saal mit klassizistischen Seidentapeten (1802)

Zum blauen Karpfen.

85 Die Stubentorbastei mit dem Stadtgraben unmittelbar vor dem Abbruch der gesamten Stadtbefestigung. Foto um 1860

◁ 84 Die Anlage der Wiener Ringstraße anstelle der einstigen Stadtbefestigung um 1880

87 Burgtheater (1874–88 G. Semper u. C. Hasenauer), nördl. Feststiege, Deckenbilder: Gustav und Ernst Klimt u. F. Matsch (1887)

86 Heeresgeschichtliches Museum im Arsenal, erbaut 1850–56 nach Plänen von Ludwig Förster und Theophil Hansen in Formen des romantischen Historismus

Parlament, Auffahrtsrampe mit Statuen antiker Geschichtsschreiber. Erbaut 1873–83 von Theophil Hansen

88 Kunsthistorisches Museum (erbaut 1872–91 von Gottfried Semper und Carl Hasenauer), Hauptstiegenhaus mit Theseus-
Gruppe von Antonio Canova (vor 1819)

Neues Rathaus (erbaut 1872–83 von Friedrich Schmidt), Gemeinderatssitzungssaal mit einem Freskenzyklus über historische
Ereignisse aus der Geschichte der Stadt Wien von Ludwig Mayer

91 Universität, Mittelrisalit in Form einer zweigeschossigen
Renaissance-Loggia. Erbaut 1873–84 durch H. Ferstel

93 Altlerchenfelder Pfarrkirche, Blick durch das Mittelschiff
zum Hochaltar. Erbaut 1848–61 von E. van der Nüll mit
Wandgemälden von J. von Führich und L. Kupelwieser

92 Das Rathausviertel mit Votivkirche, der österreichisch
Ehrenhalle, erbaut 1856–79 von Heinrich Ferstel

94 Österreichisches Museum für angewandte Kunst, Inn
hof. Erbaut 1868–71 durch Heinrich Ferstel

Staatsoper, Blick in den Zuschauerraum vor der Zerstörung 1945. Erbaut 1861–69 von August Sicard von Sicardsburg und Eduard van der Nüll

Ausstellungsgebäude der Künstlervereinigung ›Sezession‹ (1, Friedrichstr. 12). Erbaut 1897/98 von Joseph Olbrich

97 Wohnhaus (6, Linke Wienzeile 38). Erbaut 1898/99 von Otto Wagner mit Stuckzierat von Kolo Moser

98 Österreichische Postsparkasse (1, Georg-Coch-Platz). Erbaut 1904–06 von Otto Wagner

»Denkmals des Patriotismus und der Anhänglichkeit der Völker Österreichs an das Kaiserhaus« zu; hatte sich das Militär schon bei der Wahl des Bauplatzes stärker erwiesen als die Kirche und zu verhindern gewußt, daß das Gotteshaus vor dem Arsenal erbaut wurde, so blieb es auch in der Frage der projektierten ›vaterländischen Ruhmeshalle‹ Sieger: nicht der an die glückliche Errettung des Monarchen (Attentat 1853) gemahnenden Kirche, sondern der Ruhmeshalle inmitten des Arsenals übertrug man diese Aufgabe. Trotz der Nachahmung der französischen Kathedralgotik ist der lange Zeit hindurch als ›Zuckerbäckergotik‹ verschrieene Bau vom Geist seines Schöpfers durchdrungen und heute als ein Meisterwerk der Neugotik anerkannt. Der Antwerpener Altar, das bedeutendste Werk der flämischen Schnitzkunst aus dem 15. Jahrhundert, und das Hochgrab des Grafen Niklas Salm (Abb. 23) von Loy Hering (um 1530/33) sind die bedeutendsten alten Interieurs der Votivkirche.

Ensemble der Ringstraßenfürsten

Einem diplomatischen Winkelzug des Bürgermeisters Dr. Cajetan Felder verdankt Wien die Auflassung des Exerzier- und Paradeplatzes; ihm gelang es auch, den widerstrebenden Friedrich Schmidt davon zu überzeugen, daß sich die »trostlose Öde des Josefstädter Glacis« für den Rathausbau besser eigne als der ursprüngliche Platz gegenüber dem Stadtpark. Rund um das Rathaus entstanden nach einheitlicher Konzeption Baublocks mit reicher Fassadengliederung (überwiegend 1877–89 erbaut), darunter die von Schmidts Mitarbeiter Franz Neumann d. J. entworfenen ›Arkadenhäuser‹, die den Kern des aus 77 Häusern bestehenden ›Rathausviertels‹ bilden.

Huldigte der Däne Theophil Hansen dem antiken Vorbild und der Schwabe Schmidt wegen seiner Hinwendung zum Kirchenbau der Neugotik, so mußte dies über kurz oder lang zu schweren Auseinandersetzungen zwischen den fanatisierten Anhängern der beiden Architekten, in der Folge auch zu einer Entfremdung und Spannung zwischen ihnen selbst führen. Dem ausgleichenden Wesen des Wieners Ferstels gelang eine Versöhnung, und damit war jener segensreiche Dreierbund der ›Ringstraßenfürsten‹ begründet, als deren bleibendes Denkmal die gemeinsame Verbauung des Paradeplatzes geblieben ist.

Rathaus. Von *Friedrich Schmidt* 1872–83 – entsprechend dem Baustil der Glanzzeit des Bürgertums im Hochmittelalter – in überwiegend neugotischen Stilelementen erbaut, ist das Gebäude Sitz der administrativen und legislativen Gewalten der Stadt und des Bundeslandes Wien. Besonders die Hauptfassade mit dem fast 98 m hohen Mittelturm (Abb. 92) ist von monumentaler Wirkung, der zentrale Arkadenhof kann sich mit großen Innenhöfen europäischer Metropolen messen und wird im Sommer für die stark frequentierten Arkadenhofkonzerte benutzt. Der reiche plastische Fassadenschmuck bezieht sich auf hervorragende Begebenheiten der Stadtgeschichte und symbolisiert die wichtigsten Elemente des bürgerlichen Lebens. Festsaal, Stadtsenatssaal und Gemeinderatssitzungssaal (Abb. 90) gehören zu jenen Repräsentationsräumen, die einen Eindruck von historistischer Innenarchitektur vermitteln.

Parlament (Farbt. 16, Abb. 89). Nach Plänen von *Theophil Hansen* 1873–83 erbaut, ist das ehemalige Reichsratsgebäude ein typisches Bauwerk des Historismus. Obwohl die Gesamtkonzeption des Baukörpers in Form eines großen Atriumhauses mit beherrschender Tempelform an der Ringstraßenfassade der Antike unbekannt war, handelt es sich doch um eine Wiederbelebung griechischer Architekturelemente. Gräzisierender Palladianismus fand sich mit dem von der Renaissance inspirierten Blockbau zu einer großartigen Synthese zusammen, die gewaltige Rampe führt zu den im ersten Stock untergebrachten repräsentativen Sälen und drückt damit die Verwaltungsräume gewissermaßen ins Souterrain. Die Wahl des Baustils entspricht nicht nur der Realisierung eines Lebenswunsches des in Athen tätig gewesenen Architekten, sondern bezieht sich symbolhaft auch auf die Regierungsform der Demokratie, die in Griechenland ihren Ursprung hat; dabei ist zu berücksichtigen, daß Hansen voraussetzt, man könne eine Verbindung von der griechischen Polis zur konstitutionellen Monarchie herstellen, denn in Österreich gab es erst seit 1907 ein allgemeines Wahlrecht für den Reichsrat.

Universität (Abb. 91). In Formen der italienischen Renaissance, entsprechend der ersten Blütezeit süd- und westeuropäischer Universitäten, von *Heinrich Ferstel* 1873–83 erbaut, wendet sich der gewaltige Baublock aufgrund der mit Schmidt getroffenen Vereinbarungen mit seiner Hauptfront – gleich dem Parlament – der Ringstraße zu. Ferstel trennte Fosträume und Bibliothek, die er in der Hauptachse unterbrachte, von den Lehrräumen in den Seitentrakten. Die Repräsentationstrakte ordnen sich um den einen Universitätsplatz ersetzenden kreuzgangähnlichen Mittelhof (in dessen Arkaden kulturhistorisch bedeutsame Professorendenkmäler untergebracht sind); architektonische Bedeutung wird auch den beiden großen Stiegenhäusern eingeräumt. Das Gliederungssystem des Baues geht von der Idee des Palastartigen aus, erinnert in den Dimensionen allerdings an barocke Kloster- und Residenzanlagen.

Burgtheater. Zu diesem Ensemble gehört auch das 1874–88 nach Plänen von Gottfried Semper und Carl Hasenauer erbaute damalige Hofburgtheater, die bedeutendste Sprechbühne des deutschen Sprachraums. Der mächtige, gegen die Ringstraße vorgewölbte Mittelbau mit seinem dreiachsigen Risalit, dem 18 m langen Attikabasrelief von Rudolf Weyr und reichem plastischem Schmuck von Victor Tilgner stellt eine Verbindung von Logen- und Rangtheater dar (der Zuschauerraum nach Kriegsschäden erneuert). Die Mitwirkung von *Gustav* und *Ernst Klimt* an der Innenausstattung (Deckengemälde der Feststiegen in den Seitenflügeln) deutet auf den Übergang zum Secessionismus (Abb. 87).

Rathauspark. Die von Stadtgartendirektor Rudolf Sieböck 1872/73 geschaffene Anlage gehört zu den schönsten Parks in Wien und wird durch bedeutende Denkmäler bereichert. Aus der Zeit des Naturalismus stammt u. a. das Denkmal für den Maler Ferdinand Georg Waldmüller von Josef Engelhardt (1913) und jenes für Johann Strauß Vater und Josef Lanner, die Schöpfer der Wiener Tanzmusik des Vormärz (1905); nach dem Zweiten Weltkrieg wurden Politikerdenkmäler aufgestellt (Bürgermeister Karl Seitz von Gottfried Buchberger, Bürgermeister bzw. Bundespräsident Theodor Körner von Hilde Uray, Bundespräsident Dr. Karl Renner von Alfred Hrdlicka), entlang der Zufahrtsstraße zum Rathaus stehen acht Standbilder bedeutender Österreicher.

Friedrich Schmidt (1825–91). Der aus Württemberg gebürtige und am Kölner Dom geschulte Meister der Neugotik wurde aus Mailand nach Wien berufen, wo er sich seit 1862 als Dombaumeister zu St. Stephan, seit 1865 als Lehrer an der Akademie betätigte. Sein Hauptwerk ist zwar das Rathaus – hinter diesem sein Denkmal, unterhalb des Erkers im Arkadenhof sein Steinmetzzeichen, Künstlerwappen und Wahlspruch ›Saxa loquuntur‹ –, aber die Reihe seiner erhaltenen Bauten ist beträchtlich: das Akademische Gymnasium (1, Beethovenplatz; 1863–66) mit seinem in englischer Manier unter offenem Dachstuhl eingerichteten Prüfungssaal, die Lazaristenkirche (7, Kaiserstraße bei 7; 1860–62), die Weißgerber-Pfarrkirche (3, Kolonitzplatz; 1866–69), die in ihrer schlichten Rohziegelausführung als typischer Bau einer städtischen Pfarrkirche weitere Kirchenbauten beeinflußte, die Brigittenauer Pfarrkirche (20, Brigittaplatz; 1867–73), die Fünfhauser Pfarrkirche ›Maria vom Siege‹ (15, Mariahilfer Gürtel; 1868–75), ein imposanter Kuppelbau mit achteckigem Zentralraum, der bewußt einen Gegensatz zu den üblichen Turmkirchen herstellt, die Währinger Lazaristenkirche (18, Kreuzgasse; 1877/78) und die Weinhauser Pfarrkirche (18, Pfarrer Deckert-Platz 2; 1883–89).

Theophil Hansen (1813–91). Dem von Förster aus Athen geholten Dänen begegneten wir bereits beim Arsenal. Seine ersten Bauten – die evangelische Gustav-Adolf-Kirche (6, Gumpendorfer Straße bei 129; 1846–49), die Kirche der nichtunierten Griechen, die er durch einen Vorbau erweiterte (1, Fleischmarkt 13; 1858–61), die Evangelische Schule (4, Karlsplatz 14; 1860–62) – zeigen, daß Hansen ursprünglich einer der wichtigsten Vertreter der Neurenaissance gewesen ist (wie auch aus seiner engen Freundschaft mit Carl Rahl hervorgeht, den er für seine Bauten bevorzugt verwendete). Das erste Objekt in der Ringstraßenzone war das Palais Erzherzog Wilhelm (Parkring 8; 1866–68). Das Musikvereinsgebäude (Dumbastraße 3; 1867–69) ist schon antikisierend konzipiert. Es folgten: das Epstein-Palais (Dr. Karl Renner-Ring 1, heute Stadtschulratsgebäude; 1870–73), das Ephrussi-Palais (Dr. Karl Lueger-Ring 14; 1872/73), die Akademie der bildenden Künste (Schillerplatz 3; 1872–76) und die Börse (Schottenring 16; 1874–77). Daneben widmete sich Hansen auch bürgerlichen Auftraggebern. Mit dem für den schwerreichen Ringstraßen-Ziegellieferanten Heinrich Drasche erbauten (im Zweiten Weltkrieg zerstörten) Heinrichhof (1861–63; heute Opernringhof gegenüber der Staatsoper) schuf er einen neuen monumentalen Wohnhaustyp, der Nachahmung fand (er selbst baute den ›Wohnhof‹ Schottenring 20–26). Hansens Hauptwerk ist allerdings das Parlament.

Heinrich Ferstel (1828–83). Der von Roesner, van der Nüll und Sicardsburg ausgebildete gebürtige Grinzinger verschrieb sich demgemäß zunächst dem romantischen Historismus (1856–60 Bank- und Börsengebäude, 1, Herrengasse 14/Freyung 2). Mit seiner Votivkirche (1856–79) (Abb. 92) stand er schlagartig in vorderster Linie und stellte sich als strenger Historist vor; er gehörte zu den wenigen Architekten, die sich – abgesehen vom ›Gotiker‹ Schmidt – mit dem von der Kritik als äußerst kostspielig angeprangerten neugotischen Stil beschäftigte. Unter dem Einfluß Sempers wandte er sich allerdings dem strengen Historismus in Form der Neurenaissance zu (Hauptwerk die Universität 1873–83, Abb. 91). Ferstel baute ferner das Palais Erzherzog Viktor (1, Schwarzenbergplatz 1; 1863–69), das Österreichische Museum für angewandte Kunst (1, Stubenring 5; 1868–71), das Chemische Institut (9, Währinger Straße 10; 1869–72) und die Zentralanstalt für Meteorologie (19, Hohe Warte 38; 1870–72).

Unvollendetes ›Kaiserforum‹: Neue Burg und Hofmuseen

Als nach einem für den Bau der Museen ausgeschriebenen Wettbewerb (1866), an dem sich Hasenauer, Ferstel, Hansen und Löhr beteiligt hatten, jahrelang keine Entscheidung fiel, wurde auf Wunsch des Kaisers der große europäische ›Platzgestalter‹ Gottfried Semper von Zürich nach Wien berufen. Er sollte ein Projekt auswählen und mit dem betreffenden Architekten gemeinsam die Bauten ausführen. Semper entschied sich für Hasenauer; daraus ergab sich eine nicht immer harmonisch verlaufende Kooperation der beiden Architekten (Museen, Burgtheater und Neue Burg), die erst ein Ende fand, als Semper 1876 Wien verließ. Um 1870 fand Semper folgende Situation vor: die Ringstraße war in einem ersten Teilstück eröffnet, die Oper fertiggestellt, die Votivkirche weit gediehen und durch die Freigabe des Paradeplatzes der Bau von Rathaus, Parlament und Universität räumlich fixiert. Semper stellte deshalb seine Arbeit an den Museen in den größeren Rahmen einer Gesamtlösung des Burgkomplexes. Sein ›Kaiserforum‹, das einen vor dem Leopoldinischen Trakt der Hofburg liegenden zentralen Mittelbau mit einem mächtigen Thronsaal, zwei halbkreisförmig ausschwingende Burgflügel zur Ringstraße hin sowie eine Verbindung derselben mittels Triumphbogen zu den Museen vorsah, orientierte sich in seiner Großräumigkeit und Großformatigkeit an der Raumkunst der Römer, deren Baustil Semper als »kosmopolitische Zukunftsarchitektur« ins Gespräch brachte. In der Planung der Burg erreichte der strenge Historismus seinen stilistischen Höhepunkt.

Museen. Einander symmetrisch zugeordnet, sind die beiden riesigen Bauten in ihrer Gestaltung der italienischen Renaissance zuzurechnen. Sempers Leistung liegt vor allem in der endgültigen Gestaltung der Außenerscheinung (Sockelbildung, neue Form der Kuppel) sowie in den Programmen für den plastischen Schmuck, Hasenauers Werk ist überwiegend die (zum Teil überladen wirkende) Innenausstattung. Wie andernorts bewährte sich Semper auch in Wien durch die souveräne Beherrschung der Baumassen.

Neue Burg. Nach Fertigstellung der Museen (1872–81) und nach Abgang Sempers wurde 1881 nach Plänen, die noch auf die gemeinschaftliche Arbeit Sempers und Hasenauers zurückgehen, mit dem Bau des neuen Hofburgtraktes begonnen (der zweite kam nicht mehr zustande). Die weitläufige Anlage mit ihrer zum Heldenplatz konkav eingeschwungenen Fassade, deren Obergeschosse mit ihrer Doppelsäulengliederung über rustiziertem Erdgeschoß loggienartig zurückgesetzt sind, erhält durch den mächtigen Mittelrisalit ihr prägnantes Aussehen. Da sich der Bau aus finanziellen Gründen über drei Jahrzehnte hinzog, waren auch Architekten mit wechselnden Stilauffassungen am Werk: zunächst nach Hasenauers Tod Emil Förster, der Änderungen an der 170 m langen Burggartenfassade mit ihrem monumentalen Säulen-Mittelrisalit vornahm, dann 1899–1907 Friedrich Ohmann und 1907–13 schließlich Ludwig Baumann, womit sich bereits späthistoristische und restauratorische Züge erkennen lassen.

Architektonische Glanzpunkte

In einem feierlichen Festakt wurde 1865 die Ringstraße zwischen Burgtor und Wollzeile eröffnet, hier präsentierte 1879 anläßlich der Silberhochzeit des Kaiserpaares Hans Makart, auf dem Höhepunkt seiner Beliebtheit stehend, das größte Spektakel des Jahrhunderts, einen gigantischen historischen Festzug, bei dem die Schaulust der Wiener auf ihre Rechnung kam. In diesem überwiegend adelig-großbürgerlichen Sektor reiht sich Palais an Palais, Wohnpalast an Wohnpalast. Es wäre völlig illusorisch, wollte man hier beschreibend, wertend oder auswählend ein Gesamtbild zeichnen. Es bleibt nur der Kompromiß, einige besonders bedeutende Objekte oder Ensemble aus der Vielzahl herauszugreifen.

Akademie der bildenden Künste (1, Schillerplatz 3). Etwas abseits der Ringstraße, jedoch von dieser in guter Perspektivwirkung zu erblicken, hat Theophil Hansen als eines der letzten öffentlichen Gebäude, die er in Wien errichtete, die Akademie gebaut, mit der ihm eine interessante Verbindung zwischen Ring und Getreidemarkt gelang. Im Gegensatz zu anderen seiner Werke verzichtete er auf eine besondere Betonung der Baumitte, hob jedoch die Eingangs- und Verbindungstrakte in durchgehender Achse monumental hervor, während Lehrsälen und Ateliers keine repräsentativen Funktionen zugedacht waren. Die Akademie ist ein Bau, bei dem allerdings durch Polychromie größere Belebung und malerische Gesamtwirkung erzielt wurde. Die den Schillerplatz flankierenden Gebäude sind auf den zentralen Akademiebau abgestimmt.

Oper (Farbt. 9, Abb. 95, 105). Während Wien selbständige Museumsbauten erst in der Phase des reifen Historismus erhielt, entstanden Theaterbauten bereits in seiner frühen romantischen Epoche. Eduard van der Nüll und August Sicard von Sicardsburg, neben Hansen damals die besten unter den romantischen Historikern, begannen sich schon vor 1848 mit dem Theaterbau auseinanderzusetzen, als sie das (nicht mehr bestehende) Carl-Theater in der Leopoldstadt erbauten. Aus einer internationalen Konkurrenz als Sieger hervorgegangen, führten sie auch den Bau der Hofoper aus (1861–69), wobei sie im Sinne der damaligen Intentionen eine Arbeitsteilung in statische (Sicardsburg) und dekorative Belange (van der Nüll) – entsprechend dem Verhältnis von Ingenieur und Architekt – vornahmen. Die Oper zeigt den romantischen Historismus auf einem Höhe- und Endpunkt, den die beiden Hauptrepräsentanten dieser Stilrichtung durch ein tragisches Geschick nicht überleben sollten. Im Grundriß mit seinen in regelmäßig-symmetrischen Blöcken um den zentralen Bühnen- und Zuschauerraum angeordneten Stiegenhäusern, Foyers und Verwaltungsgebäuden an den Spätklassizismus erinnernd, präsentiert sich das riesige Gebäude dem Besucher mit geschickt abgestuften Vor- und Seitentrakten in großer Klarheit, aber auch in guter Proportion zu dem den eigentlichen Theaterraum überspannenden abgeflachten Kuppeldach. Im Zweiten Weltkrieg ausgebrannt, haben sich nur wenige Teile, darunter das Stiegenhaus, das Foyer und die Loggia mit Fresken Moritz von Schwinds, im Originalzustand erhalten; den Wiederaufbau leitete Erich Boltenstern, der auch den Zuschauerraum mit großer Einfühlungsgabe in modernerer Form neu gestaltete.

Ensemble um das Künstlerhaus. Musikvereinsgebäude (1, Dumbastraße 3) und Handelsakademie (1, Akademiestraße 12) ergeben mit dem dazwischenliegenden Künstlerhaus eine städtebauliche Komposition. Ohne das Eingehen Hansens auf die vorgegebene architektonische Gestaltung der von Ferdinand Fellner d. Ä. erbauten Handelsakademie (1860–62) wäre diese Ensemblewirkung wohl nicht so klar zum Ausdruck gekommen. So wenden sich die beiden flankierenden Gebäude mit ihren Fronten dem in der Mitte situierten Künstlerhaus zu, das 1865–68 August Weber in Formen italienischer Renaissance ausführte. Das Musikvereinsgebäude, 1867–69 für die Gesellschaft der Musikfreunde erbaut, entspricht einer ›griechischen Renaissance‹; als Zentrum des Wiener Konzertlebens genießt es internationalen Ruf, der Hauptsaal ist von erlesener Pracht (Abb. 106).

Schwarzenbergplatz. Als der Schwanthaler-Schüler Ernst Julius Hähnel den Auftrag übernahm, für den ersten geplanten Platz der Stadterweiterungszone ein Denkmal Feldmarschall Karl Fürst Schwarzenbergs zu schaffen, stellte er dieses als geistigen Mittelpunkt des Platzes in die Achse des Schwarzenbergpalais und wünschte sich deshalb eine möglichst einheitliche architektonische Umrahmung. Das zuständige Ministerium schloß sich dieser Überlegung an und forderte für die vier Ecken des zwischen Ringstraße und Lothringerstraße liegenden Platzteils dominante Eckbauten, zwischen denen die mittleren Gebäude merkbar zurücktreten sollten (während des Zweiten Weltkriegs wurde diese Konzeption durch die Vernichtung eines Eckhauses wesentlich beeinträchtigt). Die beiden Ecken am Ring bilden das von Heinrich Ferstel erbaute Palais Erzherzog Ludwig Viktor (Schwarzenbergplatz 1; 1863–69), das er mit dem gegenüberliegenden Palais für Ludwig Ritter von Wertheim (Schwarzenbergplatz 17; 1864–68) deshalb leicht abstimmen konnte, weil er auch für diesen den Bauauftrag erhielt. Außerhalb der Lothringerstraße fand das Ensemble im 20. Jahrhundert eine Fortsetzung, als 1905 Ernst Gotthilf das Haus der Kaufmannschaft erbaute (Schwarzenbergplatz 14) und 1907–09 Carl König diesem als Pendant das Haus der Industrie (Schwarzenbergplatz 4) gegenüberstellte.

*

Wurde der romantische Historismus um 1860 von der ›strengen‹ Phase dieses Stils abgelöst, so mußte um 1880 diese dem Späthistorismus weichen, der sich bereits dem

Jugendstil annäherte. Der Stubenring, der überwiegend in diesen Zeitraum fällt, darf daher aus dieser Betrachtung ausgenommen werden. – Mit der zeitlichen Distanz beginnt sich der Blick für die künstlerische Originalität des Historismus zu schärfen. Man ist heute überzeugt, daß die ›Ringstraßenarchitektur‹ weder den Vergleich mit anderen Kunstepochen noch mit anderen europäischen Kunstzentren zu scheuen braucht.

Bildhauer und Maler der Ringstraßenära

Ein städtebauliches Vorhaben wie die Ringstraße mußte vor allem den Bildhauern repräsentative Aufgaben stellen: Denkmäler, Brunnen und Bauplastik führten zu einem unerhörten Aufschwung dieser Kunstgattung, wie sie ihn seit Jahrzehnten nicht mehr erlebt hatte. War es doch nach Johann Martin Fischer und Franz Anton Zauner während des Klassizismus lediglich der eng mit Kornhäusel und Sprenger zusammenarbeitende Joseph Klieber gewesen, der seine Zeitgenossen an Bedeutung überragte. Einige der Ringstraßenbildhauer hervorzuheben darf nicht bedeuten, daß wir die Qualität der übrigen geringschätzen; aber die kaum überschaubare Zahl großer Namen zwingt zur Selektion.

Der Bildhauer und Erzgießer *Anton Dominik Fernkorn*, ein aus Thüringen stammender Schwanthaler-Schüler, der schon 1850 mit seinem ›Löwen von Aspern‹ als kraftvolle Natur hervorgetreten ist, sicherte sich bleibenden Ruhm durch seine beiden großartigen Reiterdenkmäler auf dem Heldenplatz: Erzherzog Carl (enthüllt 1860) (Abb. 47) und Prinz Eugen (enthüllt 1865). Eine Einheit von Roß und Reiter erzielt zu haben, zeugt lediglich von vollendeter Beherrschung des Fachs; das Pferd im Sprung festzuhalten, wie es Fernkorn beim Carl-Monument gelang, war jedoch ein erfüllter Traum, den die Bildhauer seit der Renaissance vergeblich zu realisieren gesucht hatten.

Dem Westfalen *Kaspar Zumbusch* fiel es zu, städtebauliche Aufgaben zu bewältigen, als er zwischen den Museen dem weitläufigen Platz durch sein monumentales Maria-Theresien-Denkmal (1874–88) ein dringend benötigtes Zentrum gab; das gewaltig konzipierte Denkmal zeigt die über ihren politischen und militärischen Beratern, Wissenschaftlern, Rechtsgelehrten, Ärzten und Künstlern thronende Herrscherin. Wie beim Beethoven-Denkmal (Beethovenplatz; 1880) kann Zumbusch allerdings auch hier seine Verwurzelung im Spätklassizismus nicht leugnen. Noch zwei weitere Denkmäler – das Radetzky-Denkmal (ursprünglich 1, Am Hof, heute 1, Stubenring; 1892) und das Erzherzog Albrecht-Denkmal (vor der Albertina; 1898) zeugen ebenso von der Schaffenskraft dieses Künstlers wie seine Beteiligung an zahlreichen Ringstraßenmonumentalbauten.

Karl Kundmann machte einen künstlerischen Wandel durch – vom spätklassizistischen Schubert-Denkmal (Stadtpark; 1872), das ihm sogleich die Berufung an die Akademie einbrachte, bis zum historisierenden Tegetthoff-Denkmal (2, Praterstern; 1886). Nach der Figur Grillparzers für dessen Denkmal im Volksgarten (1889) lieferte er mit der Pallas Athene (Farbt. 16) für den Brunnen vor dem Parlament (1898–1902) ein hervorragendes Spätwerk.

Der führende neubarocke Bildhauer *Viktor Tilgner* – ein plastischer Gegenpol zu Hans Makart, wenn man will – näherte sich bereits dem Impressionismus. Für Makart entwarf er das Denkmal im Stadtpark (von Fritz Zerritsch d. Ä. 1898). Auf besonderer künstlerischer Höhe zeigt ihn an seinem Lebensende das (fünf Tage nach seinem Tod enthüllte) Mozart-Denkmal (Albertinaplatz, 1896; heute Burggarten).

*

Die Malerei setzt stärkere historisierende Akzente als die Bildhauerei, vielleicht deshalb, weil sie von der Architektur noch stärker abhängig war als diese.

Der von Theophil Hansen seit seiner Frühzeit so sehr geschätzte romantisierende *Carl Rahl* arbeitete immer wieder an dessen Bauten mit. Obwohl ein sich an Palma Vecchio und Rubens anlehnender Eklektiker, ist Rahls Bedeutung nicht zu bestreiten; war er doch der vor Makart beliebteste Maler Wiens. Zu seinen Schülern zählen *August Eisenmenger,* der nach seines Lehrers Tod von Hansen weitere Aufträge erhielt und auch an anderen Ringstraßenbauten maßgeblich mitarbeitete (u. a. Sgrafitti an der Rückfront der Universität), und *Christian Griepenkerl,* der sich der allegorischen Darstellung unter Verwendung der antiken Mythologie verschrieben hat und seine Hauptwerke für eine Reihe von Ringstraßenpalais schuf.

Hans Makart gab einer ganzen Epoche seinen Namen (›Makartstil‹). Mit seiner raffinierten Dekorationsmalerei als Ausdruck protzig-rauschhaften Lebensgefühls und dekadenter Sinnlichkeit entsprach er am besten dem Publikumsgeschmack seiner Zeit. Durch sein luxuriöses Atelier, die dort abgehaltenen feenhaften Feste, seine Historienbilder, auf denen sich so manche stadtbekannte Persönlichkeit in oft gewagter Darstellung wiederfand: das alles führte zu einem ausgesprochenen Makart-Taumel. Sein Atelier in der Einrichtungsart (›Makart-Zimmer‹, ›Makart-Bouquet‹) zu imitieren, war der Traum jedes gut situierten Bürgers. Stilistisch und in den kräftigen Farben von Venezianern (Tizian, Veronese) abhängig, entlehnte Makart seine Hell-Dunkel-Effekte von Rembrandt und fand in dem ihm wesensverwandten Hasenauer den idealen Partner als Architekt.

Makarts Antipode, *Anselm Feuerbach,* ein feinsinniger und hochkultivierter Künstler, konnte sich ihm gegenüber beim Publikum nicht durchsetzen. Am Höhepunkt eines stillen Machtkampfes, der ihn zerrieb, räumte Feuerbach freiwillig das Feld und ging nach Rom. Sich zu Hansen hingezogen fühlend, schuf er für dessen Akademie der bildenden Künste auch sein hervorragendstes Werk: den ›Titanensturz‹, den er erst in seinem römischen Atelier im Palazzo Brusa-Delfin vollendete.

Am Ende des Jahrhunderts: ›Groß-Wien‹

Bürgermeister Dr. Johann Prix, der 1889 in sein Amt gewählt wurde, war es vergönnt, in einem historischen Augenblick an die Spitze der Stadtverwaltung zu treten und damit seinen Gegenspieler, den Christlichsozialen Dr. Karl Lueger, wenigstens in diesem Punkt aus dem Feld zu schlagen: bald nach Beginn seiner Amtszeit erfolgte die zweite große Stadterweiterung des 19. Jahrhunderts. Schon ein Jahr zuvor, noch in der Amtszeit seines Vorgängers Eduard Uhl, hatte Franz Joseph I. 1888 anläßlich der Eröffnung des Währinger Türkenschanzparks angekündigt, daß in naher Zukunft keine physischen Grenzen die Vororte von der alten Mutterstadt trennen würden. Am 19. Dezember 1890 war es so weit: das Eingemeindungsgesetz, demzufolge dreiundvierzig Vororte mit Wien vereinigt wurden, erhielt die Billigung des Kaisers. Mit einem neuen Gemeindestatut wurde für die Weltstadt ›Groß-Wien‹ – so die damalige amtliche Bezeichnung – die erforderliche rechtliche Grundlage gelegt.

Soziale und infrastrukturelle Probleme hatten die Entscheidung verzögert. Die seinerzeit verfügte Absiedlung der Industrie hatte zu stärkeren sozialen Umschichtungen geführt. Rund um die industriellen Zentren waren im Stile der Gründerzeit riesige Zinskasernen entstanden, in deren komfortlosen, meist einräumigen Wohnungen oftmals bis zu zehn Personen hausten. Dennoch war der Zustrom in die Vororte groß, weil hier die Mieten und die Lebenshaltungskosten niedriger waren als in der Stadt oder in den Vorstädten. – Dazu kam, daß sich die Stadt Wien bewußt war, sie müsse ungeheure Belastungen auf sich nehmen: die Vororte waren an die städtischen Ver- und Entsorgungseinrichtungen anzuschließen (Wasser, Gas, Haushalts- und Industriestrom, Straßenbeleuchtung, Kanalisation), es waren Straßen und Brücken zu bauen sowie Verkehrsverbindungen zu schaffen.

Die Gebietserweiterung machte auch eine teilweise Dezentralisierung der Verwaltung notwendig; 1892 nahmen magistratische Bezirksämter, von denen einige architektonisch interessant sind (wie etwa das Bezirksamt in Hietzing an der Wiener Westeinfahrt), ihre Tätigkeit auf. Wien umfaßte nunmehr neunzehn Bezirke, die Fläche hatte sich verdreifacht, die Bevölkerung stieg von rund 525 000 auf 1 365 000 an. Fast gleichzeitig mit der Schaffung Groß-Wiens traten zwei oppositionelle Parteien stärker als bisher in den Vordergrund: die Christlichsozialen, die 1897 mit Dr. Karl Lueger den Bürgermeister stellen sollten und ihre Mehrheit im Gemeinderat bis zum Ende des Ersten Weltkriegs behaupteten, und die Sozialdemokraten, die 1890 bei ihrer ersten großen Maidemonstration zum erstenmal organisiert an die Öffentlichkeit traten.

Vom Aufbruch der Moderne zur Kunst der Gegenwart

Die Wende des Jahrhunderts markiert nicht so sehr einen architektonischen oder bild-
nerischen, als einen technischen, wissenschaftlichen und sozialen Umbruch. Hoffeste
und Praterkorso, Sacher und Demel, Burgtheater und Oper, kurz alle Charakteristika
gesellschaftlichen und kulturellen Lebens, können nicht darüber hinwegtäuschen, daß
Industrielandschaften und Zimmer-Küche-Slums in Zinskasernen des Stadtrands, recht-
lose Proletarier und halbverhungerte Arbeitslose, wirtschaftliches Elend und politische
Unterdrückung die Kehrseite einer von den Schöpfungen der ›Goldenen Operettenära‹ märchenhaft verklärten Zeit sind.

Unabhängig von Staat und Politik – der Hof Franz Josephs war zu keiner Zeit ein
Musentempel – und unbeeinflußt auch vom Gedankengut der Gründerzeit mit ihren
Emanzipationsbestrebungen des Bürgertums und den Machtansprüchen der Industrie-
kapitäne, kam es in den letzten Jahrzehnten des ausklingenden Jahrhunderts zu einer
Blütezeit von Wissenschaft und Kultur, wie sie Wien seit langem nicht mehr erlebt
hatte. Hier findet die Entwicklung nahtlos Anschluß an das 20. Jahrhundert.

Die Zweite Wiener medizinische Schule mit ihrer fast unüberschaubaren Zahl an
Berühmtheiten macht die Donaumetropole zum Mekka für Studierende und Ärzte aus
allen Ländern Europas. Der Chirurg *Theodor Billroth* entwickelt seine epochemachen-
den Operationsmethoden, die in Magenresektion und Kehlkopfexstirpation gipfeln,
der Internist *Joseph Skoda* kann als erster moderner Kliniker bezeichnet werden,
Ferdinand Hebra begründet die wissenschaftliche Dermatologie, *Adolf Lorenz* die moderne Orthopädie und *Karl Rokitansky* die experimentelle Pathologie, *Julius Wagner-
Jauregg* weist mit seiner Malariabehandlungsmethode zur Bekämpfung der progres-
siven Paralyse der Psychiatrie neue Wege und erhält dafür 1927 den Nobelpreis,
Sigmund Freud formt als erster den Begriff der Psychoanalyse, der Serologe *Karl
Landsteiner* macht die umwälzende Entdeckung der Blutgruppen und erhält dafür
ebenfalls den Nobelpreis (1930), *Guido Holzknecht* verschafft dem von ihm gegründeten Zentralröntgeninstitut Weltruf, *Ignaz Semmelweis* wird durch den Sieg über das
Kindbettfieber zum ›Retter der Mütter‹, *Hermann Nothnagel* führt die Innere Medizin
einem neuen Höhepunkt entgegen, der Kinderarzt *Clemens Pirquet* erfindet nicht nur
die Tuberkulinreaktion, sondern wird auch zum Bahnbrecher moderner Ernährung,

Ferdinand Arlt gilt als ›Vater der modernen Augenheilkunde‹ und *Robert Bárány* erhält für seine Arbeiten über das Gleichgewichtsorgan im Ohr 1914 als dritter dieser Ärzte den Nobelpreis.

Wiens führende Stellung als ›Stadt der Musik‹ festigte sich mit *Johannes Brahms* (Abb. 113), dem Freund Billroths, *Anton Bruckner* (Abb. 114), dem überragenden Symphoniker und Organisten, *Hugo Wolf*, dem bedeutendsten Liederkomponisten seit Schubert, und *Gustav Mahler* (Abb. 115), dem Komponisten der Spätromantik, Dirigenten von Weltruf und kompromißlos-avantgardistischen Operndirektor, der sich mit *Alfred Roller*, dem zeitweiligen Präsidenten der Wiener Secession und Herausgeber der Zeitschrift ›Ver sacrum‹ einen bahnbrechenden Bühnenbildner engagierte. Der heiter beschwingte Wiener Walzer erlebte unter *Johann Strauß Sohn*, der die Jahrhundertwende nicht mehr erleben sollte, eine unerhörte Blüte, die Wiener Operette fand in ihrem ›Goldenen Zeitalter‹ in *Johann Strauß, Franz von Suppé, Karl Millöcker, Karl Zeller* und *Richard Heuberger* schöpferische Kräfte, anschließend im ›Silbernen Zeitalter‹, das mit der Jahrhundertwende einsetzt und den Ersten Weltkrieg überdauert, mit *Edmund Eysler, Leo Fall, Emerich Kálmán, Franz Lehár, Oscar Straus* und *Robert Stolz* ein glanzvolles Finale. Die ›Moderne‹ bricht sich mit den drei Großen der Wiener Schule, *Arnold Schönberg, Alban Berg* und *Anton Webern*, energisch Bahn.

Die Literatur, in den Jahrzehnten um 1900 von verschiedenen Strömungen beherrscht, greift sichtbar in die europäische Entwicklung ein. Es muß in diesem Zusammenhang genügen, eine Reihe von Namen aneinanderzureihen, um damit die Fülle des Schaffens wenigstens anzudeuten: *Peter Altenberg, Hermann Bahr, Max Brod, Hugo von Hofmannsthal, Franz Kafka, Karl Kraus, Robert Musil, Arthur Schnitzler, Georg Trakl, Franz Werfel, Anton Wildgans und Stefan Zweig. Ernst Mach*, dessen Denkmal im Rathauspark steht, repräsentiert den ›Wiener Kreis‹ der Philosophie, große Juristen und Nationalökonomen, Germanisten und Slawisten, Historiker und Geographen, die aus allen Teilen der Monarchie an die Wiener Universität berufen wurden, runden das Bild entsprechend ab.

Die Hauptstadt der untergehenden Donaumonarchie, jenes durch Nationalitäten- und Wahlrechtskämpfe zerrissenen und durch wirtschaftliche Mißstände und soziale Nöte unterhöhlten Reiches, war dessenungeachtet ein Kristallisationspunkt für Dichter, Maler und Musiker, für Wissenschaftler, Philosophen und Mediziner. Durch sie, die aus der Ablehnung der gesellschaftlichen Tradition des 19. Jahrhunderts heraus nach neuen Formen, Erkenntnissen und Ordnungen suchten, erhielt das Wien der Jahrhundertwende den legendären Hauch des Fin de Siècle, jener traurig-hoffnungsfrohen Mischung eines Lebens, dessen Träger zwischen Kulturrevolution und Beharrungsvermögen, zwischen Frivolität und Weltschmerz hin- und herschwanken und so das Bewußtsein des Menschen des 20. Jahrhunderts in seiner ganzen Hintergründigkeit und Abhängigkeit artikulieren. So darf man die Zeit um die Jahrhundertwende mit Recht als ›Finale und Auftakt‹ bezeichnen, als einen ›Aufbruch ins neue Jahrhundert‹, als einen Versuch auch, sich von der Dekadenz des Späthistorismus in eine menschlich-moderne Ära zu begeben.

Auf der politischen Bühne steht mit Bürgermeister Dr. Karl Lueger ein Vertreter des um seine Rechte kämpfenden Kleinbürgertums, jener Handwerker und Gewerbetreibenden, die sich sowohl gegen den großbürgerlich-liberalen Wirtschaftskapitalismus wie gegen die ›proletarisch‹-sozialdemokratische Arbeiterschaft zu behaupten trachten. Suchte Lueger durch die Kommunalisierung von Versorgungs- und Verkehrsbetrieben die Stadtpolitik auf eine völlig neue Grundlage zu stellen, so begann sich zur selben Zeit auch das Stadtbild entscheidend zu verändern. Technische Bauten wurden aufgerichtet, mit dem Bau des Lainzer Krankenhauses und von Altersheimen zugleich erste soziale und gesundheitliche Maßnahmen ergriffen, mit der Schaffung des Wald- und Wiesengürtels (1905) unverbauter Luft- und Erholungsraum für eine Stadt gesichert, deren Bewohnerzahl sich nach der Eingemeindung Floridsdorfs (1904), des ersten am linken Donauufer gelegenen Stadtbezirks, der Zwei-Millionen-Grenze näherte und von der man annahm, sie werde bis zur Jahrhundertmitte auf vier Millionen anwachsen. Die Stadterweiterung von 1890, deren infrastrukturelle, planerische und architektonische Bewältigung Lueger und seiner Christlichsozialen Partei zufiel, ließ den Linienwall zur Gänze verschwinden, die Gürtelstraße entstehen, führte aber auch zur Forderung nach einem Generalregulierungsplan, mit dessen Hilfe städtebauliche Lösungen zustandekommen sollten. Er wurde niemals fertiggestellt.

Es ist verständlich, daß es in einer derartigen Zeit des Umbruchs auch in der Architektur und Bildenden Kunst zu Umwälzungen kommen mußte, und es darf nicht überraschen, daß diese Veränderungen, wie Ludwig Hevesi schrieb, »unter Donner und Blitz und starken Erschütterungen« vor sich gingen – aber es ist doch merkwürdig, wenn auch symptomatisch, daß die Volksseele die gründerzeitlichen Architekten, die, um mit Karl Kraus zu sprechen, »Wien zur Weltstadt demolierten«, keineswegs so haßerfüllt verurteilte wie etwa Adolf Loos, als er sein völlig schmuckloses Haus auf den Michaelerplatz stellte.

Jugendstil und Secession

Vorboten der Kunst unserer Zeit – repräsentiert durch die Werke der Secession, durch die Bauten von Otto Wagner, Adolf Loos und ihrer Mitarbeiter und Schüler, durch die Interieurs und das Kunstgewerbe der ›Wiener Werkstätte‹ Josef Hoffmanns – treten an der Wende des Jahrhunderts gegen jenen Historismus zum Kampf an, der sich, hinter den Kulissen durch den in Kunstfragen erzreaktionär denkenden Thronfolger Franz Ferdinand nachdrücklich unterstützt, in einem letzten Aufbäumen in einer Phase der Restaurierung lebensfähig erhalten wollte, andererseits aber, in dumpfer Ahnung der kommenden Niederlage, in manchen seiner Spielarten eine Annäherung an den Jugendstil suchte.

Im Gegensatz zur statischen Ornamentik des Historismus bedeutet ›Art nouveau‹ Bewegung mit dem auffallenden Kennzeichen der unsymmetrisch verlaufenden Wellenlinie, die in einer energiegeladenen, einer Peitschenschnur ähnlichen Linie ausläuft – bald elegant-graziös, bald kraftvoll-schwer. Die an sich schon faszinierende Ornamentik gewinnt im größeren Zusammenhang durch das Verhältnis zur Fläche oder zum dreidimensionalen Objekt, sie ist immer zugleich lebendig, unruhig und harmonisch ausgeglichen. Die ganze Bewegung erwuchs aus dem Bedürfnis, die Kunst vom Eklektizismus und Akademismus zu befreien, der noch auf vielen Gebieten herrschte.

Der schroffe Gegensatz zum gründerzeitlichen Positivismus hat seinen Beginn in den neunziger Jahren. Der Begriff des ›Gesamtkunstwerks‹, der dem Historismus in seiner Spätzeit verlorengegangen war, wurde vom Jugendstil, der in besonderer Weise ›Ganzheitliches‹ zu schaffen suchte, wieder zum Leben erweckt. Damit entspricht er mehr als einem bestimmten Formengebrauch: er präsentiert sich als neue Lebensweise. Das Streben nach vielseitigen Möglichkeiten zeigt sich auf den verschiedensten Ebenen: im Dichten der Maler (Kokoschka, Schiele, Gütersloh, Kubin) ebenso wie im Malen und Dichten der Komponisten (Schönberg).

Es ist bezeichnend, daß die Wegbereiter des Jugendstils selbst aus dem Historismus gekommen sind, ihn dann jedoch wegen seines klassizistisch-eklektischen Formendenkens bekämpften; so kam Otto Wagner zum konstruktiven Durchbestimmen seiner Bauelemente. Ähnlich verhält es sich mit Klimt, der von der pseudobarocken Makartmalerei zur späteren Bildwelt seiner Flächenfiguren fand. Beiden ist etwas gemeinsam: der Verzicht auf reiche, effektvolle Möglichkeiten, die Vereinfachung zum Typischen. Die ›erhabene Sinnlichkeit‹ des Jugendstils – so formulierte es Hugo von Hofmannsthal – bedeutet den Beginn einer neuen Kunst, eine eigentümliche Mischung von Alt und Neu – mit allen Ansätzen der weiteren Entwicklung, ohne aber selbst die bahnbrechende Konsequenz zu ziehen.

Das eigentlich Neue in der Wiener Kunst setzte in den ersten Jahren unseres Jahrhunderts ein. Im Gegensatz zu Anton Romako oder Emil Jakob Schindler, die noch im Alten wurzelten, übten sich Josef Engelhart und Heinrich Lefler im angewandten Impressionismus. Aus der Zurückweisung ihrer Kunst entwickelte sich der Austritt von neunzehn Künstlern aus der ›Genossenschaft der bildenden Künstler Wiens‹ im Künstlerhaus, dem im April 1897 die Gründung der ›Vereinigung bildender Künstler Secession‹ folgte: neben den Initiatoren Josef Hoffmann, Gustav Klimt und Joseph M. Olbrich war auch Otto Wagner führend tätig, der damit auch in Kontakt zur Glasgow-Gruppe um Charles R. Mackintosh trat. Die Secession ist die spezifische Wiener Ausprägung des internationalen Jugendstils.

Wegbereiter der modernen Architektur

Der Bau des *Ausstellungsgebäudes der Secession* (1, Friedrichstraße 12) (Abb. 96) wurde dem selbstbewußten Otto Wagner-Schüler *Joseph Maria Olbrich* übertragen

(1897/98). Der eigenwillige und umstrittene, jedoch kostbare Repräsentationsbau des Jugendstils steht am Beginn seiner Karriere, die in der Darmstädter Künstlerkolonie ihre Vollendung fand. Die Grundidee des Bauwerks gibt den Gedanken der Zusammengehörigkeit von Kunst und Natur wieder, die wie eine Laubkrone geformte Kuppel hat demnach symbolischen Charakter: unter ihr soll sich die Kunst entfalten.

Olbrich markiert neben *Otto Schönthal* (Villa Vojcsik, 14, Linzer Straße 375, mit stark secessionistisch geprägter Fassade, virtuosen Ornamenten und eigenwilligen architektonischen Formen; 1900/01, Abb. 101) gleichsam den rechten, dekorativen Flügel der Secession, wogegen andere, etwa gleichzeitig entstandene Bauten von überraschender Schlichtheit sind: das Haus Portois & Fix (3, Ungargasse 59–61; 1897), der neue, von der Secession unbeeinflußte Typus eines Geschäftshauses, und das Otto Wagner angenäherte Haus Artaria (1, Kohlmarkt 9; 1901/02) des Wagner-Mitarbeiters *Max Fabiani*, weiters das Haus Zacherl (1, Brandstätte 6; 1903–05), ein Gebäude von beachtlich großstädtischem Format, und die erste Eisenbetonkirche Österreichs, die Schmelzer Pfarrkirche (16, Herbststraße 82; 1911/12) von *Josef Plečnik*, schließlich Cottagevillen von *Hubert Gessner* und *Robert Oerley* (der 1907/08 auch das Sanatorium Auersperg, 8, Auerspergstraße 9, erbaute).

Otto Wagner

Der Historismus, dessen Strömungen einer rationalen Architektur nicht zu leugnen sind, hat durch Sempers Ableitungen der Stile aus den materialtechnischen Bedingungen und Hansens Zuwendung zur Klarheit des Hellenismus eine Brücke zwischen Kornhäusel und Loos geschlagen. Die ›moderne Architektur‹ ist daher keine Revolution, sondern hat sich folgerichtig aus den Historismus entwickelt. Dies beweist vor allem Otto Wagner selbst, der in seinen frühen Werken – u. a. im Rathausviertel die Häuser Stadiongasse 10 (1880/81), Stadiongasse 6–8 (1882) und Universitätsstraße 12 (1888), weiters Palais Hoyos, 3, Rennweg 3 (1890/91) und erste Villa Wagner (14, Hüttelbergstraße 26; 1885/86) – noch eine »gewisse freie Renaissance« im Sinne Sempers als modern propagiert, zu der ihn seine Lehrer van der Nüll und Sicardsburg hingeleitet hatten.

Das Bankgebäude 1, Hohenstaufengasse 3 (1883) läßt zwar bereits neue Ideen erkennen (so ersetzt etwa ein Glasoberlicht die klassische Deckenornamentik), aber erst zehn Jahre später gelingt dem Jugendstil in den Stadtbahnpavillons Wagners der Durchbruch: eine »reizvolle Verbindung von technisch-strukturellem Denken und subtilem Jugendstildekor«. Das Interesse am Technischen, das sich in Wien allerorten kundtut, läßt sich auch an anderen Beispielen der Ingenieurkunst erkennen: dem Riesenrad von Hitchins (1896), dem Glashaus im Burggarten (1902) und dem ›Wienflußportal‹ im Stadtpark (1903–06) von Friedrich Ohmann, welches im Zuge der Wienflußregulierung notwendig geworden war.

Die nächste Schaffensperiode Wagners leitet 1893 das preisgekrönte Wettbewerbsprojekt für einen ›Generalregulierungsplan‹ ein. Im Anschluß daran erhielt er den

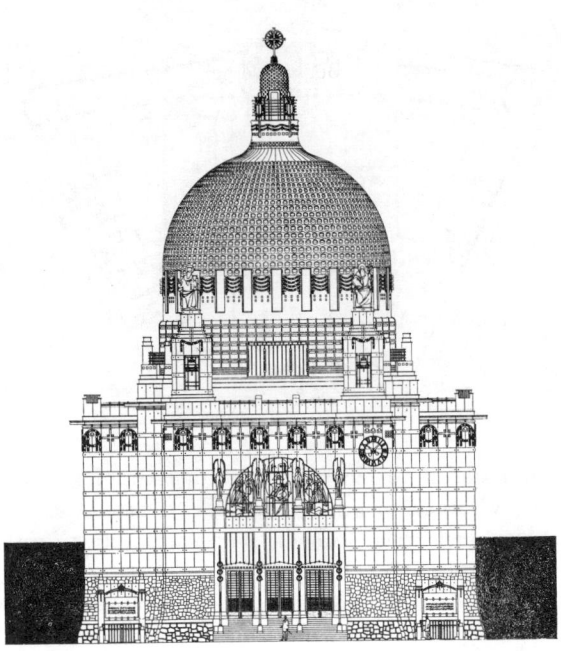

Kirche am Steinhof, Vorderansicht

Auftrag zum Bau der Stadtbahn, deren Stationen (von denen viele erhalten sind) 1894–1900 entstanden; gleichzeitig errichtete er die Kaianlagen am Donaukanal (1898–1908) samt dem ›Schützenhaus‹ (1906/07). Tradition und neue Baugedanken begegnen sich in geradezu dramatischer Weise bei einem Großwerk Wagners, der *Anstaltskirche Am Steinhof* (1904–07) mit ihren scharfen Kuben und ihrem hellen Innenraum (Abb. 102). Trotz aller Eigenständigkeit sind in manchen Details die Einflüsse Palladios und – in der Außensilhouette: Kuppel, flankierende Türme, beherrschende landschaftliche Lage – jene Johann Bernhard Fischers von Erlach (Karlskirche) nicht zu übersehen. Die Kirche (14, Baumgartner Höhe 1) ist das sakrale Hauptwerk des Jugendstils mit völlig stilreiner Einrichtung, wobei im Inneren die Hauptakzente durch Glasfenster nach Entwürfen von Kolo Moser gesetzt werden.

Entscheidend für die Beurteilung Wagners wird sein Streben nach geometrisierender Reduktion auf die ideale Form. Zum international gültigen Markstein wird sein *Postsparkassengebäude* (1, Georg-Coch-Platz 2; 1904–06) (Abb. 98). Die schlichten, schmucklosen Fassaden werden bestimmt durch die Granit- und Marmorplattenverkleidung mit ihrer auffallenden Nietung (Bronzeknöpfe). Völlige Sachlichkeit und kubische Architekturform im Äußeren sowie strenger Funktionalismus im Inneren (der große Kassensaal präsentiert sich noch heute in seiner modern anmutenden Gestalt aus der Bauzeit) dokumentieren die Zusammenfassung aller fortschrittlichen Tendenzen. Daß es Otto Wagner »wagte, wieder reine Flächen ohne überkommene Dekora-

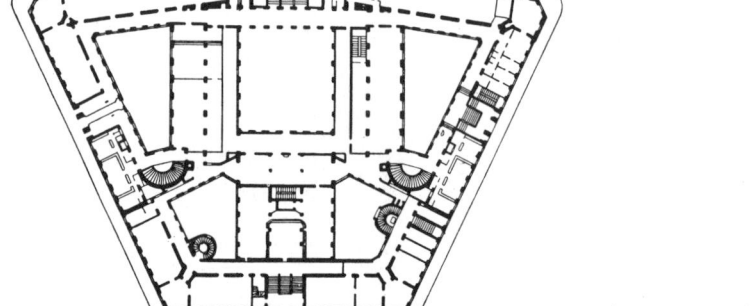

Postsparkassenamt, Erdgeschoßgrundriß

tionen und Profile zu bauen« (Walter Gropius), war ein heute kaum mehr gewürdigter revolutionärer Schritt, mit dem er versucht hat, »in einem Land ohne feste Traditionen einer neuen Ästhetik zum Durchbruch zu verhelfen« (Le Corbusier). Zu Wagners Spätwerken zählen die Häuser 7, Döblergasse 2 und 4 (1909–13), der Lupus-Pavillon des Wilhelminenspitals (1910–13) und die zweite Villa Wagner (14, Hüttelbergstraße 28; 1912/13), eine moderne Stahlbetonkonstruktion in guten Proportionen, bei welcher der Sprung von der benachbarten älteren Villa wirklich staunenswert ist.

Adolf Loos

Neben Olbrich, Wagner und Hoffmann war Loos der vierte führende Architekt der Jahrhundertwende. Von Natur aus ornamentscheu, stand er im Gegensatz zur Wiener Werkstätte Hoffmanns, die er stark kritisierte, wie er auch – anders als Wagner – gegen den Formenüberschwang des Jugendstils eiferte. Schon 1898 legte Loos wesentlich einfachere Entwürfe vor, als es Olbrich oder Hoffmann taten, und im Gegensatz zu diesen stand er auch in keinerlei Berührung zum Art nouveau. Ursprünglich mußte sich Loos mit dem Einrichten von Wohnungen und Lokalen begnügen; die intime *Kärntner Bar* (1, Kärtner Durchgang; 1907) (Abb. 100) mit ihrer illusionistischen Vergrößerung durch Spiegel ist beinahe unverändert erhalten, Geschäftslokale befinden sich u. a. Graben 13 (Knize) und Spiegelgasse 13 (Graf).

Offene Ablehnung – bei Hof, bei den Behörden, bei der Bevölkerung und in der Presse – fand aber erst das ›Haus ohne Augenbrauen‹ (1, Michaelerplatz 3; 1910/11), das längst als ›Looshaus‹ in die Architekturgeschichte eingegangen ist. Von strenger Symmetrie, dennoch durch seine Geschoßgliederung traditionseingebunden, ist seine klassizistische Grundtendenz unverkennbar; daß es so vehement auf Widerstand stieß, ist zu einem Gutteil seinem Standort zuzuschreiben – für die Zeitgenossen wäre in der Nähe der Burg offenbar nur ein späthistoristischer Bau denkbar gewesen. Doch Loos ging unbeirrt seinen Weg weiter. Zunächst entwickelte er den funktionellen Gedanken

Kunstuhr am Haus der Versicherungsgesellschaft ›Anker‹ (Hoher Markt 10/11–12), nach einem Entwurf von Franz Matsch (1913)

Villa Vojcsik, erbaut 1900/01 von Otto Schönthal

100   Inneres der Kärntner Bar (1, Durchgang bei Kärntner Straße 10), gestaltet 1907 von Adolf Loos

102   Blick in das Innere der Kirche Am Steinhof (14, Baumgartner Höhe 1). Erbaut 1904–07 von Otto Wagner

103 Karl-Marx-Hof (19, Heiligenstädter Straße 82-92). Erbaut 1927–1930 von Karl Ehn. Monumentalstes Beispiel kommuna Wohnbaus in der Zwischenkriegszeit.

104 Stadthalle (15, Vogelweidplatz). Erbaut 1955–58 von Roland Rainer. Hauptwerk der Wiener Nachkriegsarchitektur

Staatsoper, Hauptfront mit großer Loggia an der Ringstraße. Erbaut 1861–69 von August Sicard von Sicardsburg und Eduard van der Nüll

Der ›Goldene Saal‹ im Musikvereinsgebäude am Karlsplatz. Erbaut 1867–69 nach Plänen von Theophil Hansen

107 Johann-Strauß-Denkmal (1, Stadtpark) von Edmund Hellmer, 1921

108   In dem einstigen Vorort Heiligenstadt (Wien 19) wohnte Ludwig van Beethoven mehrmals den Sommer über, so 1817 in dem Weinhauerhaus am Pfarrplatz 2

110   Wolfgang Amadeus Mozart (1756–1791). Kupferstich nach Leonhard Posch, 1789

111   Ludwig van Beethoven (1770–1827). Kreidezeichnung von Johann Stephan Decker, 1824

112   Franz Schubert (1797–1828). Kupferstich nach Wilhelm August Rieder, 1825

109   In dem schlichten Haus ›Zum roten Krebs‹ in der einstigen Vorstadt Himmelpfortgrund (9, Nußdorfer Straße 54) kam am 31.1.1797 der Komponist Franz Schubert als Sohn eines Dorfschullehrers zur Welt

116 Felix Weingartner dirigiert die Wiener Philharmoniker im Großen Musikvereinssaal. Radierung von Ferdinand Schmutzer, 1926

113 Johannes Brahms (1833–1897). Fotografie von Rudolf Krziwanek, 1889

114 Anton Bruckner (1824–1896). Fotografie um 1890

115 Gustav Mahler (1860–1911). Fotografie von d'Ora, 1907

117 Richard Strauss dirigiert Mozarts ›Cosi fan tutte‹ in der Wiener Staatsoper.
Ölgemälde von Wilhelm Victor Krauss, 1937

Das junggebliebene Wiener Kaffeehaus: das ›Hawelka‹

118 U-Bahn-Zug vor der UNO-City am linken Donauufer, erbaut 1973–79 von Johann Staber

Die ehemalige ›K. u. K. Hof-Zuckerbäckerei Demel‹ am Kohlmarkt

121 Die Kärntner Straße – einst Handelsweg, heute Fußgängerzone

123 Dürnstein. Alte Weinhauerhäuser an der Hauptstraße

122 Wiener Gemütlichkeit beim Heurigen in Grinzing

124 Blick von der Burgruine auf Dürnstein

125 Melk. Blick in die Vierungskuppel der Stiftskirche, Fresken von Johann Michael Rottmayr

128 Das Donautal mit der Ruine Aggstein
◁ 127 Im ›Teisenhoferhof‹ in Weißenkirchen wird ›ausg'steckt‹
◁ ◁ 126 Die Wachau zwischen St. Michael und Spitz
129 Die Doppelstadt Krems-Stein an der Donau

Krems. Burg des Stadtrichters Gozzo, um 1280

131 Schallaburg. Arkadenhof, 1572-78

Mauer bei Melk. Spätgotischer Schnitzaltar (Detail), um 1515

133 Martin Johann Schmidt, Vermählung Mariens (1769). Stift Göttweig

134 Carnuntum. Heidentor

135 Carnuntum. Blick in die Arena des Amphitheaters für das Legionslager

des Planens von innen nach außen (Haus Steiner, 13, St. Veit-Gasse 10, 1910; Haus Scheu, 13, Larochegasse 3, 1912), wobei die Fenster scheinbar willkürlich in der Fassade verteilt sind; dann ging er daran, einen ›Raumplan‹ zu entwickeln: er ging ab von der vertikalen Abfolge ebener Geschosse, suchte durch Zwischenpodeste, Verbindungsstiegen und verschobene Niveaus eine Dreidimensionalität im echten Sinn des Wortes zu schaffen (Haus Strasser, 13, Kupelwiesergasse 28, 1919; Haus Rufer, 13, Schließmanngasse 11, 1922; Haus Moller, 18, Starkfriedgasse 19, 1928). Anerkennung fand Loos nur in seinem Freundeskreis: bei Altenberg, Trakl, Kraus, Schönberg und Kokoschka, einem Kreis, der sich von Wagner, Hoffmann und den Secessionisten, die mit ihren modischen Bestrebungen eher zu den Salons der ›großen Gesellschaft‹ Beziehungen anknüpften, stark abhob.

In Analogie zu den Loos-Bauten entwickelte der Philosoph *Ludwig Wittgenstein* selbst sein Wohnhaus (3, Kundmanngasse 19; 1926).

Restaurierungsversuche

Es muß daran erinnert werden, daß sich Erzherzog Franz Ferdinand im Gegensatz zu Kaiser Franz Joseph in künstlerischen Fragen stark engagierte und aus einer konservativen Grundhaltung heraus vor allem gegen Otto Wagner eine intuitive Abneigung empfunden hat. Der aus Deutschland kommende Einfluß des Neoklassizismus, der sich in Wien mit dem Festhalten an barocker Tradition vermengte, führte zu Beginn des 20. Jahrhunderts zu einer Bauphase, in welcher sich der Wille des Bauherrn stärker durchsetzte. Die Restaurierungsbestrebungen sind eng mit dem Protegé des Thronfolgers, dem Architekten *Ludwig Baumann*, verbunden, der als Schüler Ferstels und Sempers eisern an deren Grundsätzen festhielt. Baumann wurde zum (letzten) Bauleiter der neuen Hofburg ernannt (1907–13), sein Hauptbetätigungsfeld lag aber im Stubenviertel der Ringstraße, das damals (nach Abbruch der Kaiser-Franz-Joseph-Kaserne, an deren Stelle heute die Postsparkasse steht) zum Ausbau gelangte. In modernem Empirestil baute er die (heutige) Bundeskammer der gewerblichen Wirtschaft (1, Stubenring 8–10; 1904–06), anschließend den Erweiterungsbau des Ferstelschen Museums für angewandte Kunst auf dem durch die Wienflußregulierung gewonnenen Terrain (1906–08) und schließlich das neubarocke Kriegsministerium (1, Stubenring 1, heute Regierungsgebäude; 1909–13), dessen Ausführung ihm gegen Konkurrenzprojekte Otto Wagners und Adolf Loos' übertragen wurde. Mit diesen Werken drückte Baumann dem Stil der letzten Bauperiode der Ringstraße den Stempel seiner Persönlichkeit auf.

Josef Hoffmann und die Wiener Werkstätte

Einer der genialsten Wagner-Schüler war gewiß Josef Hoffmann – wie alle großen Architekten ein universeller Künstler. In Wien widmete er sich, wesentlich stärker als sein Lehrer, dem Bau von Villen, die er für eine wohlhabende, von diffiziler künstlerischer und geistiger Substanz erfüllte Wiener Gesellschaft baute, wobei er die Mitte zwischen gepflegtem Bürgertum und dezenter Aristokratie hielt. Im Villenbau begegnen wir Hoffmanns Liebe zum Detail, der Faszination des Klassischen, dem dekorativen Zug, um dessentwillen er so sichtbar in einen Gegensatz zu Loos geraten ist. Seine bedeutendste Leistung in der Architektur liegt in dem Unterfangen, biedermeierliche Effekte und moderne Bauformen zu vereinen; ein typisches Beispiel ist die Hietzinger Villa Primavesi (13, Gloriettegasse 14–16; 1913–15).

Hoffmanns Streben nach dem Gesamtkunstwerk – als letztes unseres Jahrhunderts schuf er in Brüssel das Palais Stoclet, welches zugleich den Durchbruch der Art nouveau-Architektur signalisiert – findet Erfüllung in der gemeinsam mit *Kolo Moser* gegründeten *Wiener Werkstätte* (1903–32), jener »legendären Pflegestätte der Geschmackskultur«, die binnen kürzester Zeit Weltruf erlangte. Die Palette ihrer Erzeugnisse reicht vom kleinen Schmuckstein bis zur kompletten Wohnungseinrichtung. Im Kunstgewerbe kooperierte Hoffmann neben Kolo Moser auch mit *Alfred Roller,* dem überragenden Mitarbeiter und Bühnenbildner Gustav Mahlers an der Wiener Oper, bei den Möbeln mit *Dagobert Peche,* der den Ruf der ›Wiener Wohnkultur‹ begründete. Später war es *Josef Frank,* der – als Pendant und Fortsetzung der Wiener Werkstätte – jenes ›Wiener Möbel‹ geschaffen hat, dessen Ausstrahlung bis in den gegenwärtigen ›skandinavischen‹ Stil hineinreicht.

*

Eine Reihe weiterer Architekten kann nur am Rande erwähnt werden, ohne daß ihre Bedeutung damit geschmälert werden soll: *Max Hegele* baute die Dr. Karl Lueger-Gedächtniskirche auf dem Zentralfriedhof (1908–10), einen mächtigen kuppelgekrönten Zentralbau des Jugendstils, der allerdings im Vergleich zu Wagners Steinhof-Kirche wesentlich klassizistischer wirkt. Der Wagner-Schüler *Oskar Laske* errichtete das Apothekerhaus ›Zum weißen Engel‹ (1, Bognergasse 9; 1907) mit seiner markanten secessionistischen Fassade (s. vordere Umschlaginnenklappe). *Wunibald Deininger* distanzierte sich mit seiner Handelsakademie (8, Hamerlingplatz 5–6; 1905) durch eine mit Keramikreliefs geschmückte Fassade von der Schmucklosigkeit der Zeit. Ein schönes Beispiel des französischen Jugendstils ist die durch den Chefarchitekten des französischen Außenministeriums, *George-Paul Chédanne,* erbaute Französische Botschaft (4, Schwarzenbergplatz 12; 1906–10), das Hauptwerk des Art nouveau außerhalb Frankreichs, das mit seiner pariserischen Note den Häusern der Avenue Victor Hugo verwandt ist.

Werkbundsiedlung

Eine »Präsentation des internationalen Stils« hat man jene Mustersiedlung (13, Veitingergasse – Jagdschloßgasse) genannt, die im Wien der dreißiger Jahre – wenn auch weniger großartig gestaltet als ihr Stuttgarter Pendant – anläßlich der Wiener Werkbundausstellung (1930) beträchtliches Aufsehen erregt hat. Die nahende Wirtschaftskrise hat ihre Ausstrahlungen beeinträchtigt, wenn nicht sogar zunichte gemacht, aber sie ist doch als Zusammenfassung aller Bestrebungen um das moderne Bauen zu betrachten und zu werten. Die Werkbundsiedlung vereint unter der koordinierenden Planung von Josef Frank die bedeutendsten Wiener Architekten der damaligen Zeit – Haerdtl, Hoffmann, Holzmeister, Lichtblau, Loos, Neutra (der damals in Los Angeles lebte), Niedermoser, Plischke, Sobotka, Strnad – und prominente ausländische Gäste: Hugo Häring aus Berlin, André Lurçat, Jacques Groag, G. Guevrekian aus Paris und Gerrit Rietveld aus Utrecht.

Wiener Gemeindewohnanlagen – Vorbild für den Sozialen Wohnbau

Mit dem Ende des Ersten Weltkriegs wurde nach dem Zerfall der österreichisch-ungarischen Monarchie Wien Hauptstadt der Republik Österreich und 1922 auch ein eigenes Bundesland. Nach Einführung des allgemeinen Wahlrechts für den Gemeinderat (1919) errangen die Sozialdemokraten die absolute Mehrheit, die sie – abgesehen von den Jahren des Austrofaschismus und des Nationalsozialismus (1934–45) – bis heute unangefochten behauptet haben. Wohl keine Gemeindeverwaltung einer großen Stadt hat in den folgenden Jahren die Aufmerksamkeit der ganzen Welt in einem derartigen Maße auf sich gezogen wie Wien. War es doch die einzige Großstadt der Welt mit einer rein sozialdemokratischen Verwaltung. Über die rein finanz-, wirtschafts- und sozialpolitischen Maßnahmen hinaus haben wir es mit einem gesellschaftspolitischen Experiment zu tun, dem im Hinblick auf seine gelungene Realisierung mehr als lokale Bedeutung zukommt. Als wichtigste zu lösende Aufgabe erachtete die Gemeindeverwaltung neben einem großzügigen Gesundheits- und Fürsorgeprogramm – man denke an die Bekämpfung der Kindersterblichkeit und der Tuberkulose, an den Primat der Jugendfürsorge, die Einrichtung einer Kinderübernahmsstelle und vieles andere – vor allem die Realisierung eines kommunalen Wohnbauprogramms. Die Durchführung aller Planungen ist mit dem Namen des Bürgermeisters Karl Seitz und dem des Gesundheitsstadtrats Univ. Prof. Dr. Julius Tandler untrennbar verknüpft.

Der Wohnhausbau, seit altersher eine Domäne privaten Unternehmertums, wurde nun zum »Angelpunkt der sozialdemokratischen Sozialpolitik«. Der Mietenstop, die Zunahme der Haushalte durch einen Nachholbedarf an Eheschließungen, die Stagnation der Bauinitiative, aber auch der Wunsch breiter Bevölkerungsschichten, ihre Wohnverhältnisse endlich zu verbessern, mußte im Sinne des sozialdemokratischen Kommunalprogramms dazu führen, daß qualitativ bessere, flächenmäßig relativ größere, vor allem aber hygienisch einwandfreie Wohnungen geplant wurden. Der Verbauungsgrad der Grundstücke wurde schrittweise von 85% auf 30% herabgesetzt, jede Wohnung erhielt Wasser- und Stromanschluß sowie sanitäre Anlagen im Wohnungsverband, die direkte Belichtung der Wohnräume wurde gewährleistet und außerdem für Gemeinschaftseinrichtungen (Kindergärten, Beratungsstellen, Zentralwaschküchen) Sorge getragen.

Zwischen 1919 und 1934 wurden 337 städtische Wohnhausanlagen mit fast 64 000 Wohnungen gebaut, wobei acht dieser Anlagen jeweils über 1000 Wohnungen umfaßten. Es gehört zu den größten Verdiensten der Sozialdemokratie in der Ersten Republik, auf diese Weise die Wohnungsnot auf ein tragbares Maß gemildert zu haben. Will man eine Bilanz der Architektur der Zwischenkriegszeit ziehen, so erfordert es vor allem Beachtung, daß die besten zur Verfügung stehenden Architekten herangezogen wurden (wobei allerdings auch die Planungen des Stadtbauamts architektonisch ebenbürtig waren) und die Formulierung des ›internationalen Stils‹ (im Sinne der Werkbundsiedlung) auch bei den Gemeindebauten zum Tragen kamen. Der kommunale Wohnhausbau wurde in den zwanziger Jahren von Otto Wagner-Schülern dominiert.

Eine monumental-großstädtische Richtung ist unmittelbar von Otto Wagner beeinflußt und schenkt auch der Behandlung der Details große Aufmerksamkeit. Typische Beispiele sind von Hubert Gessner der durch sein gewaltiges Halbrund auffallende Karl-Seitz-Hof in der Jedleseer Straße, eine der besten architektonischen Lösungen des Sozialen Wohnbaus der Frühzeit (1926), und der Reumann-Hof am Margaretengürtel, der wegen der Nachempfindung barocker Palastarchitektur mit ehrenhofartigem Mittelteil besondere Beachtung verdient (1926). Ein typischer Bau aus der Spätzeit ist die Anlage auf dem Engelsplatz von Rudolf Perco, deren repräsentativ wirkender Portikus die Wagner-Schule besonders deutlich macht. – Eine zweite Gruppe ist zwar monumental, aber expressionistisch beeinflußt. Sie findet richtungweisend Ausdruck in der ›Superblockbauweise‹ der zwanziger Jahre und hier wieder in dem vom Leiter des Stadtbauamts und Otto Wagner-Schüler Karl Ehn konzipierten, einen Kilometer langen *Karl-Marx-Hof* (Abb. 103) an der Heiligenstädter Straße (1927–30), bei dem durch Türme und Torbögen eine besondere Monumentalität erzielt worden ist. Der Hof ist die repräsentativste Wohnhausanlage aus der Zeit der Ersten Republik und das bedeutendste Beispiel expressionistisch-kubistischer Bauweise, ja, er wird geradezu zum Synonym des städtischen Sozialen Wohnbaues jener Zeit. – Eine dritte – und vielleicht die qualitativ beste – Gruppe wird von einer Reihe von Architekten vertreten, die sich durch sehr individuelle Lösungen hervorgetan haben; hierzu zählen etwa der Paul Speiser-Hof in Floridsdorf von Lichtblau, der Washington-Hof in Favoriten von Karl Kirst und Robert Oerley, der Rabenhof Erdberg von Schmid und Aichinger oder der Hanuschhof von Robert Oerley, um einige der bedeutenderen herauszugreifen. Judtmann-Riss, Brenner, Frank, Wlach, Fellerer und einige andere müssen in diesem Zusammenhang ebenfalls genannt werden.

Der Soziale Wohnbau Wiens wurde von den Architekten Europas mit Interesse verfolgt und in verschiedenen europäischen Städten – man denke etwa an das englische Leeds – als Vorbild für eigene Planungen herangezogen.

*

Es wäre verfehlt, wollte man die Architektur der zwanziger Jahre mit dem kommunalen Wohnbau identifizieren. Der Wagner-Schüler *Leopold Bauer* errichtete das Gebäude der Nationalbank (1918–25), einen gemäßigt spätklassizistischen Bau auf dem nach seinem Lehrer benannten Platz im 9. Bezirk. *Clemens Holzmeister* erbaute 1922/23 als erstes Werk in Wien die Feuerhalle im Hof des aus der Renaissancezeit stammenden Neugebäudes (11, Simmeringer Hauptstraße 337), einen zweistufigen Bau von festungsartigem Charakter, der – modern, doch orientalisch anmutend – zu den eigenartigsten Schöpfungen der Wiener Architektur der zwanziger Jahre zählt, 1933/34 die Seipel-Dollfuß-Gedächtniskirche (15, Vogelweidplatz 7) und schließlich (gemeinsam mit Schmid und Aichinger) das Funkhaus (4, Argentinier Straße 30a; 1935–37). Von den Architekten *Siegfried Theiß* und *Hans Jaksch* stammt das sogenannte Hochhaus (1, Herrengasse 6–8; 1932/33); *Judtmann* und *Riss* bauten das Porrhaus (4, Treitlstraße; 1933), *Schmalhofer* und *Nadel* das Amalienbad (10, Reumannplatz), ein europäische Dimensionen setzendes Volksbad; *Otto Erich Schweizer* entwarf das Stadion im Prater (1931), *Ernst Plischke* setzte mit dem Arbeitsamt in Liesing (1932) neue Maßstäbe. – Von den Sakralbauten, die besonders in der Zeit des Ständestaates (1934–38) entstanden und an deren Errichtung prominente Architekten wie Clemens Holzmeister beteiligt waren, sollen zwei exemplarisch herausgegriffen werden: die Kirche ›Maria, Königin des Friedens‹ in Favoriten von *Robert Kramreiter* und der Erweiterungsbau der Währinger Gertrud-Kirche von *Karl Holey*.

*

Die Architektur des 20. Jahrhunderts hat oft – und zwar aus Gründen, die nicht allein bei den Architekten liegen – Bauten geschaffen, die trotz aller Ambitionen zu stereotypen Stadtbildern geführt haben. Deshalb kommt dem Altstadterhaltungsgedanken besondere Bedeutung zu. Revitalisierung von historischen Ensembles (etwa Blutgassenviertel, Schönlaterngasse [Abb. 74] oder Am Gestade in der Innenstadt), die Schaffung von Kommunikationszentren (wie etwa der ›Alten Schmiede‹ in der Schönlaterngasse) und die Einrichtung von Fußgeherzonen, die zum ›Stadtbummel‹ einladen, sind ebenso wie die Erhaltung typischer alter Ortskerne Versuche, die Stadt der Zukunft menschengerechter zu gestalten.

Die Architektur der Zeit nach dem Zweiten Weltkrieg mit ihren ersten tastenden Versuchen im Rahmen des Wiederaufbaues und ihren späteren Bestrebungen im Zuge stadtplanerischer Überlegungen in diesem Kunstführer mit zu behandeln, erscheint nicht erforderlich: stehen wir doch mitten in einer Entwicklung, deren Wertung der nächsten Generation vorbehalten bleibt. Der Reisende dürfte die Besichtigung zeitgenössischer Baukunst nicht zum primären Ziel seines Besuches machen, der Studierende hingegen wird sich in Spezialwerken zu informieren wissen. Immerhin mögen einige Beispiele illustrieren, daß auch die letztvergangenen Jahrzehnte reich sind an kreativem architektonischen Schaffen. *Roland Rainer* plante die Stadthalle (Abb. 104), das ORF-Zentrum und das Böhlerhaus, *Karl Schwanzer* das Museum des 20. Jahrhunderts, das Philips-Haus und das Wirtschaftsförderungsinstitut, *Erich Boltenstern* den Ringturm und den Liebermannhof, *Oswald Haerdtl* das Historische Museum der Stadt Wien, *Carl Appel* das Gewerbehaus und ein Bürohaus gegenüber der Universität,

Anton Potyka und *Artur Perotti* die Zentralsparkasse der Gemeinde Wien, *Harry Glück* zukunftsweisende Wohnhausanlagen und *Gustav Peichl* das Meidlinger Rehabilitationszentrum.

Seit der Mitte der siebziger Jahre läßt sich in der Stadtplanung eine Trendwende erkennen. Mit der Konzipierung der U-Bahn, deren Grundnetz vollendet ist und deren weiterer Ausbau zügig voranschreitet, mit der Schaffung von Fußgänger- und verkehrsarmen Zonen sowie der Erstellung eines Beschleunigungsprogramms für die Straßenbahn, kam es zur Abkehr von der Förderung des privaten Verkehrs, zur Favorisierung der Altstadterhaltung und, wo dies bereits nötig war, zur Revitalisierung von Altstadtgebieten bei gleichzeitiger Beschränkung des Baues von Satellitenstädten. Die Ausdehnung der Denkmalpflege von Einzelobjekten auf sogenannte Schutzzonen – eine der größten ist die gesamte Innenstadt – und flankierende Maßnahmen, wie die städtische Förderung für Fassadenrenovierungen und die Modernisierung von Althauswohnungen, haben dazu geführt, daß die inneren Stadtbezirke für die Bevölkerung wieder attraktiver geworden sind. Sanierte man früher abgewohnte Viertel, wie etwa in Erdberg geschehen, durch radikalen Abbruch und Neubau, so schritt man nun zu flächendeckenden Maßnahmen zur Erhaltung des historischen Baubestandes, wie am Spittelberg. Zu all dem kamen Maßnahmen zur Verbesserung der Umweltqualität und des Freizeitangebotes: Hierher gehören die Erweiterung des Wald- und Wiesengürtels, die Aufforstung des Laaer Berges, die Anpflanzung von Bäumen auch in dicht bebauten Gebieten, vor allem aber eine im Zuge des angestrebten absoluten Hochwasserschutzes angelegte Donauinsel, die auf 20 km Länge zu einem Freizeitparadies gestaltet worden ist. Die Möglichkeiten zur Anhebung der Wohnqualität wurden, wo immer dies ökonomisch vertretbar war, ausgeschöpft. Neben Architekten wurde dabei erstmals auch prominenten Künstlern die Chance geboten, ihre persönlichen ökologischen und ästhetischen Überlegungen in die Praxis umzusetzen. So entstand beispielsweise das bereits zur Fremdenverkehrsattraktion avancierte Haus des Malers *Friedensreich Hundertwasser* in der Löwengasse im dritten Gemeindebezirk (Farbt. 24), und in der Gumpendorfer Straße (Wien 6) entsteht ein ähnliches Objekt unter der Leitung *Arik Brauers,* des bedeutenden Mitglieds der ›Wiener Schule des phantastischen Realismus‹. Daß es daneben auch an Großvorhaben nicht mangelt, zeigen neben Hochschulneubauten die Vollendung des nach den Plänen von *Johann Staber* errichteten Amtssitzes für internationale Organisationen (›UNO-City‹) samt Konferenzzentrum (1973–1987; Farbt. 25 und Abb. 118), der Ausbau des Flughafens Schwechat und die große Zahl neuer Hotels der mittleren und gehobenen Klasse.

In den letzten Jahrzehnten konnte der Stadt Wien der ihr zustehende Platz im Kreis der europäischen Hauptstädte gesichert werden. Einer großen kulturellen Vergangenheit stets bewußt, mit aktuellen Aufgaben der Gegenwart befaßt und in mancher Hinsicht für die Zukunft planend, soll Wien eine lebendige Stadt bleiben, die ihren Bewohnern eine lebensgerechte Heimat bietet, ihre Besucher aber mit jenem dem Wiener zugeschriebenen Charme empfängt, der sie die Reise nicht bereuen läßt.

Kunst und Kultur im Lande rings um Wien

Die Wachau

Ein silbrig glänzendes Band – so bahnt sich der Donaustrom auf einer Länge von 33 Kilometern mit Gewalt den klippenreichen Weg zwischen Melk und Krems durch das böhmische Granitplateau. Seit der Altsteinzeit folgten Menschen diesem Wasserlauf. Er wurde zur schicksalhaften Grenze zwischen Germanen und Römern, Slawen, Awaren, Bayern und Magyaren. Franken drängten später wechselvoll stromauf- und stromabwärts, Kreuzfahrer zogen dem Heiligen Land entgegen, spanische, schwedische, französische, russische, deutsche und österreichische Soldaten kamen zu Wasser und zu Lande, kämpften, besetzten, zogen wieder ab und – hinterließen auch im Volkstum ihre Spuren.

An den schmalen Ufern des Stromes tätigten Schiffer seit alters her ihr gefahrvolles Handwerk und vollbrachten Bauern mühevoll ihre harte Arbeit. Reiche Erträge der Schiffahrt und des ergiebigen Obst- und Weinbaues sind der Lohn. Die geschützten Talniederungen mit ihren Südhängen lassen besonders die Marillen (Aprikosen) heranreifen, die in flüssiger Form als Marillenbrand zu den begehrten Mitbringseln aus der Wachau gehören.

Die Wachauer Weine haben heute Weltgeltung, wenngleich der Hofprediger Abraham a Santa Clara um 1700 in einem heute nicht mehr zutreffenden Vergleich feststellt: »Sauer wie ein Wachauer Wein«. Zum Ausklang der großen Feiern anläßlich der Unterzeichnung des Österreichischen Staatsvertrages am 15. Mai 1955 wurden Wachauer Weine kredenzt, die als ›Staatsvertragsweine‹ bekannt sind.

Auf hohen Felskanzeln stehen Burgruinen und Schlösser, die Wächter über diesem jahrtausendealten Verkehrsweg, der die urbanen Residenzen geistlicher und weltlicher Herren stromauf und stromab verband. Die gewaltigen Klosteranlagen von Melk, Maria Langegg und Göttweig thronen auf den Höhen, Symbole der ungebrochenen Kraft des Christentums. Liebliche Täler und stille Gräben senken sich zum Strom herab, am linken Ufer die Weiten, der Spitzerbach und die Krems, am rechten Ufer die Ybbs, die Erlauf, die Melk und die Pielach.

Der Name Wachau wird in einer von Ludwig dem Deutschen unterfertigten Urkunde vom 6. Oktober 830 erstmals genannt, und zwar als ›Ort Wachau‹ *(locus Wa-*

howa) am linken Donauufer zwischen Aggsbach Markt und Spitz. Der Name stammt entweder von den gegen awarische Streifscharen in den Auwäldern der Donau aus-gestellten Wachposten *(wacta)* oder vom althochdeutschen Wort *wahen* (= fangen, einfangen), das sich auf den Fischfang mittels Reusen *(vach)* beziehen würde, oder vielleicht vom althochdeutschen *vag* bzw. *vah* (Woge, Welle). Seit der Romantik des 19. Jahrhunderts versteht man unter ›Wachau‹ die gesamte Talenge zwischen Melk und Krems.

Melk – Barockjuwel über dem Donautal

Am Westeingang zur Wachau erhebt sich auf einem steil abfallenden Felsen das Benediktinerstift *Melk* (Farbt. 26). Hier war nach dem Sieg Kaiser Ottos des Gro-ßen über die Magyaren die Pfalz und Begräbnisstätte der Babenberger, die 976 mit der Erneuerung der Ostmark betraut worden waren, entstanden. Nach der Melker Überlieferung soll der erste Babenberger, Markgraf Leopold I. der Durchlauchtige (976–994) auf dem Burgberg ein weltliches Kanonikerstift gegründet haben, das 1089 den Benediktinern übergeben worden war. Bereits 1106 war die strategische Bedeutung der Burg über dem Donautal so gering geworden, daß Markgraf Leopold III. der Heilige den gesamten Melker Burgberg den Benediktinern als Eigen übergab.

Seine Blütezeit erlebte das Kloster am Beginn des 15. Jahrhunderts. Als die Kirchen-versammlung von Konstanz 1418 die Reformpläne Herzog Albrechts V. billigte, wurde Melk der Ausgangspunkt der Erneuerung der Benediktinerklöster in Österreich und Süddeutschland. Ein großartiger Aufschwung des religiösen und wissenschaftlichen Lebens im Kloster war die Folge. Der inneren Erneuerung folgte unmittelbar der Neu-bau der Klosterkirche, die bereits 1429 geweiht werden konnte. Für den Hochaltar beauftragte man um 1502 den aus Augsburg stammenden und damals in Krems leben-den Maler Jörg Breu den Älteren mit der Anfertigung eines Flügelaltares, dessen vier Bildtafeln sich im Stiftsmuseum als qualitätvolles Beispiel der Tafelmalerei der Donau-schule erhalten haben.

Im Jahre 1700 erwählte der Melker Konvent den erst 30jährigen Sohn des Gaminger Hofrichters, *Berthold Dietmayr,* zum Abt. Die mächtige und kraftvolle Persönlichkeit bestimmte über neununddreißig Jahre die Geschicke des Klosters. Sein Ziel war es, die religiöse, wissenschaftliche und landespolitische Bedeutung seines Konvents durch einen zeitgemäßen Neubau zum Ausdruck zu bringen.

Bemerkenswert, daß Dietmayr dafür den fast gleichaltrigen St. Pöltner Baumeister *Jakob Prandtauer* auswählte, der bis dahin nur kleinere Projekte für die niederöster-reichischen Stände und das Chorherrenstift St. Pölten ausgeführt hatte. Der Legende nach soll die noch heute erhaltene Brücke über die Erlauf (1695) den jungen Abt ver-anlaßt haben, dem kaum bekannten Maurermeister den gewaltigen Neubau des alten Babenbergerklosters zu übertragen und so Jakob Prandtauer die Möglichkeit zu bieten, alle seine schöpferische Kraft an einem großen Konzept zu entfalten.

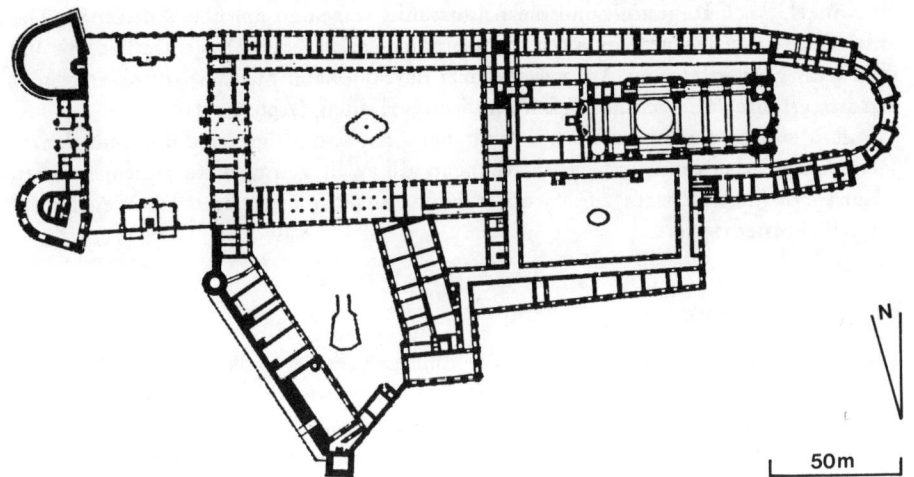

N

| 50m |

Stift Melk, Grundriß der barocken Klosteranlage

Jakob Prandtauer, 1660 als einziger Sohn eines Bergbauern in dem malerischen Stanz oberhalb Landeck im westlichen Tirol geboren, weiß das schwierige, langgestreckte Grundstück voll auszunützen. Sinnvoll gesteigert reiht er Hof an Hof, schließt durch langgestreckte Rahmentrakte die verschiedenartigen Baukörper lückenlos zusammen und verbindet sie zu einer konzentrierten Gesamtanlage. Gegen das Donautal zu aber schuf er einen unvergeßlichen Akzent: Über dem steil abfallenden Felsen steigt die zweitürmige Kirchenfassade empor, der sich die hochaufragende Vierungskuppel zum Dreiklang verbindet. Deutlich sind die niederen, seitlich vorgeschobenen Trakte des Marmorsaals (rechts) und der Bibliothek (links) durch ihre kubische Strenge abgehoben, die durch eine weit ausschwingende Altane miteinander verbunden sind. Von 1701 bis zu seinem Tode im Jahre 1726 arbeitet Jakob Prandtauer an der Realisierung seiner Planung, ohne deren Vollendung zu erleben.

Höhepunkt und Ziel der gesamten Anlage von Melk ist der von Glanz und Reichtum erfüllte Innenraum der Stiftskirche. Mit ihrer einheitlichen Raumgestaltung und der gewaltigen Höhenentfaltung geht die Kirche weit über ihre Vorbilder im deutschen Raum hinaus. Die gleichmäßig durchgeführte Ordnung mit den mächtigen Pilastern und den vor- und zurückschwingenden Wänden wird durch die Dominanz der Kuppel zu einem harmonischen Ganzen zusammengefügt. Hier verdichten sich Architektur, auf Rot und Gold abgestimmte Farbigkeit und Licht, Plastik und Malerei zu einem einzigartigen künstlerischen Erlebnis. Antonio Beduzzis Hochaltar mit den Statuen der Apostelfürsten Petrus und Paulus (von Peter Widerin) bildet den Höhepunkt der Ausstattung. Künstlerische Qualität und außerordentlicher Reichtum zeichnen die Altäre im Querhaus und in den Seitenkapellen aus. Ihre Altarblätter malten Paul Troger, Johann Michael Rottmayr und Georg Bachmann. Die übrige Ausstattung, besonders die Kanzel, das Chorgestühl und die Beichtstühle, tragen zu der überwältigenden Geschlossenheit und Harmonie dieses Kirchenraumes bei. In den Deckenfresken, die um 1716 nach Entwürfen von Antonio Beduzzi durch Johann Michael Rottmayr gemalt wurden, erfahren Kirche und Orden ihre Verherrlichung (Abb. 125). Stift Melk ist das Lebenswerk Prandtauers. Es beschäftigte ihn fünfundzwanzig Jahre seines Lebens und hat seinen Ruhm in alle Welt getragen. In seinem Schaffen spiegelt sich im Gegensatz zur barocken Hofarchitektur österreichisches· Wesen wohl am natürlichsten wider.

Die Donau abwärts

Eng an den Felsen zu Füßen des Stiftes geschmiegt liegt der malerische Ort Melk. Auf dem Areal Nibelungenlände – Kremser Straße – Stadtgraben – Prinzlstraße ließ Kaiser Vespasian das Uferkastell ›Namare‹ errichten, das als Wachstation den Abschnitt Arelape (Pöchlarn) – Aelium Cetium (St. Pölten) an der römischen Limes-(Grenz-)straße verstärken sollte. Eine erste urkundliche Nennung erfolgt 831 als *Medelicha* in einer bayerischen Urkunde. Erwähnung findet der Ort als ›*Medelike*‹ im größten deutschen Heldenepos, dem Nibelungenlied, das, nach 1200 in Österreich geschrieben, von Ereignissen der Völkerwanderungszeit und aus der vorbabenbergischen Geschichte berichtet.

Stromabwärts führt bei Melk die neue Donaubrücke ans linke Donauufer. Hier reihen sich malerische Dörfer aneinander, deren stille Ortsbilder mit den Giebelhäusern und den reizvollen Arkadenhöfen der Wachau das Gepräge geben. Fallweise geben die dichten Donauauen den Ausblick auf das gegenüberliegende Ufer frei: *Schloß Schönbühel* (Farbt. 27) und das nahegelegene *Serviten-Kloster* (gegründet 1665) mit der einzigen maßstabgetreuen Nachbildung der Geburtsgrotte von Bethlehem. Kurz nach Emmersdorf steigen hart am linken Donauufer die Aggsbacher Wände empor und lassen kaum Raum für die 1909 eröffnete Donauuferbahn und die 1958 neu trassierte Wachaustraße.

Hinter Aggsbach Markt erhebt sich in kühner Felslage am anderen Ufer des Stromes, weithin sichtbar und weit in das Tal blickend die *Burgruine Aggstein* (Abb. 128). Während der Babenbergerzeit war sie im Besitz des mächtigen Ministerialengeschlechtes der Kuenringer. Nach zweimaliger Eroberung durch den Landesfürsten (1231, 1295) blieb die Burg verlassen. Erst 1429 wird die Burg an den landesfürstlichen Kammermeister Jörg Scheck vom Wald verliehen, dessen Grausamkeit gegen seine Gefangenen in der Sage fortlebt und ihm den Beinamen ›Schreckenwald‹ einbrachte. Er soll seine Gefangenen auf einen schroffen Felsvorsprung, dem ›Rosengärtlein‹, über dem Donautal geführt und ihnen dann die Wahl gelassen haben, elend im Verlies zu verhungern oder durch den Sprung in die Tiefe dem Leben rasch ein Ende zu setzen. Ein Ritter, der den Sturz in den Abgrund wie durch ein Wunder überlebte, soll 1463 durch die

Schilderung seiner Leiden Herzog Albrecht VI. bewogen haben, die Burg zu erobern. Es scheint aber, als hätte sich Jörg Scheck weniger wegen seiner Grausamkeiten als der Unerbittlichkeit in Ausübung des Mautrechtes auf der Donau den Neid und die Ungnade des Landesfürsten zugezogen.

Abseits der Straße liegt heute der kleine Ort *Willendorf*, wo 1908 das älteste Zeugnis menschlichen Lebens im Donautal gefunden wurde. Das elf Zentimeter hohe Kalksteinfigürchen, die sogenannte ›Venus von Willendorf‹, war vor mehr als 30 000 Jahren von einer jener Crômagnon-Sippen geschaffen worden, die an den Lößhängen des Donautales hausten und vom Fang der kolossalen Mammute lebte, die in langen Herdenzügen durch das Donautal zogen.

Von ausgedehnten Marillenbaumpflanzungen und von Weinbergterrassen, die sich an den Ausläufern des Jauerlings (959 m) hinaufziehen, ist der kleine Markt *Schwallenbach* umgeben. Außerhalb des Ortes in Richtung gegen Spitz an der Donau lenkt ein pittoreskes Naturdenkmal den Blick auf sich. Aus dem Berghang schiebt sich eine Felsformation, die wie der Rest einer riesenhaften Sperrmauer über das Donautal wirkt, bis unmittelbar an die Straße heran. Die sagenumwobene ›Teufelsmauer‹ wurde wegen des zu früh krähenden Hahns am Kirchturm von St. Johann im Mauertal am gegenüberliegenden Ufer nicht fertiggestellt. Der mit dem Teufelspfeil durchbohrte Wetterhahn erinnert noch heute an diese Sage.

In einer weiten Schleife der Donau liegt *Spitz an der Donau*, der Mittelpunkt der Wachau. Der Markt zieht sich in weitem Bogen um einen heuschoberförmigen, ganz mit Weingärten bestandenen Berg herum, der in guten Jahren 1000 Eimer Wein liefert, deshalb auch im Volksmund ›Tausendeimerberg‹ genannt wird (Abb. 126). Unmittelbar zu Füßen des Berges gabelt sich der von Nordwesten kommende Spitzerbach, dessen südlicher Arm eine enge, von der Ruine Hinterhaus bewachte Felsschlucht durchfließt, während der zweite Arm (Mislingbach) sich gegen Osten seine Mündung in die Donau sucht.

Spitz war in früherer Zeit ein sehr gefragter Umschlagplatz für Waren aller Art, insbesondere aber für Holz aus dem Waldviertel. Aus Baumstämmen wurden Flöße gebaut, mit denen die Schiffer donauabwärts bis nach Ungarn fuhren. Die Schiffahrt konnte damals ihren Mann gut ernähren. Ein Beispiel für einen erfolgreichen Schiffmeister ist der ›Donauadmiral‹ Matthias Feldmüller aus Persenbeug. Zu seiner Donauflottille gehörten etwa 350 Schiffe, die donauaufwärts bis Regensburg fuhren, und rund 850 Schiffe und Flöße, die zwischen Wien und Budapest verkehrten. Dem ›Donauadmiral‹ dienten auch 250 Knechte und 150 Zugpferde. Von seiner Werft gingen jährlich 40 bis 50 Holzschiffe von Stapel. Was sich mit der Schiffahrt verdienen ließ, beweist das Vermögen von 2 Millionen Gulden, das er seiner Tochter hinterließ. – In den historischen Räumen des Erlahofes (Ottenschlägerstraße 21) ist ein Schiffahrtsmuseum eingerichtet, das in anschaulicher Weise die Geschichte der Donauschiffahrt illustriert.

DIE WACHAU

Eine Besichtigung lohnt die hochgelegene Pfarrkirche St. Mauritius. An dem spätgotischen Bau fällt die starke Knickung der Kirchenachse zwischen Langhaus und Chor
auf, die auf Geländegegebenheiten zurückzuführen ist. Von der Inneneinrichtung der
Kirche seien die um 1380 entstandenen Apostelfiguren an der Orgelempore, der Hochaltar (um 1630) aus dem bayerischen Kloster Niederaltaich und das große Spätwerk
›Marter des hl. Mauritius‹ von Martin Johann Schmidt, genannt ›Kremser Schmidt‹,
besonders hervorgehoben.

Von der Wachaustraße aus sieht man in der Folge hinüber auf die sonnigen Weingärten am Fuße des Mühlberges (725 m) mit seinen ausgedehnten Wäldern. Hier liegen
die ›Arnsdörfer‹: Ober-, Hof-, Mitter- und Bacharnsdorf.

Am linken Ufer taucht die Kirchenburg *St. Michael* (Abb. 126) am Engpaß zwischen
Michaelerberg und Donaustrom auf. Die Pfarre St. Michael ist – worauf auch das
Patrozinium hinweist – wohl eine der ältesten im Donautal. Von der Straße aus entdeckt man am Dachfirst der 1500–1523 entstandenen Kirche sieben Tierfiguren aus
Ton. Als ›Hasen‹ wurden sie nach dem Namenssymbol eines Baumeisters ›Siebenhaas‹
gedeutet, aber sie sollten auch an einen schneereichen Winter erinnern, in dem Hasen
über den First des Daches gelaufen sein sollen. Es dürfte sich jedoch in Wirklichkeit um
die Darstellung einer ›Wilden Jagd‹ handeln, die von einem Hirsch angeführt wird und
die ein berittener Jäger beschließt.

Hinter St. Michael weitet sich das Tal am linken Ufer. Inmitten von Wein- und Obstgärten auf sanft ansteigenden Terrassen liegen die alten Winzersiedlungen *Wösendorf*
und *Joching*. In den Weinbergen stehen noch heute die charakteristischen Weinhüter-
hütten aus dem 18. Jahrhundert, in denen zur Zeit der Traubenreife ein Wächter mit
Signalhorn gegen Traubendiebe saß. Im Ort selbst fällt der behäbige Lesehof des
Chorherrenstiftes St. Pölten sofort ins Auge, den Jakob Prandtauer 1696 für Propst
Christoph Müller von Prankenheim erbaute. Die originelle Fassadengliederung mit
vertieften Putzfeldern ist für diese Zeit mehrfach nachzuweisen und stellt keine schöpferische Eigenleistung Prandtauers dar, was bei einem Frühwerk auch kaum zu erwarten ist.

Eingebettet in die vom Tal, wo Ried an Ried steht, über die Rinnen und Steinhänge
in Terrassen hinaufsteigende Rebe liegt *Weißenkirchen in der Wachau* (Farbt. 29).
Beherrscht wird der Markt von der hochgelegenen, weithin sichtbaren Wehrkirche. Der
spätgotische Kirchenbau wurde 1531 auf Befehl Kaiser Ferdinands I. mit vier Türmen,
Graben und Wallanlage zum Schutz gegen die Türken umwehrt und mit vierundvierzig
Kanonen ausgerüstet. Das hohe Kirchendach, der wuchtige quadratische Westturm –
der wie die meisten Wachauer Kirchen von einem hohen Walmdach bekrönt wird – und
der sechsseitige schlanke Treppenturm mit seinem spitzen Zeltdach verleihen dem Bauwerk eine eindrucksvolle Silhouette.

Das Ortsbild mit dem reichen Bestand an alten Winzerhäusern ist fast unversehrt
erhalten geblieben. Besonders stimmungsvoll ist der Platz vor der Kirche mit der stei-

len, holzgedeckten Stiege zum Kirchhof, der barocken Johannes-Nepomuk-Statue (1733) und dem Renaissance-Tor (1542) zum Teisenhoferhof (Abb. 127). Der Hofraum gehört zu den größten und malerischsten Arkadenhöfen der Wachau. In dem Gebäude ist ein kulturgeschichtliches Museum über die Wachau eingerichtet.

Nach Weißenkirchen, im letzten Teilstück der Wachau, beginnt sich das Donautal wieder auszuweiten, die Berghänge treten allmählich vom Uferrand zurück.

Legendenumwobenes Dürnstein

Zu Füßen der Burg ›Tyernstain‹ und unter ihrem Schutz entwickelte sich eine kleine Ansiedlung, die noch unter der Herrschaft der Kuenringer Namen und Rechte einer Stadt erhalten hatte. Burg, Stadt und Strom bilden in ihrer äußeren Erscheinung eine untrennbare Einheit. An keinem Punkt der Wachau sind Landschaft und Siedlung so eng verbunden. Anfang des 15. Jahrhunderts wurde die Stadt durch eine in Resten noch heute erhaltene Wehrmauer mit der hochliegenden Burg verbunden. In die alte Stadtanlage ließ 1710–1740 Propst Hieronymus Übelbacher nach Plänen von Joseph Munggenast und Matthias Steinl das Augustiner Chorherrenstift einfügen. Ist der Klosterkomplex kaum im Stadtbild spürbar, so ragt der Turm der Stiftskirche (1733) mit seiner schwingenden Silhouette wie ein Wogenbrecher am Ufer der Donau empor (Farbt. 28, Abb. 123, 124).

Ein reichgeschnitztes Holztor öffnet den Weg in den stimmungsvollen Stiftshof, der von dem prunkvollen Kirchenportal beherrscht wird. In der plastischen, ausdrucksstarken Bewegtheit scheinen Aufbau und Figuren im Entwurf auf den Bildhauer zurückzugehen, während das Programm der Darstellungen der Bauherr erdachte. Der weit vorschwingende Diadembogen des Portals trägt die imposante Statue des auferstandenen Christus mit Kreuz. Zu seinen Füßen stehen die Gestalten der vier Kirchenväter in heftiger, vom Heiligen Geist erfüllten inneren Bewegung, die sich in ihren Gesichtern widerspiegelt. Der schwungvolle, von zwei Obelisken flankierte Giebel bildet den Abschluß des einem Altar nicht unähnlichen Portals. Das Innere der Kirche überrascht als heller und weiter barocker Saalraum. Mittelpunkt ist der Hochaltar mit dem von Carl Haringer 1723 gemalten Altarbild ›Himmelfahrt Mariens‹, das den Hintergrund für den originellen Tabernakel bildet, der als große, vergoldete Weltkugel ausgeführt wurde.

Die hochgelegene Burg, heute eine malerische Ruine, wurde vielleicht schon im 12. Jahrhundert von den Kuenringern angelegt. In ihr wird ein Stück aus der Geschichte der Kreuzzüge wieder lebendig. Während des dritten Kreuzzuges, der unter Führung des greisen Kaisers Friedrich Barbarossa stand, war es im Juli 1191 bei der Eroberung der Festung Akkon zu einer heftigen Auseinandersetzung zwischen dem englischen König Richard I., genannt Löwenherz, und dem Babenbergerherzog Leopold V. dem Tugendhaften, gekommen. Von einem von den Österreichern erstürmten Turm ließ der Engländer das österreichische Kampfzeichen herabreißen und schloß Deutsche wie Italiener von der Beute aus.

Sechzehn bittere Monate hatte Richard Löwenherz heldenhaft als Gegenspieler Sultan Saladins im Heiligen Land gekämpft. Seine äußere Erscheinung war imponierend: Er war hoch gewachsen, kräftig, von schlanker Gestalt, mit rotgoldenem Haar und edlen Gesichtszügen. Als Heerführer kam ihm sein untrügliches Gefühl für Strategie und Taktik zugute. Er war ein fähiger Feldherr, eine glanzvolle ritterliche Erscheinung, aber von ausgeprägter psychischer Labilität, die ihn zwischen Großmut, Grausamkeit und devoter Zerknirschung schwanken ließ.

Im Spätherbst 1192 versuchte der englische König verkleidet über Kärnten und Österreich sich auf das Gebiet seines Schwagers Heinrich von Sachsen durchzuschlagen. In *Erpurch prope Vienna* (Erdberg im heutigen dritten Wiener Gemeindebezirk) wurde er beim Umwechseln hierzulande seltener byzantinischer Goldmünzen erkannt und am 21. oder 22. Dezember 1192 festgenommen. Nach der Gefangennahme ließ der Herzog den englischen König durch seinen Ministerialen Hadmar II. von Kuenring auf die Burg Dürnstein bringen. Dieses Bauwerk schien nicht nur wegen seiner besonders gesicherten Lage, sondern auch als würdiger Aufenthalt für den königlichen Gefangenen ausgewählt worden zu sein.

Der Sage nach hat ihn sein treuer Diener Blondel hier wiederentdeckt. An einem vom König selbst gedichteten Lied, auf dessen erste Strophe der König antwortete, erkannte Blondel seinen gefangenen Herrn. Tatsächlich sind zwei eigenhändige Gedichte des Königs überliefert, wovon das ältere während seiner Gefangenschaft entstanden, in französischer und provençalischer Sprache in bitteren Worten sein Schicksal beklagt.

Nach der Auslieferung von Richard Löwenherz an den deutschen Kaiser Heinrich IV. wird ein Lösegeld von 100 000 Kölner Mark Silber (ca. 23 000 kg) vereinbart. Der Kaiser finanzierte daraus seinen unteritalienisch-sizilianischen Feldzug, während Herzog Leopold V. hiervon die Stadtbefestigungen von Wien, Wiener Neustadt, Hainburg und Enns ausbauen ließ.

Die Gefangennahme eines Königs war ein besonderes Ereignis, das nicht nur den Zeitgenossen in Erinnerung blieb, vielmehr auch in Dichtung und Sage fortwirkte.

Die unvergleichliche Lage von Dürnstein begeisterte 1918 Max Reinhardt bei der Suche nach einem geeigneten Aufführungsort für Hofmannsthals ›Jedermann‹ so sehr, daß er zunächst daran dachte, vor dem herrlichen Barockportal mit den mächtigen flankierenden Sandsteinfiguren seine Festspiele zu veranstalten. Doch blieb alles nur eine Station auf dem Weg nach Salzburg.

Weinstadt Krems

Der weitgereiste Gelehrte Alexander von Humboldt hat einst ein berühmtes Wort geprägt: »Zu Gast bei den Jahrhunderten, wobei diese einander überbieten, und überdies in einer Gegenwart stehen, die den stets gültigen Genuß am Leben in sinnenfroher Art präsentiert – das erleben kann man nur in der Wachau!« Und am Ende eines solchen Ausflugs durch die Wachau steht die Doppelstadt *Krems-Stein* am Abhang der Weinberge, mit den vielfältigen Spitzen und Zacken der zahlreichen Kirchtürme, den altertümlichen Dachformen und den verträumten, malerischen Gassen (Abb. 129).

Eine arabische Weltkarte des Gelehrten Idrisi aus der Zeit um 1150 nennt ›*Ghermêsia*‹ als den bedeutendsten Handelsplatz im heutigen Österreich. Es ist jenes ›*Chremisa*‹, Krems an der Donau, das fünfunddreißig Jahre bevor Wien in den Niederaltaicher Annalen erwähnt wird, in einer kaiserlichen Urkunde von 995 als ›*urbs orientalis*‹, als Stadt im Osten, angeführt wird. Diese Stadtanlage war als Höhensiedlung an der Felsterrasse über der Mündung des Kremsflusses in die Donau entstanden.

Im nahegelegenen *Stein* geht eine gleichartige Entwicklung in das 5. Jahrhundert zurück, als vermutlich dort die Rugen ihren Königssitz errichteten. Am gegenüberliegenden Südufer der Donau wirkte damals im römischen Favianis (heute Mautern) der hl. Severin.

Kirchliches Zentrum von Krems war die 1014 gegründete Pfarrkirche St. Stephan, die sich anstelle der spätgotischen Piaristenkirche erhob. Dagegen hatte die an der steil abfallenden Gneisterrasse angelegte Altsiedlung ›Am Stein‹ im 11. Jahrhundert in der Michaelskirche ihren Mittelpunkt. Eine *curia ducis,* ein Herzogshof der Babenberger, wird in Krems schon um 1120 genannt. Von dieser Gebäudegruppe am Hafnerplatz 3–5 hat sich nurmehr die längst profanierte Andreaskapelle erhalten. In dem danebenliegenden Münzhof wurden zwischen 1130 und 1190 bereits Münzen, die Kremser Pfennige, geprägt.

Der ständige wirtschaftliche Aufschwung der Stadt ließ zu Füßen der hochgelegenen Altsiedlung die planmäßige Anlage einer Kaufmannsstraße (heute Untere Landstraße) mit rippenförmigen Quergassen entstehen. Mit dem ersten Bau der Veitskirche um 1178 gab es auch für diesen Stadtteil eine eigene Pfarrkirche. Das Anwachsen des Bürgertums gab den Bettelorden fruchtbaren Boden für ihre Bestrebungen und so erfolgte 1236 die Gründung des Dominikanerkonvents im Westen der Stadt. Die Tatsache, daß Krems und Stein als landesfürstliches Eigen einander wirtschaftlich ergänzten, führte zu einem einmaligen stadtrechtlichen Verhältnis. Beide Städte besaßen eine eigene Finanz- und Wehrhoheit und verfügten über eigene Privilegien, doch bildeten sie seit 1250 eine Bürgergemeinde und wurden gemeinsam von einem Stadtrichter, seit 1416 von einem Bürgermeister verwaltet. Jedes der beiden Gemeinwesen führte ein eigenes Stadtsiegel; erst 1463 verlieh Friedrich III. den beiden Städten ein gemeinsames Wappen, den doppelköpfigen Adler in Gold auf schwarzem Grund.

Von kriegerischen Ereignissen blieb die Gegend nicht verschont. Hussiten plünderten die Stadt, ungarische Truppen gelang es unter König Matthias Corvinus wohl Stein, nicht aber Krems einzunehmen, hingegen mußten beide Städte sich dem schwedischen Ansturm von 1645 ergeben.

Die fehlende Prosperität in der Gründerzeit hat dazu geführt, daß Krems sich sein geschlossenes Stadtbild mit den einzigartigen Baudenkmälern bewahrt hat. Am Südrand des Hohen Marktes, des ältesten Platzes in der Stadt, ließ sich der Stadtrichter Gozzo um 1280 ein burgenartiges Stadthaus mit Loggia, Rittersaal und Kapelle errichten (Abb. 130). In der ehemaligen, frühgotischen Dominikanerkirche ist das Museum der Stadt Krems untergebracht, in dem mittelalterliche Kunstwerke von erlesener Schönheit ausgestellt sind: der Grafenegger Flügelaltar von 1491, die Kaschauer Madonna (um 1440), der Lentl-Altar des ›Pulkauer Meisters‹ (um 1520–25), die Porträts des Apothekerehepaars Kappler aus dem Jahr 1544.

Die spätgotische Hallenkirche der Piaristen (ehem. Frauenbergkirche) wurde zwischen 1470 und 1520 unter Beteiligung von Steinmetzen der Wiener Dombauhütte erbaut. Den barocken Hochaltar schmückt ein Frühwerk von Martin Johann Schmidt (1756).

Im Spätmittelalter erlebte die Stadt eine Blütezeit der Kunst, die auf das innigste mit der Entstehung und Entwicklung des ›Donaustils‹ in der Malerei verbunden ist. Eine rege Bautätigkeit ist im 16. und zu Beginn des 17. Jahrhunderts festzustellen, und zwar schon weitgehend unter italienischem Einfluß. Die Laubenhöfe, deren schönster im Gasthof ›Alte Post‹ (Obere Landstraße 32) zu finden ist, mit ihrem an den Süden gemahnenden Charakter, überwiegend in der ersten Hälfte des 16. Jahrhunderts ausgeführt, legen Zeugnis ab vom Kunstsinn, handwerklichen Können und von der Freude am Schönen in der Kremser Bevölkerung. Zwischen 1548 und 1552 erfolgte auch der Umbau des Kremser Rathauses, wobei an der Ecke zur Oberen Landstraße ein fünfseitiger Erker mit reicher ornamentaler Gliederung angefügt wurde.

Den Höhepunkt stellte die Berufung der beiden Baumeister der frühbarocken Pfarrkirche St. Veit (1616–1630), Cipriano Biasino vom Comosee und Johann Baptist Spazio aus Mailand dar. Als eines der Zentren des Protestantismus bedurfte es während der Gegenreformation härtester Maßnahmen durch Kardinal Melchior Khlesl, um die Bevölkerung wieder dem katholischen Glauben zuzuführen.

Die Barockzeit hat das heutige Stadtbild überwiegend geformt, waren doch angesehene Künstler bemüht, sakralen und profanen Schöpfungen den Stempel ihrer Zeit aufzudrücken. Jakob Schletterer, Matthias Steinl und der Passauer Josef Matthias Götz schufen als Bildhauer prachtvolle Altäre, dem Ravelsbacher Stukkateur Johann Michael Flor gelang eine überaus lebendige Gestaltung vieler Hausfassaden (Untere Landstraße 1,4,41), der Baumeister Johann Michael Ehmann reiht sich ihnen würdig an. Glanzpunkt bildet freilich das Schaffen des spätbarocken Malers Martin Johann Schmidt, dessen qualitätvolle Altarbilder nicht allein in Nieder- und Oberösterreich, sondern auch in der Steiermark die Gotteshäuser zieren (Abb. 133).

In Stein stellt die spätromanisch-frühgotische Minoritenkirche (geweiht 1264) ein besonderes Kleinod der Architektur dar; sie dient dem Kulturamt der Stadt Krems zeitweilig als Ausstellungsraum (Kunstausstellungen). In unmittelbarer Nähe davon liegt die Göttweigerhofkapelle mit einem hervorragenden Freskenzyklus des frühen 14. Jahrhunderts. Zahllos waren seit dem frühen Mittelalter die Stiftslesehöfe bayerischer, salzburgischer, steirischer und oberösterreichischer Klöster, von denen aus der jeweilige Grundbesitz verwaltet wurde. Das Bistum Passau besaß seit dem 13. Jahrhundert große Güter in der Umgebung von Krems-Stein. Der gewaltige Komplex des ›Großen Passauerhofes‹ (Steiner Landstraße 76) erhielt um die Mitte des 16. Jahrhunderts jene mächtige Fassade mit Rundbogenzinnen, die dem Stadtbild ihr eigenes Gepräge verleihen und die bei Renaissancebauten in der Wachau häufig anzutreffen sind. Aus dem reichen Baubestand der Barockzeit sei das von Johann Michael Ehmann erbaute Rathaus (Rathausplatz 2) und das Meyreckh-Haus (Schürerplatz 8), in dem Ludwig Köchel – der Verfasser des Katalogs der Werke Mozarts – im Jahre 1800 geboren wurde, erwähnt. Das Wohnhaus des Barockmalers Martin Johann Schmidt befindet sich in der Steiner Landstraße 122, unmittelbar neben dem Brücken- oder Wassertor.

Der Wein war zu allen Zeiten Haupthandelsgegenstand, der nach Westen ausgeführt wurde (Spitzensorten: Wachtberg, Weinzierlberg, Jungfrau, Sandgrube). Daneben betrieb man intensiven Handel mit Salz und Eisen; beides wurde von hier nach Norden und Nordosten verfrachtet. Als Besonderheit von Krems sei die Senf- und Essigerzeugung seit dem 16. Jahrhundert erwähnt. Im Zeitalter Maria Theresias versuchte man, Industrie hierher zu verlegen (Samtfabrik, Kremser-Weiß-Erzeugung, Alaun-Bergwerk). Im Jahr des europäischen Denkmalschutzes 1975 wurde Krems neben Salzburg und Rust vom Europarat wegen seiner Bemühungen um die Erhaltung des architektonischen Erbes zur Musterstadt erklärt.

Stift Göttweig – Österreichs Monte Cassino

Am jenseitigen Donauufer liegt weithin sichtbar auf dem 449 Meter hohen Klosterberg die Benediktinerabtei *Göttweig,* die 1083 vom Passauer Bischof Altmann geweiht worden war. Von dem mittelalterlichen Klosterkomplex hat sich nur der spätgotische Chor der Stiftskirche Mariae Himmelfahrt erhalten, an den um 1634 der Kremser Baumeister Cypriano Biasino das frühbarocke Langhaus anfügte. Das Kircheninnere überrascht durch seine eigenartige, stets auf den Grundton Blau eingestimmte Farbigkeit. Aus dieser Zeit stammt auch der in Blau und Gold gehaltene Hochaltar mit einem Altarbild des Münchner Malers Andreas Wolf. Für Abt Gottfried Bessel entwarf 1718 Johann Lukas von Hildebrandt einen schloßartigen Neubau mit symmetrisch angeordneten Höfen, als dessen Mittelpunkt die Klosterkirche gedacht war, der jedoch unvollendet blieb. Von den damals hier beschäftigten Künstlern ist besonders der bekannte Kremser Schmidt durch zahlreiche Bilder für Kirche und Abtei hervorgetreten (Abb. 133). Die 1738 entstandene Kaiserstiege gehört zu den schönsten barocken Treppenhäusern Europas. Das Deckengemälde mit der Verherrlichung Kaiser Karls VI. hat Paul Troger geschaffen. Aus der gleichen Zeit stammen die Kaiserzimmer, in denen Maria Theresia und später auch Napoleon Bonaparte zu Gast waren.

Stift Klosterneuburg

Seit mindestens drei Jahrtausenden ist der uralte Kulturboden im Klosterneuburger Raum besiedelt. Reste eines römischen Kastells bezeugen, daß die strategische Bedeutung des Platzes schon früh erkannt worden ist, und die 791 genannte Kirchsiedlung ›Omuntesdorf‹ ist wohl mit jenem Stadtteil identisch, dessen Mittelpunkt von der vermutlich durch Karl den Großen gegründeten Martinskirche gebildet wird.

Die Schleierlegende

Auf spätmittelalterlichen Tafelbildern wird des öfteren als Bildhintergrund eine Ansicht Wiens mit der Burg auf dem Leopoldsberg gewählt (Abb. 41). Einer 1371 erstmals aufgezeichneten Legende zufolge soll Markgraf Leopold III. hier oben seine Residenz erbaut und der vom Söller durch einen Windstoß entführte Brautschleier seiner Gemahlin Agnes nach Auffindung im Geäst eines Holunderbaumes zur gelobten Gründung des Stiftes Klosterneuburg geführt haben. Historiker und Archäologen haben diese Erzählung längst widerlegt (Abb. 68).

Markgraf Leopold III. hatte um 1106 seine Hofhaltung von Melk nach ›Niwenburg‹ verlegt und gleichzeitig auf einer Terrasse über dem Donautal gemeinsam mit anderen Adeligen ein Kloster gestiftet. Ab 1113 tritt er als alleiniger Gönner mit großen Schenkungen an das Stift hervor. Ein Jahr später legt er den Grundstein zu der neuen mächtigen Stiftskirche, die 1136 bereits geweiht werden konnte. Sie war als dreischiffige, fünfjochige Basilika mit Querschiff und Dreiapsiden-Chorlösung die damals größte und wohl auch prächtigste Kirche des ganzen Landes. Alte Ansichten geben eine Vorstellung von dem achteckigen Vierungsturm, der 1637 abgetragen wurde. Offen bleibt die Frage nach dem westlichen Abschluß, da die Türme, 1887–1892 von Dombaumeister Friedrich Schmidt regotisiert und ausgebaut, aus dem späten 14. (Südturm) und dem 17. Jahrhundert (Nordturm) stammen. Drei Jahre vor der Weihe der Kirche wandelte der Markgraf das bis dahin weltliche Kollegiatstift in ein Kloster von Augustiner-Chorherren um, wodurch Klosterneuburg zu einem Zentrum der Kirchenreform werden sollte.

An die Nordseite der Stiftskirche schloß sich der, gegenüber dem heutigen, wesentlich kleinere romanische Kreuzgang, von dem sich an der Ostseite die zweischiffige

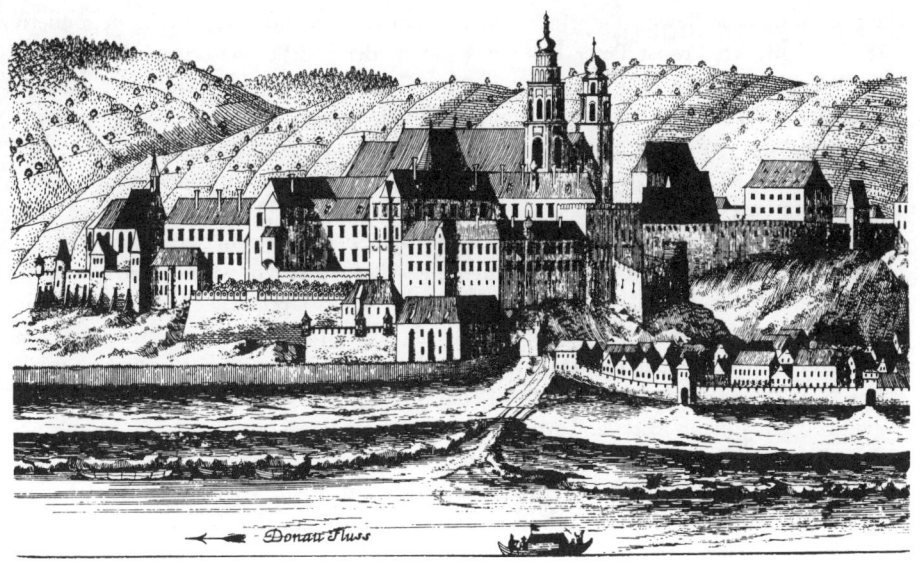

Stift Klosterneuburg vor der Barockisierung. Stich von Georg Matthäus Vischer, 1672

Halle des Kapitelsaales bis heute als geheiligte Begräbnisstätte des Babenbergermark-grafen erhalten hat. In einem kostbaren vergoldeten und teilweise emaillierten Silber-schrein ruhen die Gebeine des 1485 heiliggesprochenen Landespatrons von Nieder-österreich. Mit der Heiligsprechung war der von Herzog Rudolf IV. dem Stifter 1358 eingeleitete kanonische Prozeß endlich erfolgreich abgeschlossen und ähnlich den heiligen Königen Ludwig von Frankreich und Stephan von Ungarn ein National-heiliger erwachsen, der dem Land Österreich und dem Haus Habsburg erhöhten Glanz verleihen sollte.

Die einzelnen Flügel des Kreuzganges wurden zwischen 1250 und 1330 von Grund auf erneuert. Stilistisch ist der Kreuzgang von der Frühgotik der Zisterzienser ab-hängig und zeigt burgundische Einflüsse. Die erstaunlich phantasievollen Maßwerke waren ursprünglich mit jenen herrlichen Scheiben verglast, deren letzter Rest heute in den Fenstern des ehemaligen Kapitelsaales eingesetzt ist. In den Fensterscheiben erscheint übrigens zum erstenmal der Fünf-Adler-Schild, das heutige Landeswappen, das als apokryphes Wappen des Heiligen Leopold vermutlich in Klosterneuburg erfunden worden war. Dem Refektorium liegt an der Nordseite des Kreuzganges das ehemalige neuneckige Brunnenhaus (heute Agnes-Kapelle) mit einem prächtigen Maß-werkportal gegenüber. In die südwestliche Ecke ist eine Kapelle eingebaut, die die Brüder Reinhard († 1394) und Berthold von Wehingen († 1410) errichten ließen. Die zierliche Architektur zeigt enge Zusammenhänge zu der Formensprache der Wiener Dombauhütte.

Die protestantische Bewegung erfaßte im 16. Jahrhundert nicht nur die Stadt sondern auch das Stift, wo Propst Peter Hübner sogar in der Stiftskirche öffentlich Hochzeit hielt. Nach der siegreichen Beendigung der Gegenreformation weicht das strenge Innere der romanischen Basilika Zug um Zug dem weiträumigen barocken Saalkonzept (Abb. 143): 1634–45 Erneuerung der Gewölbe im Langhaus, Unterteilung der Seitenschiffe in Kapellen, Einbau der Westempore mit der von Anton Bruckner überaus geschätzten Festorgel des Passauer Orgelbauers Johann Freundt; 1680–1702 entsteht der schwere, naturalistische Stuck, der mit seinen von Engeln getragenen Fruchtkränzen, grotesken Masken und Kartuschen die Wandflächen von Mittel- und Querhaus überwuchert (Stuck von D. Piazzol, Fresken von J. G. Greiner); 1723–30 wird die barocke Erneuerung der Stiftskirche mit der Neugestaltung des Presbyteriums nach Plänen von Matthias Steinl und Donato Felice d'Allio abgeschlossen.

Die Stukkaturen schuf Santino Bussi, das malerische Konzept an den Gewölben verwirklichten Johann Michael Rottmayr und Gaetano Fanti.

Für das einstige politische Zentrum Österreichs unter Markgraf Leopold III. dem Heiligen schien noch einmal der alte Glanz wiederzukehren, als Kaiser Karl VI. den Neubau des Stiftes nach dem Vorbild des Escorial als gewaltige Klosterresidenz veranlaßte: ein gigantisches Projekt mit vier großen Höfen, von neun Kuppeln überragt, deren jede eine Krone des Hauses Habsburg tragen sollte (Abb. 142). Den Plan dafür hatte Donato Felice d'Allio entworfen, wobei die kaiserliche Hofbaukanzlei unter Joseph Emanuel Fischer von Erlach entscheidend in der Gestaltung mitgewirkt zu haben scheint. Neu an diesem Konzept war die Tatsache, daß die Stiftskirche im Kaisertrakt mit seinem Kuppelsaal ein gleichwertiges Gegengewicht erhalten sollte. Über die großzügig angelegte Kaiserstiege gelangt man zu dem monumentalen, ovalen Marmorsaal, dessen Kuppel ein Fresko von Daniel Gran mit einer Allegorie auf den Ruhm des Hauses Österreich (1749) schmückt.

Nach dem plötzlichen Tode Karl VI. im Jahre 1740 sah sich seine Tochter Maria Theresia wegen der hohen Staatsausgaben für die Erbfolgekriege gezwungen, den Bau einzustellen. Erst 1836–42 wird unter Architekt Joseph Kornhäusel der Torso soweit geschlossen, wie er sich heute präsentiert. Von den neun Kuppeln wurden nur zwei vollendet: die große mit der römisch-deutschen Kaiserkrone und die kleine mit dem österreichischen Erzherzogshut.

Mit dem Ende der politischen Größe Österreichs hat sich die Sendung des Stiftes auf das rein geistige Gebiet verschoben. Von hier nahm die in der ganzen Welt bekannte volksliturgische Bewegung ihren Ausgang, um dem katholischen Volk die Schätze aus Bibel und Liturgie wieder zugänglich zu machen.

Kunstschätze aus acht Jahrhunderten

Die hohe kulturelle Tradition innerhalb des Stiftes hat in Klosterneuburg eine Reihe hervorragender Kunstwerke entstehen lassen, die zum Teil noch heute ihren angestammten liturgischen Platz einnehmen beziehungsweise im Stiftsmuseum einen würdigen Aufstellungsplatz gefunden haben.

Der siebenarmige Leuchter ist das älteste erhaltene Einrichtungsstück aus der romanischen Stiftskirche. Er geht sicherlich auf eine Bestellung Markgraf Leopold III. zurück und ist in Verona entstanden. Die Form des Leuchters, der ursprünglich im Chor der Stiftskirche (seit 1649 in der Leopoldskapelle) aufgestellt war, geht auf den mosaischen ›Menorah‹ im Jerusalemer Tempel zurück. Hier wird er jedoch in der Form eines Baumes gestaltet, den man als ›Wurzel Jesse‹ ansah. Die sieben Lichter sollten wohl die sieben Gaben des Heiligen Geistes versinnbildlichen. Das gläubige Volk bezeichnete den einst vergoldeten Bronzeleuchter als ›Holunderstrauch‹ und brachte ihn mit der Gründungslegende des Stiftes in Verbindung. In den gegossenen Ästen sollte der legendenumwobene Holunderstrauch eingeschlossen sein, an dem sich der Schleier der Markgräfin wiedergefunden hat.

Der Grabaltar des hl. Leopold – der sogenannte Verduner Altar – besitzt in 45 kleinformatigen Täfelchen die schönsten und bedeutendsten Emailarbeiten des Mittelalters (Abb. 144). Meister Nikolaus von Verdun hat diese biblia pauperum im Jahre 1181 als Verkleidung einer Kanzelbrüstung angefertigt. In thematischer Hinsicht wird das Heilsgeschehen des Neuen Bundes in der mittleren Reihe den alttestamentlichen Vorbildern vor der Gesetzgebung durch Moses (oben) und unter dem Gesetz (unten) gegenübergestellt. Nach einem Brand in der Stiftskirche wurden 1331 unter Propst Stephan von Sierndorf die Emailtafeln (um sechs Stück vermehrt) zu dem bestehenden Flügelaltar umgearbeitet und an die Rückseiten die ältesten datierbaren Tafelbilder Österreichs angefügt. Der unbekannte Maler unternahm als erster in Mitteleuropa den Versuch, westeuropäisch-gotisches Formengut mit den neuen perspektivischen und ausdrucksmäßigen Errungenschaften des Kreises um den Italiener Giotto zu verbinden.

Aus der Reihe der monumentalen Statuen ist die schon im ersten Jahrzehnt des 14. Jahrhunderts entstandene ›Klosterneuburger Muttergottes‹ im Lapidarium zu erwähnen. Der hoheitsvolle und zugleich ergreifend menschliche Ausdruck bleibt dem andächtigen Betrachter unvergeßlich.

In der profanierten Sebastianskapelle am Stiftsplatz hat der gewaltige ›Albrechtsaltar‹ einen neuen Aufstellungsort gefunden, war er doch ursprünglich von König Albrecht II. († 1439) für die Karmeliterkirche Am Hof in Wien bestimmt. Auf den acht Tafeln der Feiertagsseite des Flügelaltars sind Szenen aus dem Marienleben abgebildet, während auf den sechzehn Tafeln der Sonntagsseite die Lauretanische Litanei illustriert wird. An der Werktagseite finden sich Szenen aus der Eliaslegende. Der ›Albrechtsmeister‹ kann als wichtigster Vertreter des ›schweren‹ Stils im Wiener Raum bezeichnet werden, da seine Figuren im Augenblick der Bewegung die Sphäre der eigenen Plastizität nicht mehr durchbrechen.

Aus Anlaß der Heiligsprechung des Markgrafen Leopold III. im Jahre 1485 entstand der sogenannte Babenberger Stammbaum, ein Triptychon, bei dem der Maler Hans Part einen wesentlichen Teil geschaffen hatte. Das Mittelstück dieses in seiner Art einzigartigen Tafelgemäldes zeigt in den Zweigen eines goldenen Baumes in siebenundzwanzig Rundbildern Szenen aus dem Leben der Babenberger. Im Hintergrund sind zumeist Städteansichten dargestellt, die bei Wien (Abb. 10), Melk, Laxenburg, Klosterneuburg, Heiligenkreuz, Kleinmariazell und Regensburg von hoher topographischer Treue sind. Auf den beiden Seitenflügeln sind die Frauen der Babenberger, aus Blütenkelchen wachsend, zu sehen.

In Rueland Frueaufs Leopoldsaltar (1505) wird die Schleierlegende in vier Tafelbildern erzählt. Mit seiner romantischen Empfindsamkeit und dem unmittelbaren Naturerlebnis zählen diese Klosterneuburger Tafeln zu den liebenswertesten Schöpfungen der Malerei der Donauschule.

Darüber hinaus besitzt das Stiftsmuseum eine stattliche Sammlung hervorragender Statuetten (Riccio, Giovanni da Bologna, G. R. Donner). In der Schatzkammer werden der Erzherzogshut sowie Geräte des gottesdienstlichen Gebrauches (darunter ein Kelch aus Donau-Gold) verwahrt, die zumeist noch heute verwendet werden.

Die Marchfeldschlösser

Die Landschaft des Marchfeldes ist einfach und großlinig. Im Westen und Norden durch die Hügel des Weinlandes begrenzt, dehnt sich diese mehr als 800 km² große Tiefebene nach Süden bis zur Donau mit ihren üppigen, geradezu subtropischen Auwäldern, nach Osten bis zu den urtümlichen Auen entlang der March, die dem Land den Namen gegeben hat. Der Name *March* ist abgeleitet von dem illyrischen *mar(us)*, was so viel wie Sumpf oder Moor bedeutet und dem germanischen Begriff für Fluß *(ahwa)*. Der Flußname wird in den Annalen des Tacitus als *Marus* erstmals erwähnt und in Königsurkunden des 11. Jahrhunderts als *Maraha* bei Grenzangaben genannt.

Die dichten Auwälder sind zum Rückzugsgebiet für selten gewordene Wasser- und Waldvögel wie den Fischreiher, das grünfüßige Teichhuhn, den zierlichen Goldregenpfeifer, die so exotisch wirkende Rohrdommel, den Wiedehopf und den Eisvogel geworden. Auch Edelhirsch, Reh, Fuchs, Marder und Fischotter sind hier anzutreffen. Bei Raasdorf und bei Lassee kann man vor allem in den Wintermonaten auf den Feldern die scheue Großtrappe, den größten flugfähigen Vogel der Welt, beobachten. Die Trappe wird über einen Meter lang und bis zu zwanzig Kilo schwer, doch fliegt sie trotzdem mit größter Ausdauer weite Strecken.

Nicht minder interessant ist die Pflanzenwelt des Marchfeldes. Bei Oberweiden liegt das Naturschutzgebiet des Sandbergs mit einer seltenen Steppenflora. Der Weltnaturfonds (World Wildlife Fund) hat 1970 ein Naturschutzreservat an den unteren Marchauen zwischen Marchegg und Zwerndorf geschaffen. Im nördlichen Teil nächst der Ortschaft Baumgarten trifft man in der Salzsteppe auf einen ›Alkali-Steppenwald‹ mit hochwüchsigen Salzpflanzen (Halophyten), wie er sonst im mittleren Europa nur noch an der Oberen Theiß in Ungarn vorkommt. Am Südende dieses Naturschutzgebietes nistet auf mächtigen Stieleichen die größte Weißstorchkolonie Österreichs. Hier haben sich auch die letzten Kormorane niedergelassen. Dazu gesellen sich Schwarzstorch, Graugans, Schwarzmilan, Sakerfalke, Brachvogel, Uferschnepfe, Rotschenkel, Schnatterente, Löffelente und Knäckente.

Im Marchfeld erreichen viele asiatische Pflanzen ihre westlichste Verbreitungsgrenze. Schon die Namen verraten dies häufig, wie Sibirische Glockenblume, Tatarischer Meerkohl und Pannonische Schafgarbe, aber auch die Russische Tarantelspinne und der Steppeniltis.

Die March ist seit alters Grenzfluß und Völkerscheide. Einst hatte sie den von Osten heranstürmenden Awaren, Magyaren und Kuruzzen Einhalt zu gebieten, so trennte sie im Vielvölkerstaat der Habsburgermonarchie die slawische von der deutschen Zunge. Mehr denn je ist heute die March, in deren Flußmitte die Staatsgrenze zwischen der Republik Österreich und der Tschechoslowakischen Sozialistischen Republik (ČSSR) verläuft, zu jenem ›Eisernen Vorhang‹ geworden, der zwei Weltanschauungen wohl auf unabsehbare Zeit voneinander trennen wird.

Das Marchfeld – ein wehrhaftes Grenzland

Die Lage des Marchfeldes zwischen den beiden Flüssen, am Schnittpunkt uralter Handelswege, offen gegen die benachbarten großen Siedlungsräume im Osten und Südosten, verlieh diesem Landstrich eine besondere strategische Bedeutung. Seit jenen Zeiten, da die Truppen des römischen Weltreiches die Donaugrenze gegen die barbarischen Völkerschaften zu verteidigen hatten, ist das Marchfeld immer wieder zum Schauplatz kriegerischer Geschehnisse geworden.

Nach dem überraschenden Markomanneneinfall im Jahre 171 n. Chr. drang Kaiser Marc Aurel mit seinen Legionen bei Carnuntum (Abb. 134, 135) über die Donau, wozu er sich einer – auch auf Münzen festgehaltenen – Schiffsbrücke bediente, nach Norden vor. Bei Stopfenreuth werden noch heute Fundamente eines römischen Brückenkopfes aus dieser Zeit gezeigt. In der entscheidenden ›Regenwunderschlacht‹, die auch auf einem der Reliefs an der für Marc Aurel errichteten Triumphsäule in Rom festgehalten ist, gelang es den Römern im Jahr 174 die markomannischen Streitkräfte endgültig zu besiegen. Den inbrünstigen Gebeten christlicher Legionäre war es zu verdanken, so berichtet zumindest der römische Geschichtsschreiber Tertullian, daß in der sengenden Sommerhitze eine kurze Regenperiode den erschöpften Soldaten Erfrischung und neuen Kampfesmut verliehen hatte. Nach dem Friedensschluß errichtete Marc Aurel innerhalb einer Pufferzone von 25 Meilen (rund 38 Kilometer) eine Kette römischer Befestigungsanlagen nördlich der Donau, so in Stillfried an der March und am Oberleiser Berg, die zeitweise mit insgesamt 20 000 Mann besetzt waren. Im Jahr 176 wurde dieser Schutzstreifen beträchtlich verringert. Marc Aurels große Pläne über die Errichtung einer Provinz *marcomannia*, die Weinviertel und Marchfeld sowie Teile von Böhmen und Mähren einschließen sollte, gingen ebensowenig in Erfüllung wie der Traum des Augustus von einem römischen Imperium bis an die March und die Sudeten.

Die Okkupationsversuche über das Marchfeld entsprangen nicht nur strategischen und machtpolitischen Überlegungen, sondern vor allem der genauen Kenntnis der wirtschaftlichen Gegebenheiten: Das Marchfeld war – und ist es heute noch – die Kornkammer für den gesamten Wiener Raum; die Garnisonen am südlichen Donauufer hingen in der Nahrungsmittelversorgung von den Lieferungen aus der seit dem ersten nachchristlichen Jahrhundert als *campi patentes* bekannten Ebene ab.

Nach dem Zusammenbruch der Römerherrschaft an der Donau durchziehen ost-
germanische Völkerschaften das Land und siedeln zum Teil im Marchfeld. Hunnen,
Goten, Rugier und Heruler wechseln einander während dieser dunklen Jahrhunderte
der Völkerwanderungszeit ab. Aus dieser Periode hat sich 1910 bei Unter-Siebenbrunn
das Grab einer jungen Frau mit ihrer Tochter gefunden, die nach den überaus reichen
Grabbeigaben wohl von hoher Abstammung gewesen sein muß: Drei massive Gold-
halsbänder, Ohrgehänge in Form von doppelhenkeligen Kugelfläschchen mit Schlangen
und Spiralen verziert, eine Gewandfibel reich besetzt mit tiefroten Almandinen und
umgeben von grünem Email und Glaspasten, ein Schlangenarmreif mit Granaten als
Augen, Schuhschnallen aus schwerem Gold und dazu Schmuck aus Bernstein. Unter
den zahlreichen Grabbeigaben fand sich auch ein Schminkgerät von höchster Raffinesse:
eine Silbernadel, bekrönt von einer Hand, die ein langhalsiges Kugelfläschchen hält.
Die abgeflachte Mündung des Fläschchens diente zum Verreiben der Schminke, die
ganze Nadel konnte nach Benützung als Schmuckstück im Haar getragen werden. Den
Bestattungsriten dieser Zeit entsprechend hatte man der Frau auch das Zaumzeug
ihrer Pferde mit ins Grab mitgegeben: Riemenbeschlagstücke aus vergoldetem Silber-
blech mit eingepunzter Ornamentik, Schließen und Zwingen aus reinem Silber, Stirn-
gehänge mit freibaumelnden Zieraten, reich ornamentierte Schnallen, die Seitenstangen
des Zaumzeugs in Bronze mit silbernen Riemenzungen. Dieser Fund, der vom Glanz
und Schönheitssinn germanischen Fürstenlebens zeugt, wird heute in der Antiken-
sammlung des Kunsthistorischen Museums in Wien aufbewahrt.

Um 500 lassen sich für kurze Zeit die Langobarden in *campis* Feld, womit das Marchfeld gemeint ist, nieder. Hier findet 509 vermutlich auch die große Auseinandersetzung mit den Herulern statt, von der Paulus Diaconus in seiner Geschichte der
Langobarden berichtet. Als die Langobarden unter ihrem König Alboin 568/69 nach
Italien abzogen, rückten die Awaren, ein mongolisches Hirtenkriegervolk, hier ein
und brachten in ihrem Gefolge slawische Stammesverbände mit ins Land. In der
Folge kommt es zu einem ständigen Kräftemessen zwischen den slawisch-awarischen
und den von Westen her vordringenden bayerischen Völkerschaften. Erst unter Kaiser
Karl dem Großen werden die Awaren 803 endgültig unterworfen. Kaum zwei
Generationen später taucht aus dem Osten ein neuer Feind auf – die Magyaren, die
907 in einer Schlacht bei Preßburg die karolingischen Marken an der Donau vernichten.
Aus der Zeit kurz davor, nämlich aus dem Jahr 901, datiert der erste Bericht von
einem Überfall der Magyaren auf die Bauern an der March. Die große Wende aber
brachte erst der entscheidende Sieg König Ottos I. in der Schlacht auf dem Lechfeld
am 10. August 955, als das ungarische Heer, das bis Augsburg vorgedrungen war,
vernichtend geschlagen werden konnte. Der Rückeroberung der Marken stand damit
nichts mehr im Wege. Die March blieb fortan Grenzscheide zwischen den Völkern.
Auf dem ›Maharafeld‹ trifft 1058 die Kaiserinwitwe Agnes, die für den jungen Heinrich IV. die Regierungsgeschäfte führt, mit dem Ungarnkönig Andreas zum Friedens-

schluß zusammen und um gleichzeitig die Verlobung ihrer Tochter Judith mit dem ungarischen Prinzen Salomon zu besiegeln.

Zweimal stellte sich der Böhmenkönig Přemysl Ottokar II., der nach dem Tod des letzten Babenbergers die österreichischen Lande an sich gerissen hatte, mit seinem Heerbann auf dem Marchfeld einer Schlacht. Am 12. Juli 1260 standen einander zwischen der Marchbiegung und Groißenbrunn das böhmisch-österreichische und das ungarische Heer gegenüber. Ottokar hatte sein Lager in Groißenbrunn aufgeschlagen und führte vom dortigen Flügel aus den Angriff. Belas Truppen hatten die March übersetzt, der König selbst leitete von einer Erhebung am jenseitigen Ufer aus die Kampfhandlungen. Eine vehement von Norden her vorgetragene Attacke der österreichischen Reiterei brachte in dem lange Zeit unentschiedenen Kampf endlich die Entscheidung und ließ die Ungarn ihr Heil in der Flucht über den Fluß hinweg suchen.

Zum Gedenken an den Sieg gründete der Böhmenkönig an dieser Stelle eine Stadt, wo »in der Ecke dort die March sich wendet«, wie es Franz Grillparzer in seinem Drama ›König Ottokars Glück und Ende‹ den siegreichen Feldherrn aussprechen läßt:

>»Marchegg, so soll man mir die Stadt auch nennen,
>Die ich dort baun will zu des Siegs Gedächtnis!
>Marchegg soll sein der Markstein meines Glücks
>Von dort aus weiter; denn wer hielte mich?
>Und wer dort geht, noch in den fernsten Tagen,
>Der soll von Ottokar und seinem Streiten sagen!«

Das von einer mächtigen Wehrmauer mit ehemals vier Toren umschlossene Stadtgebiet (900 x 750 m) war die größte planmäßige Stadtgründung in Niederösterreich und hätte 10 000 Menschen Platz bieten können. Die Ungunst der Lage machte Marchegg jedoch zu einer städtebaulichen Totgeburt, die nie jene, von Ottokar beabsichtigte Bedeutung an diesem Grenzfluß erlangte. An der Hauptangriffsseite der Stadt, in der Nordwestecke des Mauergevierts, wurde gleichzeitig die Stadtburg errichtet. In der Stadtmitte entstand die Pfarrkirche St. Margaretha, deren Patrozinium darauf hinweist, daß Ottokar diese Stiftung noch vor seiner Trennung von Margarethe von Österreich, der Schwester des letzten Babenbergers, festgelegt haben muß. Als 1268 Stadtmauer, Burg und Kirche vollendet waren, hatte er sich längst von der um vieles älteren Babenberger-Erbin getrennt und sich mit der Nichte des ungarischen Königs, Kunigunde von Halicz, vermählt.

Achtzehn Jahre später steht Přemysl Ottokar II. neuerlich auf dem Marchfeld, das nun zu seiner Walstatt werden sollte.

Nach seiner Niederlage bei der deutschen Königswahl gegen Rudolf von Habsburg verweigert der Böhmenkönig die Herausgabe der Reichslehen und stellt sich am 26. August 1278 bei Dürnkrut zur Schlacht. Sie ist als die größte Ritterschlacht aller Zeiten in die Geschichte Österreichs eingegangen. Das Heer König Rudolfs I. wird auf etwa 30 000 Mann geschätzt. An Rittern werden 4 500 angenommen, davon rund 550 auf gepanzerten Pferden. Die Zahl des Fußvolkes ist nicht bekannt, und bei den Angaben über die verbündete ungarische leichte Reiterei schwanken die Zahlen zwischen 12 000 und 40 000. Die Stärke des böhmischen Heeres wird ebenfalls mit 30 000 Mann angegeben. Bei König Ottokar sollen sich 6 500 Ritter befunden haben, davon mehr als 900 auf gepanzerten Pferden, etwa 23 000 Mann Fußvolk sowie leichte polnische und sarmatische Reiterei. Dem von Znaim über Laa/Thaya vorrückenden Böhmenkönig stellte sich Rudolf in der Marchebene zwischen Angern und Stillfried entgegen. Das historische Schlachtfeld erstreckt sich über die Felder nordöstlich und südlich von Dürnkrut bis zur March und zu den beiden Bächen Waiden- und Kruttelbach. In einem Karree von etwa zwei auf zwei Kilometer fiel um die Mittagszeit des 26. August 1278 die Entscheidung.

In drei Treffen waren die feindlichen Reitereien aufeinandergeprallt. König Rudolf selbst war einmal in der Nähe des Waidenbaches in tödliche Bedrängnis geraten, als er aus dem Sattel geworfen, durch die schwere Rüstung bewegungsunfähig unter seinem Pferd begraben lag. Nur durch die persönliche Tapferkeit seines Gefolgsmannes Walter von Ramsweg, aus des Königs heimatlichem Thurgau, konnte er befreit werden und ein neues Pferd besteigen. Durch einen geschickten Flankenangriff der österreichischen Reiterei wurde dann endlich die Schlacht entschieden. Die Niederlage des böhmischen Heeres war katastrophal: 12 000 Mann sollen auf dem Schlachtfeld gefallen sein oder wurden gefangengenommen. Viele waren bei dem Versuch, über die March zu entkommen, ertrunken. Auf der Flucht ist dann König Přemysl Ottokar II. zwischen Jedenspeigen und Drösing von persönlichen Feinden umstellt und nach tapferer Gegenwehr erschlagen worden, vermutlich von Rudolf von Emerberg. Noch auf dem Schlachtfeld soll König Rudolf, als ihm der arg verstümmelte Leichnam des Böhmenkönigs auf einer Bahre gebracht worden war, über seinem toten Feind ein Gebet gesprochen haben. Dann hatte er ihn nach Wien bringen und bei den Minoriten aufbahren lassen. Der Leichnam des Königs wurde dann im Minoritenkloster in Znaim beigesetzt und erst später in den Prager Veitsdom überführt, wo sein Grab 1977 wiederentdeckt wurde. Das Herz des Böhmenkönigs blieb allerdings in Wien und wurde in einer Urne in der Katharinenkapelle der Minoritenkirche aufbewahrt. Heute erinnert nur ein schlichter Gedenkstein für Rudolf von Habsburg am Kirchberg von Stillfried/Grub an diese entscheidende Schlacht. Das Marchfeld hat aber auch dem Paradeplatz der berühmten französischen Militärakademie von Saint Cyr in Coetquidan bei Beignon (Bretagne) seinen Namen gegeben, »où la Bohème fut battu par Rudolphe Ier de Habsbourg, est l'un des principaux champs de bataille en Europe«.

Viel Blut floß während der Fehdekriege des 15. Jahrhunderts. Schwerste Verluste erlitt das Land während des Türkeneinfalls von 1529. Es folgten Pest, Cholera, Überschwemmungen und Heuschreckenplagen. Nach dem Ende des Dreißigjährigen Krieges und der Zweiten Türkenbelagerung Wiens war das Marchfeld ausgeblutet. In den einst blühenden Dörfern lebten kaum mehr als 6 000 Menschen, alle anderen waren verschleppt oder getötet. Bildstöcke, Flurnamen und Sagen erinnern noch heute an diese schwere Zeit.

Entlang von Donau und March waren zahlreiche Burgen und Befestigungsanlagen entstanden, deren Anlage und Form, zu verschiedenen Zeiten geprägt, die wechselnde historische Aufgabe und das sich wandelnde Geschick der sie umgebenden Landschaft widerspiegeln. Längs der Donau schützten sie dort einst Handel und Verkehr auf dem großen Wasserweg, während sie an der March der Sicherung des Landes dienten. Südlich von Marchegg lagen die Grenz- und Verteidigungsstützpunkte der Festung Hof (heute Markthof) und die Wasserburg Grafenweiden (nächst dem heutigen Niederweiden). *Grafenweiden* geht in seiner Anlage in das 10./11. Jahrhundert zurück und entsprach mit seiner gewaltigen Ausdehnung (750 x 400 m) vor seiner Zerstörung durchaus den gestellten Aufgaben: Sie sollte zugleich die alte Bernsteinstraße, die bei Deutsch-Altenburg die Donau überquerte, und den Marchübergang an der alten Ungarnstraße, der Platea Hungarica, bewachen. Westlich davon lag die Befestigung von Eckartsau, deren mittelalterlicher Baubestand einem großzügigen barocken Neubau zum Opfer gefallen war.

Nahezu unverändert hat sich das Äußere des trutzigen Wehrbaues von *Orth an der Donau* erhalten (Abb. 149). Zwischen vier mächtigen Ecktürmen bilden an drei Seiten mehrgeschossige Wohntrakte eine Front gegen Straße und Dorf. Da von den Donauauen her kaum ein Angriff zu erwarten war, schützte hier nur eine hohe Wehrmauer den Innenhof. Solch einen trutzigen Wehrcharakter hat wohl auch die alte kaiserliche Burg in Wien oder die Burg zu Wiener Neustadt besessen. Noch Kaiser Maximilian I., der große Liebhaber des ritterlichen Waidwerks, hatte kurz vor seinem Tod den Grafen Niklas Salm zum Pfleger der Herrschaft Orth eingesetzt. Sein Nachfolger und Enkel, Ferdinand I., verlieh ihm zum Dank für seinen Heldenmut bei der Verteidigung Wiens 1529 Burg und Herrschaft samt Wildbann und Landgericht als erbliches Lehen. Niklas Salm ließ die mittelalterliche Burg den damaligen Lebensgewohnheiten anpassen, wovon die vermauerten rundbogigen Doppelfenster des einstigen Festsaales im Westtrakt noch heute Zeugnis ablegen. Unter Augustin Graf Auersperg entstand 1679 vor der Burg ein ›Stöckl‹, das sogenannte Neue Schloß, dessen Zimmerfluchten dem wachsenden Qualitätsbedürfnis eines herrschaftlichen Absteigequartiers für die Jagdgesellschaften gerecht wurden. Seit 1824 war Burg Orth in kaiserlichem Besitz. An die zahlreichen Jagdaufenthalte des Kronprinzen Rudolf erinnert der Johann Schrammel-Walzer ›Die Rose von Orth‹, der seiner Gemahlin Stephanie von Belgien gewidmet ist.

Heute sind in dem düsteren Burgbau das Heimatmuseum und das Österreichische Fischereimuseum untergebracht. In den Ausstellungsräumen findet man alte Fischereigeräte: Netze, Hucheneisen, Korbreusen und einen Einbaum aus dem Salzkammergut. In den Aquarien werden verschiedene Fischarten der Donau und ihrer Nebenflüsse gezeigt. Auch dem Thema Gewässerschutz ist breiter Raum gewidmet. Das Glanzstück des Museums ist jedoch die Burgkapelle aus dem Jahre 1529, die heute als Fischerkapelle international bekannt ist. In ihr wird alljährlich zu Peter und Paul eine Fischermesse gelesen. In einer Bilddokumentation werden die sechs, thematisch ungemein reizvollen Fischerkanzeln von Österreich festgehalten (Traunkirchen, Gaspoltshofen, Fischlham, Neusiedl, St. Peter ob Judenburg, Tautendorf). Im einstigen Burggraben stehen zwei Baummethusaleme: an die 250 Jahre alt ist die 35 m hohe Platane, deren Stamm den beachtlichen Umfang von 6,50 m bereits erreicht hat; daneben steht ein gigantischer südamerikanischer Tulpenbaum, dessen rotorange Blüten im Juni von allen Besuchern bewundert werden.

Das älteste Befestigungswerk am nördlichen Donauufer steht inmitten dichten Auwaldgehölzes in *Sachsengang*. Auf einem künstlich aufgeschütteten Hügel von 60 m Durchmesser erhebt sich der fast kreisrunde, einst mit drei Türmen verstärkte Burgbau. Ein zwanzig Meter breiter Graben schützte einst diese ›Hausbergfestung‹, wie man allgemein derartige Anlagen nennt. Zusammen mit dem gleichfalls von Ringwall und Graben umgebenen Kegelstumpf des ›Kirchberges‹ mit der Johannes-Kirche in Oberhausen bildete die Burg von Sachsengang ein wehrhaftes Bollwerk an einem der zahlreichen Donauarme (Gang). Von hier aus ließ sich der alte Donauübergang nahe der Fischamündung wohl überwachen. Mit der Errichtung einer Donaubrücke bei Wien im Jahr 1493 nahm die Bedeutung der Burganlage langsam ab. Die fortschreitenden Veränderungen des Stromes und die Versandung seiner Nebenarme ließen Sachsengang immer weiter vom Wasserweg abrücken und besiegelten so den Verlust seiner einst beherrschenden Stellung. Nur im Franzosenkrieg 1809 übte die Burg ihre alte Verteidigungsfunktion noch einmal aus, als sie den Truppen Napoleons erbitterten Widerstand leistete.

Allmählich wandelten sich die Burgen des Marchfeldes zu Renaissanceschlössern in Form schlichter Vierflügelbauten. Manchmal werden sie mit Ecktürmen bereichert, oder ein Torturm hebt eine der vier Fassaden als Schauseite hervor, damit kommt das barocke Schloß zum Durchbruch, wobei dann die Ecktürme als Risalite den Hauptflügel rahmen, wie in Marchegg. Die Eckrisalite bilden dann, nach vorne gezogen, in weiterer Entwicklung den Ehrenhof des Barockschlosses (Schloßhof).

Barocke Jagdlust an Donau und March

Am 15. Jänner 1725 schenkte Kaiser Karl VI. dem siegreichen Türkenbezwinger, Prinz Eugen von Savoyen, die Herrschaft Obersiebenbrunn »zu seiner beliebigen Excursion und Landsdistraction«. Damit begann sich der Charakter dieser wehrhaften Grenzlandschaft allmählich in eine heitere Atmosphäre höfischen Jagdlebens zu wandeln. An die Stelle der Festungsbauten traten, da durch den Frieden von Passarowitz (1718) die Türkengefahr endgültig gebannt war, barocke Landschlösser mit künstlerisch überaus reicher Innenausstattung.

Durch den Hausarchitekten des Prinzen, Johann Lukas von Hildebrandt, erfuhr der schlichte, aus dem 17. Jahrhundert stammende Vierflügelbau des Schlosses *Obersiebenbrunn* an seinen Fassaden eine Neugestaltung: Reich gegliederte Fensterumrahmungen mit geschwungenen Verdachungen und ein mächtiger Torturm mit figuralem Schmuck geben nun dem Bau ein herrschaftliches Aussehen. Hinter dem Schloß wurde ein prächtiger Park mit weitläufigen Wasserbassins und Kanälen angelegt; als point de vue entstand am Ende der Hauptachse des Schloßparks ein anmutiger Gartenpavillon. Der ovale, mit einer Kuppel überwölbte Raum gibt mit seinen Fenstern und Türen den Blick auf die hier sternförmig zusammenlaufenden Gartenwege frei. Das Innere ist mit originellen Groteskmalereien von Jonas Drentwett übersponnen: Sie stellen in bunter Verschlingung von Ornament und Figuren die Freuden des Landlebens dar. Die vier Jahreszeiten sind durch mythologische Figuren symbolisiert: Ceres, die Göttin des Sommers auf ihrem von Drachen gezogenen Wagen und der Wintergott Saturn stehen einander ebenso gegenüber wie der den Herbst versinnbildlichende Weingott Bacchus und die Frühlingsgöttin Flora mit dem kindlichen Amor. So deuten diese Göttergestalten und die in den Jahresablauf eingefügten Jagdszenen auf die Bestimmung von Gartenhaus und Landsitz.

Im selben Jahr, 1725, kaufte Prinz Eugen von Savoyen auch die Herrschaft *Hoff an der March*. Ein vierflügeliges, von Wall und Graben umgebenes Kastell auf einer Terrasse über der Marchniederung gelegen, bildete den befestigten Mittelpunkt des großen Landgutes. Prinz Eugen begann bald nach der Übernahme der Herrschaft mit dem Umbau des Schlosses, den er wieder Johann Lukas von Hildebrandt übertrug. Das aus dem frühen 17. Jahrhundert stammende Kastell blieb als Kernbau des Schlosses erhalten. An der Westfront wurden zwei Flügelbauten angefügt, die in Pavillons mit Mansardendächern endigten und mit der Hauptwand den eigentlichen Ehrenhof umrahmten. Im Herbst des Jahres 1729 war der Umbau des Schlosses beendet. Im folgenden Jahr arbeiteten mehr als zweihundert Maurer und dreihundert Tagwerker an der Aufführung der riesigen Gartenterrassen, die gegen die March hin angelegt wurden. Die ursprüngliche Erscheinung von Schloßhof überliefern drei in den Jahren zwischen 1758 und 1760 entstandene Gemälde von Bernardo Bellotto, genannt Canaletto, in der Gemäldegalerie des Kunsthistorischen Museums in Wien.

Kurz darauf, im Jahr 1727, erwarb Prinz Eugen auch das nahegelegene Schloß *Niederweiden*. Dieses kleine Jagdschloß ist der einzige Neubau unter den zahlreichen Marchfeldschlössern. Bauherr war der heldenmütige Verteidiger Wiens während der Zweiten Türkenbelagerung von 1683 und spätere Präsident des Hofkriegsrates, Ernst Rüdiger Graf von Starhemberg, der um 1693 den Wiener Hofarchitekten Johann Bernhard Fischer von Erlach mit der Ausarbeitung eines Entwurfes für ein solches

137 Mayerling. Ehem. kaiserliches Jagdschloß, Schauplatz der Tragödie um Kronprinz Rudolf

◁ 136 Stift Heiligenkreuz. Westfassade der Zisterzienserkirche mit Pestsäule, um 1180/1250

138 Kurstadt Baden am Ostrand des Wiener Waldes

Weinberge bei Pfaffstätten

Weinlese im Spätherbst

141 Einschichthöfe bei St. Corona am Schöpfl

142 Klosterneuburg. Projekt für den barocken Neubau des Stiftes durch Donato Felice d'Allio, 1730

143 Klosterneuburg. Innenansicht der Stiftskirche, umge-
     staltet 1634–45 und 1697–1730

144 Stift Klosterneuburg. Verduner Altar (Detail), 1181

Laxenburg, Franzensburg und Park aus der Vogelschau. Kupferstich nach Rudolf von Alt

147 Wiener Neustadt. Burgkapelle St. Georg, erbaut 1449-60 von Peter Pusika

Wiener Neustadt, Markttag am Hauptplatz

149 Burg Orth/Donau. Ein trutziger Wehrbau des 13. Jhs.

◁ 148 Semmering mit Schneeberg

150 Schloß Eckartsau. Deckenfresko im Marmorsaal von Daniel Gran, um 1732

151 Schloß Eckartsau. Stiegenhaus (1722–32, J. L. v. Hildebrandt?)

Schloß Marchegg. Höfischer Jagdsitz des 18. Jhs.

Schloßhof. Barockes Parktor, um 1725

154 Schloßhof. Kapelle: Deckenfresko von Carlo Carlone, 1725

155 Eisenstadt. Schloß Esterházy, erbaut 1663–72 durch Carlo Martino Carlone

156 Eisenstadt-Oberberg. Bergkirche, Haydn-Mausoleum

157 Joseph Haydn (1732–1809), Bleistiftzeichnung George Dance, 1794

Rust. Rathausplatz 2, barockes Bürgerhaus ›Zum Auge   159   Purbach. Hauszeichen ›Zum Purbacher Türken‹
Gottes‹
                                                        162   Rust. Fischerkirche, Hauptschiff mit Orgelempore, um 1515 ▷

Breitenbrunn. Wehrturm (1688)   161   Mörbisch. Haus mit Stiegenlaube (um 1860)

Malerischer Stangenbrunnen im Seewinkel bei Apetlon   166   Tabakernte im Burgenland

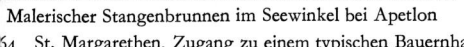

64   St. Margarethen, Zugang zu einem typischen Bauernhaus

163   Schloß Halbturn, Deckenfresko ›Triumph des Lichts‹ von Franz Anton Maulbertsch, 1765 (Detail ›Flora‹)

Strandidylle am Neusiedler See   168   Frauenkirchen, barocker Kalvarienberg   ▷

›Lustgebäude‹ betraute. Inmitten der weitläufigen Ebene des Marchfeldes, vor der Kulisse eines Laubwaldes, liegt der – französischen Vorbildern folgende – flache Schloßbau, dessen Herzstück, ein ovaler Kuppelsaal, die seitlichen Flügelbauten überragte. In diesem Werk, das eine Synthese französischer Schloßbaukunst und oberitalienisch-palladianischen Villenstils darstellt, schlug Fischer zum erstenmal das Motiv des Ovalsaals zwischen Flügelbauten an, das in seinem weiteren Schaffen immer wiederkehren sollte.

Nach dem Tode Prinz Eugens fiel die Herrschaft Schloßhof-Niederweiden an seine Nichte, die Gräfin Victoria von Savoyen, die sich im Jahr 1738 mit dem Prinzen Josef Friedrich Wilhelm von Sachsen-Hildburghausen vermählte. Bald jedoch verlor die neue Eigentümerin das Interesse an den weitab vom Wiener Hof gelegenen Besitzungen und bot 1754 die beiden Schlösser samt den ausgedehnten Ländereien der kaiserlichen Familie für 400 000 Gulden zum Kauf an. Eine absichtsvoll rauschende Festlichkeit, die eine ganze Woche andauerte, sollte es Maria Theresia und ihrem Gemahl Franz Stephan von Lothringen erleichtern, sich zum Kauf zu entschließen. Der Komponist Karl Ditters von Dittersdorf, der damals als Geiger in der Musikkapelle des Prinzen angestellt war, hat in seiner ›Lebensbeschreibung‹ diese Festivitäten ausführlich geschildert: Im Schloßpark von Niederweiden wurde den hohen Gästen ein von der Landbevölkerung gesungener Begrüßungschor dargebracht; auf den noch heute bestehenden Teichen im nahegelegenen Groißenbrunn fand ein Wasserkaroussell statt; besonderes Interesse fand die Aufführung der kleinen Oper ›Die Chinesinnen‹ von Christoph Willibald Gluck; darüberhinaus gab es noch zahlreiche Feuerwerke, Bacchantenfeste und Jagden in den March-Auen.

Waren die Schlösser von Schloßhof und Niederweiden durch ein Vierteljahrhundert unangetastet geblieben, so nötigte um das Jahr 1760 der Aufenthalt des kaiserlichen Hofes zu einer Vergrößerung der Bauten für das zahlreiche Gefolge. In Schloßhof wurde ein weiteres Stockwerk Hildebrandts Schloßbau aufgesetzt, die Fassaden überarbeitet und an der Gartenfront ein Säulenportikus vorgesetzt. Im Inneren bewahrte vor allem die Kapelle ihr ursprüngliches Aussehen: Über dem Altar mit dem eindrucksvollen Altarbild der Kreuzabnahme des neapolitanischen Barockmalers Francesco Solimena läßt das lichte Farbenspiel des Kuppelfreskos von Carlo Carlone den architektonischen Raum in einen von Engeln bevölkerten Himmelsraum übergehen (Abb. 154). In dieser Kapelle wurde eine der glücklichsten Ehen im Hause Habsburg-Lothringen zwischen der Lieblingstochter Maria Theresias, Maria Christine, und dem Prinzen Albert von Sachsen-Teschen, dem Begründer der weltberühmten graphischen Sammlung ›Albertina‹, geschlossen. In einzelnen Räumen haben sich reich figurierte Stuckdecken und prachtvolle Marmorkamine erhalten. Die Einrichtung des Spielzimmers von Prinz Eugen ist derzeit in der Bundessammlung alter Stilmöbel (Wien 7, Mariahilfer Straße 89) aufgestellt.

Mit dem Tod Maria Theresias im Jahr 1780 erlosch das Interesse des Hofes für Schloßhof. Das Wasserwerk des Prinzen Eugen, das die Fontänen und Kaskaden der

Das Schloß Niederweiden vor dem Umbau durch Franz Anton Hillebrandt

Gartenterrassen speiste, verfiel. Den Todesstoß erhielt die Anlage 1898/99, als sie der Heeresverwaltung für die Errichtung eines Reitlehrinstitutes der Artillerie und Traintruppe überlassen wurde. Die schmiedeeisernen Gartentore (Abb. 153), die steinernen Balustraden und die reizenden Gartenskulpturen wurden abgebrochen, so daß sich heute Schloß und Park nur mehr in schwachem Abglanz der ursprünglichen Größe der mit riesigen finanziellen Mitteln errichteten Gesamtschöpfung Prinz Eugens zu offenbaren vermag.

Auch Niederweiden erfuhr unter Maria Theresia eine einschneidende Umgestaltung: durch eine Aufstockung wurde eine neue Geschoßeinteilung geschaffen, der ganze Bau mit einem französischen Mansardendach versehen. Das Innere wurde um 1770 mit illusionistischen Wandmalereien aus der Hand von Jean Pillemont ausgeschmückt. Nur die beiden ebenerdigen Nebengebäude an der Straße haben sich unverändert von der ursprünglichen Anlage erhalten; im linken ist die einstige Jagdküche mit allem Zubehör bestehen geblieben.

Zu einem barocken Jagdsitz ließ auch Franz Ferdinand Graf Kinsky das einstige Wasserschloß *Eckartsau* in den Jahren 1722 bis 1732 ausbauen. Damals wurde der Westtrakt des Schlosses von Grund auf erneuert, denn hier sollte das Stiegenhaus und der Festsaal entstehen. Zwar ist der Architekt dieses Umbaues nicht urkundlich belegt, doch deuten zahlreiche architektonische Details auf Joseph Emanuel Fischer von Erlach. Risalitartig löst sich ein Mittelpavillon aus der zart gegliederten Westwand mit Balkon und Dreiecksgiebel. Über dem Kinskyschen Wappen im Giebelfeld weist die plastische Gruppe der Jagdgöttin Diana mit dem in einen Hirsch verwandelten Aktäon auf die einstige Bestimmung des Baues. Durch die große Einfahrt gelangt man in das als Pfeilerhalle gestaltete Vestibül, das zu dem hohen rechteckigen Stiegenhaus führt (Abb. 151). Auch die Dekoration des Stiegenhauses ist ganz auf den Zweck des Schlosses eingestimmt: in den Stuckdekorationen werden Feld-, Rotwild- und Schwarzwildjagd sowie der Fischfang angesprochen; in dem Deckengemälde von François Roettiers die Falkenjagd. Von hier aus betritt man den großen Saal: der Tradition der barocken Deckenmalerei in Italien folgend, schuf hier Daniel Gran, der eben erst die monumentale Ausmalung der Hofbibliothek vollendet hatte, ein Abbild des olympischen Götterhimmels, dessen helle, satte Farben mit dem rötlichen Ton des Stuccolustro an den Wänden, dem Marmor der Kamineinfassungen und dem Weiß der plastischen Gruppen in den Wandnischen harmonisch zusammenklingen (Abb. 150). Dianas Gefährtinnen bevölkern die untere Zone des Deckengemäldes; die Opferung eines Rehbocks durch einen greisen Priester weist auf die geradezu kultische Bedeutung hin, die der Jagd noch im 18. Jahrhundert beigemessen wurde. Zum lichten Mittelpunkt des Deckengemäldes führt Apollo seine Schwester Diana empor, wo die Götter des Olymp sie empfangen, und in den Nischen der Scheinarchitektur, die den ganzen Himmelsraum trägt, deuten Jagdgetier und Trophäen wiederum auf die Hauptgestalt dieser Apotheose. In zwei Nischen der Ostwand des Saales stehen zwei Raptus-Gruppen (Alpheus und Arethusa, Apollo und Daphne), die, ebenso wie alle anderen Steinbildwerke im Schloß, 1731 von Lorenzo Mattielli geschaffen worden sind. Über den beiden Kaminen hat man nachträglich die Porträts von Kaiser Josef I. und seiner Gemahlin Wilhelmine Amalie von Braunschweig eingefügt.

Diese überaus reiche Ausstattung dieses Landsitzes hatte die finanziellen Mittel des Bauherrn soweit erschöpft, daß er 1760 das Schloß an den Hof verkaufen mußte. Die große Donauüberschwemmung von 1830, die auch weite Teile von Wien in Mitleidenschaft gezogen hatte, zwang zur Abtragung des Ostflügels, der erst 1897/98 unter dem Thronfolger Franz Ferdinand von Este in der bestehenden Form wiedererrichtet wurde. Als ambitionierter Gartengestalter widmete sich Franz Ferdinand auch der Neuanlage des weitläufigen Schloßparkes, so wie er es vorher schon in Artstetten und Konopiste (Böhmen) getan hatte. In diesem Schloß vollendet sich auch das Geschick der Österreichisch-Ungarischen Monarchie: nachdem Kaiser Karl 1918 im Schloß Schönbrunn seine Abdankung vollzogen hatte, verbrachte er kurze Zeit mit seiner Familie in Eckartsau, von wo er seine Reise in das Schweizer Exil antrat.

Weit weniger aufwendig ließ um 1733 Nikolaus Graf Pálffy sein Wasserschloß in *Marchegg* (Abb. 152) dem herrschenden Zeitgeschmack anpassen: alle ehemals der Verteidigung dienenden Bauteile und Einrichtungen, wie Graben, Mauern, Ecktürme und Brücken, wurden entfernt; der Südfront wurde eine barocke Fassade mit Mittel- und Seitenrisaliten vorgeblendet, dahinter blieb der Bau des 17. Jahrhunderts fast unverändert erhalten. Im Schloß ist heute das Niederösterreichische Jagdmuseum untergebracht. Das Stiegenhaus mit dem Empfangssaal ist der historischen Jagd gewidmet. An den Wänden hängen seltene Hirschgeweihe aus der ehemaligen kaiserlichen Hofsammlung. In den Schauräumen werden die Themen der Wasser-, Feld- und Gebirgsjagd sowie der Jagdliteratur und der Jagdmusik behandelt. Im Park vor dem Schloß steht die von Kaspar Zumbusch geschaffene Bronzeplastik der Jagdgöttin Diana.

Die Marchfeldschlösser spiegeln ein Stück österreichischer Kulturgeschichte wider. Der Vergleich mit der Schlösserlandschaft an der Loire liegt nahe – und erweckt zweifachen Widerspruch: das Marchfeld als Ganzes gesehen, ist in seinem Landschaftsbild vielfältiger, dafür ist die Mannigfaltigkeit und auch die Zahl der Schlösser, Burgen und Herrensitze nicht so groß; und erst allmählich erhalten sie nach den katastrophalen Verwüstungen im Zuge des Zweiten Weltkrieges jenes restauratorische Make-up, das die grandiosen Châteaux längst zu Fremdenverkehrsattraktionen werden ließ.

1809 – Entscheidung zwischen Aspern und Wagram

In den ersten eineinhalb Jahrzehnten des 19. Jahrhunderts stand Europa im Bann eines Mannes: Napoleon Bonaparte. Er war der Vollender und Überwinder der Französischen Revolution und hatte ein Kaisertum begründet, das er, in Anlehnung an römische und karolingische Vorbilder, mit dem Kontinent Europa identifizierte. Sein militärisches Genie hatte über alle Heere der europäischen Koalitionen gesiegt, hatte alte Reichsgebilde beseitigt, ein neues Imperium geschaffen, und es wurde geradezu als vermessen angesehen, an einer vom französischen Kaiser festgelegten Ordnung zu rütteln. Für die Monarchien, die schon fast traditionell im Gegensatz zu Frankreich standen, stellte die militärische Macht des Korsen eine latente Bedrohung dar, der durch die allgemeine Volksbewaffnung unter Umständen entgegengetreten werden konnte. So entschloß sich Österreich im Frühjahr 1809 einen neuen Krieg unter dem Kommando von Erzherzog Carl gegen Frankreich zu beginnen. Getragen von einer breiten Welle der Zuneigung aus der Bevölkerung marschierten die Landwehrbataillone am 10. April 1809 bei Braunau/Simbach in Bayern ein. Doch schon ein erstes Scharmützel bei Regensburg zerstörte den Traum von einem Volkskrieg gegen Napoleon. Die österreichischen Truppen mußten sich schleunigst vor den nachrückenden Truppen Napoleons donauabwärts zurückziehen. Napoleon leistete sich nach dieser Herausforderung keinen Aufenthalt. Sein Ziel war Wien. Am 13. Mai 1809 wurde Wien nach kurzer Beschießung vom Feind besetzt, Napoleon nahm seine Residenz in Schönbrunn.

Erzherzog Carl stand mittlerweile am linken Donauufer und versuchte die versprengten Einheiten zu sammeln und neue Verstärkungen an sich zu binden. Der Vereinigung dieser Kontingente zuvorzukommen, bewog Napoleon die Donau mit seinen Truppen zu übersetzen: ein erster Versuch bei Nußdorf mißlang allerdings. Der zweite Brückenschlag unterhalb von Wien in der Lobau gelang dann endlich. Am Abend des 20. Mai 1809 rückten zwei französische Divisionen in Aspern und Eßling ein, Reiterbrigaden drangen sogar bis Breitenlee und Raasdorf vor. Am 21. Mai morgens gab Erzherzog Carl die ›Disposition zum Angriff‹. Die Truppen des Marschalls André Massena wurden von den Österreichern im ersten Ansturm aus Aspern verdrängt, um Eßling entbrannte jedoch ein heftiger Kampf. Während es den Österreichern nicht gelang, Eßling einzunehmen, glückte den Franzosen die Rückeroberung von Aspern, das im Laufe der Schlacht sechsmal den Besitzer wechselte. Ein genial angelegtes Einkreisungsmanöver durch Erzherzog Carl zwang Napoleon am 22. Mai zum Rückzug. Hier konnte auch der bravourös vorgetragene Reiterangriff der Franzosen unter Marschall Lannes nicht mehr helfen. Jean Lannes, Herzog von Montebello, Sohn eines Stallknechts, als 28jähriger bereits Brigadegeneral, erlitt bei diesem Angriff tödliche Verletzungen; sein Leichnam wurde zuerst nach Straßburg, dann in das Pantheon in Paris gebracht und schließlich auf dem berühmten Friedhof Père Lachaise beigesetzt. Aber nicht nur dieser enge Freund Napoleons wurde getötet, Männer wie Espagne, Saint Hilaire, Legrand, Oudinot, Claparède, Tharreau, Mouton, Curial und noch einige andere, die Kriegsgeschichte gemacht hatten, wurden getötet oder zum Teil schwer verwundet. Die Schlacht bei Aspern kostete die beiden Armeen mehr als 40 000 Verwundete und Gefallene. Auf österreichischer Seite war an führenden Kräften nur der Tod des Feldmarschalleutnants Weber zu beklagen. In der Seitenkapelle der heiß umkämpften Kirche von Aspern ist eine schlichte Grabtafel angebracht, die in beredten Worten vom Schicksal eines der tapferen Soldaten berichtet:

> Franz Jacob, nach sieben Feldzügen im Dienste des
> Vaterlandes in ehrenvoller Ruhe lebend, vergaß
> Alter und Schwäche des Körpers, als im Jahre 1809
> dem Staate Gefahr drohete. Mit jugendlichem Eifer
> schloß er sich als Greis von 62 Jahren dem dritten
> Battaillon der Wiener Landwehr aufs neue als
> Oberlieutenant an, theilte jedes Ungemach des
> Krieges mit seinen Waffengefährten und starb den schönen
> Tod fürs Vaterland in der Schlacht bey Aspern,
> die in den Annalen der Kriegsgeschichte Österreichs
> ewig unvergeßlich bleiben wird. Sein Andenken auch
> dem spätesten Enkel zur Nacheiferung zu bewahren,
> setzten seine übergebliebenen Waffenbrüder aus freiem
> Antrieb dem ächten Patrioten diess Denkmahl.

Aus Anlaß der 50. Wiederkehr der siegreichen Schlacht bei Aspern schuf Anton Fernkorn ein Kriegerdenkmal für die gefallenen österreichischen Soldaten, das 1858 vor
der Kirche aufgestellt wurde: ein von einem Schwert durchbohrter Löwe bricht über
den napoleonischen Feldzeichen zusammen.

Für den Militärhistoriker ist Aspern nicht so sehr als Schlacht bedeutsam denn als
Markstein psychologischer Natur: Zum erstenmal blieb Napoleon nicht siegreich, zum
erstenmal wurde dem unter dem Eindruck der Macht Bonapartes stehenden Europa
bewiesen, daß der Korse nicht, wie vor allem von der Volksmeinung angenommen,
schlechthin unschlagbar war. Dem Sieger von Aspern, Erzherzog Carl, wurde auf dem
Heldenplatz in Wien ein monumentales Denkmal gesetzt (Abb. 47). Der Bildhauer
Anton Fernkorn stellte ihn mit der Fahne des Regiments Zach in der Hand dar, die
er auf dem Höhepunkt der Schlacht ergriffen haben soll, um so den schwankenden
Truppen ein leuchtendes Beispiel zum Vorwärtsstürmen zu geben. Nach der Schlacht
über diese Begebenheit befragt, antwortete Erzherzog Carl lakonisch: »Wie hätte ich
schwaches Männchen die schwere Fahne tragen können!«

Nicht einmal zwei Monate später standen sich die beiden Heere wieder im Marchfeld
gegenüber. Eine Gedenktafel vor der Kirche von Deutsch-Wagram vermittelt eine
Vorstellung von der Größenordnung dieser Schlacht:

Die Schlacht bei Deutsch-Wagram am 5. und 6. Juli 1809

Österreicher (Generalissimus Erzherzog Carl)
Gefechtsstand: 114500 Gewehre, 14600 Säbel, 410 Geschütze; Verluste (20,1%):
25850 Mann, davon tot 6740, 15 Generale, 9 Geschütze, 1 Fahne

Franzosen und Verbündete (Kaiser Napoleon I.)
Gefechtsstand: 161700 Gewehre, 20000 Säbel, 450 Geschütze; Verluste (16,6%):
30000 Mann, davon tot 7000, 21 Generale, 11 Geschütze, 12 Adler und Fahnen.

Der österreichische Generalissimus hatte das ›österreichische Wunder‹ von Aspern nicht
wiederholen können. Diesmal war das Kriegsglück wieder auf der Seite der Franzosen.
Napoleon erhob nach der Schlacht angesichts des Heeres seinen Generalstabschef Alexander Berthier Fürst Neuchâtel zum Herzog von Wagram, Massena zum Fürsten von
Eßling und Davout zum Fürsten von Eggmühl. Im Oktober 1809 machte der Friede
von Schönbrunn den Sieg auf dem Wagramer Feld auch zu einem politischen Erfolg.

Noch zweimal hinterließen feindliche Heere ihre Spuren im Marchfeld: 1866 marschierten die Preußen durch die Ebene und während der Besatzungszeit nach dem Zweiten
Weltkrieg waren hier russische Truppen stationiert. Die Industrialisierung des Marchfeldes begann mit dem Bau der Kaiser-Ferdinands-Nordbahn, der ersten dampfbe-
triebenen Fernbahn: am 23. November 1837 wurde das Teilstück Wien/Floridsdorf –

Deutsch-Wagram eröffnet; 1839 erfolgte die Verlängerung nach Lundenburg und Brünn.

Unvollendet blieb das Projekt eines Donau-Oder-Kanals, auf dem Kohle aus dem oberschlesischen Raum nach Wien preisgünstig transportiert hätte werden können; östlich von Groß-Enzersdorf quert die Straße nach Sachsengang den Kanal, an dessen Ufern in den letzten Jahren eine Badesiedlung entstanden ist. Im Raum von Matzen erhält die wellige Landschaft des Marchfeldes mit der ständig wachsenden Zahl der Bohrtürme ein neues Gesicht. Das 1949 entdeckte Vorkommen zählt mit seinen 60 km² Ausdehnung zu den größten Erdölfeldern Mitteleuropas.

Die Kulturstraße im Wiener Wald

Seit dem Beginn des 19. Jahrhunderts war die nähere Umgebung Wiens in immer steigenderem Maße zu einem bevorzugten Erholungsgebiet zahlreicher Musiker, Dichter und Maler aus der Großstadt geworden. Die »geliebte Landschaft« schien ihren schöpferischen Kräften stets neue Impulse zu verleihen. An einer Straße aufgereiht, stehen diese Stätten österreichischer Kulturgeschichte.

Das beginnt in dem kleinen Dorf Rodaun am Liesingbach mit Hugo von Hofmannsthal, der in dem barocken Schlößchen der Gräfin Karoline Fuchs 1929 gestorben war (23, Ketzergasse 471); führt nach Perchtoldsdorf, dessen liebliche Heidehügel zwischen Weinbergen und Föhrenwäldern die zauberhafte Landschaft eines Hugo Wolf war (Brunnengasse 26), die später auch Franz Schmidt inspirierte (Leonhardsberg 12); in dem romantischen Gartenturm des elterlichen Sommerhauses in Maria Enzersdorf, Riemerschmidgasse 3, rang der jugendliche Franz Grillparzer mit Dämonen und Gespenstern, was später in die Erzählung des Grafen Zdenko von Borotin im ersten Aufzug der ›Ahnfrau‹ eingeflossen ist:

> »Kaum drei Jahre war der Knabe,
> Als er, in dem Garten spielend,
> Von der Wärt'rin sich verlief.
> Offen stand die Gartentüre,
> Die zum nahen Weiher führt.«

Mehrmals weilte Ludwig van Beethoven in Mödling und arbeitete hier an seiner ›Missa solemnis‹ (1818 und 1819: Hauptstraße 79, 1820: Achsenaugasse 6), Arnold Schönberg zieht es hierher (Bernhardgasse 6), dem Anton von Webern folgt (Neusiedler Straße 58). Gleich neben der Pfarrkirche, Andergasse 3, verbrachte Anton Wildgans zwischen 1918 und 1932 Jahre voller Schaffenskraft, in denen er an seinem Epos ›Kirbisch‹ arbeitete.

Die Landschaft der Brühl bot Ferdinand Waldmüller mannigfaltige Motive für seine Gemälde (Hinterbrühler Straße 13). Die Höldrichsmühle ist mit Franz Schubert fast mehr legendenhaft, aber doch unauslöschbar verbunden. In Gaaden, in einem

Nebengebäude des Stiftsgasthofes, schrieb 1833 Ferdinand Raimund die wichtigsten Teile des ›Verschwenders‹. Inmitten des Ortes, direkt an der Straße für jeden müden Wanderer sichtbar, schuf um 1710 Giovanni Giuliani auf einem künstlichen Hügel einen völlig in die Landschaft einbezogenen Ölberg, bei dem die Grenzen zwischen Bildwerk und Natur scheinbar aufgehoben sind. Im Stift Heiligenkreuz, wo er und der Maler Martin Altomonte, zwei bedeutende Künstler und Wegbereiter des österreichischen Barock, als ›familiares‹ ihre Heimat und ihre letzte Ruhestätte gefunden haben, endet diese Straße mit Marksteinen österreichischer Kultur.

Kurstadt Baden – Sommerfrische der Biedermeierzeit

Längs des Alpenostrandes, am Übergang in die Ebene des Wiener Beckens, verläuft die ›Thermenlinie‹, eine Bruchstelle in der Erdkruste, an der zumeist heiße, schwefelhaltige Mineralquellen hervorbrechen. Der römische Kaiser Marc Aurel (Abb. 2) erwähnt die Aquae Pannoniae mit einer Entfernung von 18 000 Doppelschritten südlich von Vindobona (Wien). Zwar waren die Bäder während des Mittelalters und der Neuzeit stets gefragt und viel besucht, doch brach für Baden erst am Beginn des 19. Jahrhunderts die Glanzzeit an. Zwischen 1803 und 1834 verbringt Kaiser Franz I. jeden Sommer hier vor den Toren Wiens und erhebt Baden zu seiner Sommerresidenz. Mit ihm kommen der gesamte Hofstaat, die Hocharistokratie, der Geldadel und die Kunstwelt, die hier ihre Sommervillen bauen lassen oder Wohnungen mieten. Diesem Zuzug und dem großen Stadtbrand von 1812, dem fast der ganze Hausbestand zum Opfer fiel, verdankt die Stadt ihren Biedermeiercharakter. Zwar verliert die Stadt 1835 mit der Verlegung der kaiserlichen Sommerresidenz nach dem Tod Franz I. in das oberösterreichische Bad Ischl vorübergehend an Anziehungskraft, was jedoch mit der Eröffnung der Südbahn 1841 sofort wieder wettgemacht werden kann. Zu Ende des vorigen Jahrhunderts war Baden zum ›Nobelkurort‹ der österreichisch-ungarischen Monarchie geworden.

Das Stadtbild (Abb. 138) wird von den biedermeierlichen Fassaden des Architekten Joseph Kornhäusel bestimmt. Aus dieser Zeit stammen die zumeist klassischen Tempelbauten nachempfundenen Quellfassungen, wie das Josefsbad (1804), das Leopoldsbad (1812), das Frauenbad (1821), das Engelsbad (1822) und das Franzensbad (1827). Als ein Kurhaus im biedermeierlichen Sinn wäre der 1820–22 nach Plänen von Joseph Kornhäusel entstandene Sauerhof zu erwähnen. Die Badener Schwefel-Thermalquellen helfen gegen rheumatische Erkrankungen aller Art. Sie schütten täglich mehr als 6 500 000 Liter Schwefel-Thermalwasser mit einer natürlichen Temperatur bis zu 36° Celsius aus.

Die kaiserliche Familie bewohnte das 1792 errichtete Haus am Hauptplatz 17, das ›Kaiserhaus‹, in dem 1917/18 der letzte österreichische Kaiser Karl mit seiner Familie gewohnt hatte. Als architektonisches Hauptwerk dieser Periode kann wohl das 1814/15 erbaute Rathaus gelten. Der Entwurf stammt von Joseph Kornhäusel. Die Schauseite gegen den Hauptplatz wird durch einen dreiachsigen Mittelrisalit mit vorgelagertem mächtigen jonischen Portikus betont. In den Lünettenreliefs sind die von Joseph Klieber gestalteten Allegorien der Klugheit und der Gerechtigkeit dargestellt. Vermutlich gleichfalls Kornhäusel zuzuschreiben ist das 1817 entstandene ›Florastöckl‹ (Frauengasse 5) mit der Attikastatue der Göttin Flora von Joseph Klieber, das liebenswürdigste Empiregebäude der Stadt. In diesem Hause weilte zwischen 1818 und 1834 Kaiserin Marie Louise, die Gemahlin Napoleons I., mit ihrem Sohn, dem Herzog von Reichstadt. Für Erzherzog Carl, dem Sieger über Napoleon bei Aspern 1809, entwarf Joseph Kornhäusel 1820–23 das größte Empireschloß Österreichs, die Weilburg. Während der Kampfhandlungen 1945 ausgebrannt, mußten die eindrucksvollen Reste später abgetragen werden.

Seit 1805 gab es ›Kurlisten‹, aus denen zu erfahren war, wer mit wem in Baden zur Kur weilte. Unter all den großen Namen – darunter fast sämtliche Mitglieder des kaiserlichen Hofes, finden sich die Komponisten Wolfgang Amadeus Mozart, der hier an seinem ›Ave verum‹ schreibt, Franz Schubert, Joseph Lanner, Johann Strauß Sohn, Karl Millöcker, Karl Zeller, Karl Komzak, der Dichter Franz Grillparzer und der Maler Moritz von Schwind – ragt der Ludwig van Beethovens heraus. In dem schlichten Haus in der Rathausgasse 10 hat er 1822 und 1823 an der ›Neunten Symphonie‹ d-moll, op. 125 mit Schlußchor über Schillers Ode ›An die Freude‹ gearbeitet und sie auch hier in Baden vollendet.

Alte Badetradition und neueste wissenschaftliche Erkenntnisse bestimmen den Heilerfolg, der sich in der steigenden Zahl der Kurgäste ausdrückt. Landschaftliche Schönheit und günstiges Klima bilden so wie einst eine wesentliche Grundlage für Gesundung und Erholung. In der näheren und weiteren Umgebung der Stadt liegen berühmte Weinrieden: im Norden *Gumpoldskirchen* und *Pfaffstätten* (Abb. 139) mit den bekannten Sorten Spätrot (Zierfandler), Rotgipfler und Neuburger, südlich der Weinort *Sooß* mit der bekannten Weinsorte des gelben Muskat ›Sooßer Schmeckender‹ und *Bad Vöslau* mit seinen herrlichen rubinfarbenen Rotweinen. In Baden selbst stammen die bekanntesten Weinsorten von den Rieden ›Bockfuß‹, ›Bärenschwanzl‹ und ›Wiege‹. Hochgeschätzt sind die feinen Rotweine vom Römerberg. Malerische Hauerhäuser, sogenannte Heurige, schattige Gärten, stimmungsvolle Musik schaffen Abende fröhlichster Entspannung bei einem guten ›Tröpferl‹ Wein.

»Am Brunnen vor dem Tore ...«
Erinnerungen an Franz Schubert

Das Tal der Brühl, durch das der Mödling-Bach fließt, war in der Biedermeierzeit ein bekanntes und beliebtes Ausflugsziel. Unter den zahlreichen Bewohnern der Stadt Wien, die in den Sommermonaten den grauen Mauern der Stadt zu entfliehen suchten, war auch Ludwig van Beethoven, der gerne »in der göttlichen Brühl« weilte. Hier komponierte er 1819 unter anderem seine heiteren ›Mödlinger Tänze‹ (WoO 17) für die Musikanten im Gasthof ›Zu den zwei Raben‹ (Vorderbrühl, Brühler Straße 51).

Fast ganz am Ende des Dorfes Hinterbrühl liegt dicht an der Straße, die nach Heiligenkreuz führt, die *Höldrichsmühle*. Vor dem behäbigen Mühlengebäude steht neben einer in jüngster Zeit neugepflanzten Linde ein altertümlicher Ziehbrunnen. Georg Ferdinand Waldmüller, der Maler des Biedermeier, hat diese Mühle auf seinem Gemälde ›Abschied der Braut vom Elternhaus‹ verewigt. Um die Höldrichsmühle spinnen Dichtung und Wahrheit ihre Fäden. Legendenhaft sind mit ihr die Gestalten des Liederfürsten Franz Schubert (1797–1828) und der Rosi, der schönen Müllerstochter, verbunden, die ihn 1823 zur Komposition der Müller-Lieder angeregt haben soll.

Entstanden ist diese Schubert-Legende im Jahre 1864, als im Wiener Carl-Theater das Singspiel ›Franz Schubert‹ mit großem Erfolg aufgeführt wurde. In einer der Szenen kommt die Höldrichsmühle erstmals als Entstehungsort der Müller-Lieder vor. Kurz darauf hatte der geschäftstüchtige Besitzer der Mühle bereits ein Schubert-Zimmer eingerichtet.

Die Texte zu seinem Liedzyklus ›Die schöne Müllerin‹, D 795, fand Franz Schubert angeblich bei seinem Bekannten Benedikt Randhartinger, in dem 1821 erschienenen Band ›Gedichte aus den hinterlassenen Papieren eines reisenden Waldhornisten‹ des jungen norddeutschen Lyrikers Wilhelm Müller. Gibt es aber eine *echte* Linde, eine *wirkliche* Müllerin, dann kann nur der Dichter selbst von ihr inspiriert worden sein. Diese *bestimmte* Linde, die er in seinem Gedicht ›Am Brunnen vor dem Tore‹ (das übrigens von Schubert erst in der ›Winterreise‹, D 911, vertont hatte) verewigte, wurde in Allendorf an der Werra in Preußen gezeigt, bis sie 1912 von einem Sturm geknickt worden war.

Die Müller-Lieder aber waren für die Gesellschaftsspiele im Haus des geheimen preußischen Staatsrates Friedrich August von Stägemann in Berlin-Schöneberg bestimmt, dessen geistvolle Tochter die Rolle der ›Schönen Müllerin‹ übernommen hatte. Ihr Aussehen ist uns durch ein Porträt von Wilhelm Hensel überliefert. Es handelte sich um ein Liederspiel ›Rose, die Müllerin‹, bei dem jedes Mitglied aus dem Zirkel junger Leute, die bei Stägemanns verkehrten, eine Rolle zu übernehmen hatte. Die Herren mimten die Verehrer der schönen Müllerin, den Müller, den Jäger, den Gärtnerknaben usw. Am Ende hatte Rose sieben Liebhaber. Auf diese Weise sind 77 Müller-Gedichte als Stegreifdichtungen entstanden.

Von all dem konnte Franz Schubert nichts wissen und es bedurfte sicherlich keiner äußeren Anregung um diese Texte zu vertonen. Er hat in seinem Liedzyklus ›Die schöne Müllerin‹ zwanzig dieser Gedichte durch seine Musik unsterblich gemacht.

Wie dem auch sei, ein Gedanke liegt nahe: Wilhelm Müllers ›Schöne Müllerin‹, die ihn zu den Gedichten inspirierte, war eine Berlinerin, Franz Schuberts Müllerin dagegen entstand aus den Versen Müllers, war zuerst ein Phantasiegebilde, das dann zur Wirklichkeit wurde, als er der schönen Rosi in der Höldrichsmühle begegnete. Denn warum sollte Franz Schubert bei einem seiner nachweislichen Ausflüge in die Hinterbrühl nicht an diesem beliebten Ausflugsort gewesen sein und an einem Mädchen Gefallen gefunden haben, das für ihn die Verkörperung einer Gestalt war, die für den Dichter Wilhelm Müller andernorts lebte? Johannes Brahms hat 1897 die Frage nach dem Entstehungsort lakonisch beantwortet: »Hier könnten Schubert seine Müller-Lieder eingefallen sein. Es ist gut, daß die Schubert-Forschung noch nicht soweit gediehen ist, um es uns zu beweisen«. Der große Schubert-Forscher Otto Erich Deutsch hatte schon vor mehr als fünfzig Jahren diese Legende auszumerzen versucht. Zwar wird diese Geschichte seit dem nurmehr im Konjunktiv erzählt, doch konnte nicht verhindert werden, daß eine Gedenktafel an dem malerischen alten Gebäude auf diese ›Schubertstätte‹ hinweist.

Die Höldrichsmühle ist nach wie vor ein gastgewerblicher Betrieb, ein idyllisches Restaurant unter alten Gewölben. Und es gibt auch eine im Wiener Wald beheimatete Spezialität, den ›Millirahmstrudel‹ (Milchrahmstrudel), eine köstliche Mehlspeise aus Topfen (Quark) mit einer Oberscreme. Dieser Millirahmstrudel wird verschieden zubereitet, oft ist das Rezept ein Familiengeheimnis, das die Mutter nur der Tochter anvertraut.

Für den Feinschmecker sei hier das Grundrezept, das eben dann verschieden variiert wird, verraten:

Für den Strudelteig verwendet man 500 g glattes Mehl, eine halbe Tasse lauwarmes Wasser, einen Kaffeelöffel Butter, 1 Ei und eine Prise Salz. Die Fülle des Milchrahmstrudels besteht aus 100 g Butter, 6 Eidotter, 100 g Zucker (Vanillezucker), 1/2 l süßer Rahm (Obers), 200 g passierter Topfen (Quark), 200 g in Milch geweichte, passierte Semmeln, der aus den 6 Eiklar geschlagene Schnee und 1/4 l siedende Milch.

Stift Heiligenkreuz – Die weißen Mönche am Sattelbach

Die waldreiche Talsenke des Sattelbaches im südlichen Wiener Wald hatte 1133 Markgraf Leopold III. der Heilige den Zisterziensermönchen aus dem französischen Kloster Morimond als Gründungsgut zugewiesen. Der begabteste der Markgrafensöhne, Otto, war in Frankreich während seines Theologiestudiums in den Bann der größten monastischen Erneuerungsbewegung seiner Zeit geraten, deren Führer Bernhard von Clairvaux (1091–1153) war. Unter dem Eindruck dieser religiösen Bewegung nahm Otto 1132 im strengen Kloster Morimond den Habit der Zisterzienser. Der Bitte seines Sohnes entsprechend, berief Leopold III. den neuen Orden auch nach Österreich. Ähnlich wie Christus mit seinen Aposteln, so kam Abt Gottschalk mit zwölf Mitbrüdern in die unwegsame Gegend am Sattelbach. Eine kleine autarke Gruppe, ein jeder ein Meister in einem handwerklichen Fach, begannen sie das Land zu roden und christliche Kultur in die Wälder und Sümpfe zu tragen. Das neue Kloster wurde aus Verehrung »des heilbringenden Zeichens unserer Erlösung« – so sagt der inhaltlich zutreffende Stiftsbrief – ›Heiligenkreuz‹ benannt. Im Tabernakel des Kreuzaltares hinter dem Hochaltar wird die große Kreuzreliquie des Klosters aufbewahrt. Sie war ein Geschenk

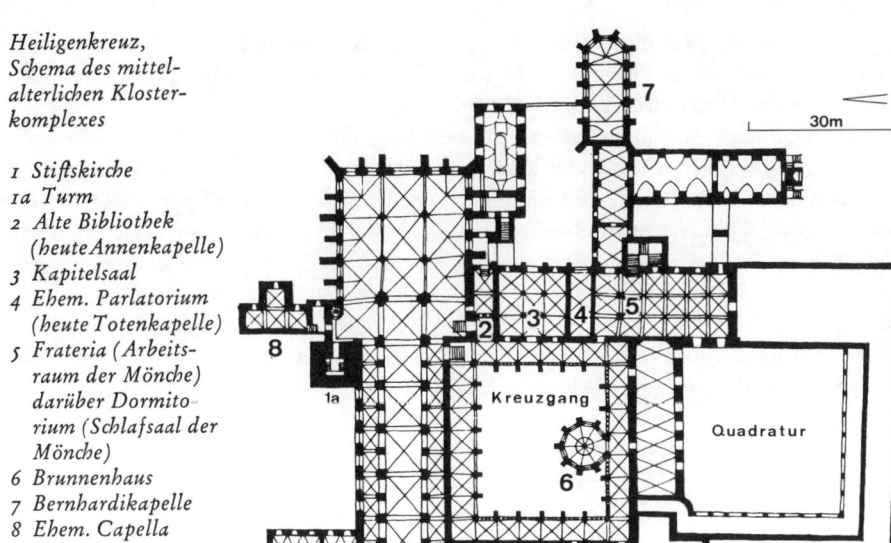

Heiligenkreuz,
Schema des mittel-
alterlichen Kloster-
komplexes

1 *Stiftskirche*
1a *Turm*
2 *Alte Bibliothek*
  (heute Annenkapelle)
3 *Kapitelsaal*
4 *Ehem. Parlatorium*
  (heute Totenkapelle)
5 *Frateria (Arbeits-*
  raum der Mönche)
  darüber Dormito-
  rium (Schlafsaal der
  Mönche)
6 *Brunnenhaus*
7 *Bernhardikapelle*
8 *Ehem. Capella*
  S. Crucis (Mönchs-
  karner)

des Königs von Jerusalem an den Babenbergerherzog Leopold V. während der Pilger-
fahrt des Jahres 1182.

Den Klosterbereich betritt der Besucher über den weitläufigen inneren Stiftshof, dem
die Funktion eines Ehrenhofes zufällt. In der Mitte steht unter hundertjährigen Pla-
tanen eine barocke Dreifaltigkeitssäule (1737–39), die nach einem Modell von Giovanni Giuliani ausgeführt wurde. Von den frühbarocken Klostertrakten hebt sich die
romanische Westfassade deutlich ab und gibt die Kirche als Basilika ohne Fassaden-
türme nach Art der Zisterzienser zu erkennen (Abb. 136). Für 1187 ist eine Weihe
überliefert, von der man annehmen kann, daß sie dem fast fertiggestellten Bau gegol-
ten haben wird.
    Das Innere der basilikalen Klosterkirche vermittelt dem Besucher einen der groß-
artigsten Raumeindrücke, den die hochmittelalterliche Baukunst in Österreich zu
bieten hat. Aus scharf geschnittenen Steinquadern ist das hochaufragende Mittelschiff
gefügt, breite Gurtbänder und Bandrippen verklammern die Gewölbezone. Stärkere
Pfeiler an den Jochgrenzen wechseln mit schwächeren, durch Deckplatten gegliederten
Stützen in den Jochmitten ab und lassen so das romanische Gewölbeschema des gebun-
denen Systems in seinem Rhythmus deutlich werden. Auch die schmalen Seitenschiffe
sind in ihren überschlanken Proportionen von großer Strenge, wenngleich ihnen in
den Gratgewölben die Monumentalität des Mittelschiffs fehlt. Der Charakter des
Langhauses wird durch die Beleuchtungsverhältnisse wesentlich mitbestimmt. Die hoch-

liegenden kleinen Rundbogenfenster lassen das Kirchenschiff in eine Dunkelzone gehüllt, die sich gegen Osten strahlend erhellt, dort wo der hohe, lichte und weite Hallenchor anschließt, der 1295 geweiht wurde.

Die Frage nach dem ursprünglichen Ostabschluß der romanischen Stiftskirche kann nur deduktiv aus älteren Anlagen erschlossen werden, womit ein gerader Chorschluß angenommen werden kann. Die ständig steigende Zahl der Mönche und die aus der Klosterregel sich herleitende Notwendigkeit von Nebenaltären zum gleichzeitigen Zelebrieren der Messe ließen nach einer Bauform suchen, wobei die Hallenidee eine optimale Lösung des Problems versprach. In den dreimal drei Jochen des quadratischen Hallenraumes wird die Meßfeier an den Nebenaltären aus ihrer Isoliertheit gelöst und zur Konzelebration mit dem unter dem Mitteljoch stehenden Hochaltar. Das riesige, den nach außen hin kubischen Baublock des Hallenchores übergreifende Dach überdeckt somit *ein* Gotteshaus, in dem sich die klösterliche Gemeinschaft zum gemeinsamen Gebet und Lobpreis Gottes versammelt.

Die Stiftskirche von Heiligenkreuz war in der Folge sowohl für die Ordensbaukunst der Zisterzienser als auch für die Entwicklung der lokalen Architektur von größter Bedeutung, wie aus den nachfolgenden Bauten abzulesen ist. Noch wichtiger aber ist die architektonische Ausstrahlung des weiträumigen Chores, der für die Weiterentwicklung der Hallenidee zum Vorbild für die gesamte deutsche Architektur der Gotik werden sollte.

Von der mittelalterlichen Ausstattung der Kirche ist nichts mehr erhalten. Die barokken Altäre wurden bei der Regotisierung im vorigen Jahrhundert verdrängt. Nur das prachtvolle Chorgestühl mit den kunstvollen Reliefs (Darstellungen aus dem Leben Christi) und den ausdrucksstarken Heiligenbüsten von der Meisterhand Giovanni Giulianis steht heute wieder an seinem alten Platz im Mönchschor. Als Zögling des Stiftes und Schüler Giulianis hat Georg Raphael Donner, dessen Hauptwerk – der Providentiabrunnen (Abb. 76) – am Neuen Markt in Wien steht, daran mitgearbeitet.

Wie in dem Idealplan für ein Kloster, der um 820 in St. Gallen entstanden war, lag an der Südseite der Klosterkirche der Kreuzgang. Von der Mitte des Kreuzhofes erschließt sich die Baugeschichte der einzelnen Flügel, die zwischen 1220 und 1250 anstelle eines älteren Vorgängerbaues entstanden waren. Der Neubau war von der Nordwestecke aus in Angriff genommen worden, wobei an den Arkadenöffnungen, ausgehend vom Rundbogen, die stete Wandlung zum Spitzbogen beobachtet werden kann. Dies gilt auch für die Kapitelle der 300 rotmarmornen Säulchen, die anfangs noch aus Knollen oder sich zu Blüten im Ansatz entfaltenden Knospen gebildet werden, später jedoch schon üppiges, elegant-zierliches Blüten- und Blattwerk tragen.

Das Zentrum des Südflügels bildet das neuneckige Brunnenhaus. In den hohen Maßwerkfenstern haben sich die aus dem späten 13. Jahrhundert stammenden Glasfenster mit den Bildnissen der Babenberger Markgrafen und Herzöge und ihrer Stiftungen erhalten. In der darunterliegenden Sockelzone reihen sich zartlinige Dreieckgiebel aneinander, in deren Blendmaßwerk ursprünglich die Wasserhähne der einzelnen

Waschstellen angebracht waren. Erst später wird das Wasser in einem Mittelbrunnen zusammengefaßt. Aus einem der Dreieckgiebel blickt, was für die Bauzeit um 1300 noch völlig ungewöhnlich ist, der Baumeister des Brunnenhauses.

Entlang des Ostflügels schließt unmittelbar an das Querschiff die Annenkapelle, in der im Mittelalter die Handschriften des Klosters aufbewahrt wurden. Es folgt der Kapitelsaal, eine quadratische Halle, die durch vier Achteckpfeiler in neun kreuzrippengewölbte Joche unterteilt wird. Den Kapitelsaal, die vornehmste Begräbnisstätte eines Klosters, ließ Herzog Friedrich II. zu einer repräsentativen Gedächtnisstätte für das Haus Babenberg ausgestalten. Er ließ die Gebeine seiner Vorfahren, der Herzöge Leopold IV., Leopold V. und Friedrich I., nach Heiligenkreuz überführen. Als er selbst 1246 in der Schlacht gegen die Ungarn an der Leitha fiel, wurde er inmitten des Kapitelsaals in einer Grabtumba beigesetzt, deren verstümmelte Deckplatte noch heute erhalten ist. Seit 700 Jahren wachen die Mönche von Heiligenkreuz über diesen Gräbern.

Daneben liegt das ehemalige Sprechzimmer, das heute als Aufbahrungskapelle verwendet wird. Hier steht ein 1713 von Giovanni Giuliani geschaffenes castrum doloris (Trauergerüst), dessen kerzentragende Gerippe einen beklemmenden Totentanz anzuführen scheinen. Von der Südostecke des Kreuzganges ist der Arbeitsraum der Mönche, eine um 1270 entstandene dreischiffige Halle, erreichbar, über dem sich der etwa zehn Jahre später entstandene Schlafraum der Mönche befand.

Ein Gang durch das Kloster zeigt dem aufmerksamen Besucher, daß Heiligenkreuz auch in unserer Zeit die Stätte klösterlicher Besinnung, ein Zentrum des geistigen Lebens dieses Landes geblieben ist. Die gewaltigen Bauwerke sind nicht bloß Denkmäler, sie sind erfüllt mit dem Leben und Wirken der Mönche, die entsprechend dem »ora et labora« ihrer Ordensregel hier ihre große Aufgabe erfüllen.

Die Tragödie von Mayerling

In der stillen Abgeschiedenheit eines weiten Talbodens inmitten des Wiener Waldes bewahren die Ordensfrauen der unbeschuhten Karmelitinnen die Erinnerung an eine der rätselhaftesten Tragödien in der österreichischen Geschichte. Die Zisterziensermönche aus dem nahegelegenen Heiligenkreuz hatten im Jahre 1412 in Mayerling ein Granarium (Wirtschaftshof) mit einer Laurentius-Kapelle erbaut. Nach Brandschatzung durch die Türken erstand der Hof 1682 wieder neu (Abb. 137). Diesen klösterlichen Besitz erwarb 1886 Kronprinz Rudolf im Tauschweg und ließ ihn zu einem Jagdschlößchen umbauen. Im Erdgeschoß lagen die Räumlichkeiten des Kronprinzen, darüber im ersten Stock das Appartement der Kronprinzessin mit dem gemeinsamen Schlafzimmer.

Kaum eine Nachricht hatte die Öffentlichkeit so sehr erschüttert, wie das von rätselhaften Umständen begleitete Ableben des Kronprinzen, der einst nach dem Tod des greisen Monarchen Franz Joseph als sein einziger Sohn die Geschicke des Reiches lenken sollte. Auf ausdrücklichen Wunsch des Kaisers sollte das Bauwerk dem Orden der unbeschuhten Karmelitinnen übergeben und an der Stelle der Tragödie eine Kapelle errichtet werden, wo jeden Tag und Nacht für die Seele seines armen Sohnes gebetet werden könnte. Dieser Frauenorden, benannt nach dem Berg Karmel bei Jerusalem, unterliegt strengster Observanz. Wenn eine Novizin das Kloster betritt, lebt sie fortan in abgeschiedener Zurückgezogenheit und verläßt das Kloster bis zu ihrem Tod nicht mehr. Fasttage und fleischlose Kost bestimmen das karge Klosterleben, das in ständigem »Memento mori« geführt wird.

Fast hundert Jahre nach der Tragödie von Mayerling hat die Geschichtsforschung zwar den Ablauf der Ereignisse im kaiserlichen Jagdschloß nahezu lückenlos erschlossen, aber die Ursache für den Selbstmord des Kronprinzen ist nach wie vor ungeklärt. Mit einer an Sicherheit grenzenden Wahrscheinlichkeit steht fest, daß er die Nacht vom 27. auf den 28. Jänner 1889 bei oder zumindest mit seiner langjährigen Freundin Mitzi Caspar, einer rassigen Blüte der Demimonde, verbracht hat, wie er am folgenden Tag mit seiner Cousine Marie Gräfin Larisch von Moennich die ›Entführung‹ Marys aus dem Palais Vetsera nach Mayerling arrangiert hat. Durch die Aussagen des Freundes und Jagdgenossen Josef Graf Hoyos, seinem einzigen Gast beim Abendessen des 29. Jänner, ist der Inhalt des Tischgesprächs bekannt, das sich um eher banale Dinge drehte, wie die Jagd, die starke Erkältung des Kronprinzen, die Speisenfolge und als einziges politisches Thema: die telegraphisch mitgeteilte Annahme des Wehrgesetzes im ungarischen Parlament. Nachdem Hoyos mit den besten Wünschen entlassen worden war, ließ Rudolf seinen Leibfiaker, Volkssänger und Kunstpfeifer Josef Bratfisch holen, der ihm und der bis dahin verborgen gebliebenen Mary, vermutlich im Billardzimmer, vorsingen mußte. Wie Bratfisch später auf eindringliches Befragen zugab, hätte er sich aus den Gesprächen des Paares bereits Vermutungen über die Absicht eines Doppelselbstmordes abgeleitet. Im Laufe der Nacht – vermutlich mehrere Stunden vor Tagesanbruch – als auch Bratfisch wieder weggeschickt worden war, dürfte Rudolf das junge Mädchen durch einen Revolverschuß getötet, ihre Leiche in dem Bett des Schlafzimmers aufgebahrt und mit Blumen geschmückt haben. Nach einigen Stunden makabrer Totenwache neben der Leiche kam der Kronprinz gegen 6.30 Uhr des 30. Jänner im Morgenanzug ins Vorzimmer und beauftragte seinen Kammerdiener Johann Loschek, ihn um 7.30 Uhr wieder zu wecken. Vor sich hinpfeifend ging er dann in das Schlafzimmer zurück, wo er sich, entgegen seiner sonstigen Gewohnheit, einschloß und sich dann – um sicher zu zielen unter Benützung eines Spiegels – eine Kugel in die rechte Schläfe schoß.

Diesem wohl ausreichenden Wissen über den Hergang der Tat steht weiterhin die völlige Unsicherheit über deren Motive gegenüber. Fast einhellig hatte sich die ernsthafte Geschichtsforschung für eine politische Motivation des Selbstmordes ausgesprochen. Die Aufdeckung einer Verschwörung ungarischer Adeliger unter der Führung von Samuel Graf Teleki, die Rudolf zum König von Ungarn krönen wollten, hätte dem Kronprinzen keine andere Wahl als den Selbstmord gelassen. Ein halbes Jahrhundert nach dem Ende der Donaumonarchie und mehr als ein Vierteljahrhundert nach der Verstaatlichung der ungarischen Adelsarchive zeigt sich jedoch, daß trotz allen Nachforschens auch nicht ein einziger, auch nur einigermaßen überzeugender Beweis, ja nicht einmal ein einziges neues und objektives Argument sich für die ungarische Verschwörungstheorie gefunden hat.

Es scheint heute, als hätte Oskar Freiherr von Mitis, der einstige Direktor des Wiener Haus-, Hof- und Staatsarchivs, in seinem 1929 erschienenen biographischen Werk über diese tragische Gestalt des Kronprinzen Rudolf die zum Teil nur ihm zugänglich gewesenen Dokumente auf die Verschwörungstheorie hin interpretiert zu haben. Vielleicht aus Rücksicht auf die damals noch lebende Witwe des Kronprinzen, Erzherzogin Stephanie und als einstiger loyaler Diener von Staat und Dynastie wollte er den dem untergegangenen Staatswesen treu gebliebenen konservativen Kreisen die Banalität einer sentimentalen Liebestragödie ersparen.

Ein Hinweis auf das Motiv findet sich in dem Abschiedsbrief Rudolfs an seine Gemahlin, wo es heißt: »Ich gehe ruhig in den Tod, der allein meinen guten Namen retten kann«, und in dem an seinen Vertrauten Ladislaus von Szögyény-Marich, in dem sich die Stelle findet: »Ich muß sterben, das ist die einzige Art, zumindest wie ein Gentleman diese Welt zu verlassen«. Die jüngere Forschung sieht in den beiden Formulierungen die Möglichkeit, eine Erklärung außerhalb der gewohnten Kategorie zu suchen, wovor man früher zurückgeschreckt war.

Aus den Rezepten der Wiener Hofapotheke ist wohl eindeutig nachzuweisen, daß Rudolf seit 1886 an Gonorrhöe erkrankt war und seine Gemahlin angesteckt hatte, so daß nach der Geburt ihrer Tochter Elisabeth kein weiterer Nachwuchs zu erwarten war. Ob er sich diese Krankheit bei Mitzi Caspar geholt hatte, die selbst 1907 nach dem Wiener Totenbeschauprotokoll an Rückenmarkverhärtung elend zugrundegegangen war, bleibt offen. Das entsetzliche Siechtum dieser zur damaligen Zeit als unheilbar geltenden Krankheit war für den Anwärter auf den Habsburg-Lothringischen Thron undenkbar. Vielleicht fürchtete er auch, die junge Dame mit jener venerischen Krankheit infiziert zu haben. Aber auch eine von Mary Vetsera selbst in einem Brief angedeutete Schwangerschaft könnte darüber hinaus das auslösende Moment für die Katastrophe gewesen sein.

Neben einer starken erotischen Ausstrahlung dürfte dieses schwärmerische Mädchen eine beachtliche Willenskraft besessen haben, die den innerlich zerrütteten Kronprinzen zwang, die Gedanken um einen Selbstmord auch wahrzumachen. In eine mit Adlerklauen gefaßte Onyxschale schrieb sie kurz vor ihrem Tod mit violetter Tinte: »Lieber Revolver, nicht Gift. Revolver ist sicherer.« Vielleicht war es für Rudolf eine Art ›Sühnehandlung‹, als er auf den Wunsch des liebenden Mädchens einging, wo er doch längst nicht nur seinen religiösen Glauben, sondern auch jenen an die Zukunft des Vielvölkerstaates verloren hatte und daher zur Beruhigung seines Gewissens seine angeborene dynastische Stellung nicht mehr in die Waagschale werfen konnte.

Aus dem alten Jagdschloß sind heute in Mayerling neben der Sakristei einige Gegenstände ausgestellt, die an Kronprinz Rudolf erinnern: gestickte Handtücher mit der Jahreszahl 1889, eine Waschschüssel, ein Krug und ein Stück des blauen Teppichs aus dem Sterbezimmer. Mit päpstlicher Zustimmung erhielt Kronprinz Rudolf ein kirchliches Begräbnis und wurde in der Kaisergruft bei den Wiener Kapuzinern am Neuen Markt beigesetzt. Die Baronesse Mary von Vetsera wurde in einer Gruft am Ortsfriedhof von Heiligenkreuz zur letzten Ruhe gebettet. Auf dem Grabstein steht zu lesen.

Wie eine Blume sproßt der
Mensch auf und wird
gebrochen

Im Süden von Wien

Von dem spätgotischen Bildstock ›Spinnerin am Kreuz‹ auf der Anhöhe des Wiener Berges in Wien-Favoriten schweift der Blick über die weiten Ebenen des Wiener Beckens bis in den Süden zum Steinfeld. Zur Rechten erstreckt sich der Wiener Wald (Anninger, 674 m), an den sich weiter südwärts der langgestreckte Höhenrücken der Hohen Wand (1000 m) und der majestätisch hinter den Voralpen aufragende Schneeberg (2075 m) anschließen.

Bereits zur Römerzeit führte eine der Reichsstraßen von Wien aus durch das Wiener Becken nach Süden. Aber erst nach Befestigung des Steinfeldes durch die Anlage von Wiener Neustadt (1194) konnten die bis dahin noch immer über die Bernsteinstraße, der March entlang über Sopron/Ödenburg und Szombathely/Steinamanger zur Adria beförderten Waren über das aufstrebende, mit Stapelrechten und Handelsprivilegien versehene Wien befördert werden. Ab Wiener Neustadt schützten die Burgen der Grafschaft Pitten den neuen Handelsweg durch das Pittental über den Wechselpaß (980 m) ins steirische Mur- und kärntnerische Drautal nach Triest und Venedig.

Die heutige Fernverbindungsstraße nach dem Süden, die Triester Bundesstraße Nr. 17, folgt einem Saumweg über den Bergkamm des unwegsamen ›Cerwaldes‹, dem späteren ›mons Semernik‹, der von Wiener Neustadt über die Paßhöhe des Semmerings in die steirische Mur-Mürz-Furche hinunterführte. Dieser Straßenführung folgt auch die Südbahnstrecke.

Neben dieser Handelsstraße nach Venedig hatte man 1795 versucht, über Wiener Neustadt einen Wasserweg nach Triest zu eröffnen. Der Bau des später so genannten ›Wiener Neustädter Kanals‹ mußte 1803 bei Pöttsching im Burgenland eingestellt werden. Doch war das Projekt mit der Anlaß, daß 1877, als der Triester Hafen für den Handelsverkehr mit den Mittelmeerländern nicht mehr genügte, der österreichische Reichsrat die Konzession für den Bau einer Eisenbahnlinie nach dem Levantehafen Saloniki erteilte. Am 8. August 1881 eröffnete ein Zug mit vierstündiger Fahrzeit den ersten Teil der Strecke, dem Kanal entlang, über Wiener Neustadt bis Pitten. Im Oktober 1881 wurde die Strecke bis Aspang am Wechsel verlängert, doch erst vor dem Ersten Weltkrieg, 1914, bis in die steirische Landeshauptstadt Graz. Die Eisenbahnreise über Radkersburg, Agram, Sarajewo blieb ein Traum.

Wiener Neustadt – ›Die allzeit Getreue‹

Durch den Georgenberger Erbvertrag mit dem letzten steirischen Herzog aus der Familie der Traungauer fällt 1192 das Herzogtum Steiermark an Österreich. Herzog Leopold V. wußte um die Gefahr, die seinem neuerworbenen Land vor allem aus dem Osten drohte. So berät er im Sommer oder Spätherbst des Jahres 1194 auf einem Gerichtstag in Fischau mit seinen Ministerialen die Erbauung einer befestigten Stadt inmitten des dünnbesiedelten ›Steinfeldes‹, genau der Senke zwischen Rosalien- und Leithagebirge gegenüber, die den Ungarn aus dem Ödenburger Raum ein günstiges Einfallstor bot. Nova civitas, Niwenstat, Neustadt sollte die Festung genannt werden.

Die Realisierung dieses Projektes, das man aus einem Teil des Lösegeldes für den englischen König Richard Löwenherz finanzierte, blieb seinem Sohn Herzog Leopold VI. vorbehalten. Das nahezu quadratische Stadtgefüge (600 m x 700 m) wurde mit einer wehrhaften Mauer umgeben. Unmittelbar neben den vier Stadttoren entstanden die Klosterbauten der Dominikaner, Dominikanerinnen und Minoriten, die in Kriegszeiten eine wichtige Rolle in der Stadtverteidigung zu übernehmen hatten. Inmitten der Stadt wurde der rechteckige Marktplatz angelegt, der noch heute zum Teil von stattlichen Bürgerhäusern mit Laubengängen umrahmt ist (Abb. 146). Das nordwestliche Stadtviertel war der Domkirche (geweiht 1259 und 1279) und der hohen Geistlichkeit vorbehalten. Die Liebfrauenkirche, von 1469 bis 1785 bischöfliche Kathedrale, ist eine gewaltige spätromanische Basilika mit zwei über 60 m hohen Steintürmen und einem schlanken gotischen Chorbau. Bemerkenswert ist das Südportal, das ›Brauttor‹, ein dreifach abgetrepptes Rundbogenportal mit dekorativer Rahmung aus Zickzack-Bändern, Rauten und Rundbögen aus der Zeit vor 1246. Im Inneren sind die überlebensgroßen Apostelfiguren von Lorenz Luchsperger erwähnenswert, die mit ihrer vitalen Ausdruckskraft eine Brücke zur letzten Phase der Spätgotik schlagen. An der rechten Chorwand ist das prunkvolle Epitaph für Kardinal Melchior Khlesl († 1630) eingelassen, das im Aufsatz in einem Medaillon eine ausdrucksstarke Porträtbüste des großen Gegenreformators aus der Werkstatt des italienischen Meisters Giovanni Lorenzo Bernini enthält.

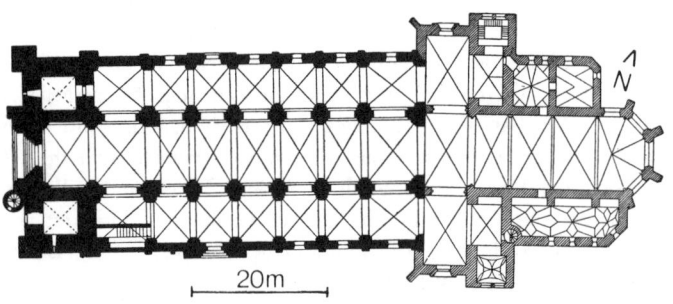

20m

Wiener Neustadt,
Liebfrauenkirche,
Grundriß

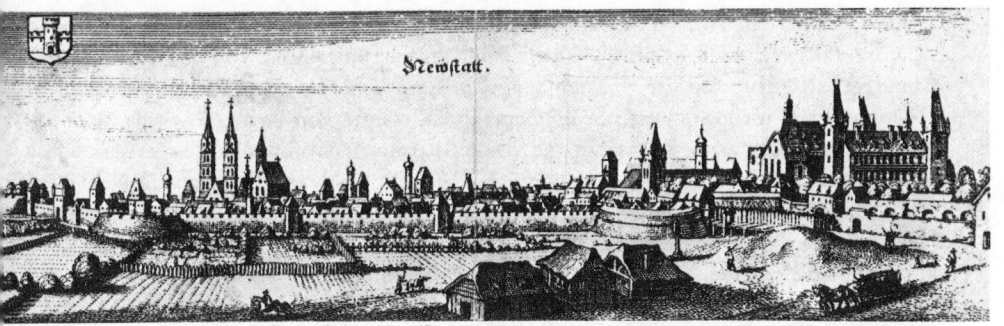

Das befestigte Wiener Neustadt von Süden. Stich von Georg Matthäus Vischer, 1672

Die landesfürstliche Burg wurde in die Südostecke der Stadtbefestigung einbezogen. Die gewaltige Stadtburg mit ihren vier Ecktürmen sollte hier an der Hauptangriffsseite dem Feind trotzen. Ungefähr gleichzeitig wurden auch in Wien (Schweizerhof), Ebenfurth und Orth/Donau (Abb. 149) gotische Vierturmburgen erbaut, ohne jedoch die Ausmaße von Wiener Neustadt zu erreichen.

Erstmals drohte 1241 der Stadt Gefahr von den aus dem Osten heranrückenden Mongolen, die ganz Ungarn bereits verwüstet hatten. Dem um militärische Hilfe flehenden Ungarnkönig Bela IV. rang Herzog Friedrich II. der Streitbare als Gegenleistung die westungarischen Komitate Ödenburg, Wieselburg und Eisenburg ab. Da die Mongolen auf die Nachricht vom Tod ihres Großkhans hin Europa plötzlich verließen und Friedrich II. die Ländereien ohne Gegenleistung behalten wollte, kam es am 15. Juni 1246 zur Schlacht an der Leitha. Zwar gelang es die Ungarn zu besiegen, aber in der Schlacht war der Letzte aus dem Geschlecht der Babenberger gefallen und mit ihm dieses ruhmreiche Geschlecht erloschen.

Zunehmend an Bedeutung gewann die Stadt erst im 15. Jahrhundert als Herzog Ernst der Eiserne sie zu seiner Residenz erwählte. Zahlreiche Adelige und Ministerialen erwarben Hausbesitz und viele Fremde – zumeist Bittsteller – kamen in die Stadt.

Unter seinem Sohn Friedrich, dem späteren römischen König und deutschen Kaiser, erlebte die Stadt Wiener Neustadt eine Zeit höchster kultureller Blüte, von der noch heute – nach einem halben Jahrtausend – viele Zeugnisse, vor allem auf dem Gebiet der Baukunst, künden. Seiner ›Allzeit Getreuen‹ lieh 1452 Kaiser Friedrich III. den Doppeladler mit der Kaiserkrone im Wappen.

Seit 1437 war ein großzügiger Umbau der kaiserlichen Burg im Gange: Ein zweischiffiger Thronsaal wird im Südtrakt eingebaut und die Gottleichnamskapelle im Ostflügel erhält ein eigenes Oratorium. In den Jahren 1449 bis 1457 wird dann nach Plänen von Peter Pusika der gesamte Westflügel neu gebaut: über einer gewaltigen gewölbten Torhalle wird die weit über die Westwand der Burg vorragende Marien- oder (wie sie später genannt wird) Georgskapelle errichtet (Abb. 147). Die dreischiffige

Halle war als eine Art Familienheiligtum geplant und als Mausoleum für die kaiserliche Familie ausersehen. Die prachtvollen Tumbagräber mit ihren vollplastischen Liegefiguren hätte man von der ringsumlaufenden Emporengalerie aus bewundern können. Zu dem ist es nie gekommen: Seine Gemahlin Eleonore von Portugal wurde im Neukloster beim Ungartor beigesetzt und die rotmarmorne Grabtumba des Kaisers selbst steht im Apostelchor von St. Stephan zu Wien. Die Ostwand der Kapelle wird dem Innenhof der Burg zu durch eine monumentale Wappenwand hervorgehoben, die als Denkmal der habsburgischen Hausmacht gedacht war.

In einer Ecke des Kapellenraumes steht das spätgotische Taufbecken, in dem der Sohn des Kaisers, Maximilian, das Sakrament der Taufe empfing. Kaiser Maximilian I., dem die Nachwelt den Beinamen ›der letzte Ritter‹ hinzugefügt hat, dürfte nie ernsthaft erwogen haben, Wiener Neustadt zu seiner Residenz zu machen, lag doch die Stadt zu sehr am Rande des von ihm regierten Länderkomplexes. Getreu den Bestimmungen seines Testaments fand der am 12. Jänner 1519 in Wels verstorbene Kaiser jedoch unter dem St. Georg geweihten Hauptaltar der Kirche in der Wiener Neustädter Burg seine letzte Ruhestätte. Die geplante Übertragung seines Grabmals aus der Innsbrucker Hofkirche nach Wiener Neustadt ist allerdings unterblieben.

Heute beherbergt die Burg die Theresianische Militärakademie. Sie wurde 1752 auf Befehl Maria Theresias begründet, um hier ein ausgesuchtes Offizierskorps heranzubilden. Dieses Institut wurde bald zur wichtigsten Ausbildungsstätte in der Monarchie. Am 13. März 1938 aufgelöst, wurde die Anstalt am 14. Dezember 1958 wiedereröffnet. Mit dieser ›Hohen Schule der Kriegskunst‹ in ihren Mauern scheint die große Bedeutung, die Wiener Neustadt im Laufe der Jahrhunderte auf militärischem Gebiet erlangt hat, auch für die Zukunft gesichert.

Höhenluftkurort Semmering

Von Schottwien steigt die Semmeringstraße in großen Kehren, vorbei an der Wallfahrtskirche Maria Schutz, zur Paßhöhe (980 m) hinan. Seit dem 12. Jahrhundert gewann diese altberühmte Paßstraße nach Italien zunehmend an Bedeutung. Im Jahre 1160 errichtet der steirische Markgraf Otakar III. auf dem Semmering ein Hospital, aus dem der Ort Spital auf der steirischen Seite des Semmering hervorging. Auf seiner ›Venusfahrt‹ führte den Minnesänger Ulrich von Liechtenstein 1227 sein Weg über den Semmering. Handelsweg und Heerstraße kennzeichnen die Bedeutung dieser Nordsüdverbindung in den folgenden Jahrhunderten. Unter Karl VI. kam es 1728 anläßlich der Reise des Kaisers und seiner Gemahlin Elisabeth in die innerösterreichischen Erblande zu einem Ausbau der alten Semmeringstraße, an den das von den Ständen errichtete Monument am Semmeringsattel erinnert. Der Entwurf zu diesem Gedenkstein stammt von Joseph Emanuel Fischer von Erlach.

Die technischen Möglichkeiten des Eisenbahnbaues ließen den Gedanken nach einer Bahnverbindung über den Semmering heranreifen. Karl Ritter von Ghega (1800–1860) entwarf ein noch heute als kühn empfundenes Projekt einer Gebirgsbahn, die zur ersten Europas werden sollte. Nach sechsjähriger Bauzeit wurde die Semmeringbahn am 12. April 1854 eröffnet. Durch dreiundzwanzig Tunnel, über kühn angelegte Brücken und Galerien führt die Trasse an den steilen Berglehnen entlang. Besondere Schwierigkeiten hatten dem Planer die steilen Felsen der Adlitzgräben und der Weinzettelwand bereitet, die er durch gewaltige, in zwei Bogenreihen übereinander angeordnete Viadukte überwand. An der Bahnstation Semmering erinnert eine bescheidene Gedenktafel an den großen Pionier.

Der neueröffneten Semmeringbahn hat der steirische Dichter Peter Rosegger in seiner Erzählung ›Als ich das erste Mal auf dem Dampfwagen saß‹ ein literarisches Denkmal gesetzt, in dem das ungläubige Staunen der einfältigen Landbevölkerung gegenüber dem teuflischen Blendwerk in launiger Weise zum Ausdruck kommt.

Nun entwickelte sich der Semmering zum gesuchtesten Höhen- und Luftkurort des Landes. Im Jahre 1879 legte man den Grundstein zum ersten Semmeringhotel (Südbahnhotel), um das seither eine ganze Hotel- und Villenkolonie entstanden ist. Liebliche Sommerfrischen, Wintersportplätze und Ausflugsorte sind inmitten der Hochgebirgswelt des Semmeringgebietes verstreut (Abb. 148).

Noch einer zweiten technischen Pionierleistung ist am Semmering zu gedenken: Am 3. Mai 1912 überflog Oberleutnant Eduard Nittner auf seinem zwei Stunden dauernden Flug von Wiener Neustadt nach Graz in einer Etrich-Taube als erster Mensch die Paßhöhe. Neben dem Grenzstein für die Landesgrenze zwischen Niederösterreich und Steiermark wurde ihm 1937 ein Gedenkstein errichtet.

In der Geschichte des Automobilrennsports gibt es keinen Bergwettbewerb, der sich an Alter und Bedeutung mit den Rennen auf der kurvenreichen Semmeringstrecke vergleichen ließe. Sie umspannen drei Jahrzehnte und spiegeln den damaligen technischen Fortschritt wider. Sie fanden 1900 bis 1909 auf der zehn Kilometer langen Bergstrecke zwischen Schottwien und dem Hotel Erzherzog Johann auf der Paßhöhe statt. Alle wurden von Mercedes gewonnen. Die erzielten Geschwindigkeiten stiegen dabei von 23,6 auf 83,3 Stundenkilometer. Diese Autorennen wurden jedoch von der Bevölkerung des Luftkurortes als Belästigung empfunden und schließlich vom Statthalter von Niederösterreich, Erich Graf Kielmannsegg, verboten. Erst 1922 lebte der Wettbewerb wieder auf. Achtmal hintereinander ging das Autorennen in Szene, das letzte Mal im Jahr 1930 mit Rudolf Caracciola auf Mercedes als Sieger mit der ›atemberaubenden‹ Geschwindigkeit von 90,9 Stundenkilometer.

Romantisches Rittertum in Laxenburg

Zu Füßen der langgestreckten Hügelkette des Wiener Waldes dehnt sich gegen Osten ein flaches, fruchtbares Land aus, das seit dem Mittelalter zu den bevorzugten Jagdgebieten in der näheren Umgebung der Stadt Wien zählte. Auwald und Heide wechselten in dem wasserreichen Tiefland mit Weideflächen und Ackerland ab. Die Gewässer waren wegen des Fischreichtums und der Mühlen, die an ihren Ufern betrieben wurden, wirtschaftlich von größtem Interesse; das Jagdrecht stand aber vielfach dem Landesherren zu.

Um 1338 erwirbt Herzog Albrecht II. der Lahme (1330–1358) nächst der kleinen Ansiedlung Lachsendorf weitläufige Jagdgründe, zu denen sein Sohn Albrecht III. im Jahre 1381 ein dem Stift Melk gehöriges ›Haus‹ dazugewinnen kann. Diesen Wirtschaftshof läßt er von dem herzoglichen Baumeister Michael Chnab, dessen Name mit dem Bau von St. Stephan in Wien untrennbar verbunden ist, zu einer Wasserburg umgestalten, die später dem Ort den Namen ›Laxenburg‹ geben sollte. Seiner schönen Frau Beatrix, einer Tochter des Burggrafen von Nürnberg, zuliebe stattete er die Burg besonders reich aus und ließ dazu Statuen, Marmorsteine und Säulen von der verlassenen Burg am Leopoldsberg bei Wien herbeischaffen. In der sogenannten Mönchsau wurden Tier- und Ziergärten sowie Fischteiche angelegt. Mit Albrecht III., der 1395 in Laxenburg starb, endete die erste Glanzperiode dieses Jagdschlosses.

Erst aus der Regierungszeit Kaiser Friedrich III. gibt es wieder Nachrichten aus Laxenburg: Auf einer Marmortafel im Burghof mit seinem kaiserlichen Monogramm sind Worte tiefster Resignation zu lesen: »Rerum irrecuperabilium summa felicitas est oblivio« (Das größte Glück ist, unwiederbringliche Dinge zu vergessen).

Sein Sohn, Kaiser Maximilian der letzte Ritter, war ein besonderer Liebhaber der Jagd, insbesondere der Reiherjagd mit dem Falken. Obwohl er bekanntlich nur selten in Wien weilte, hatte er doch in einer seiner Verfügungen des kaiserlichen Jagdgebietes um Laxenburg gedacht und die Gestaltung des Gartens von Laxenburg nach niederländischer Art in einen Lust- und Ziergarten und die Anlage eines Wildgatters für Damwild angeordnet. Gegen Ende seines Lebens wählte der Kaiser Laxenburg zum Schauplatz eines prunkvollen Fürstenkongresses, bei dem die Vermählung seiner

Das Alte Schloß mit Badehaus in Laxenburg. Stich von Georg Matthäus Vischer, 1672

Enkel mit den Kindern des ungarischen Königs Wladislaws II. ausgehandelt wurde.
Die berühmte Doppelhochzeit fand 1515 im Wiener Stephansdom statt.

Während des Türkenjahres 1529 scheint Laxenburg ohne nennenswerten Schaden
geblieben zu sein. Um so schwerer waren die Verwüstungen im Jahre 1683. Doch schon
wenig später, 1693, erstanden Burg, Kirche und Jagdrevier neu. Mit Kaiser Leopold I.
beginnt anscheinend eine längere alljährliche Hofhaltung, wie sie früher nur unter
Albrecht III. üblich war.

Eine besondere Bevorzugung erfuhr Schloß Laxenburg unter Kaiser Karl VI. Da
die Türkengefahr nun endgültig gebannt war, entstanden rund um die kaiserliche
Residenz die Ansitze der adeligen Hofleute, darunter die repräsentativen Anlagen des
Dietrichsteinschen Hauses und des Uhlefeldhauses. Das Leben im Schloß ist mehrfach
geschildert worden: übereinstimmend berichten die Besucher über die bescheidene Ausstattung der kleinen, beengten Räumlichkeiten. Nur das Gemach der Kaiserin ist ausgewählt möbliert und mit einer Tapisserie von geblümten Samt ausgestattet. In dieser
schlichten Umgebung empfing Kaiser Karl VI. am 30. April 1725 den Baron Ripperda
als Bevollmächtigten Spaniens und Prinz Eugen von Savoyen, sowie die Grafen Sin-
zendorf und Starhemberg, um den Vertrag mit König Philipp V. von Spanien zu
unterzeichnen, der zum Schutz der Pragmatischen Sanktion geschlossen werden sollte.

Diese Pragmatische Sanktion ermöglichte seiner Tochter Maria Theresia 1740 als
Frau die Nachfolge auf dem Habsburgerthron anzutreten. Während ihrer Regierungs-

zeit erhält Laxenburg seine heutige Gestalt. Denn trotz aller aufgewendeten Mühen und Mittel entsprach das Alte Schloß längst nicht mehr den Anforderungen der kaiserlichen Familie. Die beengten Raumverhältnisse ließen es nicht zu, daß die zahlreichen kaiserlichen Kinder während der Sommermonate gemeinsam nach Laxenburg kommen konnten, zum Teil mußten sie in Schönbrunn oder Hetzendorf zurückbleiben.

Um dem Kaiserhaus einen repräsentativen Neubau in unmittelbarer Nähe zum Alten Schloß zu ermöglichen, bot Feldmarschall Leopold Graf Daun seinen ›Blauen Hof‹ zum Tausch an. Nach Plänen von Nikolaus Pacassi erfolgte der Umbau des ›Blauen Hofes‹, wurde der cour d'honneur mit dem Speisesaaltrakt und den Remisen angelegt und das kleine Schloßtheater aufgeführt. Das weitläufige Jagdrevier aber wurde in Teilen in einen barocken Park verwandelt, dessen streng geometrische Anlage heute nur mehr in den strahlenförmig auf das Grüne Lusthaus zulaufenden Alleen erkennbar ist. In dem hölzernen Grillagepavillon malte 1753 Vinzenz Fischer das beziehungsvolle Kuppelfresko ›Agamemnon erlegt die Lieblingshündin der Göttin Diana‹.

Waren es früher die Vergnügungen der Jagd, so verlegte sich das Interesse nunmehr auf prachtvolle höfische Feste und Theateraufführungen, die zum Teil vor der Kulisse der malerischen Parklandschaft und den Fischteichen vor sich gingen. Vor allem gastierten hier französische und italienische Schauspielertruppen.

Unter Kaiser Joseph II. beginnt der Laxenburger Park sein Gesicht zu wandeln. Als Kronprinz hatte der Kaiser seine Schwester Marie Antoinette in Frankreich besucht und bei dieser Gelegenheit den berühmten Landschaftspark von Ermenonville kennengelernt. Die Strenge der gestalteten barocken Gartenanlage weicht nun der freundlichen Szenerie lose gruppierter Baumgruppen auf weiten Wiesenflächen.

In diesen Landschaftsgarten ließ Kaiser Franz I. einen verträumten Teich mit Inseln, Brücken und Grotten mit romantischen Felsszenerien anlegen. Inmitten des vielarmigen Teiches entstand 1798 bis 1836 die Franzensburg »als Gartenhaus in Gestalt einer gotischen Burgfeste« (Abb. 145). Nach Plänen des Schloßhauptmannes Michael Riedl und Hofsteinmetzmeisters Franz Jäger entstand hier ein Hauptwerk der klassizistischen Romantik in Österreich, das mit seinen Zinnen und Türmen die Nachahmung einer mittelalterlichen Burg darstellt. Kostbare originale Einrichtungsgegenstände und romantische Fälschungen geben dem Interieur sein typisches Gepräge. Von den Innenräumen sei der Habsburgersaal mit sechzehn Marmorstatuen der Herrscher bis Maria Theresia, der Thronsaal, die Burgkapelle und der Lothringersaal erwähnt. Im Burgverlies erschreckt noch heute ein kettenrasselnder gefangener Tempelritter den Besucher, um ihm die schauerliche Atmosphäre eines solchen mittelalterlichen Kerkers zu verdeutlichen.

Damit erschöpft sich die Romantik allerdings noch nicht. Im ›Rittergau‹ – dem Parkgelände rings um den Teich – entstand eine ›Rittergruft‹, in der der Grabstein des Rektors der Wiener Universität, des Theologen Leonhard Schaur, aus der aufgelassenen

Kartause Mauerbach aufgestellt wurde. Bei der ›Rittersäule‹ wurden Bauteile aus der 1799 abgebrochenen frühgotischen Capella speciosa von Klosterneuburg wiederverwendet. Ein wichtiges Anliegen war der ›Turnierplatz‹. Hier fand am 25. August 1810 zum Namensfest der Kaiserin Ludovica ein Karussell statt, bei welchem der Kaiser in altdeutscher Tracht mit den Erzherzögen und dem gesamten Hof die Quadrille ritten. Ähnliche Veranstaltungen erlebte Laxenburg auch während des Wiener Kongresses.

Im Vormärz begann das Interesse an Laxenburg langsam zu erlahmen. Zwar ließ der junge Kaiser Franz Joseph anläßlich seiner Vermählung mit Elisabeth von Bayern noch einige Räume im ›Blauen Hof‹ adaptieren, in einem davon wurde am 21. August 1858 Kronprinz Rudolf geboren, doch war die große Zeit von Laxenburg vorüber. Später sollte der Kronprinz mit seiner Gattin Stephanie von Belgien die Flitterwochen in Laxenburg verbringen. Als Letzter aus der Familie Habsburg-Lothringen bewohnte Kaiser Karl zwischen 1916 und 1918 zeitweise den ›Blauen Hof‹. Er führte hier die umstrittenen Friedensgespräche mit dem Prinzen Sixtus von Bourbon und empfing hier am 6. Juli 1917 Kaiser Wilhelm, als das Geschick der beiden Reiche längst besiegelt war.

Aber nicht nur die Baulichkeiten, sondern auch der 250 ha große Park selbst ist als ein Kunstwerk von besonderer Bedeutung zu bezeichnen. Mit seinem Reichtum an uralten, malerischen Baumgruppen, weiten Wiesenflächen, mit seinen stimmungsvollen antiken Tempeln und gotisierenden Bauwerken in der landschaftlichen Weite zeigt er sich als Teil der unendlichen Natur.

Das Pompeji vor den Toren Wiens

Hohe Silberpappeln säumen die Landstraße, die von Wien gegen Osten zu den römischen Ausgrabungen nach Carnuntum führt. Über weite Strecken folgt die Straße genau dem Verlauf der einstigen römischen Heeresstraße, die entlang der römischen Grenzbefestigung (limes) angelegt worden war. Aus der *tabula peutingeriana*, einer spätrömischen Straßenkarte, sind die einstigen Namen der Poststationen östlich von Wien mit den heutigen Siedlungen unschwer in Verbindung zu bringen: Bei *Ala Nova* dürfte es sich um Schwechat handeln, die *villa Caius* lag nächst der Abzweigung nach Mannswörth und *Aequinoctium* ist mit Fischamend gleichzusetzen. Die Entfernung von Vindobona nach Carnuntum ist mit 28 römischen Meilen angegeben. Berechnet man die Meile mit 1480 m auf unser heutiges Maß, so ergeben sich rund 41,5 km. Die antike Entfernungsangabe stimmt also mit der modernen durchaus überein.

Zum ersten Mal wird der Name *Carnuntum* in der antiken Literatur erwähnt, als im Jahr 6 n. Chr. der spätere Kaiser Tiberius von hier aus seine Legionen gegen den Markomannenkönig Marobod führte. Diese illyro-keltische Siedlung lag am Kreuzungspunkt zweier uralter Handelswege: dem Wasserweg auf der Donau von West nach Ost und der Via del ambra – der Bernsteinstraße – die die Ostsee mit dem Mittelmeer verband. Bereits im Jahr 15 scheint der nunmehrige Kaiser Tiberius die Elitetruppen der *legio XV Apollinaris* von Emona (heute Laibach) nach Carnuntum verlegt zu haben, womit der Zeitpunkt der Errichtung des Legionslagers zwischen den Ortschaften Petronell und Bad Deutsch-Altenburg feststeht. Von einer einmaligen Unterbrechung abgesehen, blieb diese Besatzung bis zum Anfang des 2. Jh.s in Carnuntum.

In nächster Nähe des Lagers entstand bald eine zivile Ansiedlung, die den alten keltischen Namen – Carnuntum, das heißt die Stadt am Stein – übernommen hatte. Hier ließen sich römische Kaufleute und Händler, sowie ausgediente Soldaten mit ihren Familien nieder. Sie vermittelten der einheimischen Bevölkerung (illyrische Reste und Kelten) nach und nach die Errungenschaften der römischen Zivilisation und förderten damit eine rasche Verschmelzung der beiden Volksgruppen.

Zu Beginn des zweiten Jahrhunderts, zwischen 103 und 107, wird die Provinz Pannonien in zwei neue Verwaltungsbereiche Pannonia superior (Oberpannonien) und Pannonia inferior (Unterpannonien) geteilt. Dadurch wird Carnuntum Haupt-

stadt und militärischer, politischer und wirtschaftlicher Mittelpunkt der neuen ober-
pannonischen Provinz. Die Stadt wurde zum Sitz des Statthalters, der gleichzeitig auch
den Oberbefehl über die Truppen der gesamten Provinz innehatte.

Dem neuen Rang als Sitz vielfältiger Verwaltungsdienststellen entsprechend, ver-
lieh Kaiser Hadrian (117–138) der Stadt den Status eines Municipiums. Das gesamte
Leben wurde nun nach dem römischen Recht geordnet, dem sich die nun zu römischen
Bürgern gewordenen Bewohner zu unterwerfen hatten. Ein Stadtrat von 100 Mit-
gliedern faßt nun die Beschlüsse, sein ausführendes Organ ist ein Kollegium von vier
Männern, dem Rechtsprechung, Marktaufsicht, Versorgung der Stadt mit Getreide,
Aufsicht über das Bauwesen und andere Agenda übertragen waren.

So wuchs Carnuntum zu einer Handelsmetropole ersten Ranges. Aus dem Norden
kam der wertvolle Bernstein, der in Italien zu Schmuck verarbeitet wurde. Felle,
Häute, Leder und Schlachtvieh waren begehrte Importartikel. Aus dem Süden und
Westen kamen keramische Waren aus terra sigillata, Gläser und Hausgeräte, Schmuck
aus Bronze, Silber und Gold. Daneben entstand aber auch eine heimische Industrie. Es

Lageplan der Ausgrabungsstätten von Carnuntum

313

blühten das Keramik- und Ziegeleigewerbe; Steinmetzen und Bildhauer schufen Statuen, Grabsteine und Altäre; Kupfer-, Silber- und Goldschmiede hämmerten feinen Schmuck, dessen hohe Qualität aus den Grabbeigaben ablesbar ist. Auch Gemmenschneider hatten sich in Carnuntum niedergelassen: in Karneol oder Jaspis schnitten sie Gottheiten und Porträtköpfe, Tiere und Ornamente.

Über diese friedliche Welt des Wohlstands brach um die Mitte des zweiten Jahrhunderts das Chaos herein. Scharen von Markomannen, Quaden, Naristen und Jazygen überrannten 171 die römische Donaugrenze, zerstörten unter anderem Carnuntum und drangen marodierend und brandschatzend bis Aquileia vor. Nur mit Mühe gelang es dem Philosophenkaiser Marc Aurel zwischen 172 und 174 die Germanen wieder über die Donau zurückzudrängen, aber der Nimbus der Unbesiegbarkeit Roms war verloren.

Der Wiederaufbau von Stadt und Lager unter der *legio XIV gemina Martia victrix* brachte Jahre neuer Blüte. Die wirtschaftliche Lage besserte sich, Schiffe legten wieder im Donauhafen an und reisende Kaufleute zogen von neuem über die Straßen des Reiches nach Carnuntum.

Die ständig wachsende Macht der Militärs führte im Jahr 193 zur Ausrufung des ersten Soldatenkaisers in der römischen Geschichte. Die XIV. Legion hatte nach der Ermordung von Kaiser Commodus, des Sohnes und Nachfolgers Marc Aurels, die Macht an sich gerissen und den in Carnuntum stationierten Oberbefehlshaber von Oberpannonien, Lucius Septimius Severus, zum Kaiser erwählt. Zum Dank erhob er Carnuntum in den Rang einer *colonia*.

Nicht nur ein Kaiser, auch ein Usurpator kam in Carnuntum an die Macht: 261 wurde der Kommandeur der pannonischen Truppen, Caius Publius Regalianus, von seinen Soldaten zum Kaiser ausgerufen, jedoch wenige Monate später von denselben Soldaten erschlagen. In dieser Zeit steter Bürgerkriege und Kaisererhebungen erkannte Kaiser Diocletian, daß nur eine grundsätzliche Reform das Reich retten konnte. Eine Teilung des Römischen Reiches in eine östliche und eine westliche Hälfte mit je einem Kaiser *(augustus)* mit einem Gehilfen *(caesar)* schien die Sicherheit des Imperiums nach außen hin zu garantieren. Aber die Hoffnung erwies sich als trügerisch: Bereits 308 wurden im Kaiserkongreß zu Carnuntum unter Vorsitz Diocletians in Anwesenheit der beiden Augusti, Maximianus und Galerius, neue Wege aus dem Chaos gesucht. Über die äußeren Umstände dieser Zusammenkunft der drei Kaiser ist nichts überliefert; das Treffen blieb erfolglos, und ein steinerner Altar ist heute alles, was an dieses für eine Grenzstadt gewiß prunkvolle Ereignis erinnert. Dem persischen Lichtgott Mithras, dem *fautor imperii* (Schirmherr des Reiches) dankt der Kaiser für das Gelingen der Konferenz.

Dieser Weihestein ist symptomatisch für die religiöse Situation der damaligen Zeit. Die alten römischen Götter versagten ihren Schutz und so vertraute man sich den orientalischen Gottheiten an, die Trost in die Leiden des Daseins brachten. Mithras, der Gott des Lichtes im steten Kampf gegen das Böse, der ein Leben nach dem

Tode verspricht, kann als ein Wegbereiter für die christliche Religion angesprochen werden.

Noch einmal – unter Kaiser Valentin I. – werden im Jahr 375 im Kampf gegen die Quaden die Mauern verstärkt und neue Befestigungen errichtet. Aber noch im selben Jahr stirbt der tatkräftige Kaiser. Der im Gefolge des Kaisers mitreisende Geschichtsschreiber Ammianus Marcellinus nennt Carnuntum ein »ödes, schmutziges Dorf«. Mit dieser Charakteristik verschwindet Carnuntum im Dunkel der Völkerwanderungszeit.

Die römischen Ausgrabungen in Carnuntum

Der Wiener Humanist Dr. Wolfgang Lazius kann als Begründer der Carnuntum-Forschung bezeichnet werden. Um 1545 bereiste er wiederholt das Gebiet um Petronell, um vor allem die Inschriften von Weihealtären und Grabsteinen aufzuzeichnen. Einer Beschreibung der Herrschaft Petronell aus dem Jahr 1649 ist ein Kupferstich beigegeben, der erstmals römische Ruinen abbildet. Neben einem Grabstein wird »Ein Heydnisches Gebeuw unter der Erden in dem Thiergarten« gezeigt, das sich als ein Hypocaustum – eine Heizanlage mit den typischen Ziegelpfeilern – erklären läßt. Daneben steht das »Heydnisch Thor der Alten Statt Carnunta«, das ›Heidentor‹ als zweipfeiliger Bau mit Bogen, wie es noch heute inmitten der weiten Ebenen emporragt (Abb. 134).

Das ›Heidentor‹ ist das einzige Denkmal aus der Römerzeit, das in Österreich durch alle Jahrhunderte hindurch sichtbar geblieben ist. Das Bauwerk, das sich heute als Triumphbogen präsentiert, war ursprünglich ein Vierpfeilerbau. Es stand völlig allein am Rande der Zivilstadt; kein Straßenzug führte durch das Monument oder an ihm vorbei. Unter dem mächtigen Kreuzgewölbe stand auf dem zylindrischen Sockel wohl die Statue eines Gottes oder eines Kaisers. Vielleicht kann die Nachricht des römischen Schriftstellers Ammianus Marcellinus auf das ›Heidentor‹ bezogen werden, wo es heißt, daß Kaiser Constantin II. (337–361) »auf den Trümmern der römischen Provinzen mit großen Kosten in Gallien und Pannonien Triumphbögen errichten ließ, worauf die Titel seiner Taten angebracht waren«.

Seit 1885 wird mit geringen Unterbrechungen in Carnuntum gegraben. Gleich zu Beginn stieß man auf das von der XV. Legion errichtete Lager, wohl ursprünglich ein Erdkastell, das hinsichtlich seiner Anlage und Ausdehnung dem reichseinheitlichen Typus folgte. Um das Praetorium, das Stabsgebäude, gruppierten sich die Verwaltungsgebäude und die Kasernen für die einzelnen Truppenteile. Jenseits der *via principalis*, der Hauptstraße des Lagers, standen die Offiziershäuser, das *scamnum tribunorum*, und zur Feindseite abschließend noch eine Reihe von Kasernen. Etwa sechstausend Mann waren hier im Lager stationiert. Im Lagerheiligtum waren die Statuen und Büsten der Kaiser und Götter aufgestellt.

Unmittelbar vor dem östlichen Lagertor *(porta principalis dextra),* von dem neben der Landstraße ein Torpfeiler freigelegt werden konnte, entdeckten die Archäologen das für die Legionssoldaten bestimmte Amphitheater. Nach der aufgefundenen Bau-inschrift wurde das Amphitheater von dem aus Syrien stammenden Caius Domitius Zmaragdus, Gemeinderat des municipium Aelium Carnuntum, in der zweiten Hälfte des 2. Jahrhunderts n. Chr. aus eigenen Mitteln auf öffentlichem Grund errichtet.

Über der 72,20 m langen und 44,25 m breiten Arena stiegen die Sitzreihen empor, die schätzungsweise 8000 Personen Platz boten (Abb. 135). An der Nordseite der Arena zeugt eine, allerdings moderne Inschrift, *IIII viri municipii Aeli Carnunti*, von der Loge der vier Bürgermeister der Stadt. Genau gegenüber lag die einst prächtig ausgestattete Statthalterloge. In einer Nische am Westtor der Arena befand sich eine Kultstätte der Diana Nemesis. Vor der Statue der Göttin, die sich heute im Museum

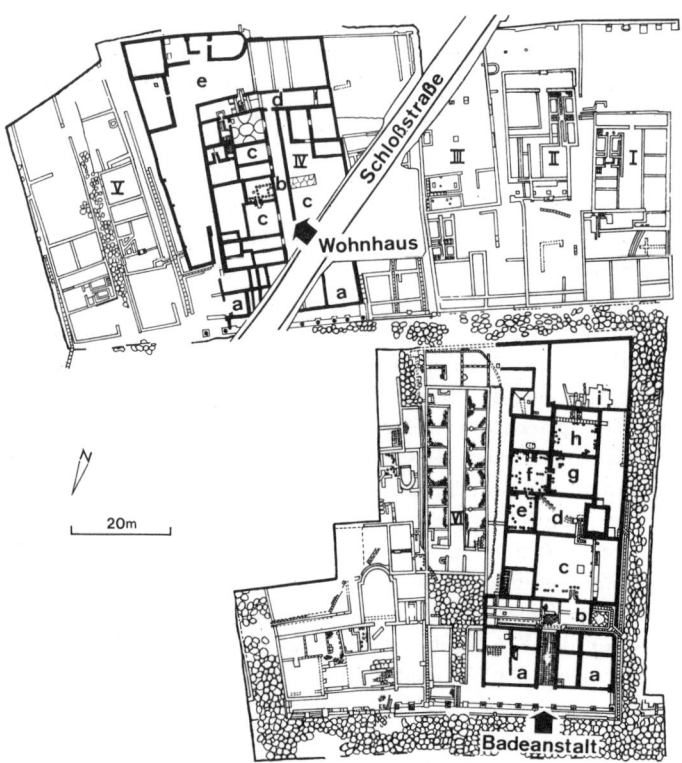

Grundriß eines Häuserblocks in der Zivilstadt von Carnuntum
›Pannonisches Haus‹ mit straßenseitigen Läden (a), zentralem Korridor (b) und seitlichen Wohn-
räumen (c), quergestellter Halle (d) und Hof bzw. Garten (e)
Badeanstalt mit straßenseitigen Läden (a), Latrine (b), Saal mit Kaltwasserbecken (c), Aus-
kleideräume (d), Kalt- (e) und Warmbad (f), Heißwasserbassin (g), Schwitzbad (h) und
Heizofen (i)

Carnuntinum in Bad Deutsch-Altenburg befindet, opferten vor allem die Gladiatoren vor den Kämpfen. An der gegenüberliegenden Seite sind noch heute die Tierzwinger mit den gerillten steinernen Türgewänden für die Falltüren zu erkennen. Inmitten der Arena ist ein großes Wasserbecken (6,30 x 8,00 x 3,80 m) eingetieft, das durch einen Kanal mit dem zur Reinigung der Arena nötigen Wasser versorgt wurde.

Die Zivilstadt von Carnuntum besaß ein eigenes Amphitheater, das in seinen Abmessungen und dem Fassungsvermögen die militärische Anlage weit übertraf. Der noch vor den Markomannenkriegen entstandene Bau dürfte ungefähr 13 000 Personen gefaßt haben. Unmittelbar hinter der Arenamauer befand sich das Podium mit den Sitzreihen für die Würdenträger. Durch aufgefundene Inschrifttafeln ist bekannt, daß die einzelnen Sitzplatzsektoren bestimmten Körperschaften vorbehalten waren.

Auch hier gab es in der Längsachse der ellipsenförmigen Arena zwei Prunktore, die nur bei festlichen Einzügen und Aufmärschen benützt wurden. Rund zweihundert Jahre, bis ins 4. Jahrhundert hinein, mag das Amphitheater seiner Bestimmung gedient haben. Das sich ständig weiter ausbreitende Christentum fand im Südtor des Amphitheaters einen versteckten Platz, um einen bescheidenen Kultraum einzurichten. In einer Ecke der einstigen Torhalle hat sich bis heute ein sechseckiges, aus Steinen gefügtes Becken mit Abflußöffnung erhalten. Mit gutem Grund ist dieser Raum als ein frühchristliches Taufhaus, ein Baptisterium, anzusprechen. Bisher ist dieses Taufbecken einer der wenigen Hinweise auf das Vorhandensein einer christlichen Gemeinde in Carnuntum.

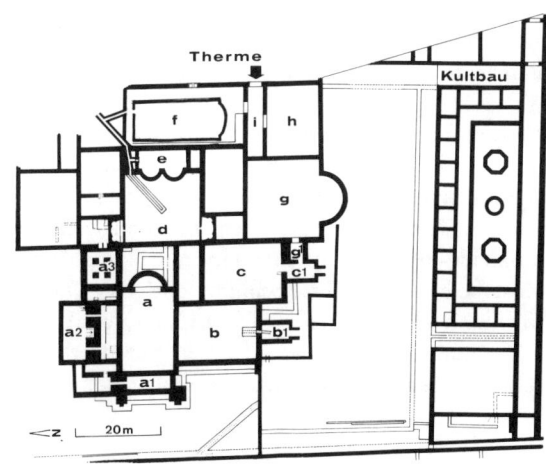

Schema der Großen Therme (sogenannte Palastruine) in Carnuntum
Apsidensaal [sudatorium] (a) mit Vorraum (a1), Heizzentrale (a2) und Warmwasserbereitungs-anlage (a3); Saal (b und c) mit Heizkammern (b1 und c1); Nymphäum (d); Zweiapsiden-saal mit Kaltwasserbecken (e); Großes Schwimmbecken (f); Großer Apsidensaal (g) mit Heiz-kammer (g1); Saal mit Marmorfußboden [Auskleideraum] (h); Eingangskorridor (i)

Das Siedlungsgebiet der Zivilstadt Carnuntum umfaßte ungefähr 2,6 km². Davon wurde im ›Spaziergarten‹ nächst dem Schloß Traun in Petronell ein kleiner Teil freigelegt. Es sind Häuser, die am Südrand der Stadt lagen. Entsprechend dem römischen Schema lagen sie an geraden, breiten Straßen, eingefügt in ein rasterförmiges Straßennetz. Die einzelnen Häuser innerhalb der Häuserblocks und Wohnkomplexe *(insulae)* folgen aber dem alten einheimischen, keltischen Baustil: In der Mitte des ›pannonischen Hauses‹ liegt ein Korridor, von dem aus alle Wohnräume erreichbar waren; über einen gepflasterten Hof gelangte man in einen kleinen Garten an der Rückseite des Hauses; gegen die Straße zu lagen Kaufläden mit Magazinen. Kein Atrium, kein Peristyl, wie südlich der Alpen es sich dem Archäologen immer wieder erschließt, wo offene Lichthöfe die Sonne und den so kostbaren Regen auffingen. Hier im rauhen Norden baute der Römer den Einheimischen das alte keltische Blockhaus in Stein nach. Mosaiken zierten die Fußböden und Heizanlagen machten das Wohnen während der strengen Wintermonate angenehm.

Inmitten dieses Wohnviertels liegt ein großes Gebäude, das aufgrund der bisherigen Grabungsergebnisse als Badehaus gedeutet wird. Zwei große, aus behauenen Steinblöcken gebaute Öfen versorgten das Schwitzbad und das Heißwasserbassin sowie das Warm- und Kaltbad und die anschließenden Auskleideräume. Ein kleiner Raum, dessen Boden mit Steinplatten belegt ist und den an drei Seiten Wasserabflußrinnen umgeben, ist als die Latrine des Bades zu deuten. Immer wieder erweckt das ausgeklügelte Wasserleitungs- und Kanalisationssystem der Römer Bewunderung. Im Jahre 1976 wurde in Petronell durch Zufall in sechs Meter Tiefe ein Wasserleitungskanal wiederentdeckt, der in Richtung des 15 km entfernten Maria Ellend führt und dessen Wasser noch heute genießbar ist!

Westlich vom Meierhof des Schlosses erstreckt sich die sogenannte Palastruine, der größte bisher bekannte antike Bau in Österreich. Das Bauwerk dürfte am Ende der Markomannenkriege unter der severischen Dynastie als gewaltige Thermenanlage errichtet worden sein. Auf dem rechteckigen Areal von 104 m zu 143 m lagen die Auskleide- und Aufenthaltsräume mit Nymphäum, Warmwasseranlage, kleinem Kaltwasserbecken für Nichtschwimmer mit einer Wassertiefe von nur 60 cm und das große Schwimmbecken (9 x 21 m, Wassertiefe 1,60 m).

Der Badebetrieb in den Thermen war durch staatliche Verordnungen geregelt. Als Beispiel möge die Gemeindeverordnung des Bergmannsdorfes Vipascum in Portugal dienen:

1. Der Pächter des Bades oder ein Teilhaber soll ganz auf eigene Kosten das Bad, das er vom 1. Juli ab immer auf ein Jahr pachten wird, täglich heizen und zugänglich machen von Tagesanbruch bis zur siebenten Stunde für die Frauen und von der achten Stunde bis zur zweiten Stunde der Nacht für die Männer nach dem Ermessen des Beamten, der das Bergwerk leitet.

2. Fließendes Wasser für das Bad soll er Männern und Frauen bis zur höchsten Markierung für die unterheizten Bassins und für das Becken ordnungsgemäß liefern.
3. Der Pächter soll sich von jedem Manne ¹/₂ As, von jeder Frau 1 As zahlen lassen. Ausgenommen sind die kaiserlichen Freigelassenen und Sklaven, die in den Diensten des Bergwerksleiters stehen und Vorrechte genießen, ebenso Kinder und Soldaten.

Diese prächtige Thermenanlage mit ihren Wandverkleidungen aus Marmor, kunstvoll behauenen Architekturteilen und Wandmalereien erfuhr um 300 einen tiefgreifenden Umbau. Aus der Badeanlage wurde ein aufwendiger Repräsentationsbau, der während der Kaiserkonferenz von 308 als Palast diente.

Nach Süden zu ist der ›Palastruine‹ ein von einem Arkadengang umschlossener Hof vorgelagert, in dem sich zwei Oktogone und ein Rundbau erhoben. Es wäre möglich, daß es sich dabei um kleine Tempelanlagen zur Aufstellung von Altären oder Statuen gehandelt hat.

Die reichen Bodenfunde aus dem Gebiet der einstigen römischen Siedlung Carnuntum werden im Museum Carnuntinum in Bad Deutsch-Altenburg aufbewahrt: Mithräum, Grabsteine und Altäre, Statuen, Mosaiken, Waffen, Schmuck, Kunst und Kunstgewerbe, alltägliche Gebrauchsgegenstände. Anschauliche Rekonstruktionen runden die Vorstellung über das Leben zur Römerzeit am Limes nach dem Besuch der Ausgrabungen ab.

Ausflug ins Burgenland

Über dem Burgenland liegt ein leichter östlicher Hauch. Jeder, der die Höhe des Leitha-Gebirges bei Hornstein-Müllendorf überquert, spürt plötzlich das Andersartige in der Landschaft, der Bevölkerung und auch in der Kunst. Zu sehr war und ist dieses Land ein Land der Grenzen, die es immer wieder von Norden nach Süden durchzogen. Seit dem 11. Jahrhundert begann man entlang dieser Grenze Burgen zu bauen: Landsee mit seinem gewaltigen Bergfried auf der einen Seite, Ödenburg und Bernstein auf der anderen; im Süden nützten die Güssinger den Bergkegel für ihre Burg, im Norden entstand auf dem imponierenden Burgberg von Forchtenau die Burg Forchtenstein. Aber nicht diese mächtigen Wehranlagen gaben dem Burgenland seinen Namen, als es 1921 auf Grund des Friedenvertrags von Saint-Germain-en-Laye von Ungarn an Österreich abgetreten werden mußte, sondern die vier Burgkomitate im ehemaligen Deutschwestungarn: Preßburg (Bratislava), Wieselburg (Mosonmagyaróvár), Ödenburg (Sopron) und Eisenburg (Vas).

In den Jahrhunderten vorher bildete das heutige Burgenland keine territoriale Einheit, nur die mehr oder minder einheitliche Entwicklung dieser vier Komitate schuf etwas Gemeinsames. Vor allem aber bewirkte das Band der gemeinsamen deutschen Sprache Jahrhunderte hindurch eine unsichtbare Einheit. Das landschaftlich und volksmäßig so vielfältig gestaltete Land trägt als Brücke zwischen dem Ostalpenraum und der ungarischen Tiefebene im Westen ozeanische und im Osten kontinentale Wesensmerkmale, die insbesondere in Klima und Flora hervortreten.

Im Norden des Landes bilden die Parndorfer Heide und der Seewinkel den Übergang zur kleinen ungarischen Tiefebene. Eingebettet zwischen dem Rosalien- und Leithagebirge, dem Bindeglied zum Karpatenbogen, erstreckt sich das fruchtbare Eisenstädter Becken. Die Wiener Neustädter und die Brucker Pforte stellen die Verbindung mit dem Wiener Raum her. Im mittleren Teil verengt sich das Land wespentaillenartig auf nur 4,5 km Breite, was auf die Abtrennung der Stadt Ödenburg im Jahr 1922 zurückzuführen ist. Der Süden mit seinen Hügeln und Terrassen ist geographisch ein Teil des oststeirischen Hügellandes. Wie der Norden nach Wien, ist der Süden nach Graz ausgerichtet.

Eisenstadt – Österreichs jüngste Landeshauptstadt

Geistiger und wirtschaftlicher Mittelpunkt des einstigen deutschwestungarischen Gebietes war zweifellos die reichsfreie Stadt *Ödenburg* (heute Sopron). Als Ungarn nach dem Ersten Weltkrieg unter dem diplomatischen Druck Italiens im ›Venediger Protokoll‹ vom 13. Oktober 1921 zustimmen mußte, das Burgenland ordnungsgemäß zu übergeben, wurde gleichzeitig von Österreich verlangt, einer Abstimmung über das Zugehörigkeitsgefühl der Bevölkerung von Ödenburg und sieben deutschen Dörfern zuzustimmen. Durch ungarische Machenschaften wird die Abstimmung am 14. Dezember 1921 verfälscht, und so geht die eigentliche Hauptstadt des Landes, Ödenburg, verloren.

Mit Beschluß vom 30. April 1925 wurde dann die Freistadt Eisenstadt vom burgenländischen Landtag zur neuen Landeshauptstadt erhoben. Kurz zuvor hatte der Heilige Stuhl den hl. Martin zum Landespatron bestimmt. Erst 1960 wird das Burgenland durch eine Bulle Papst Johannes XXIII. zur selbständigen Diözese erhoben, die Stadtpfarrkirche in Eisenstadt zur Kathedralkirche.

Das Barockstädtchen *Eisenstadt* am Südhang des Leitha-Gebirges ist nicht nur die jüngste, sondern auch die kleinste unter den Landeshauptstädten Österreichs. Die ältesten Spuren einer menschlichen Ansiedlung fanden sich auf dem ›Burgstallberg‹ und stammen aus der Hallstattzeit. Über Kelten und Römer bis zu den Stämmen der Völkerwanderungszeit konnten Siedlungsreste aufgedeckt werden. Vermutlich war das 1118 von dem Babenberger Markgrafen Leopold III. auf seinem Vergeltungsfeldzug gegen die Ungarn zerstörte *castrum, quod ferreum vocatur* mit der Eisenstädter Burg identisch. Die nahegelegene Burgsiedlung wird 1264 erstmals in einer Urkunde als ›minor Mortin‹ (später Kleinmartinsdorf, ungarisch Kismárton) genannt, in der eine *capella Sancti Martini* als Pfründe vergeben wird. Zwischen 1364 und 1445 waren Burg und Siedlung im Besitz der altadeligen Familie Kanizsai, die maßgeblich die wirtschaftliche Entwicklung des Ortes bestimmte: 1373 erfolgte die Erhebung zur grundherrlichen Stadt, 1388 erhielt Eisenstadt das Marktrecht; dazu kam noch das Privilegium des Freihandels in ganz Ungarn (1397) und die Befreiung von allen Abgaben und Tributen (1429). Zum Schutz des Ortes ließen die Herren von Kanizsai im Jahr 1371 eine mächtige Wehrmauer errichten, die in Teilen noch heute aufrecht sichtbar ist. Sie umschloß den mittelalterlichen Stadtgrundriß, der durch drei annähernd parallel laufende Straßenzüge bestimmt wird, in dessen Nordwestecke die neue Burg mit vier mächtigen Ecktürmen entstanden war.

Nach Aussterben der Familie Kanizsai gelangten Stadt und Herrschaft an die Habsburger, die den Besitz immer wieder an verschiedene Pfandherren vergaben: 1622 erhielt Graf Nikolaus Esterházy die Herrschaft Forchtenstein und Eisenstadt als kaiserliches Pfand zum Dank für seine treue Haltung gegenüber Kaiser Ferdinand II. in dessen Kampf gegen die aufständischen Siebenbürgen und die herannahenden Türken.

Als ungarischer Palatin (Stellvertreter des Königs) und Obergespan des Komitates
Ödenburg legte er den Grundstein zum materiellen Wohlstand und zum Ansehen seiner
Familie. Er mußte es allerdings hinnehmen, daß 1648 die Stadt Eisenstadt zur
königlich-ungarischen Freistadt erhoben wurde und somit ihr weiterer Weg durch die
Geschichte sich unabhängig von den Eigentümern des gleichnamigen Herrschaftsbezirks
vollzog. Sein jüngerer Sohn, Graf Paul Esterházy (reg. 1652–1713), mehrte und erweiterte den Besitz, so daß er auch in späteren Jahrhunderten nicht mehr übertroffen
wurde. Sein hoher Kunstsinn zeigte sich in Kompositionen geistlicher Lieder und der
Erörterung musiktheoretischer Fragen ebenso wie in der Abfassung lyrischer Gedichte
und religionsphilosophischer Werke, vor allem aber in hervorragenden Bauwerken, die
während seiner Regierungszeit entstanden. Auf ihn geht die Umgestaltung der Eisenstädter Burg zur barocken Residenz zurück, er ließ den berühmten Kalvarienberg und
die Gnadenkirche Mariä Heimsuchung auf dem Oberberg in Eisenstadt sowie die Wallfahrtskirche und das Franziskanerkloster in Frauenkirchen errichten und bemühte sich
um die Wiederherstellung der von den Türken zerstörten Wallfahrtskirche in Loretto.

Das *Eisenstädter Schloß* (Abb. 155) läßt noch heute den mittelalterlichen Kern der
viertürmigen Anlage an den vier Dachpavillons erahnen, es ist im Typus ähnlich
angelegt wie die Wiener Hofburg, die Wiener Neustädter-Burg oder Burg Orth/Donau.
Im Jahr 1663 beginnt der großzügige Umbau der mittelalterlichen Burg, die allseitig
barock ummantelt wird. Den Bau leiten nach ›*Matel* (Modell) *und Abris* (Fassadenplan)‹
des Baumeisters Carlo Martino Carlone die Poliere Sebastiano Bartoletti und Antonio
Carlone. Eine toskanische Riesenpilasterordnung gliedert den mächtigen Baukörper,
der gegen die Dachfläche von einem mächtig vorkragenden, stark schattenden Haupt-
gesims abgegrenzt wird. Besonderen Ausdruck verleihen der Fassade die prächtigen
Maskerons (Konsolen des Hauptgesimses mit Fratzenköpfen), die dem Bau Züge einer
barbarischen Pracht vermitteln. Eingewebt in das Fassadenschema, das eine eigentümliche Verflechtung der Vertikalen und Horizontalen erkennen läßt, stehen in Nischen
die Büsten ungarischer Heerführer. Die beiden Büsten über dem Haupteingang des
Schlossen stellen die Bauherren C(omes) N(icolaus) E(sterházy) R(egni) H(ungariae)
P(alatinus) und C P(aulus) E R H P dar. Die Hoffassaden sind ähnlich gegliedert wie
die Außenfronten. Der reiche Fassadendekor ist das Werk oberitalienischer Meister, vor
allem des Stukkateurs Andrea Bertinelli.

Gegenüber der Toreinfahrt blickt man vom Hof auf die hohen Fenster des Festsaales. Zur Zeit des Palatins Paul hieß er Sommer- oder Speisesaal, heute hat sich die
Bezeichnung *Haydn-Saal* eingebürgert, da hier Joseph Haydn wiederholt mit seinen
Musikern vor der fürstlichen Familie konzertiert hatte. Mit seiner etwas starren,
stark durchlöcherten Fensterwand, der eine Nischengliederung in der gegenüberliegenden Wand entspricht, und seinem Spiegelgewölbe macht der in Einzelfeldern ausgemalte
Saal einen uneinheitlichen, kühlen Eindruck. Großartig sind dagegen die durch eine
reiche Rahmung eingefaßten Wandgemälde an der Decke. Die Darstellungen im Mittel-

feld und in den sechs Rechteckfeldern der Hohlkehlenzone entstammen einem satirisch-mystischen Roman des antiken Schriftstellers Apuleius, dessen Hauptgestalten Amor und Psyche sind. Apollo und Selene, in zwei Seitenfeldern, sind als Gegenüberstellung von Tag und Nacht gedacht, versinnbildlichen aber zugleich auch die Bereiche des Männlichen und Weiblichen. Sechs weitere Bilder in der Hohlkehle schildern die Geschichte der goldenen Äpfel der Hesperiden. In sechzehn Ovalbildern wird dann noch auf die von den Türken eroberten Provinzen im Osten und Südosten Bezug genommen, um so den ungarisch-habsburgischen Herrschaftsanspruch in diesen Gebieten zu dokumentieren. Schöpfer dieser künstlerisch höchst bedeutsamen Fresken ist der aus Bissone am Gardasee stammende Maler Carpoforo Tencalla. Die Eisenstädter Fresken zählen zu seinen besten Leistungen, womit er einen maßgeblichen Einfluß auf die weitere Entwicklung der barocken Freskomalerei in Österreich ausübte.

Gleich seinem Vater Nikolaus blieb auch Paul dem Hause Österreich treu ergeben. Kaiser Leopold I. belohnte seine Dienste – besonders bei der Auseinandersetzung um die Anerkennung des Erbrechtes der Habsburger auf die ungarische Krone seitens der ungarischen Stände mit der Fürstenwürde und erlaubte ihm, in seinem Wappen ein goldenes ›L‹ als Erinnerung an den Kaiser zu führen.

Unter Fürst Paul Anton (reg. 1721–1762) wurde die *Schloßkapelle* im Westtrakt umgestaltet (1740/50). Das Altargemälde selbst, eine Immaculata, und die Seitenaltar-bilder, Maria mit der hl. Mutter Anna und der hl. Antonius von Padua, sind erst 1825 entstandene Werke von Erasmus Engert. Etwa zur selben Zeit dürfte auch die Orgel aufgestellt worden sein. Hier wirkte die 1674 begründete fürstliche Musikkapelle, an der Gregor Joseph Werner und Joseph Haydn als Kapellmeister dieses Orchester weit über das übliche Maß ähnlicher Ensembles erhoben.

Eine letzte, wenngleich nur zum Teil ausgeführte Veränderung erfuhr das Schloß unter Fürst Nikolaus II. Esterházy. Als mäzenatenhafter Förderer der schönen Künste verglichen ihn seine Zeitgenossen oftmals mit Lorenzo di Medici, genannt ›il Magni-fico‹. Musik- und Theaterleben entfalteten sich in der Residenz in einem weder vorher gekannten, noch nachher erreichten Maße: So bestellte er zur Namenstagsfeier seiner Gemahlin Maria Josepha Hermenegild im Jahr 1807 bei Ludwig van Beethoven eine Messe für vier Solostimmen, Chor und Orchester (op. 86). Von großer Bedeutung war die Gründung einer Bibliothek und einer Bildergalerie, welche letztere später zum Grundstock des Museums der schönen Künste in Budapest werden sollte.

Um allen seinen Vorstellungen einen entsprechenden Rahmen zu schaffen, sollte das Schloß eine großzügige Erweiterung erfahren. Der französische Architekt Charles Moreau arbeitete zwischen 1794 und 1805 an entsprechenden Umbauplänen, die neben einer Neugestaltung aller Fassaden des Schlosses vor allem den Anbau von zwei weit-ausgreifenden Flügeln vorsahen, in denen ein Theater und ein Museum eingebaut werden sollten. Von diesem grandiosen Projekt, das die Familie Esterházy beinahe an den Rand des finanziellen Ruins gebracht hätte, gelangte nur der dem Haydn-Saal vorgelagerte ›Wildschwein-Saal‹ und der neunachsige Portikus mit den monumentalen korinthischen Säulen zur Ausführung. Im Haydn-Saal selbst wurden an den Schmalseiten Emporen eingebaut, auf denen die fürstliche Musikkapelle bei festlichen Anlässen Aufstellung nahm.

Erst 1892 kommt es zu neuerlichen Restaurierungsarbeiten im Inneren des Schlosses, wofür französische Künstler nach Eisenstadt geholt wurden. Ihre weniger vom histo- rischen Einfühlungsvermögen als vom herrschenden Zeitgeschmack bestimmte Tätigkeit prägt vor allem das heutige Aussehen der Repräsentationsräume im ersten Stock des Schlosses. Neben diesen Schauräumen ist heute die Burgenländische Landesgalerie im Schloß untergebracht. Weiters befinden sich hier die Kulturabteilungen der Landes- regierung und der Fremdenverkehrsverband und in anderen Räumlichkeiten das fürstliche Familienarchiv und die Forstverwaltung; in den weitläufigen Kellern wird die Esterházysche Weinkellerei betrieben. Im Haydn-Saal finden wieder glanzvolle kulturelle Veranstaltungen statt. Auch in der Schloßkapelle wird weiterhin Gottes- dienst abgehalten. So erfüllt Schloß Esterházy auch heute, unter völlig gewandelten gesellschaftlichen Verhältnissen, seine traditionelle wirtschaftliche, kulturelle und reprä- sentative Funktion.

Am Eisenstädter Oberberg sollte nach dem Willen von Fürst Paul Esterházy eine der Patrona Hungariae, der hl. Maria, geweihte Wallfahrtskirche entstehen. Begon- nen wurde 1701 mit der Aufschüttung eines künstlichen *Kalvarienberges* (Farbt. 33), der nach den bizarren Vorstellungen des Franziskanerlaienbruders Felix Nierinck angelegt wurde. Das Phantastische der Architektur ist nicht mit einem Blick zu erfassen und erschließt sich erst im Durchschreiten der kompliziert angelegten Höhlengänge und Freitreppen. An saalartigen Erweiterungen des schmalen Passionsweges wird die Leidensgeschichte des Herrn in 24 Stationen faszinierend lebendig. Die Akteure dieses barocken theatrum sacrum sind 260 Holz- und 60 Steinfiguren, grellfarbig bemalt und in pathetisch übersteigerter Haltung und Gebärde. Künstlerischer Höhepunkt ist wohl die ›Ecce-Homo-Gruppe‹, wo Juden als schwarz gekleidete Bürgersleute die Kreuzi- gung verlangen. Am Gipfel des Berges, von dem man einen herrlichen Rundblick über die Stadt genießt, steht die Kreuzkapelle. Unmittelbar an den Kalvarienberg anschlie- ßend sollte die größte Wallfahrtskirche Ungarns entstehen. Im Jahr 1715 wurde der Grundstein zur *Bergkirche* gelegt, doch kam nur das Presbyterium dieser gewaltigen Anlage zur Ausführung. Das Deckenfresko mit der Darstellung der Himmelfahrt Christi wurde 1772 von Christian Köpp und seinem Sohn Wolfgang ausgeführt. Unter der Orgelempore befindet sich der Zugang zum Haydn-Mausoleum, wo in einem Sarkophag aus weißem Marmor die sterblichen Überreste des großen Komponisten auf- bewahrt werden (Abb. 156).

Joseph Haydn (Abb. 157), geboren am 31. März 1732 in Rohrau/Leitha, wurde 1761 als zweiter Kapellmeister der fürstlichen Hauskapelle nach Eisenstadt berufen. Zwischen 1766 und 1778 bewohnte er das kleine Barockhäuschen in der Klostergasse (heute Haydngasse) Nr. 21. Das zu einem Museum umgestaltete *Haydn-Wohnhaus* enthält Zeugnisse über sein Leben und Wirken in Esterházyschem Dienst. In der Nähe des ehemaligen Bürgerhospitals besaß Joseph Haydn einen kleinen Küchengarten mit einem hölzernen Gartenhaus, in dem manches Werk entstanden sein mag; so soll er hier auch das berühmte ›Kaiserquartett‹ komponiert haben.

Mittelpunkt der Bürgerstadt ist die mächtige spätgotische, dem hl. Martin geweihte *Domkirche*. Der Kirchenbau wurde um 1468 unter Hans Siebenhirter, Großmeister des St. Georg-Ritterordens und Ratgeber Kaiser Friedrich III., begonnen und gegen 1522 fertiggestellt. Die dreischiffige spätgotische Hallenkirche wurde über der aus dem 12. Jahrhundert stammenden Martinskirche erbaut, deren Reste zum Teil ausgegraben oder in der ›Familienkapelle‹ sichtbar sind. Die künstlerisch hochwertige barocke Inneneinrichtung fiel 1903 bis auf die Kanzel (1745), die Orgel (1778) und das Altarblatt des Hochaltars (Stephan Dorfmeister, 1777) der Regotisierung des Kircheninneren zum Opfer. Anläßlich der Erhebung der Kirche in den Rang einer Bischofskirche verschwanden diese neugotischen Einbauten wieder.

Äußeres Zeichen der Erhebung zur königsfreien Stadt (1648) war die Erbauung des Eisenstädter *Rathauses* am Hauptplatz 35. Um sich die Selbstverwaltung zu sichern, bezahlten die Eisenstädter Bürger 16 000 Gulden in barem Geld und lieferten Wein im Wert von 9 000 Gulden an Kaiser Ferdinand III. Der langgestreckte Baukörper mit seinen drei Erkern, dem mit Diamantquadern gerahmten Portal und der mächtigen Attika zeugt von der langanhaltenden Baugesinnung der Renaissance nördlich der Alpen. Al secco gemalte allegorische Darstellungen der Kardinaltugenden und verschiedener biblischer Szenen ergänzen das Fassadenkonzept.

Die Altstadt mit ihrem malerischen Hausbestand und das einstige jüdische Getto am Unterberg haben sich inmitten der sich stetig ausweitenden Landeshauptstadt fast unberührt erhalten. Kirche und Schloß symbolisieren so wie einst die Verteilung der geistlichen und weltlichen Macht in Eisenstadt.

Römersteinbruch St. Margarethen

Vor mehr als 10 Millionen Jahren war das Burgenland vom Torton-Meer des Miozäns bedeckt, das sich vom Mittelmeer aus über weite Teile Osteuropas ausdehnte. Aus den Ablagerungen dieses Meeres entstand in den folgenden Jahrmillionen der Leithakalkstein. Inmitten der Hügellandschaft zwischen der Wulkaebene bei St. Margarethen und dem Neusiedler See bei Rust liegt die bizarre Felskulisse des ›Römersteinbruchs‹, der eine Fläche von rund 147 000 m² umfaßt. Seit 2000 Jahren wird hier der weiche, leicht zu bearbeitende Sandstein gebrochen. Im Laufe der Zeit wurden so die bis zu vierzig Meter hohen Steilwände aus dem Riffkörper des Höhenzuges herausgeschnitten. So wie dieses vorgeschichtliche Meer Leben barg, so findet sich dieses Leben versteinert in den Felsen wieder: Schädel von Seekühen, Muscheln, Haifischzähne, Fischskelette und das Skelett eines delphinartigen Zahnwals geben Zeugnis davon.

Läßt man den Blick von der ›Römerwand‹, an der auch Steine für Carnuntum gebrochen wurden, hinüberschweifen zur ›Stephanswand‹, aus der vor allem der Stein für den gotischen Bau des Stephansdoms in Wien bezogen wurde, so liegen mehr als tausend Jahre harter Steinmetzarbeit dazwischen. Aber auch während der Barockzeit war der feinkörnige, sandig gelbe Stein stark gefragt, wie ein Steinmetzzeichen mit der Jahreszahl 1761 erweist, das sich durch Zufall an einer der Felswände erhalten hat. Den größten Aufschwung nahm der Steinbruch jedoch im vergangenen Jahrhundert, als durch den Bau der Wiener Ringstraße der Bedarf an diesem Baustein schier ins Unermeßliche anwuchs. Um den Stein möglichst rasch an seinen Bestimmungsort bringen zu können, wurde der Steinbruch 1896 an das Eisenbahnnetz angeschlossen, wofür man zuvor eine schmale Schlucht durch den Steinbruch zur Wulkaebene hinaus gesprengt hatte, durch die die Güterzüge bis ins Herz des Steinbruches einfahren konnten. Die Wiener Oper und das Neue Rathaus geben beredtes Zeugnis von der großen Zeit dieses Steinbruchs. An den Bau der Nationalbank in Wien erinnert noch heute die ›Bankwand‹ im Westteil des Steinbruchs.

Wie vor Jahrhunderten wird auch heute noch ausgezeichnetes Steinmaterial hier abgebaut. Neben dem Steinbruch konnten sich in den letzten Jahrzehnten zwei kulturelle Aktivitäten entwickeln. Seit 1959 findet unter internationaler Beteiligung alljährlich ein Symposion moderner Bildhauer statt, dessen Ergebnisse im Steinbruch – im ›Freiluftatelier‹ – zur Diskussion gestellt werden. In der Folge wurde St. Margarethen zum Vorbild für ähnliche Veranstaltungen in Jugoslawien, der Deutschen Bundesrepublik, Japan und Israel. In einem stillgelegten Teil des Steinbruches von St. Margarethen wird alljährlich vor der gewaltigen Felsszenerie die Passion Christi in einem ergreifenden Spiel von den Dorfbewohnern aufgeführt.

Vom Steppensee zur Pußta

Zu Füßen des Leitha-Gebirges erstreckt sich die silbrig glänzende Wasserfläche des *Neusiedler Sees* (Abb. 167). Rund ein Viertel des etwa 320 km² großen Sees reicht nach Ungarn hinüber. Ein breiter Schilfgürtel umsäumt seine Ufer. In den dichten Schilfrohrwäldern nisten Reiher, Löffler, Rallen, Rohrsänger, Bart- und Beutelmeisen. Mit dem Boot in einem abgelegenen Schilfkanal oder einer tiefen Bucht erschließt sich dem Tierfreund die einzigartige Vogelwelt an diesem Steppensee. Das Wasser ist salzreich und trüb; mit der Ruderstange erreicht man leicht den nur etwa 80 Zentimeter tiefen Seeboden. Da der See keinen Abfluß besitzt, und von den Zuflüssen nur die Wulka erwähnenswerte Wassermengen heranbringt, füllt sich durch die enorme Verdunstung das Seebecken kaum. Grundwasserströme gleichen den schwankenden Wasserspiegel zum Teil immer wieder aus. Diese Unregelmäßigkeit des Wasserhaushaltes führte in

Historische Landkarte der Gegend um den Neusiedler See ▷

Die Kaiſereichen. Das Leithagebirg.

Der Tabor

Eyn Wildanſen.

Das öde Kloſter Joiß

Pratenbrun Winden

Neuſiedl.

Der Thiergarten.

Purbach.

Weiden. Gols.

Donnerkirchen

Eyn Lachs.

Der Neuſiedlerſee.

Mönchshof.

Vulka-Fluvius.

Podersdorf.

Gſchiess.

Frauenkirchen.

Der Goldberg.

Der Silberberg.

Der Karpf.

Fikhreiher.

Orßop.

Dr. Kat Oggau.

Eyn Hecht.

Der Seewinkel oder der Haidboden.

Die Königl Frelſtadt Ruſt.

Der Kinderſee das Fuchsloch.

Das Wieſelüſſ

Lange Lackn

Eyn großer Waller

Zick-See

Hiniiß

Feld ſee.

Slorch.

In Vogelſang

Zwey Möven.

Die Ruſter Weinberg.

Eyn Barſch.

Apetlou

Mörbiſch.

oder

Der Sinkenkogel.

Kroisbach.

FERTŐ-TAVA.

Das Bad Wolff.

Eyn Fiſchotter.

Der Fertő Iſlvan

Odenburg

Eyn Hirſch von 8 Enden der angeſchwoiſst u. flüſhig iſt.

Der Hanſag oder der Waſen

MITTERNACHT

Der Neuſiedler-See, oder der FERTŐ-TAVA.

ABEND. MORGEN

Die Rohrdomel.

Eine Wildſau

MITTAG

den Jahren 1865 bis 1870 zu einer völligen Austrocknung des Neusiedler Sees. Der dichte Schilfgürtel ist für die Landbevölkerung eine zusätzliche Einnahmequelle. Wenn der See im Winter zugefroren ist, wird das hohe Rohr geschnitten und zu Stukkaturrohr, Bauplatten, Schilfmatten und ähnliches verarbeitet. Die Fischerei findet beste Voraussetzungen: mit Reusen und Zugnetzen – früher auch mit Irrgängen aus Schilfrohr (Gade) – werden jährlich etwa 130 000 kg Karpfen, vor allem Spiegelkarpfen, 50 000 kg Hechte und 20 000 kg Bracken, Pleinze, Karauschen und Flußbarsche gefangen; neuerdings auch die vom Fischereiverband ausgesetzten Aale.

Wie die Perlen einer Kette reiht sich Dorf an Dorf dem Seeufer entlang. Unmittelbar am ›Eisernen Vorhang‹ liegt *Mörbisch*, einst wichtiger Stützpunkt an der Straße zwischen Eisenstadt und Ödenburg. Die von Rust kommende Hauptstraße erweitert sich zu einem Schmalanger, an dem rippenförmig die langgestreckten Bauparzellen liegen. Bedingt durch die großen, seit der zweiten Hälfte des 14. Jahrhunderts erworbenen Besitzungen der Stadt Ödenburg, siedelten hier viele Lohnarbeiter, deren Haupterwerb im Weinbau lag. In einigen der schmalen Hofgäßchen, die die Grundstücke aufschließen, hat sich der ursprüngliche Eindruck der aus Westungarn sich herleitenden Vorhallenhäuser noch unversehrt erhalten (Farbt. 33, Abb. 161). Wenige Stufen führen in das von zierlichen, meist kannelierten Steinsäulen getragene Vorhaus. Von dieser oft bis zur halben Tiefe des Baublocks hineinreichenden Vorhalle, dem ›Fia'hais'l‹, gelangt man in die Küche mit dem offenen Herd. Straßenseitig liegt die Wohnstube, unter der sich meist ein kleiner Weinkeller hinzieht. An die Wohnräume schließen sich die Stallungen, während die brandgefährdeten Stadel durch einen Wirtschaftsweg vom Wohnbereich getrennt sind.

Die Romantik eines lauen Sommerabends am Ufer des Neusiedler Sees ließ 1957 die Idee reifen, hier in Mörbisch Seefestspiele während der Sommermonate abzuhalten. So kommen hier alljährlich Werke der Goldenen und Silbernen Operettenära mit bekannten Sängern und Schauspielern zur Aufführung.

Alte Weinhauertradition und ein idyllisches Ortsbild bietet die malerisch am Seeufer gelegene Freistadt *Rust* (Farbt. 34). Im Jahr 1317 wird das Gebiet um Rust erstmals in einer königlichen Schenkungsurkunde genannt: Karl Robert I. von Ungarn schenkt den Besitz in ›Ceel‹ an die königstreue Familie Héderváry. ›Ceel‹ geht zurück auf das magyarische Szil (Ulme) und wurde als ›Zil‹ ins Deutsche übernommen. Der Name ›Rusth‹ taucht 1385 zum ersten Mal auf (1472 ›Rust alias Syl‹) und ist eine Übersetzung von ›Szil‹ (Ulme) in ›Rüster‹.

Im 15. Jahrhundert erlebt der Ort wegen seines weithin berühmten Weines einen großen wirtschaftlichen Aufschwung: vor 1436 wird im Ort eine Pfarre errichtet, um 1470 erhält Rust das Marktrecht und damit seine Selbstverwaltung, 1479 entsteht die Weinhauerzeche mit weitreichenden Weinausfuhrprivilegien des Ungarnkönigs Matthias Corvinus. Die heute noch in weiten Teilen erhaltene Stadtbefestigung stammt aus dem Jahr 1512; eine tiefgreifende Erneuerung und Verstärkung wurde zwischen 1612 und 1614 vorgenommen. Die Erhebung zur königlichen Freistadt erreichten die Ruster Bürger auf dem Reichstag zu Ödenburg im Jahr 1681 gegen die Bezahlung von 60 000 Gulden in Gold und der Lieferung von 500 Eimer erlesensten Weines an Kaiser Leopold I.

Wer nach Rust kommt, sieht zuerst die Störche. Auf den hohen Schornsteinen der Bürgerhäuser finden sich mehr als sechsundvierzig Horste, die von Ende März bis Ende August von den Brutpaaren angeflogen werden. Nicht die besonders günstigen Nahrungsverhältnisse auf den weiten Feldern und am Seeufer in der Ortsnähe, sondern die vielen Rauchfänge der eng aneinandergebauten Häuser von Rust ermöglichten es den Störchen, Nistkolonien zu gründen, wie sie es als Baumbrüter ursprünglich gewohnt waren. Erst um die Jahrhundertwende sind die Störche in größerer Zahl aus der Südsteiermark in das Nordburgenland eingewandert und haben Rust zur ›Storchenstadt‹ gemacht.

In erhöhter Lage über dem Rathausplatz steht das bauhistorische Wahrzeichen von Rust – die Fischerkirche (Abb. 162). Die Anfänge der dem hl. Pankratius geweihten Kirche lassen sich aufgrund von Grabungen bis in das 12. Jahrhundert zurückverfolgen. Im späten 13. Jahrhundert wurde an diese Kirche die Marienkapelle mit einer Gruft angebaut. Die Legende erzählt, die Königin Maria von Ungarn, Tochter Ludwigs des Großen, sei bei einer Bootsfahrt auf dem Neusiedler See in äußerste Lebensgefahr gekommen. Als Dank für ihre Rettung habe sie die kleine Kapelle gestiftet. Die beiden Kapellen wurden vor 1526 durch den Anbau einer querliegenden Halle zu einem einheitlichen Raumgebilde verschmolzen. Im Inneren haben sich an den Wandflächen und in den Gewölben bedeutende Fresken aus der Zeit um 1400 erhalten. An den runden Schlußsteinen weisen Winzermesser und Weingarthaue, sowie zwei gekreuzte Fische auf Fischerzunft und Weinhauerzeche. Von der Innenausstattung erwähnenswert ist der Drei-Heiligen-Altar im Pankratius-Chor. In einem – 1634 erneuerten – Altarschrein stehen die Statuen der Heiligen Florian, Ursula und Katharina. Die nach 1500 entstandenen Holzplastiken zeugen von einer hohen künstlerischen Qualität der Bildschnitzerei im Burgenland, von der sich leider aus den Wirren der Zeit nur weniges erhalten hat.

Der Wohlstand der Ruster Weinhauer ließ prachtvolle Bürgerhäuser an den Straßen und Plätzen der Stadt entstehen. Einige wenige Beispiele seien herausgegriffen: das Eckhaus ›Zum Auge Gottes‹ am Rathausplatz mit dem reichverzierten Eckerker (Abb. 158), das Haus Hauptstraße 3 mit seinen zwei malerischen Arkadengängen im Hof, das Haus Conradplatz 12 mit seiner außerordentlich reich verzierten Barockfassade oder das sogenannte Sgraffito-Haus, dessen Renaissanceverputz erst 1972 entdeckt wurde. Fast jedes dieser Bürgerhäuser weist stolze Bauinschriften der einstigen Besitzer auf, wie an den Pfeilerarkaden des ›Seehofes‹ (Hauptstraße 31): »Aedes Constructa

sunt nae pro milite regis 1763«. Die bemerkenswerteste Inschrift findet sich an der
Ecke Hauptstraße – Am Seekanal: »Der See ist brait 3830 Klafter Anno 1677«; es ist
dies die Entfernung zum östlichen Ufer bei Illmitz.

Inmitten des Ortes steht die behäbige Gebäudegruppe des Rathauses. Hier wird das
reichhaltige Stadtarchiv aufbewahrt, das bis 1479 zurückreicht. Erhalten ist die prunkvolle Stadterhebungsurkunde Kaiser Leopolds I. aus dem Jahr 1681, eine eiserne
Urkundentruhe mit komplizierter Barockverriegelung, Richterstab, Richtschwert und
Prügelbank. Unter dem Rathaus erstreckt sich der weitläufige Rathauskeller, über
dessen Abgang der sinnreiche Spruch zu lesen ist: »Mir ist recht wohl, wann ich bin
voll 1726«.

Von Rust aus führt die Straße nordwärts an dem Weinort *Oggau* vorbei in Richtung
Schützen am Gebirge, wo sie die Wulka übersetzt. Schon von weitem ist die hochgelegene Wehrkirche von *Donnerskirchen* zu erkennen.

Kurz darauf gelangt man nach *Purbach*. Der Ort liegt auf dem flachen Uferstreifen
zwischen dem Leitha-Gebirge und dem Schilfgürtel des Neusiedler Sees. Purbach wurde
1532 von den Türken verwüstet; damals soll ein türkischer Soldat, übermannt von der
Schwere des Purbacher Weins, den Abmarsch seiner Kameraden versäumt haben; er
wurde von den Ortsbewohnern in seinem Versteck im Rauchfang eines Hauses entdeckt, gefangengenommen und als zum christlichen Glauben Bekehrter dem Besitzer
des Hauses als Knecht übergeben. Der Überlieferung nach errichtete der Bauer, nach
dem Tod seines türkischen Knechtes, die Büste auf dem Rauchfang seines Hauses in der
Schulgasse, die zum Wahrzeichen der Stadt geworden ist (Abb. 159). Um der neuerlich
drohenden Türkengefahr zu begegnen wurde die Stadt zwischen 1630 und 1634 mit
einer wehrhaften Ummauerung versehen, die aus drei Toren und sechs Bastionen bestand. In diesem Mauerring wurde an der Südseite auch die Stadelreihe miteinbezogen.
Den heute noch sichtbaren wehrhaften Charakter spiegelt der 1691 urkundlich erstmals
genannte ungarische Ortsname Feketévaros – ›die schwarze Stadt‹ – wider.

In eine Talsenke hineingeduckt, liegt der kleine Markt *Breitenbrunn*. Seiner Anlage
nach entspricht der Ort dem Kolonialschema der Zeit vor den Türkenkriegen: ein
Breitanger, der heute verbaut ist, wird von schmalen, aber tiefen Parzellen gerahmt.
Der Hauptstraße entlang hat sich eine Zeile von Häusern fast unberührt erhalten, die
in ihrem Typus für die Orte am Westufer des Sees sehr charakteristisch sind: Der
Straßentrakt als Wohntrakt ist durch entsprechenden Wohlstand zweigeschossig; die
Erdgeschoßräume sind durchwegs gewölbt, die Räume im ersten Stock weisen oft noch
die flachen barocken Holzdecken auf; ein mächtiges Rundbogentor führt durch die
gewölbte Einfahrt in den langgestreckten Hof mit den Wirtschaftsgebäuden. Inmitten
des Ortes entstand aus Anlaß der Markterhebung im Jahr 1689 ein mächtiger, 32 m
hoher Wehrturm (Abb. 160), von dessen Wehrgang sich ein weiter Blick über das Land
bietet. In den unsicheren Zeiten der Türkenkriege konnten von hier oben heran-

nahende türkische Streifscharen frühzeitig entdeckt werden. Heute ist im Turm ein instruktives Museum zur Ortsgeschichte eingerichtet.

Beherrschend über dem Dorf *Jois* liegt die alte, dem hl. Georg geweihte Pfarrkirche. Die reiche Ausstattung in ländlichem Barock bezaubert immer wieder, wenn man das Innere der Kirche betritt: den Grau-Grün marmorierten Hochaltar beherrschen die großen, eleganten, in Weiß gehaltenen Figuren der Heiligen Stephan und Emmerich, Sebastian und Rochus; das Hochaltarbild ›Maria Hilfe der Christenheit‹ wurde erst 1865 durch Franz Storno für den Altar gemalt. Neben den beiden barocken Seitenaltären ist vor allem die prachtvolle Kanzel erwähnenswert, deren Rocailleornamentik schilfartig den Kanzelkorb überwächst, der mit Darstellungen der drei göttlichen Tugenden (Glaube, Hoffnung, Liebe) geziert ist; den ornamentüberschäumten Schalldeckel krönt ein Posaunenengel. Das zierliche Orgelpositiv stammt aus der Zeit um 1760. Unvollendet blieb die malerische Ausschmückung der Gewölbe der Kirche. Nur im Chorjoch wurde das Fresko ›Fußwaschung Christi‹ von einem unbekannten Barockfreskanten ausgeführt. Erwähnenswert ist, daß diese Szene vor den Toren der mauerumwehrten Stadt Ödenburg dargestellt wird.

An der Ostseite des Neusiedler See wandelt sich schlagartig das Bild der Landschaft: die welligen Ausläufer des Leitha-Gebirges gehen in die weiten Ebenen des Seewinkels über, die mit ihrer melancholischen Stimmung an brütend heißen Sommertagen an die ungarische Pußta erinnern. In vorgeschichtlicher Zeit war auch dieser Teil vom Neusiedler See bedeckt, der sich stetig verkleinernd nur ›Lacken‹ zurückließ, wie man die kleinen und größeren Gewässer hier nennt. An den salzreichen Lacken und den versteppten Fluren hat sich eine seltene Vogelwelt und eine eigenartige asiatische Steppenflora erhalten, die den Seewinkel zu einem Weltnaturschutzgebiet gemacht hat, das mit zu den letzten Oasen der Tierwelt zählt.

Weit über den flachen Seewinkel hin weisen zwei hochaufragende Kirchtürme den Weg zur Wallfahrtskirche *Frauenkirchen*. Schon im Mittelalter soll es eine vielbesuchte Wallfahrt hier ›auff der Hayd‹ gegeben haben. In den Ruinen der von den Türken zerstörten Kirche wird 1653 das alte Gnadenbild wieder aufgestellt und von Paul Esterházy der Wiederaufbau gelobt. Die ständig wachsende Zahl der Gläubigen, die in den folgenden Jahrzehnten nach Frauenkirchen strömten, erforderten den Bau einer geräumigen Kirche, zu der 1695 der Grundstein gelegt wurde. Francesco Martinelli hat den weiträumigen Saalraum entworfen, dessen heller, transparenter Raumeindruck von Weiß, Gelb und Gold bestimmt wird. Zwischen den Deckenbildern mit Szenen aus dem Leben Christi des Luca Antonio Colombo aus Arogno bei Lugano entwickelt sich ein polyphoner, farbiger Stuck mit durchflochtenen Blattkränzen, eine für die Zeit um 1700 typische Arbeit des Italieners Pietro Antonio Conti. Hauptakzent des Kirchenraumes ist aber der monumentale Hochaltar, der die spätgotische Gnadenstatue birgt.

Seitlich der Kirche entstand nach der glücklichen Befreiung von den Türken im Jahr 1683 ein Kalvarienberg (Abb. 168), der wohl als eines der Vorbilder für die monumentale Anlage in Eisenstadt gelten kann. Eine spiralförmig aufsteigende Rampe führt zu den einzelnen Kreuzwegstationen. Die Kreuzigungsgruppe auf dem Kalvarienberg wurde 1759 erneuert.

Abseits der Hauptstraße gelegen birgt der Seewinkel ein Barockjuwel der Architektur – *Schloß Halbturn.* Über Auftrag des Grafen Alois Thomas Raimund Harrach errichtete Johann Lukas von Hildebrandt in den Jahren 1701 und 1711 an Stelle einer älteren, von den Türken zerstörten Burganlage dieses reizvolle Jagdschloß. Im Jahr 1766 gelangte das Schloß an Erzherzogin Maria Christine, die Lieblingstochter Maria Theresias, und ihren Gemahl Herzog Albert von Sachsen-Teschen. Die dem Garten zugewandte Hauptfront des Schlosses wird von dem zart gegliederten Mittelrisalit und dem geschwungenen Giebel beherrscht. Ähnlich ist die dem Ehrenhof des Schlosses zugewandte Fassade gegliedert. Den künstlerischen Höhepunkt im Schloß bildet das Deckenfresko ›Triumph des Lichtes‹ im Festsaal, das Franz Anton Maulbertsch 1765 schuf (Abb. 163).

An den Ufern des Neusiedler Sees wird ein Sonnenuntergang zu einem unvergeßlichen Erlebnis, wenn der dunkelrote Sonnenball in einer ungeheuren Farbenexplosion hinter den Schilfwäldern versinkt. In den dämmrigen Abendhimmel ragen die typischen Stangenbrunnen, ziehen schnatternd Grau- und Saatgänse ihre Bahn. In den strohgedeckten Tschardas wird der herrlich mundende burgenländische Wein ausgeschenkt. Dazu erklingt einschmeichelnde Zigeunermusik.

Praktische Reisehinweise

Allgemeines

Wien ist die *Hauptstadt der Republik Österreich* und zugleich eines der neun österreichischen Bundesländer, hat 1531346 Einwohner (Volkszählung 1981), besitzt eine Fläche von 415 km², hat einen Stadtumfang von 133 km und ist in *23 Stadtbezirke* eingeteilt. Der 1. Bezirk entspricht etwa der Altstadt samt dem im 19. Jahrhundert abgebrochenen Befestigungsgürtel (Ringstraßenzone), der 3. bis 9. Bezirk liegen zwischen Äußerer Ringstraße (›Lastenstraße‹) und Gürtelstraße, der 10. bis 19. Bezirk außerhalb des Gürtels, der 2. und 20. Bezirk auf der Insel zwischen Donaukanal und Donau, der 21. und 22. Bezirk jenseits der Donau und der 23. Bezirk faßt im wesentlichen Randgemeinden zusammen, die 1938 zu Wien gekommen sind.

Wien ist als Bundesland politisches, wirtschaftliches, geistiges, kulturelles, religiöses und administratives Zentrum von Österreich, Sitz der legislativen und exekutiven Organe des Bundes (Nationalrat, Bundesrat, Bundespräsident, Bundesregierung, Bundesministerien, Verfassungs- und Verwaltungsgerichtshof), des Bundeslandes Niederösterreich (Landtag, Landesregierung, Landesbehörden) sowie der Stadt und des Bundeslandes Wien (Landtag, Gemeinderat, Landeshauptmann, Landesregierung, Bürgermeister, Stadtsenat, Magistrat); Sitz von Organisationen der Vereinten Nationen (IAEO, UNIDO u. a.) in der 1979 eröffneten UNO-City (Wien ist neben New York und Genf dritter offizieller Sitz der Vereinten Nationen); Sitz eines Erzbischofs; Universitäten, Akademie der Wissenschaften, Staatsarchiv, Nationalbibliothek (2,4 Mill. Bände), 15 Theater, 7 Konzertsäle, 15 Kleinbühnen, 64 Museen (darunter 18 staatliche und 15 städtische), 78 Kinos, 290 Hotels und Pensionen, 4 Jugendherbergen, 5 Campingplätze.

Geographische Lage (Stephansplatz): 48° 14' 54'' nördl. Breite, 16° 21' 42'' östl. Länge; tiefster Punkt im Stadtgebiet 151 m (Lobau), höchster Punkt 542 m (Hermannskogel).

Information

Fremdenverkehrsverband für Wien (touristische Auskünfte, Hotelverzeichnis, Prospektmaterial)
9, Kinderspitalgasse 5, ⌀ 43 16 08, Telex: 1-34653 fvvie a
Informationsstelle
1, Opernpassage, ⌀ 43 16 08; Auskünfte etc. tägl. 9–19 Uhr
Wiener Verkehrsverein
1, Opernpassage, ⌀ 5 86 23 46 und 5 86 23 52; Zimmervermittlung, Rundfahrten, Thea-

terkarten, Geldwechsel (falls Banken geschlossen, s. auch Post- und Telegrafenämter!), tägl. 8–20 Uhr (im Winter 8–19 Uhr)
Stadtinformation – Bürgerdienst (kommunale Auskünfte)
1, Rathaus, Eingang Friedrich–Schmidt-Platz, Mo–Fr 7.30–18 Uhr, danach Tonbanddienst, ∅ 43 89 89
Österreichisches Verkehrsbüro (für kommerzielle Auskünfte)
1, Opernring 3–5, ∅ 5 88 00
Musikreferat des Kulturamtes der Stadt Wien (s. auch Festwochen, Musikalischer Sommer)
8, Friedrich-Schmidt-Platz 5, Mo–Fr 7.30–15.30 Uhr, ∅ 42 804
Informationen für Autoreisende
Information West, Westautobahn, Abfahrt Auhof (Zentrum), Mai–Oktober 8–22, November–April 9–19 Uhr. – Information Süd, Südautobahn, Abfahrt Zentrum, Triester Straße, März bis Juni, Oktober 9–19 Uhr, Juli bis September 8–22 Uhr
Informationen für Flugreisende
Flughafen Wien–Schwechat, tägl. 9–22 Uhr, Flugauskünfte 0–24 Uhr, ∅ 77 70/22 31; AUA ∅ 68 00
Informationen für Bahnreisende
Westbahnhof, tägl. 6.15–23 Uhr; Südbahnhof, tägl. 6.30–22 Uhr (Zimmernachweise); siehe auch unter ›Bundesbahnen‹
Informationen über Autobuslinienverkehr:
∅ 75 01 (Bahn und Post)
Information für Donaureisen
DDSG-Reisedienst, 2, Handelskai 265, Mo–Fr 8–16 Uhr, ∅ 26 65 36–0
Informationszeitschrift
WIENMAGAZIN, hrsg. in Zusammenarbeit mit dem Fremdenverkehrsverband für Wien und dem Kulturamt der Stadt Wien: Informationen über Oper, Operette, Musical, Theater, Musik (Klassik, Jazz, Pop), Veranstaltungen, Museen, Ausstellungen und Galerien; Programme, Anfangs- und Öffnungszeiten. Erscheint monatlich, liegt in Hotels aus.
Österreichische Fremdenverkehrswerbung
4, Margaretenstraße 1
Auskünfte in der Bundesrepublik Deutschland:
Österreichische Fremdenverkehrswerbung
8000 München 2, Neuhauserstraße 1
6000 Frankfurt/Main, Roßmarkt 12
5000 Köln 1, Komödienstraße 1
2000 Hamburg 13, Tesdorfstraße 19
1000 Berlin 30, Tauentzienstraße 16
Auskünfte in der Schweiz:
Österreichische Fremdenverkehrswerbung,
8037 Zürich, Neue Hard 11
Auskünfte in Italien:
Österreichische Fremdenverkehrswerbung,
00187 Roma, Via Barberini 29
20122 Milano, Via Larga 23

Nützliche Hinweise von A bis Z

Adressen findet man im *Adreßbuch* (liegt in vielen Kaffeehäusern und in der Opernpassage auf), im *Österreichischen Amtskalender* (bei Ämtern und Behörden), aber auch im *Amtlichen Telefonbuch.*
Ärzte sind im Telefonbuch unter dem Stichwort ›Ärzte‹ zusammengefaßt. *Ärzte-Notdienst* Fr–Mo 19–7 Uhr, Sa, So 0–24 Uhr, ∅ 141. Vergiftungsinformationszentrale, ∅ 43 43 43.
Apotheken sind Mo–Fr 8–12 Uhr und 14–18 Uhr, Sa 8–12 Uhr geöffnet. Nacht- und Sonntagsdienst (bei geschlossenen

Apotheken Hinweisschild auf nächstliegende geöffnete).

Auktionen führt das staatliche *Dorotheum* (1, Dorotheergasse 17) durch. Daneben gibt es private Auktionare (u. a. Versteigerungshaus Alt Wien, 1, Bräunerstraße 11; Auktionshaus Deutsch, 1, Dorotheergasse 13; Auktionshaus Wendt, 1, Singerstraße 8; Auktionen: 1, Kärntner Straße 5).

Aussichtspunkte im Stadtgebiet

Turmbesteigungen:

Donauturm (252 m) im Donaupark, Aussichtsterrasse (165 m), rotierendes zweistöckiges Café-Restaurant (Wiener Kaffeehaus, Restaurant International), Schnellift (Gebühr), Parkplatz.

Stephansdom: Südturm (136 m), Türmerstube (72 m) erreichbar über 343 Stufen (kein Lift!); unausgebauter Nordturm, Aussichtsplattform (60 m) mit ›Pummerin‹ (Lift!).

Rathausturm (99 m): Aussichtsterrasse (66 m), Turmbesichtigung im Rahmen von Rathausführungen derzeit nicht möglich.

Aussichtswarten:

Habsburgwarte (542 m, 19, Hermannskogel); Zufahrt Höhenstraße oder Sieveringer Straße (Parkplatz, dann Fußweg).

Jubiläumswarte (388 m, 16, Gallitzinberg); Zufahrt durch Johann-Staud-Gasse, Fußweg durch das Liebhartstal.

Stephaniewarte (483 m, 19, Kahlenberg); Zufahrt über Höhenstraße, Autobus ab Grinzing, Parkplatz, Restaurant.

Aussichtsberge:

Höhenstraße (erbaut 1934–36, 20 km lang), beginnend in Grinzing, führt auf den Kahlenberg (von diesem weiter nach Klosterneuburg) und Leopoldsberg bzw. über den Cobenzl und Dreimarkstein nach Hütteldorf. Zahlreiche Aussichtspunkte, Parkplätze, Restaurants, Rastplätze, Lagerwiesen.

Kahlenberg: Ausflugsberg (483 m) mit Aussichtswarte, Hotel-Restaurant mit Aussichtsterrasse, Josefskirche.

Leopoldsberg: Aussichtsberg (423 m), Blick auf die Stadt und auf Klosterneuburg (Stift), Reste der Babenbergerburg aus dem 12. Jahrhundert, Leopoldskirche, Kriegergedächtnisstätte, Restaurant.

Hermannskogel: Hauptgipfel des Kahlengebirges (542 m), Aussichtswarte.

Aussichtspunkte im engeren Stadtgebiet:

Riesenrad (2, Volksprater), Höhe 67 m (das Rad liegt genau in Nord-Süd-Richtung): Betriebszeit März und Oktober tägl. 10–22 Uhr, April–September 9–23 Uhr (Fahrtdauer 10 Minuten);

Oberes Belvedere: Blick zur Innenstadt.

Gloriette (Schloß Schönbrunn): Blick auf die westlichen Bezirke.

Ausstellungen

Neben Sonderausstellungen in Museen (vor allem im Historischen Museum der Stadt Wien), im Künstlerhaus und in zahlreichen Galerien fallweise Großausstellungen in der Volkshalle des Rathauses, alljährlich ›Grüne Galerie‹ im Stadtpark (Freiluftausstellung moderner Plastik) sowie Landes- und Sonderausstellungen in verschiedenen Orten Niederösterreichs *(Information:* Niederösterr. Landesreisebüro, 1, Heidenschuß 2, ✆ 5 33 47 73–0).

Babysitterzentrale

16, Herbststr. 6–10, tägl. 7.30–12 Uhr, ✆ 95 11 35 (7.30–14.30 Uhr)

Bars und Night-Clubs

Übersichten in den Tageszeitungen. In Auswahl sind zu nennen: *Edenbar* (1, Liliengasse 2); *New Splendid* (1, Jasomirgottstraße/ Stephansplatz); *Night-Club Moulin Rouge*

(1, Walfischgasse 11); *Nachtcabaret Eve* (1, Führichgasse 3); *Casanova Revue-Theater* (1, Dorotheergasse 6–8).

Bundesbahnen

Zentrale Zugauskunft: $\emptyset$ 1717 (tägl. 6–22 Uhr), Tonbandauskünfte: $\emptyset$ 1552 (Westbahnstrecke), $\emptyset$ 1553 (Südbahnstrecke). Platzkartenreservierung bei Reisebüros.

Citybus

1A Haltestellen: Landstraße–Bahnhof Wien Mitte (Anschluß U 4, S-Bahn), Dr.-Karl-Lueger-Platz, Riemergasse, Stephansplatz (U 1), Hoher Markt, Schwertgasse, Renngasse, Börse, Schottentor (U 2); Rückfahrt: Schottentor, Teinfaltstraße, Heidenschuß – Am Hof, Bognergasse, Graben – Petersplatz, Stephansplatz, Riemergasse, Dr.-Karl-Lueger-Platz, Landstraße – Bahnhof Wien Mitte.

2A Haltestellen: Schwedenplatz (U 1, U 4), Salztorbrücke, Salzgries, Hoher Markt, Bognergasse, Michaelerplatz, Burgring, Mariahilfer Straße (U 2), Messeplatz-Volkstheater (U 2), Dr.-Karl-Renner-Ring; Rückfahrt: Dr.-Karl-Renner-Ring, Heldenplatz, Michaelerplatz, Graben – Petersplatz, Stephansplatz (U 1), Rotenturmstraße, Schwedenplatz.

3A Haltestellen: Schottenring (U 2, U 4), Rudolfsplatz, Concordiaplatz, Salzgries, Hoher Markt, Bognergasse, Michaelerplatz, Albertinaplatz, Kärntner Straße, Schwarzenbergstraße, Schwarzenbergplatz; Rückfahrt: Schwarzenbergplatz, Kärntnerring (Oper, U 1), Albertinaplatz, Plankengasse, Habsburgergasse, Graben – Petersplatz, Stephansplatz (U 1), Hoher Markt, Schwertgasse, Renngasse, Börse, Schottenring. Fahrkartenautomaten!

Die Fahrtrouten können sich infolge der U-Bahn-Bauarbeiten (U 3) verändern.

Diskotheken

Übersichten in den Tageszeitungen.

Donaurundfahrten

Schiffsrundfahrten ab DDSG-Schiffsstation *Schwedenbrücke* (Donaukanal) April–Oktober (lt. Aushang); Dauer etwa 3 Stunden. – Auch Abendveranstaltungen diverser Art. Information: *DDSG-Reisedienst*, 2, Handelskai 265, Mo–Fr 8–16 Uhr, $\emptyset$ 266536.

Fasching

Bekannt wegen der Vielfalt an vornehmen Elitebällen. Die elegantesten Veranstaltungen sind neben dem weltberühmten *Opernball* (letzter Donnerstag im Fasching) in der Staatsoper u. a. Ball der Wiener Philharmoniker (Musikverein), Techniker-Cercle (Musikverein), Ärzteball und Juristenball (Burg), Hofburg-Redoute der Wiener Faschingsgesellschaft und Trachtenbälle verschiedener Bundesländer. – *Aschermittwoch:* Heringsschmaus (in Restaurants aller Güteklassen, auch in Hotels).

Information: Veranstaltungskalender des Fremdenverkehrsverbandes.

Feiertage (gesetzliche)

Neujahr (1. Jänner); *Heilige Drei Könige* (6. Jänner); *Ostermontag; Tag der Arbeit* (1. Mai); *Christi Himmelfahrt; Pfingstmontag; Fronleichnam; Mariä Himmelfahrt* (15. August); *Nationalfeiertag* (26. Oktober); *Allerheiligen* (1. November); *Mariä Empfängnis* (8. Dezember); *Christtag* (25. Dezember); *Stephanitag* (26. Dezember).

An folgenden Tagen gelten oft Sonderbestimmungen (bes. bei Ämtern und in Museen): *Karfreitag, Allerseelen* (2. November), *Heiliger Abend* (24. Dezember), *Silvester* (31. Dezember).

Festwochen, Wiener (Mai–Juni)

Die traditionelle Festwocheneröffnung wird mit einer Rathausfestbeleuchtung abgeschlossen. Jedes Jahr steht unter einem bestimmten Motto. Während der gesamten Dauer: Musik- und Sprechtheateraufführungen (teilw. Premieren), Konzerte, Ausstellungen und andere kulturelle Aktivitäten in allen Wiener Bezirken; das ›Theater an der Wien‹ dient als ›Festspielhaus‹.

Kartenbestellungen: Theater an der Wien: 6, Lehárgasse 5; Bundestheater: 1, Goethegasse 1. Aus dem Ausland und den Bundesländern auch Bestellungen über alle Kartenbüros.

Fiaker (Zweispänner) können für *Stadtrundfahrten* gemietet werden. *Standplätze* (im Sommer): *Stephansplatz, Heldenplatz, Josefsplatz, Albertina.* Fünfsprachige Tafeln an den Standplätzen fixieren Richtpreise für Stadtrundfahrten.

Große Route (ca. S 500,–): Stephansplatz – Rotenturmstraße – Lichtensteg – Hoher Markt – Tuchlauben – Kohlmarkt – Hofburg – Ringstraße – Burgtheater – Mölker Bastei – Schottengasse – Freyung – Am Hof – Judenplatz – Schulhof – Seitzergasse – Bognergasse – Petersplatz – Bauernmarkt – Brandstätte – Stephansplatz.

Kleine Route (ca. S 300,–): Stephansplatz bis Tuchlauben – Bognergasse – Am Hof – Judenplatz – Schulhof – Parisergasse – Kohlmarkt – Michaelerplatz – Habsburgergasse – Petersplatz – Stephansplatz.

Flughafen-Transit zum Flughafen *Wien-Schwechat* Abfahrt Wien 3, Air Terminal, Hotel Wien Hilton. Airport ∅ 7770–0, zentrale Flugauskunft ∅ 7770/2232

Fremdenführer werden unter ∅ 251178 (22, Rennbahnweg 27/43/1) vermittelt.

Friseure haben Di–Fr 8–18, Sa 8–13 Uhr geöffnet, am West- und Südbahnhof sowie am Schnellbahnhof Floridsdorf auch Mo.

Fundamt
9, Wasagasse 22: Mo–Fr 7.30–15.30 Uhr, ∅ 316611–0. Auskunft über allgemeine Funde: Klappe 9211; Straßenbahnfunde: Klappe 9205.
Bundesbahnen: Zentralsammelstelle Westbahnhof (∅ 5650 Klappe 2996).
Wiener Verkehrsbetriebe: während der ersten drei Tage Betriebsbahnhöfe (Verzeichnis im Telefonbuch unter ›Wiener Stadtwerke‹), dann Fundamt.

Funktaxi
∅ 3130, 4369, 6282, 9101, 60160, 340535.

Galerien
Verzeichnisse im ›Programm‹ des Wiener Fremdenverkehrsverbandes (monatlich) oder im Telefonbuch.

Gedenkstätten und Gedenkräume
Historisches Museum der Stadt Wien: Hauptgebäude (4, Karlsplatz, Schausammlung): Wohnung *Franz Grillparzers* (ehem. 1, Spiegelgasse 21); Wohnung *Adolf Loos'* (ehem. 1, Bösendorferstraße 3).
Öffnungszeiten: Di–So (auch an Ftg) 9–16.30 Uhr, Mo immer geschlossen; folgende Gedenkstätten (bis Stifter-Museum) täglich, außer Montag, 10–12.15 und 13–16.30 Uhr:
Beethoven: Erinnerungsräume 1, Mölkerbastei 8 (Wohnung im Pasqualatihaus); Gedenkstätten 19, Döblinger Hauptstraße 92 (Eroica-Haus); 19, Probusgasse 6 (Heiligenstädter Testament).
Haydn-Museum: 6, Haydngasse 19, 1. Stock (Wohn- und Sterbehaus).
Johann-Strauß-Wohnung: 2, Praterstraße 54 (Möbel, Instrumente, Dokumente, Erinnerungsstücke).
Mozart-Erinnerungsräume: 1, Domgasse 5 (Wohnung W. A. Mozart im ›Figarohaus‹).
Schubert-Museum: 9, Nußdorfer Straße 54

(Geburtshaus). – Sterbezimmer: 4, Kettenbrückengasse 6, 2. Stock.

Stifter-Museum: 1, Mölkerbastei 8.

Österreichische Nationalbibliothek (1, Josefsplatz 1): Gedenkräume der *Theatersammlung* für *Hermann Bahr, Anna Bahr-Mildenburg, Josef Kainz, Emmerich Kálmán, Caspar Neher, Max Reinhardt, Hugo Thimig, Carl Michael Ziehrer* (Di, Do 11–12 Uhr; Anmeldung beim Portier).

Hochschule für Musik und darstellende Kunst (3, Lothringerstraße 18, 1. Stock, Zimmer 104): Gedächtnisraum *Bruno Walter.*

Hofkammerarchiv (1, Johannesgasse 6): *Grillparzer-Gedächtniszimmer* (Direktorenzimmer 1848–56).

Sigmund-Freud-Gedenkstätte (9, Berggasse 19, ehem. Wohnung), Mo–Fr 9 bis 13 Uhr, Sa, So, Ftg 9–15 Uhr.

Albertina (1, Augustinerstraße 1): *Goethe-Museum,* Mo, Di, Do 10–16 Uhr, Mi 10 bis 18 Uhr, Fr 10–14 Uhr, Sa, So 10–13 Uhr (Juli, August So geschlossen).

Gedenkstätte für die Opfer des Österr. Freiheitskampfes (1, Salztorgasse 6): Mo 14–17, Do 9–12, Sa 9–12, 14–17 Uhr.

Bezirksmuseen:

Alsergrund

Heimito von Doderer: 9, Währinger Str. 43, Arbeitszimmer mit originaler Einrichtung, So 10–12 Uhr.

Döbling

Villa Wertheimstein (19, Döblinger Hauptstraße 96, Salon Wertheimstein): Gedenkräume für *Eduard von Bauernfeld* und *Ferdinand von Saar,* Sa 15.30–18, So 10–12 Uhr.

Hietzing

Egon Schiele-Gedenkstätte: 13, Am Platz 2, Sa 14.30–17, So 10–12 Uhr.

Friedrich J. Bieber (Afrikaforscher): 13, Am Platz 2, Aethiopien-Kaffa-Sammlung, Sa 14.30–17, So 10–12 Uhr.

Ehrengräber:

Zentralfriedhof (11, Simmeringer Hauptstraße 234): Alter Teil (z. T. aufgrund von Exhumierungen aus urspr. Grabstellen auf inzwischen aufgelassenen Kommunalfriedhöfen), Neuer Teil (bei der Dr.-Karl-Lueger-Gedächtniskirche) und Bundespräsidentengruft (vor der Kirche).

Geldwechsel (ausländ. Zahlungsmittel, Reiseschecks) in Banken, Sparkassen, Reisebüros, Bahnhofswechselstuben und am Flughafen. In Hotels und Restaurants oft schlechtere Wechselkurse. (Siehe auch unter ›Post- und Telegrafenämter‹!)

Gottesdienste

Altkatholisch: 1, Wipplingerstraße 8 (Salvatorkirche), So 10 Uhr.

Evangelisch-lutherisch (A. B.): 1, Dorotheergasse 18, Do 18.30 Uhr, So 8, 10 Uhr.

Evangelisch-reformiert (H. B.): 1, Dorotheergasse 16, So 10 Uhr

Griechisch-katholisch: 1, Postgasse 10, Mo bis Sa 8 Uhr, So 10 Uhr

Griechisch-orientalisch: 1, Fleischmarkt 13, So 11 Uhr

Islamisch: Moschee 21, Am Hubertusdamm, Betzeiten: Sonnenaufgang, Mittaggebet, Sonnenuntergang.

Israelitisch: 1, Seitenstettengasse 4 (Synagoge), Fr bei Sonnenuntergang, Sa 9 Uhr.

Mechitaristen: 7, Neustiftgasse 5, tägl. 6.30, 7, 8 Uhr, So auch 9, 11, 18 Uhr.

Methodisten: 8, Trautsongasse 8, So 9 Uhr.

Mormonen: 19, Fürfanggasse 4, So 9.30, 17 Uhr.

Römisch-katholisch: in den Wiener Kirchen üblicherweise zwischen 6 und 11 Uhr, So und Feiertag Hochamt 9, 10 Uhr; Abend-

gottesdienste 18, 19 Uhr; in english: 9, Boltzmanngasse 7 (10.45 Uhr); en français: 1, Annagasse 3b (10.30 Uhr).
Rumänisch-orthodox: 1, Löwelstraße 8, So und Feiertag 11 Uhr.
Russisch-orthodox: 3, Jaurèsgasse 2, Sa 17 Uhr, So 10 Uhr.
Vienna Community Church: 3, Jaurèsgasse 17, So 10 Uhr (in english).

Heuriger

Bezeichnung für den Wein der letzten Lese bzw. für das Lokal, in dem dieser ausgeschenkt wird. Die Lokale sind durch grüne Föhrenzweige (›Buschen‹) oder -kränze gekennzeichnet, die an Stangen aufgehängt werden, oft auch durch ausgehängte Holz- oder Blechzeichen. Sammelhinweistafeln in den einzelnen Orten mit der Überschrift ›Ausg'steckt is‹. Die ›Heurigen‹ mit ihren oft malerischen Höfen und Gärten sind ein internationaler Begriff. Im Gegensatz zum alten bzw. heurigen Wein gibt es den ›Sturm‹ (in Gärung übergehender Traubenmost, der im Herbst ausgeschenkt wird) und den ›Most‹ (Traubenmost; beim Keltern der Weintrauben gewonnener Traubensaft). Oft verbunden mit Wiener Musik (echt die ›Schrammelmusik‹), die für die fröhlich-sentimentale Stimmung typisch ist. In den Lokalen kalte Speisen am Buffet, z. T. auch Heurigenrestaurants; Essen kann aber auch mitgebracht werden.

Bekannte Weinorte in Wien und Umgebung (in Auswahl):
Im Norden und Nordwesten: *Grinzing, Sievering, Neustift am Walde, Heiligenstadt, Salmannsdorf, Nußdorf;* jenseits der Donau: *Stammersdorf;* im Süden: *Perchtoldsdorf, Brunn am Gebirge, Maria Enzersdorf, Pfaffstätten, Gumpoldskirchen, Sooß, Baden, Vöslau, Guntramsdorf, Trais-*kirchen, *Tattendorf.* Nobelorte: *Grinzing, Gumpoldskirchen.* (Verkehrsverbindungen s. S. 351)

Hotels

Bestellung über Reisebüros. Auskunft (Hotelverzeichnis): Fremdenverkehrsverband für Wien, 9, Kinderspitalgasse 5. Schriftliche Anforderung möglich.

Kabaretts → Theater

Kaffeehäuser

Das Kaffeehaus hat in Wien eine alte Tradition. Die Legende will wissen, daß es von Franz Georg Koltschitzky, dem bekannten Kundschafter während der zweiten Türkenbelagerung (1683), begründet worden ist. Tatsächlich kommt dieses Verdienst allerdings zwei Armeniern, Johannes Diodato und Ignaz de Luca, zu. Im Vormärz (›Silbernes Kaffeehaus‹, Kaffeehäuser in der Praterhauptallee, im Paradeisgartel vor dem Burgtor usw.) sowie in der Gründerzeit der zweiten Hälfte des 19. Jahrhunderts (Café Central, Café Griensteidl, Café Herrenhof in der Herrengasse, bekannte Ringstraßencafés und viele andere) erlebte das Kaffeehaus in Wien besondere Blütezeiten. Das Kaffeehaus-Sterben nach dem Zweiten Weltkrieg (Vordringen des Espressos) konnte durch attraktive Angebote gestoppt werden. Eine Reihe von Kaffeehäusern, wie zum Beispiel das historische Café Central (im ›Palais Ferstel‹, 1, Herrengasse 14, So, Ftg geschlossen) oder das renommierte Café Landtmann (1, Dr.-Karl-Lueger-Ring 4), wurde revitalisiert. Neben dem herkömmlichen Kaffeehaustyp gibt es Cafés, die sich durch besondere Aktivitäten auszeichnen:
Konzertcafés: Café Bräunerhof (1, Stallburggasse 2), Hübner's Kursalon (1, Johannesgasse 33, Stadtpark), Café Prückel (1, Stubenring 24), Café Schwarzenberg (1,

Kärntner Ring 17), Café Imperial (Kärntner Ring 16), Café Servus (6, Mariahilfer Straße 57–59), Palais Auersperg (8, Auerspergstraße 1), Café Pavillon Alt-Wiener Salettl (19, Hartäckerstraße 80).

Walzerkonzert-Café: Johann Strauß, im Donaukanal verankertes Schiff der DDSG (1, Abgang Marienbrücke), tgl. Walzerkonzert von 15.30–18 Uhr, Abendprogramm tgl. 20.30–21.30 Uhr und 22–23 Uhr.

Literaturcafés: Café Zartl (3, Rasumofskygasse 7), Café Sperl (6, Gumpendorfer Straße 11), Café Alte Backstube (8, Lange Gasse 34), Café Eiles (8, Josefstädter Straße 2), Galerie Café beim Palais Auersperg (8, Lerchenfelder Straße 9–11), Café Nahrada (21, Jedleseer Straße 75).

Galeriecafés: Café Museum, Erste Wiener Kaffeehausgalerie (1, Friedrichstraße 6), Café Galerie Hartmann (1, Schultergasse 4), Graf Bobby Salon (1, Seilergasse 14), Casablanca (15, Goldschlagstraße 2), Café Kipferl (18, Schulgasse 7).

Zu erwähnen ist weiters das *Künstlercafé* Hawelka (1, Dorotheergasse 6).

Kaffeekonditoreien (in Auswahl): Demel (1, Kohlmarkt 14), Gerstner (1, Kärntner Straße 11–15), Janele (1, Herrengasse 6; 1, Lichtensteg 4; 1, Opernstraße 4), Lehmann (1, Graben 12; 4, Opernstraße 18), Sluka (1, Rathausplatz 8), Heiner (1, Wollzeile 9; 1, Kärntner Straße 21).

Kaffee trinkt man nicht aus Tassen, sondern aus Schalen. Die wichtigsten Zubereitungsarten sind *Schwarzer* (Mokka), *Einspänner* (schwarzer Kaffee im Glas mit Schlagobers), *Melange* (Milchkaffee mit Schlagobers), *Schale Gold, Brauner, Kapuziner* (je nach Milchmenge und Kaffeeanteil), *Eiskaffee* (Mokka mit Vanilleeis und Schlagobers).

Kartenbüros (in Auswahl)
1, Augustinerstraße 7, 1, Kärntner Ring 3, 1, Weihburggasse 3, 2, Praterstraße 48, 8, Alser Straße 19, 9, Währinger Straße 68.

Kirchen
Burgkapelle (1, Hofburg, Schweizerhof): Führungen (nur ab 5 Personen) Di, Do 14.30–15.30 Uhr.

Kapuzinerkirche (1, Neuer Markt): Kaisergruft (Begräbnisstätte der Habsburger, als ›Kapuzinergruft‹ bekannt); Grundriß der Gruftanlage S. 79.

Michaelerkirche (1, Michaelerplatz): Führungen wochentags 11 u. 15, So, Ftg 11 Uhr; Michaelergruft, Führungen: So, Ftg 11 Uhr.

Schottenstift (1, Freyung 6, Zugang Schottenhof, Stiftspforte), Führung: Sa 14 Uhr.

Stephanskirche (1, Stephansplatz): Domführungen: wochentags 10.30 und 15 Uhr; So, Ftg 15 Uhr; Abendführungen: Mai–September, Fr, Sa 19 Uhr (nach Bedarf); Besichtigung der ›Katakomben‹ (unterirdische Gruftanlagen): Mo–Sa 10–11.30 Uhr, 14–16.30 Uhr, So, Ftg 11–12 Uhr, 14–16.30 Uhr (nur mit Führung!); Turmbesteigung: Tgl. 9–15.30 Uhr, 1. April–30. September 9–17.30 Uhr. Besichtigung der ›Pummerin‹: Tgl. 9–17 Uhr (Nordturm, Lift); Dom- und Diözesanmuseum (1, Stephansplatz 6): Mi–Sa 10–16 Uhr, So, Ftg 10–13 Uhr. – Grundriß der Stephanskirche S. 27.

Kleinbühnen → Theater
Konzerte (Konzertsäle)
Das Wiener Musikleben ist an Tradition, Niveau und Reichhaltigkeit nur schwer zu überbieten.

Die bedeutendsten Orchester: Wiener Philharmoniker (stellen auch Staatsopernorchester), *Wiener Symphoniker, Niederösterr.*

Tonkünstler-Orchester. Die wichtigsten Konzertsäle *(Monatsprogramme!): Musikverein* (Gesellschaft der Musikfreunde), Großer Saal, Brahms-Saal, Kammermusiksaal, 1, Dumbagasse 3; *Konzerthaus* (Wiener Konzerthausgesellschaft), Großer Saal, Mozart-Saal, Schubert-Saal, 3, Lothringerstraße 20; *Beethoven-Gesellschaft,* 19, Pfarrplatz 3; *Internationales Kulturzentrum* (Palais Ehz. Karl), 1, Annagasse 20; *Palais Auersperg,* Festsäle 8, Auerspergstraße 1; *Palais Kinsky,* 1, Freyung 4; *Palais Lobkowitz,* 1, Lobkowitzplatz 2; *Palais Pálffy,* Figaro-Saal, Beethoven-Saal, 1, Josefsplatz 6; *Palais Pallavicini,* 1, Josefsplatz 5; *Palais Rasumofsky,* 3, Rasumofskygasse 23; *Palais Schwarzenberg,* Marmorsaal, Kuppelsaal, 3, Rennweg 2; *Palais Trautson,* 7, Museumstr. 7. – *Rathaus,* Arkadenhof (›Arkadenhofkonzerte‹, Juli–August), 1, Lichtenfelsgasse 2. *Kirchenkonzerte* werden vor allem während der Wiener Festwochen und während der Adventszeit in verschiedenen Kirchen abgehalten (u. a. Stephansdom, Peterskirche, Michaelerkirche, Maria am Gestade, Minoritenkirche; in den Bezirken u. a. 4, Paulanerkirche, 5, Josefskirche, 9, Servitenkirche und 14, Baumgartner Pfarrkirche). Nähere Hinweise im ›Programm‹ des Fremdenverkehrsverbandes (erscheint monatlich) und in dessen Informationsblatt ›Advent in Wien‹.

Kraftfahrer
Kraftfahrvereinigungen: ARBÖ (15, Mariahilfer Straße 180); ÖAMTC (1, Schubertring 7).
Pannendienste: ARBÖ (3, Schlechtastr. 4), Ø 123; ÖAMTC (15, Schanzstraße 44), Ø 120. – Für Nichtmitglieder gebührenpflichtig; ADAC-Mitglieder beim

ÖAMTC gebührenfrei. – Autobahn: Notrufsäulen.
Verkehrsvorschriften (Auswahl):
● Höchstgeschwindigkeit 50 km/h (nur Ausnahmen beschildert);
● absoluter Vorrang für Fußgänger auf Schutzstreifen,
● Parkverbot in Straßen, in denen Straßenbahnschienen liegen (15. 12.–31. 3.: 20–5 Uhr bei Schneelage; besondere Verordnungen möglich); Beschilderung nur am Stadtrand.
Kurzparkzonen (›Blaue Zonen‹): Gebührenpflichtig an Werktagen 8–18 Uhr, Sa 8–14 Uhr, So, Ftg frei, Ausnahmen möglich (bspw. bei Bahnhöfen); Parkscheine ausgefüllt hinter der Windschutzscheibe anbringen! Gebühr (1987) je halbe Stunde S 6,–, Höchstparkdauer 1½ St., angefangene Viertelstunden bleiben unberechnet; Zonen beschildert, außerdem im allgemeinen blaue Bodenmarkierung. Parkscheine in Tabak-Trafiken und div. Bankinstituten erhältlich. *Von einer Einfahrt in die Innenstadt ist abzuraten;* ausgedehnte Fußgeherzonen, die Unmöglichkeit der Durchfahrt (es werden nur Einfahrtsschleifen angelegt, so daß man an anderer Stelle wieder aus dem Innenstadtgebiet herausgeführt wird) und die beschränkte Zahl von Parkplätzen tragen dazu bei, das Areal innerhalb der Ringstraße fußgeherfreundlich zu gestalten. Vorsicht! Bei verkehrsbehinderndem Parken Abschleppgefahr!
Parkgaragen siehe S. 345

Kuren
Kurzentrum Oberlaa
(10, Kurbadstraße 10): Schwefeltherme, Thermalbad, Kurhaus (vielseitige Behandlungsmethoden).

Märkte

Flohmarkt (6, Naschmarkt, U-Bahn-Station Kettenbrückengasse; Sa 9–18 Uhr).
Adventmarkt (10, Keplerplatz, Fußgeherzone; Ende November–Dezember, wochentags 8–18 Uhr).
Christkindlmarkt (1, Rathausplatz; Ende November–Dezember, tägl. 8–20 Uhr); illuminierter Weihnachtsbaum (jedes Jahr als Geschenk eines anderen österreichischen Bundeslandes hier aufgestellt).

Messen und Fachausstellungen

Die ›*Wiener Internationale Messe*‹ hält im März und im September (jeweils 2. Woche) ihre Frühjahrs- bzw. Herbstmesse ab (›Messegelände‹ 2, Prater). – Fachmessen außerhalb der Messetermine im Messepalast (7, Messeplatz) und an anderen Orten: *Die Wiener Freizeitmessen; Int. Einrichtungsmesse; Fachmesse für Lederwaren, Reiseartikel und Bijouterie; Österr. Schuhmusterschau; Österr. Spielwarenfachmesse; Int. Fachmesse für Uhren, Schmuck und Juwelen; Int. Modellbauausstellung; IFABO – Intern. Fachmesse für Büroorganisation; Österr. Buchwoche; Wiener Kunst- und Antiquitätenmesse.* – *Information:* Broschüre ›Österr. Messen und Ausstellungen‹ (Hrsg. Bundeskammer der gewerblichen Wirtschaft, WIFI, 1045 Wien, Wiedner Hauptstraße 63).

Museen, Sammlungen, Schauräume

Die Öffnungszeiten der Wiener Museen können Änderungen unterworfen sein. Museen, Galerien und öffentliche Sammlungen sind im Prospekt ›Museen – Wien‹ zusammengefaßt und auf dem aktuellen Stand gehalten. – *F* = Führungen, *K* = Kataloge, *S* = Sonderausstellungen.

Bildende Kunst

Akademie der bildenden Künste (1, Schillerplatz 3): Gemäldegalerie (1. Stock): Di, Do, Fr 10–14 Uhr, Mi 10–13 Uhr, 15–18 Uhr, Sa, So, Ftg 9–13 Uhr; *F* (1. 10. bis 30. 6.) So 10.30 Uhr, *K.* – Kupferstichkabinett (Mezzanin): Mo, Mi 10–13 Uhr, Di, Do 14–18 Uhr (Ftg geschlossen; in Semester- und Sommerferien nur gegen Voranmeldung); fallweise Ausstellungen.

Albertina, Graphische Sammlung (1, Augustinerstraße 1): Mo, Di, Do 10–16 Uhr, Mi 10–18 Uhr, Fr 10–14 Uhr, Sa, So 10–13 Uhr (Juli, Aug. So geschlossen). *K, S.*

Kunsthistorisches Museum (1, Burgring 5; Besuchereingang: Maria-Theresien-Platz).

Gemäldegalerie: Di–Fr 10–18 Uhr, Sa, So 9–18 Uhr; Abendbeleuchtung: Di, Fr 19 bis 21 Uhr. *F* (deutsch, englisch), *K.* – *Sekundärgalerie:* Fr 10–12 Uhr. – *Neue Galerie* (Stallburg, 1, Reitschulgasse 2): Tägl. außer Di und Fr 10–16 Uhr.
Weitere Sammlungen in der Burg s. u.: Geschichte und Kulturgeschichte.

Museum des 20. Jahrhunderts (3, Schweizergarten): Täglich 10–18 Uhr, Mittwoch geschlossen. *F* (Voranmeldung!), *K, S.*

Museum Moderner Kunst (9, Fürstengasse 1, Palais Liechtenstein): Mo, Mi–So 10 bis 18 Uhr.

Österreichische Galerie (Belvedere): Tägl. außer Mo 10–16 Uhr. *F* (1. 10.–30. 6.) So 10.30 Uhr, *K, S.* – *Museum mittelalterlicher österreichischer Kunst* (Unteres Belvedere, Orangerie, 3, Rennweg 6a): gleiche Öffnungszeiten. *F, K.* – *Österreichisches Barockmuseum* (Unteres Belvedere, 3, Rennweg 6a): *F, K.* – *Österreichische Galerie des 19. und 20. Jahrhunderts* (Oberes Belvedere, 3, Prinz-Eugen-Straße 27): *F, K* (für S), *S.* – *Gustinus-Ambrosi-Museum* (2, Scherzergasse 1a) Fr, So 10–16 Uhr.

Geschichte und Kulturgeschichte

Alte Backstube (8, Lange Gasse 34, Kaffeehausbetrieb): Di–Sa 12–24, So 15–24 Uhr.
Alte Schmiede (1, Schönlaterngasse 9, Galerie, Schmiedewerkstatt): Mo–Fr 10–18 Uhr.
Ehem. k.k. Hofmobiliendepots, Schausammlung (7, Mariahilfer Straße 88): Di–Fr 9–16 Uhr. Nur mit Führung!
Ehem. k.k. Hoftafel- und Silberkammer (1, Burg, Batthyánystiege, Michaelerkuppel): Di–Fr 9–13 Uhr.
Erzbischöfliches Dom- und Diözesanmuseum (1, Stephanspl. 6): Mi–Sa 10–16, So, Ftg 10–13 Uhr. *F* (n. Vereinbarung), *K.*
Esperanto-Museum (1, Burg, Batthyánystiege, Michaelerkuppel, 3. Stock): Mo, Mi, Fr 9–15.30 Uhr.
Feuerwehr-Museum (1, Am Hof 10): So, Ftg 9–12 Uhr.
Fiaker-Museum (17, Veronikagasse 12, ›Fiakerhaus‹): Jeden 1. Mi im Monat 8–13 Uhr. *F* (telef. Vereinbarung 432607), *K.*
Friedrich-Julius-Bieber-Museum (13, Tuersgasse 21/4): nur gegen Voranmeldung (2 Tage vorher).
Gedenkräume (s. Gedenkstätten)
Heeresgeschichtliches Museum (3, Arsenal, Objekt 18, Zugang: Ghegastraße): tgl. (außer Fr) 10–16 Uhr. *K* (für S), *S.*
Historisches Museum der Stadt Wien (4, Karlsplatz 8): Täglich (auch an Ftg) 9–16.30 Uhr, Montag immer geschl. *F, K.* (auch für S), *S.* – *Römische Baureste* (1, Am Hof 9): Sa, So, Ftg 11–13 Uhr. – *Römische Ruinen* (1, Hoher Markt 3): Täglich (außer Montag) 10–12.15 und 13–16.30 Uhr. – *Pratermu-*

seum (Sammlung Hans Pemmer; 2, Volksprater, Planetarium): Sa, So, Ftg 14–18.30 Uhr. – *Uhrenmuseum der Stadt Wien* (1, Schulhof 2): Täglich (außer Montag) 9–12.15 und 13–16.30 Uhr. – *Hermesvilla* (13, Lainzer Tiergarten): Mi–So und Ftg 9–16.30 Uhr, 1. Stock 12–13.15 Uhr geschl. – *Virgilkapelle und Sammlung historischer Keramik aus Wien* (1, Stephanspl. U-Bahn-Station). – *Ältester profaner Freskenzyklus Wiens* (1, Tuchlauben 19).
Jüdisches Museum (s. Österreichisches Jüdisches Museum unter ›Die Umgebung Wiens, S. 366).
Kaisergruft (Kapuzinergruft unter der Kapuzinerkirche, Eingang: 1, Tegetthoffstraße 2): Tägl. 10–16 Uhr.
Kunsthistorisches Museum: Di–Fr 10–18 Uhr, Sa, So 9–18 Uhr (andere Öffnungszeiten siehe bei den einzelnen Sammlungen). – *Hauptgebäude* (1, Burgring 5, Besuchereingang: Maria-Theresien-Platz): *Ägyptisch-orientalische Sammlung: F, K, S.* – *Antiken-Sammlung: F, K.* – *Sammlung für Plastik und Kunstgewerbe: F, K.* – *Münzkabinett.* – *Burg* (Zugang Schweizerhof): *Schatzkammer* (Geistliche und Weltliche): Mo, Mi–Fr 10–18 Uhr, Di geschl., Sa, So, Ftg 9–18 Uhr. *F, K.*
Neue Burg (Zugang Heldenplatz, Mittelrisalit): *Waffensammlung: F, K.* – *Sammlung alter Musikinstrumente: F, K* (Saiteninstrumente). – *Ephesos-Museum.*
Schloß Schönbrunn (13, Schönbrunner Schloßstraße, Zugang: Ehrenhof, rechts): *Wagenburg:* 1. 5.– 30. 9. tägl. 10 bis 17 Uhr (außer Mo), 1. 10.–30. 4. tägl. 10–16 Uhr (außer Mo). *F, K.*
Museum des österreichischen Freiheitskampfes (1, Wipplingerstraße 8, Altes Rathaus): Mo, Mi, Do 8–17 Uhr.

Museum für Völkerkunde (1, Neue Burg, Corps de Logis-Trakt, Zugang: neben dem Äußeren Burgtor): Mo, Do, Fr, Sa 10–13 Uhr, Mi 10–17 Uhr, So 9–13 Uhr. *F* (1. 10.–30. 6.) So 11 Uhr, *K, S.*

Niederösterreichisches Landesmuseum (1, Herrengasse 9): Di–Fr 9–17, Sa 9–14 Uhr, So, Ftg 9–12 Uhr. *F, K. S.*

Österreichisches Filmmuseum (1, Augustinerstraße 1, Albertina): Vorführungen historischer Filme Oktober–Mai Mo–Sa 18 und 20 Uhr.

Österreichisches Museum für angewandte Kunst (1, Stubenring 5): Di, Mi, Fr 10 bis 16 Uhr, Do 10–18 Uhr, So 10–13 Uhr. *F* (1. 10.–30. 6.) So 10.30 Uhr, *K* (für S), *S.* – Außenstelle: *Sammlung Sobek* (18, Khevenhüllerstraße 2, Besuchereingang: 18, Pötzleinsdorfer Straße 102, Geymüller-Schlössel): *F* So 11 + 15 Uhr.

Österreichisches Museum für Volkskunde (8, Laudongasse 15–19): Di–Fr 9–15 Uhr, Sa 9–12 Uhr, So 9–13 Uhr. *F, K.* – Bis auf weiteres geschlossen. – Außenstelle: *Sammlung Religiöse Volkskunde* (1, Johannesgasse 8): Mi 9–16 Uhr, So 9–13 Uhr (ausgen. Sommermonate). *K.*

Österreichisches Zirkus- und Clown-Museum (2, Karmelitergasse 9, Bezirksmuseum Leopoldstadt): Mi 17–19 Uhr, Sa 14.30–17 Uhr, So 9–12 Uhr. *F* (nach Vereinbarung).

Schatzkammer des Deutschen Ordens (1, Singerstr. 7, 1. Tor, 1. Stiege, 2. Stock): tägl. 10–12 Uhr, Di, Mi, Fr, Sa 15–17 Uhr. *F* (nach Vereinbarung), *K.*

Tabak-Museum (7, Mariahilfer Straße 2a): Di 10–19, Mi–Fr 10–15, Sa, So 9–13 Uhr. *F* (nach Möglichkeit).

Universitätsmuseum (1, Postgasse 9, ehem. Refektorium des Jesuitenkollegs): in Aufstellung begriffen. – Besichtigung der kunst-

historisch bedeutsamen Räumlichkeiten zu vereinbaren unter ✆ 513 11 61.

Naturwissenschaft und Technik
Globensammlung der Kartensammlung der Österr. Nationalbibliothek (1, Josefsplatz 1): Mo–Mi und Fr 11–12, Do 14–15 Uhr.

Haus des Meeres (Vivarium; 6, Esterházypark, ehem. Flakturm): tägl. 9–18 Uhr.

Kartensammlung der Geologischen Bundesanstalt (3, Rasumofskygasse 23): Mo 14–16 Uhr, Di–Fr 9–12 Uhr. *Museum des Instituts für Geschichte der Medizin* (9, Währinger Straße 25, Josephinum): werktags 9–15 Uhr. *F* (nach Vereinbarung), *K.*

Naturhistorisches Museum (1, Burgring 7, Besuchereingang: Maria-Theresien-Platz): Täglich 9–18 Uhr, Dienstag geschlossen. *F* So 10.30 Uhr, *K* (für S).

Planetarium (2, Volksprater, beim Riesenrad): Sa, So, Ftg 15, 17 Uhr, Ftg 9.30 Uhr (Vorführungen: für Kinder So 9.30 Uhr; Schul- und Sondervorführungen Di–Do 9, 10, 11 Uhr möglich, Vereinbarung unter ✆ 726192, Klappe 36).

Technisches Museum für Industrie und Gewerbe (14, Mariahilfer Straße 212): Di–Fr 9–16, Sa 9–13, So 9–16 Uhr. *F, K, S.* – Angeschlossen: *Österr. Eisenbahnmuseum:* Di–Fr 9–16 Uhr, Sa, So 9–13 Uhr. *Post- und Telegraphenmuseum:* Di–So 9–13 Uhr; Freiluftausstellung (Lokomotiven).

Wiener Straßenbahnmuseum (3, Erdbergstraße 109, im Bahnhof Erdberg der Wiener Verkehrsbetriebe). Ca. Mitte Mai–Ende Oktober: Sa, So, Ftg 9–16 Uhr. Wien-Rundfahrt mit der Oldtimer-Tramway: Auskunft ✆ 587 31 86.

Wiener Ziegelmuseum (14, Penzinger Straße 59), 1. u. 3. Sonntag im Monat, 10–12 Uhr.

Schauräume

Hofburg (Kaiserappartements; Zugang Michaelerkuppel): Mo–Sa 8.30–16 Uhr, So, Ftg 8.30–12.30 Uhr. *F, K.*

Nationalbibliothek (Prunksaal; 1, Josefsplatz): 12. 5.–20. 10.: Mo–Sa 10–16 Uhr; 21. 10.–11. 5.: Mo–Sa 11–12 Uhr. ∅ 53410.

Parlament (Nationalratssitzungssaal, alter Reichsratssitzungssaal, Säulenhalle): Führungen Mo–Fr (ausgen. Sitzungstage) gegen Voranmeldung ∅ 4804/211.

Rathaus (Repräsentationsräume und Gemeinderatssitzungssaal; Ausgangspunkt Schmidthalle, 1, Friedrich-Schmidt-Platz): Führungen Mo–Fr 13 Uhr. Voranmeldung: ∅ 42800, Durchwahl 2038. *F.*

Schloß Schönbrunn (13, Schönbrunner Schloßstraße 13): Oktober–April tägl. 9 bis 12, 13–16 Uhr; Mai–September tägl. 9–12, 13–17 Uhr; Juli, August Mi, Sa 19.15 Uhr anschl. Konzert. Nur mit Führung. *K.*

Staatsoper (1, Opernring 2): September–Juni tägl. 14, 15 Uhr (mit Ausn.), Juli, August tägl. 10, 11, 13, 14, 15 Uhr (deutsch, englisch, französisch). Ausnahmen: Premieren, Beleuchtungsproben, Haupt- und Generalproben. Nur mit Führung. Tel. Ausk. 51444–2613.

Musiksommer

(Ende Juni–September), veranstaltet vom Kulturamt der Stadt Wien *(Informationen, Prospekte:* Kulturamt der Stadt Wien, Musikreferat, 8, Friedrich-Schmidt-Platz 5). Das kulturelle Sommerprogramm umfaßt Konzerte, Theateraufführungen und Ausstellungen. Schwerpunkte Juli–August: *Orchesterkonzerte im Arkadenhof des Rathauses, Konzerte in Palais* (u. a. Auersperg, Lobkowitz, Pálffy, Pallavicini, Rasumofsky, Schwarzenberg, Trautson), *Konzerte in*

Gedenkstätten (u. a. Schubert-Geburtshaus). Hervorzuheben sind weiter: *Schönbrunner Schloßkonzerte* (Kammerorchester, Kammermusik-Ensembles, Solistenabende); *Kirchenkonzerte* (u. a. Stephansdom, Karlskirche, Augustinerkirche, Michaelerkirche, Basilika Maria Treu); *Promenadenkonzerte* (Oberer Belvederegarten, Rathausplatz); *Parkkonzerte* (vor allem Blasmusik); *Son et Lumière* (Schloß Belvedere): 250 Jahre österr. Geschichte in einer Symphonie von Wort, Musik und Licht (15.5.–31.8., 20.30 Uhr; 1.–30.9., 20 Uhr); Eingang und Abendkasse 3, Prinz-Eugen-Straße 27.

Auskünfte: Stadtinformation (Rathaus), ∅ 438989; Fremdenverkehrsverband für Wien (9, Kinderspitalgasse 5), ∅ 431608.

Parkgaragen (in Auswahl)

1, Am Hof (Zufahrt aus Richtung Freyung und Bognergasse); 1, Beethovenplatz (Zufahrt aus Richtung Schubertring); 1, Franz-Josefs-Kai (zwischen Salztor- und Marienbrücke; Einbahnstraße in dieser Richtung); 1, Kärntner Straße bei Oper (Zufahrt von Kärntner Ring); 1, Marc-Aurel-Straße 4, (Zufahrt vom Franz-Josefs-Kai); 1, Rathausplatz (Zufahrt durch die Nebenfahrbahn der Ringstraße von der Stadiongasse); 1, Stephansplatz (Zufahrt von der Schulerstraße); 4, Karlsplatz (Zufahrt vom Schwarzenbergplatz durch die Brucknerstraße); 7, Messeplatz; 7, Stiftgasse (Parkhaus); 8, Hamerlingplatz; 9, Votivpark (Zufahrt von der Universitätsstraße); 9, Währinger Gürtel (Allgemeines Krankenhaus); 10, Reumannplatz (bei U 1); 12, Meidlinger Hauptstraße (U 4 – Park-Shop). – Kundengaragen bei Geldinstituten (Zentralsparkasse, 3, Vordere Zollamtstraße 13; Erste österreichische

Spar-Casse, 1, Graben 21, Zufahrt Peters-platz; ausnahmslos für Zwecke der Ge-schäftsabwicklung!), Großhotels (Wien Hil-ton, Vienna Inter-Continental u. a.), Kauf-häusern. Achtung! Keine einheitlichen Tari-fe! Ermäßigungsmöglichkeiten erfragen.

Philharmoniker, Wiener
International bekanntes Konzertorchester (gegr. 1841 von Otto Nicolai). Bekannte Konzerte: Abonnementkonzerte, Silvester-und Neujahrskonzerte, Nicolai-Gedächt-niskonzerte.

Post- und Telegrafenämter
Hauptpostamt (1, Fleischmarkt 19) und Bahnhofspostämter haben auch Nacht- und Sonntagsdienst. – *Telegrafenzentrale:* 1, Börseplatz 1. – *Radio-Austria* (Funktele-gramme): 1, Renngasse 14.
Ferngespräche:
- *Vorwahl in die Bundesrepublik Deutsch-land 06, in die Schweiz 05, nach Italien 04*
- *Vorwahl von der Bundesrepublik Deutschland, von der Schweiz und von Italien nach Wien 0043 222*
- *Vorwahl aus Österreich nach Wien 0222*
Tarif tgl. 18–8 Uhr sowie am Wochenende (Fr 18 Uhr–Mo 8 Uhr und an Ftg) ermäßigt. Briefmarken-Automaten vor größeren Postämtern (selten Geldwechsel!)
Geldverkehr: Bei folgenden Postämtern können Ausländer während der ganzen Wo-che (somit auch Sa, So und Ftg) Geld wech-seln, Abhebungen von Postsparbüchern der Deutschen Bundespost tätigen, ausländi-sche garantierte Auszahlungskarten (deut-sche, französische, luxemburgische, briti-sche Postcheques und niederländische Giro-betaalkaarts) einlösen sowie herkömmliche Postleistungen in Anspruch nehmen bzw. können Österreicher, welche ein Postspar-buch besitzen oder Inhaber eines Girokon-

tos der Postsparkasse sind, Bargeld abhe-ben: 1, Fleischmarkt 19 (Hauptpostamt), 0–24 Uhr; 9, Franz-Josefs-Bahnhof, 0–24 Uhr; 10, Südbahnhof, 6–24 Uhr; 15, West-bahnhof, 0–24 Uhr; Schwechat, Flughafen Wien, 7.30–20 Uhr. Für die übrigen Wiener Postämter gelten normale Schalterstunden (Anschlag!).
Valutenannahme: Zur Zeit werden von den Postämtern folgende Valuten angenommen: US-Dollar, Deutsche Mark, Schweizer Franken, niederländische Gulden, italieni-sche Lire, französische Francs, englische Pfund, belgische Francs, dänische Kronen, norwegische Kronen, schwedische Kronen und jugoslawische Dinar.
Telegramme: Aufgabe von Telegrammen ins In- und Ausland bei den Postämtern, darüber hinaus bei der Telegrafenzentralsta-tion Wien, 1, Börseplatz 1, 0–24 Uhr.
Rundflüge über Wien vom *Flughafen Schwechat* aus (Vienna Sightseeing Tours).

Sängerknaben, Wiener
Von Maximilian I. als Teil der Hofmusikka-pelle gegründeter Knabenchor (1498). Be-rühmtestes Mitglied war Franz Schubert (Joseph Haydn war Sängerknabe in St. Ste-phan und wurde der Hofmusikkapelle bis-weilen ›geliehen‹). 1924 als ›Wiener Sänger-knaben‹ neu gegründet, heute vier Chöre, die abwechselnd für Hofburgkapelle, Kon-zerte und Welttourneen eingesetzt werden. In der Hofburgkapelle (unter Mitwirkung von Mitgliedern der Philharmoniker) So 9.15 Uhr (Kartenvorverkauf: Wien 1, Hof-burg-Schweizerhof, jeweils Freitag 17–18 Uhr). Konvikt: Augarten-Palais (2, Obere Augartenstraße 1).

Schnellbahn
Stationen innerhalb des Stadtgebietes: Von Wien Mitte (Landstraßer Hauptstraße 1b)

nach Süden: *Rennweg, Südbahnhof, Südtiroler Platz, Matzleinsdorfer Platz, Meidling, Hetzendorf, Atzgersdorf-Mauer, Liesing* (Anschluß nach Mödling); von Wien Mitte nach Norden: *Wien Nord* (Praterstern), *Traisengasse, Strandbäder, Floridsdorf.* Am Bahnhof Wien Mitte Umsteigemöglichkeit in U 4, Straßenbahn, Citybus. Die S 45 verbindet auf der Vorortelinie die West- mit der Franz-Josefs-Bahn. Stationen (Jugendstil!): Hütteldorf (U 4), Penzing, Breitensee, Ottakring, Hernals, Gersthof, Krottenbachstraße, Oberdöbling, Heiligenstadt (U 4).

Sommerballveranstaltungen (Juni)

›Concordiaball‹ (in allen Festsälen des Rathauses), Kartenvertrieb: Presseclub Concordia, 1, Bankgasse 8. – ›Universitätsball‹ (Festräume der Universität), Kartenvertrieb: Universität, 1, Dr.-K.-Lueger-Ring

Spanische Reitschule

Älteste Reitschule der Welt, gegründet von Kaiser Maximilian II. (1572). Letzte Pflegestätte barocker Reitkunst (klassische ›Hohe Schule‹), Aufzucht edelster Dressurpferde (›Lipizzaner‹), Dressur seit Jahrhunderten unverändert. Die Reiter tragen braunen Frack, weiße Hose, schwarze Stiefel und schwarzen Zweispitz; gezeigt werden alle Gänge und Touren der Hohen Schule sowie ›Schulen ober der Erde‹ (wie Levade, Courbette und Kapriole). – *Vorführungen* (in historischen Kostümen):
Hofburg (Winterreitschule), März–Juni, Sept.–Dez. (So 10.45 Uhr), Änderungen möglich. Schriftliche Kartenbestellungen notwendig: 1010 Wien, Michaelerplatz 1. *Morgenarbeit:* Karten am Eingang Josefsplatz, Tor 3 (kein Vorverkauf!).

Spielcasino

Cercle Wien, Palais Esterházy (1, Kärntner Straße 41): Roulette, Baccara, Black Jack; tägl. ab 19 Uhr. – Ein weiteres Spielcasino befindet sich in Baden/NÖ., etwa 25 km südlich von Wien.

Sport

Für größere Sportveranstaltungen stehen (abgesehen von den zahlreichen Vereinssportstätten) folgende Anlagen zur Verfügung (Auswahl):
Stadion (2, Prater).
Hallenstadion, Radrennbahn (2, Engerthstraße 237–239).
Stadthalle (15, Vogelweidplatz; auch für kulturelle Großveranstaltungen).
Trabrennplatz (2, Prater, Krieau).
Galopprennplatz (2, Prater, Freudenau).

Stadtbahn

Erbaut 1892–1901 nach Generalkonzept von Otto Wagner, von dem auch alle Haltestellenbauten und Stationen stammten; teilweise Hoch-, teilweise Untergrundbahn, durchweg kreuzungsfrei.

Derzeitiger Stadtbahnbetrieb mit den *Linien G und GD; Haltestellen:* Gumpendorfer Straße, Mariahilfer Straße – Westbahnhof, Burggasse – Stadthalle, Thaliastraße, Josefstädter Straße, Alser Straße, Währinger Straße – Volksoper, Nußdorfer Straße, Heiligenstadt (G) bzw. Friedensbrücke (GD).

Stadthalle

Mehrzweckhallen (15, Vogelweidplatz) für große Kultur- und Sportveranstaltungen.

Stadtrundfahrten

Vienna Sightseeing Tours (Wiener Rundfahrten, 3, Stelzhamergasse 4, ∅ 724683): Routen lt. Programm (auch in die Umgebung Wiens). Regelmäßig angeboten werden u. a. (in wechselnden Varianten):
- *Stadtrundfahrten mit Besichtigung von Schönbrunn und Belvedere*
- *Klassisches Wien (Spanische Reitschule)*

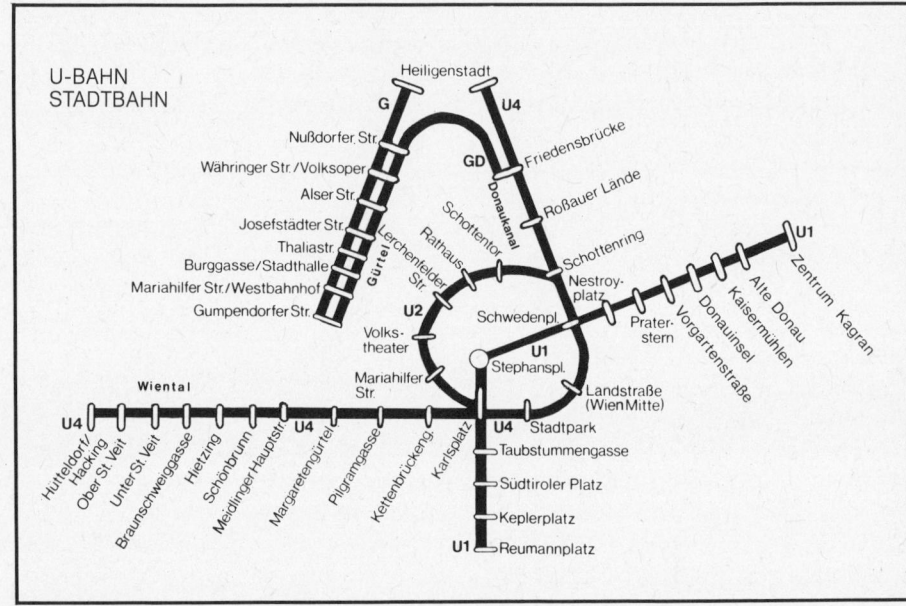

Stand der Linienführung: 1. 2. 1988

- *Panoramatour mit Fahrt auf den Kahlenberg (Höhenstraße, Klosterneuburg)*
- *›Wien bei Nacht‹ (Beleuchtetes Wien)*
- *Wienerwald-Rundfahrt (Heiligenkreuz, Mayerling, Baden)*

Kombinationen mit Theater-, Nachtklub- oder Restaurantbesuch möglich. *Abfahrtsstellen:* Oper, Universität, Autobusbahnhof Wien Mitte (3, Landstraßer Hauptstraße 1b). *Vorbestellung zu empfehlen;* Abholung vom Hotel möglich.
Cityrama Sightseeing (1, Börsegasse 1): Routen lt. Programm. Abholung vom Hotel möglich.
Rundfahrten Modernes Wien: Routen mit teilw. wechselndem Programm; Di–Fr 13 Uhr (April–Oktober). Auskunft und Prospekte: Rathausinformation (1, Friedrich-Schmidt-Platz, ∅ 42800 Klappe 2950,

43 89 89), Kartenvorverkauf zwei Wochen. *Tramway-Stadtrundfahrten* ›Rund um Wien‹ mit Oldtimern. Abfahrt: Karlsplatz vom Beginn der → Wiener Festwochen bis Ende Okt. jeden Sa 14.30 Uhr, Dauer ca 3½ Std. Kartenvorverkauf: bei den Wiener Reisebüros. Wagenmiete für Gruppen möglich (Information: ∅ 5 87 31 86).
Straßenbahn und Autobus
Wichtigste öffentliche Verkehrsmittel mit größtenteils modernem Wagenpark. *Schaffnerlose Züge und Busse mit Fahrscheinausgabeautomaten und automatischen Fahrscheinentwertern sind beim Einstieg blau gekennzeichnet.* – Private Autobuslinien (mit Zusatz ›B‹): alle Fahrausweise (mit Ausnahme der 4-Kurzstrecken-Karten) des Einheitstarifs sind gültig, jedoch kein Verkauf von Fahrkarten mit Umsteigeberechti-

gung. –*Tarif und Fahrkarten: Einheitstarif für U-Bahn, Stadtbahn, Schnellbahn, Straßenbahn, Citybus und Autobus.* Fahrscheine und -karten nach Möglichkeit im Vorverkauf (Tabak-Trafiken, Vorverkaufsstellen) besorgen (erheblicher Preisunterschied!). In den Wagen und bei Automaten nur Einzelfahrscheine mit Ausgabezuschlag erhältlich. In ›schaffnerlosen‹ Wagen der Straßenbahn (die durch ein blau-weißes Schild gekennzeichnet sind) gibt es keinen Fahrkartenverkauf!

Die wichtigsten Fahrausweise: (Einzel-) Fahrschein, Kinderfahrschein, im Vorverkauf in Blöcken zu 5 Stück; 4-Kurzstrecken-Karte (nur im Vorverkauf); die *8-Tage-Streifennetzkarte* um 200 Schilling berechtigt nach Entwertung zu beliebig vielen Fahrten am Tag. Nur bei erster Fahrt markieren! Auch für mehrere Personen gleichzeitig verwendbar (Mehrfachentwertung!) und übertragbar. Erhältlich in Vorverkaufsstellen und Tabak-Trafiken.

Fahrscheine werden nur bei Fahrtantritt markiert und gelten inklusive Umsteigen bis zum Fahrtziel, jedoch nicht retour, im Kreis oder für Umwege; keine Fahrtunterbrechung! – Kinder bis zu 15 Jahren fahren So und Ftg sowie während der Wiener Schulferien gratis; im Zweifelsfall wird Altersnachweis verlangt (Lichtbildausweis, Reisepaß). *Verkehrslinienpläne* in den Verkaufsstellen der Wiener Verkehrsbetriebe erhältlich.

Tanz Übersichten in den Tageszeitungen.

Taxi

Standplätze an größeren Kreuzungen und in Hauptstraßen, Theater werden nach Vorstellungsschluß im allgemeinen automatisch angefahren. *Fahrpreis* (geeichte Taxameter!): Grundtarif und gekoppelter Kilometer- und Zeittarif (daher Veränderung des Taxameterstandes auch beim Anhalten möglich).

Funktaxi: ∅ 3130, 4369, 9101, 60160, 340535 (Anfahrt wird ab nächstgelegenem Standplatz berechnet).

Telefonische Hilfsdienste

Polizei-Notruf	133
Rettung	144
Feuerwehr	122
Ärzte-Notdienst	141

(Montag bis Freitag, nachts von 19 bis 7 Uhr, Samstag, Sonn- und Feiertage ganztägig)

Apotheker-Bereitschaftsdienst	1550
Vergiftungsnotruf	434343

Theater, Kleinbühnen, Kabaretts
Bundestheater

Kartenbestellungen: Österr. Bundestheaterverband, Bestellbüro, 1010 Wien, Goethegasse 1 (schriftlich mindestens 14 Tage vor dem Aufführungstag, nur aus den Bundesländern und aus dem Ausland möglich!). *Kartenvorverkauf:* Tageskassen, 1, Hanuschgasse 3 (4 Tage vor dem Aufführungstag). Theaterkartenbüros verrechnen Aufschlag.

Staatsoper (1, Opernring 2): Oper, klassische Operette, Ballett. Juli–August: Operetten.

Burgtheater (1, Dr.-Karl-Lueger-Ring 2): klassisches Drama bis modernes Schauspiel. Juli–August geschlossen.

Volksoper (9, Währinger Straße 78): Oper, Operette, Musical. Juli–Aug. geschl.

Akademietheater (3, Lisztstraße 1): Schauspiel. Juli–August geschlossen.

Stadt Wien

Theater an der Wien (6, Linke Wienzeile 6): Musical, Operette, Ballett. Ganzjährig geöffnet.

Privattheater (Auswahl)
Theater in der Josefstadt (8, Josefstädter Straße 26): Schauspiel, bes. zeitgenössisches Gesellschaftsstück. (Kartenvorbestellungen aus den Bundesländern und aus dem Ausland schriftlich möglich.)
Kammerspiele (1, Rotenturmstraße 20): Lustspiel, Satire.
Volkstheater (7, Neustiftgasse 1): Schauspiel, bes. zeitgenössische (auch avantgardistische) Stücke, Volksstücke. Aug. geschl.
Wiener Kammeroper (1, Fleischmarkt 24): Oper (kleine, weniger bekannte Werke).
Raimundtheater (6, Wallgasse 18–20): Operette, Musical.
Schönbrunner Schloßtheater (13, Schloß Schönbrunn): Kammeropern
Fremdsprachige Theater
Vienna's English Theatre (8, Josefsgasse 12)
International Theatre (9, Porzellangasse 8/Müllnergasse).
Studio Molière (8, Liechtensteinstraße 37).
Kleinbühnen, Kabaretts (Auswahl)
Theater am Schwedenplatz (1, Franz-Josefs-Kai 21).
Intime Bühne (1, Franz-Josefs-Kai 29).
Theater im Künstlerhaus (1, Karlsplatz 5): Staatsoper Wien und freie Gruppen.
Cabaret Fledermaus (1, Spiegelgasse 2).
Kleine Komödie im Theater am Kärntnertor (1, Walfischgasse 4).
Theater Kabarett Simpl (1, Wollzeile 36).
Freie Bühne Wieden (4, Wiedner Hauptstraße 60b).
Theater b. Auersperg (8, Auerspergstr. 17).
Schauspielhaus (9, Porzellangasse 19).
Serapions Theater (20, Wallensteinplatz 6).
U-Bahn
Linien
U 1 (22, Kagran – 10, Reumannplatz) mit Haltestellen: Zentrum Kagran, Alte Donau,

Kaisermühlen – Vienna International Centre (UNO-City), Donauinsel, Vorgartenstraße, Praterstern (Umsteigemöglichkeit in die Schnellbahn), Nestroyplatz, Schwedenplatz (Umsteigemöglichkeit in die U 4), Stephansplatz, Karlsplatz (Umsteigemöglichkeit in die U 4 Richtung Hietzing/Schönbrunn – Hütteldorf und in die U 2), Taubstummengasse, Südtiroler Platz (Umsteigemöglichkeit in die Schnellbahn), Keplerplatz, Reumannplatz (Anschluß zum Kurzentrum Oberlaa: Straßenbahnlinie 67).

U 2 (1, Schottenring – 4, Karlsplatz), Schottenring (U 4), Schottentor, Rathaus, Lerchenfelder Straße, Volkstheater, Mariahilfer Straße, Karlsplatz (Umsteigemöglichkeiten in die U 1 und U 4).

U 4 (19, Heiligenstadt – 14, Hütteldorf) mit Haltestellen: Heiligenstadt (S 45), Friedensbrücke (Umsteigemöglichkeit in die Stadtbahn GD Richtung Gürtel – Westbahnhof), Roßauer Lände, Schottenring (Umsteigemöglichkeit in die U 2), Schwedenplatz (Umsteigemöglichkeit in die U 1), Landstraße (Umsteigemöglichkeit in die Schnellbahn), Stadtpark, Karlsplatz (Umsteigemöglichkeiten in die U 1 u. U 2), Kettenbrückengasse, Pilgramgasse, Margaretengürtel, Meidling Hauptstraße, Schönbrunn, Hietzing, Braunschweiggasse, Unter-St.-Veit, Ober-St.-Veit, Hütteldorf (S 45).

Fahrscheine: In jeder U-Bahn-Station befinden sich vor der Sperre Fahrschein-Verkaufsautomaten. Der von einem Fahrschein-Verkaufsautomaten ausgegebene Fahrschein braucht beim Entwerter nicht entwertet zu werden. Wie man den Automaten bedient, lesen Sie auf der Betriebsanleitung.

Entwerter: In jeder U-Bahn-Station ist der Bahnbereich durch eine ›Sperre‹ gekennzeichnet. Bei dieser Sperre sind Entwerter montiert. Der Fahrschein ist unbedingt vor Durchschreiten der Sperre zu entwerten.

Einheitstarif (U-Bahn, Schnellbahn, Stadtbahn, Straßenbahn, Citybus, Autobus!).

Leitfarben: U 1 rot, U 2 violett, U 4 grün, Stadtbahn (künftige U 6) ocker. Die Leitfarben der U-Bahn finden sich in der Linienbezeichnung, an den Griffstangen und an den Bahnsteigverkleidungen.

Verkehrsmittel → Citybus, → Schnellbahn, → Stadtbahn, → Straßenbahn, → Taxi, → U-Bahn

Verkehrsverbindungen

Sehenswürdigkeiten (Innere Stadt), bes. Stephansdom: U 1 (Stephansplatz).

Sehenswürdigkeiten (außerhalb der Inneren Stadt): Schönbrunn: Linie 58; Oberes Belvedere: Linie D; Zentralfriedhof: Linie 71; Otto-Wagner-Kirche am Steinhof: Linie 46.

Museen (außerhalb der Inneren Stadt): Doderer-Gedenkzimmer: Linien 38, 40; Wertheimsteinvilla: Linie 37; Schiele- und Bieber-Gedächtnisräume: Linie 58; Johann-Strauß-Wohnung: U 1 (Nestroyplatz); Sigmund-Freud-Gedächtnisstätte: Linie D, U 2, U 4 (Schottenring); ›Eroica-Haus‹: Linien 37A, 38A; Beethovenhaus Probusgasse: Linien 37, 37A, 38A; Schubertmuseum: Linie 38; Schubert-Sterbezimmer: U 4 (Kettenbrückengasse); Museum des 20. Jahrhunderts: Schnellbahn (Südbahnhof), Linie D; museum moderner kunst: Linie D; Historisches Museum der Stadt Wien: U 1, U 2, U 4 (Karlsplatz); Technisches Museum: Linien 52, 58.

Theater: Theater an der Wien: U 1, U 2, U 4 (Karlsplatz, Ausgang Secession); Staatsoper: U 1, U 2, U 4 (Karlsplatz, Ausgang Oper), Ringlinien; Konzerthaus: U 4 (Stadtpark); Musikvereinssaal und Künstlerhaus: U 1, U 2, U 4 (Karlsplatz), Ringlinien (Schwarzenbergplatz), Linie 65.

Veranstaltungen (in Auswahl): Messegelände: Linie 1; Messepalast: U 2 (Mariahilfer Straße oder Volkstheater); Volksprater (Riesenrad): U 1 (Praterstern); Stadion: Linien 21, N oder Liliputbahn (ab Riesenrad); Hallenstadion: Linie 21; Krieau (Trabrennen): Linie N; Freudenau (Galopprennen): Linie 80 A; Stadthalle: Stadtbahn (G, GD; Burggasse-Stadthalle), Linien 8 und 49.

Bahnhöfe: Westbahnhof: Stadtbahn (G, GD, Westbhf.; Linien 52, 58); Südbahnhof: Linie D, Gürtellinien, Schnellbahn (Südtiroler Platz).

Hauptpostamt: U 1, U 4 (Schwedenplatz).

Einkaufsstraßen: Kärntner Straße (U 1, U 2, U 4 Karlsplatz oder U 1 Stephansplatz); Graben, Kohlmarkt (U 1, Stephansplatz); Mariahilfer Straße (Beginn U 2, Mariahilfer Straße; Durchfahrtlinien 52, 58); Favoritenstraße (U 1, Reumannplatz); Thaliastraße (Linie 46).

Heurigenorte (in Auswahl): Grinzing: Linie 38; Sievering: Linie 39A; Neustift am Walde, Salmannsdorf: Linie 35A; Heiligenstadt: U 4, Linie D, S 45; Nußdorf: Linie D; Stammersdorf: Linie 31; Gumpoldskirchen: S-Bahn, Südbahn; Pfaffstätten: Badner Bahn (Abfahrt Oper); Baden: Badner Bahn (Abfahrt Oper); Perchtoldsdorf: Linie 60 (bis Rodaun), Bus.

Ausflüge: Leopoldsberg, Kahlenberg: Linie 38 bis Grinzing, Bus.

Wiener Küche

Genießt wegen ihrer Reichhaltigkeit und feinen Zubereitung einen guten Ruf. Schon früh durch Gerichte aus Ungarn, Böhmen, Italien und Frankreich, später auch durch

Speisen aus den Alpen bereichert. Bekannt vor allem *Tafelspitz* (Mittelteil der Rindskeule), *Rostbraten* (Rippenstück vom Rind, mit Zwiebel gebraten), *Rinds-* und *Kalbsgulyás*, *Wiener Schnitzel* (aus Kalbfleisch), *Back-*, *Brat-* und *Paprikahuhn*. Berühmt die *Mehlspeisen*, darunter verschiedene ›Strudel‹ (Apfel-, Millirahm- oder Topfenstrudel) und ›Schmarrn‹ (Kaiserschmarrn). International bekannt die *Sachertorte*.

Wiener Kunsthandwerk

Erzeugnisse, die nach handwerklicher Tradition hergestellt werden und ihrer Schönheit und Qualität wegen geschätzt sind. *Beliebte Souvenirartikel: Glas- und Porzellanwaren (*dar. handbemaltes Augarten-Porzellan), *Petit-Point-Arbeiten, Stickereien, Kunstkeramiken, Email- und Schmiedeeisenarbeiten, Lederwaren, Silbergegenstände, handgefertigte Puppen, Goldschmiedeerzeugnisse, alte Stiche.*

Wiener Mode

Weltbegriff für Eleganz und Chic, wesentlicher Bestandteil des Wiener Lebensstils. Modellhäuser der Haute Couture, gute Konfektionsgeschäfte, Blusen-, Strickwaren-, Schuh- und Handschuherzeuger, Kürschner, Taschner und Modistinnen stellen Qualitätsartikel wienerischer Prägung her; berühmt auch die Trachten- und Wintersportmode.

Die elegantesten Verkaufsgeschäfte befinden sich in der *Innenstadt* in der *Kärntner Straße*, am *Graben*, am *Kohlmarkt* und in deren Seitengassen, in den *inneren Bezirken auf der Landstraße* und der *Mariahilfer Straße, außerhalb des Gürtels* in der *Favoritenstraße, Meidlinger Hauptstraße* und *Thaliastraße.*

Wiener Musik

Wird in Hotels und Restaurants geboten, unter anderem:
Hotel Bristol (1, Kärntner Ring 1, tägl. 18.30–23.30 Uhr)
Hotel Imperial (1, Kärntner Ring 16; Di bis So im Café 16.30–18.30 Uhr, im Restaurant 20–23 Uhr)
Restaurant Balkangrill (16, Brunnengasse 13; Mo–Sa 18.30–24 Uhr)
Café Schmid-Hansl (18, Schulgasse 31; Mo, Do–So 21.30–3.30 Uhr).
Weitere Lokale siehe unter Kaffeehäuser (Konzertcafés).

Sehenswürdigkeiten der inneren Bezirke 2–9

Zwischen dem äußeren Rand des (bis 1857 mit Bauverbot belegten) Glacis (heute Äußere Ringstraße) und dem 1704 errichteten Linienwall (seit dem Ende des 19. Jahrhunderts nach dessen Abbruch Gürtelstraße) sowie zwischen Donaukanal und Donauhauptstrom erstreckten sich 34 Vorstädte, die 1850 mit der Altstadt vereinigt wurden.

Aus ihnen wurden zunächst die Bezirke 2 bis 8 gebildet, bis 1862 (nach Teilung des ursprünglichen 4. Bezirks) die noch heute geltende Numerierung 2 bis 9 fixiert wurde. Die Bezirksgrenzen verlaufen zum Teil entlang bedeutender Ausfallstraßen (z. B. Mariahilfer Straße, Lerchenfelder Straße, Alser Straße). Der 2. Bezirk (von dem 1900 der 20. abgetrennt wurde) liegt zwischen Donaukanal und Donauhauptstrom (seit 1875 reguliert), der 3. bis 5. Bezirk erstrecken sich zwischen Donaukanal und Wienfluß, der 6.

bis 9. Bezirk zwischen Wienfluß und Donaukanal. Die Numerierung erfolgte im Uhrzeigersinn (ausgenommen der später abgeteilte 5. Bezirk).

Nachfolgend soll, nach Bezirken geordnet, eine Auswahl bemerkenswerter klerikaler und profaner Bauwerke geboten werden, wobei vor allem solche Objekte Behandlung finden, die im Hauptteil dieses Buches nicht oder nur randlich erwähnt werden. Die Erläuterungen bleiben auf die wichtigsten Fakten beschränkt. Dasselbe gilt für die Hinweise auf bedeutende Persönlichkeiten, bei denen vor allem auf einen überregionalen Bekanntheitsgrad Bedacht genommen wurde. Leser, die sich eingehender über einzelne Stadtbezirke informieren wollen, seien auf die 1979–85 erschienenen ›Wiener Bezirkskulturführer‹ verwiesen (Übersicht auf S. 367).

Die Zusammenstellung verfolgt weniger das Ziel, zu gesonderten Besuchen einzelner dieser Sehenswürdigkeiten aufzufordern, sondern jenen, die in einem der behandelten Bezirke logieren bzw. wohnen, bemerkenswerte Bauwerke der unmittelbaren Umgebung näherzubringen.

2. Bezirk (Leopoldstadt)

Straßen

Praterstraße: Hauptstraße der ehemaligen Vorstadt Jägerzeile, Zufahrt zum Prater und zur Reichsbrücke, verkehrsarme Zone.

Taborstraße: Mittelalterliche Handelsstraße nach Böhmen und Mähren (älteste Donaubrücke 1439).

Kirchen

Barmherzige Brüder, Klosterkirche (Taborstr. bei 16): S. 81; Apotheke mit Empireeinrichtung.

Franz-von-Assisi-Kirche (Erzherzog-Karl-Pl.): Basilikaartiger Backsteinbau in romanischen Formen mit Vierungsturm, erbaut 1898–1913 nach Plänen von Viktor Luntz; Kaiserin-Elisabeth-Gedächtniskapelle (Nachbildung der Pfalzkapelle in Aachen).

Johann-Nepomuk-Kirche (Praterstr.–Nepomukg.): Erbaut 1841–46 von Carl Rösner in romantisch-historisierenden Formen; hinter dem Hochaltar Fresko von Leopold Kupelwieser, Kreuzwegfresken von Joseph Führich.

Karmeliterkirche (Karmeliterpl.): S. 80.

Leopoldskirche (Gr. Pfarrg. bei 15): Im Bereich des von Leopold I. aufgelassenen Gettos in der Leopoldstadt wurde an der Stelle der Synagoge 1670/71 eine Kirche erbaut, die 1721–24 durch einen Neubau von Anton Ospel ersetzt wurde.

Profanbauten

Augarten (Ob. Augartenstr. 1): Gartenanlage in französischem Stil unter Karl VI. durch Jean Trehet konzipiert (1712), Öffnung derselben für das Publikum durch Joseph II. (1775); Palais Ende des 17. Jh. von Johann Bernhard Fischer von Erlach erbaut (heute Heim der Wiener Sängerknaben); Alte Favorita (Gartenpalais), erbaut um 1654, ausgestaltet unter Josef I. (1705), Morgenkonzerte unter Mozart und Beethoven (heute Sitz der Augarten-Porzellanmanufaktur); Kaiser-Joseph-Stöckel, erbaut 1781 von Isidor Canevale.

Ehemalige *Börse für landwirtschaftliche Produkte* (Taborstr. 10): Erbaut 1887–90 von Carl König in Formen französischer Renaissance.

Ehemaliges *Gemeindehaus* (Kl. Sperlg. 10): Erbaut 1824–25 möglicherweise nach Plänen von Joseph Kornhäusel.

Ehemaliges *Mauthaus* (Am Tabor 2): Ehemaliges Amtsgebäude für die Mauteinhebung, errichtet im Zuge einer kleinen Donauregulierung 1698.
Schützenhaus (Ob. Donaustr. 26): Gebäude einer ehemaligen Wehranlage, erbaut 1906–08 von Otto Wagner.
Wohnhäuser: Karmeliterg. 3 und 5 bzw. Karmeliterpl. 2 und 3: Reste der josephinischen Verbauung, die nach der Parzellierung des Karmelitergartens in den achtziger Jahren des 18. Jh. entstanden ist. Taborstr. 23: Barockes Bürgerhaus (vorbildlich restauriert).

Denkmäler

Tegetthoff-Denkmal (Praterstern): Der österreichische Admiral Wilhelm von Tegetthoff siegte 1866 in der Seeschlacht von Lissa; errichtet von Carl von Hasenauer und Carl Kundmann (1886).

Prater

Naturpark (allgemein zugänglich seit 1766 unter Joseph II.) und Vergnügungszentrum (Volksprater und Riesenrad, erbaut 1897; Farbt. 25); Hauptallee (vom Praterstern zum Lusthaus, erbaut 1781–83 von Isidor Canevale); Pferderennplatz (Freudenau), Trabrennplatz (Krieau); Stadion, Messegelände; Pratermuseum und Planetarium (beim Riesenrad); Wallfahrtskirche (Maria Grün).

Berühmte Bewohner

Max Adler, Rechtsphilosoph (Waschhausg. 1a, Geburtshaus).
Gustinus Ambrosi, Bildhauer (Scherzerg. 1a, Museum).
Wilhelm Kienzl, Komponist (Schreyg. 6, Wohn- und Sterbehaus).
Arnold Schönberg, Komponist (Obere Donaustr. 5, Geburtshaus, nur Gedenktafel).
Oscar Straus, Komponist (Untere Augartenstr. 27, Wohnhaus).
Johann Strauß Sohn, Komponist (Praterstr. 54, Museum).

3. Bezirk (Landstraße)

Straßen und Plätze

Am Heumarkt: Häuserzeile aus dem Vormärz (Nr. 1–9, darunter Nr. 1 Hauptmünzamt, S. 176).
Dannebergplatz: Späthistoristisches Stadtviertel um den Arenbergpark mit starkem Anteil an Jugendstilhäusern, erbaut 1906–08.
Esteplatz: Stadtviertel mit einheitlicher Verbauung (elegante späthistoristische Miethäuser), erbaut 1909–14.
Landstraßer Hauptstraße: Ehemalige römische Militärstraße, im Mittelalter Handelsweg, Zentrum bei der Rochuskirche, Nr. 28–48 vermitteln Eindruck des historischen Aussehens.
Rennweg: Repräsentativer Straßenzug mit Kirchen, Palais und bemerkenswerten Miethäusern (links anschließend ›Botschafterviertel‹, bemerkenswert Reisnerstr., Metternichg. u. a.).
Ungargasse: Mittelalterlicher Handelsweg nach Ungarn, bis zur Beatrixg. Biedermeierhäuser (Nr. 3, 5, 8), danach (links) Reste der Vorstadtverbauung (mit langen Bauparzellen bis zur Landstraßer Hauptstraße).

Kirchen

Anglikanische Kirche (Jaurèsg. bei 21): Neugotische ›Christ-Church‹, erbaut 1875).

Elisabethinenkirche (Landstr. Hauptstr. 4A): Barocke Klosterkirche, erbaut 1743–49 von Franz Anton Pilgram, bemerkenswerte Front an der Straße, Klosterapotheke.
Erdberger Pfarrkirche (Erdbergstr. vor 68): Barockkirche der ehemaligen Vorstadt Erdberg, erbaut 1700–26 (unbekannter Baumeister).
Gardekirche: S. 137.
Rochuskirche: S. 81.
Russisch-orthodoxe Kirche (Jaurèsg. 2–4): Backsteinzentralbau in russisch-spätbyzantinischen Stilformen, Inneneinrichtung aus orientalischem Zypressenholz, erbaut 1893–99 von Grigorij Ivanovic Kotov.
Salesianerinnenkirche: S. 123.
Waisenhauskirche (Rennweg 91): S. 137.
Weißgerber-Pfarrkirche (Kolonitzpl.): Typische neugotische Vorstadtkirche, erbaut 1866–69 von Friedrich Schmidt.

Profanbauten
Arsenal (Arsenalstr.): S. 187f.
Belvedere (Oberes und Unteres; Farbt. 13, 14, Abb. 56–58), S. 119f.
Haus Wittgenstein (Kundmanng. 19): Erbaut 1926 vom Loos-Schüler Paul Engelmann für den Philosophen Ludwig Wittgenstein nach dessen persönlichen Vorstellungen.
Konzerthaus (Lothringer Str. 18–20): Erbaut 1912/13 von Ferdinand Fellner, Hermann Helmer und Ludwig Baumann.
Metternichpalais (Rennweg 27): Erbaut 1846–48 von Johann Romano und August Schwendenwein für Staatskanzler Metternich.
ÖKO-Haus (Kegelg. 36–38): Nach ökologischen und künstlerischen Gesichtspunkten von Friedensreich Hundertwasser konzipierter Wohnhausbau, erbaut 1983–85.

Otto-Wagner-Häuser (Rennweg 1–5): Überwindung des späthistoristischen Fassadendekors durch florale Ornamentik, Nr. 3 Palais Hoyos, erbaut 1890/91.
Rasumofskypalais (Rasumofskyg. 23–25): S. 156.
Schwarzenbergpalais (Rennweg 2; Abb. 69): S. 114f.
Sünnhof (Landstr. Hauptstr. 28 – Ungarg. 13): Typisches Altwiener ›Durchhaus‹ (begehbare Verbindung zweier Straßenzüge ›durch ein Haus‹), erbaut 1823–45, restauriert und revitalisiert bis 1983.
Veterinärmedizinische Universität (Linke Bahng. 11): Erbaut 1821–23 von Johann Amman.

Brunnen
Hochstrahlbrunnen (Schwarzenbergpl.): Errichtet 1873 anläßlich der Fertigstellung der ersten Hochquellenwasserleitung (dahinter Befreiungsdenkmal der Roten Armee, errichtet 1945).
Karl-Borromäus-Brunnen (Karl-Borromäus-Pl.): Von Josef Plečnik und Josef Engelhart, errichtet 1904.

Friedhöfe
St. Marxer Friedhof (Leberstr. 6–8): Einziger erhaltener Biedermeierfriedhof Wiens (u. a. Grabstätte Mozarts).

Berühmte Bewohner
Ludwig van Beethoven, Komponist (Ungarg. 5, Wohnhaus 1823/24).
Anton Bruckner, Komponist (Belvedere, Kustodentrakt, Wohnhaus 1895/96 bis zum Tod).
Josef Hoffmann, Mitbegründer der ›Wiener Werkstätte‹ (Salesianerg. 31–33, Wohn- und Sterbehaus).

Kolo Moser, Maler und Graphiker (Landstr. Hauptstr. 138, Wohn- und Sterbehaus).
Robert Musil, Dichter (Rasumofskyg. 20, Wohnhaus 1921–31, 1933–38).
Adalbert Stifter, Dichter (Beatrixg. 48 und 18, Wohnhäuser).
Richard Strauss, Komponist (Jacquing. 8–10, Wohnvilla, erbaut 1922–26.
Anton Wildgans, Dichter (Radetzkystr. 6, Geburtshaus).

4. Bezirk (Wieden)

Straßen und Plätze

Argentinierstraße: Mit gründerzeitlichen Palais (u. a. Nr. 14, 20, 21, 23, 25–27, 33).
Brahmsplatz: Einheitliche Verbauung um 1895.
Karlsplatz: Entstanden im Zuge der Wienflußregulierung, repräsentative Verbauung mit öffentlichen Gebäuden an der Stadt- und Vorstadtseite (1. bzw. 4. Bezirk).
Margaretenstraße: Häuser aus dem Vormärz und aus der Gründerzeit.
Prinz-Eugen-Straße: Repräsentative gründerzeitliche Verbauung, Bezirksgrenze.
Schwindgasse: Einheitliche gründerzeitliche Verbauung (siebziger und achtziger Jahre des 19. Jh.), einer der besterhaltenen historistischen Straßenzüge Wiens.
Wiedner Hauptstraße: Seit dem Mittelalter Ausfallstraße nach dem Süden, im stadtnahen Bereich Reste vorstädtischer Verbauung.

Kirchen

Elisabethkirche (St.-Elisabeth-Pl.): Backsteinbau, erbaut 1860–66 von J. Bergmann.
Karlskirche: S. 121 f. (Farbt. 15, Abb. 32, 34, 35).

Paulanerkirche (Favoritenstr. bei 2): Erbaut 1627–55 im Zuge der durch Kardinal Melchior Khlesl eingeleiteten gegenreformatorischen ›Klosteroffensive‹, s. a. S. 81.
Theklakirche (Wiedner Hauptstr. bei 82): Typische spätbarock-klassizistische Vorstadtkirche der Zeit Maria Theresias, erbaut 1754–56 von Josef Gerl.

Profanbauten

Evangelische Schule (Karlspl. 14): Erbaut 1860–62 von Theophil Hansen (Erbauer des Parlaments) in Formen der italienischen Renaissance.
Französische Botschaft (Schwarzenbergpl. 12): Erbaut 1906–09 von Georges-Paul Chédune, Hauptwerk des ›Art Nouveau‹ außerhalb Frankreichs.
Funkhaus (ORF, Argentinierstr. 30a): Erbaut 1935–37 unter Mitwirkung von Clemens Holzmeister.
Haus der Kaufmannschaft (Schwarzenbergpl. 14): Erbaut 1905 von Ernst von Gotthilf (1907–09 baute Karl König gegenüber Nr. 4, das ›Haus der Industrie‹).
Historisches Museum der Stadt Wien (Karlspl. 8): Erbaut 1954–59 von Oswald Haerdtl.
Technische Universität (Karlspl. 13): S. 157.
Theresianum (Favoritenstr. 15): Allmähliche Vergrößerung eines aus dem 14. Jh. stammenden Hofes, 1615 Errichtung des Sommerschlosses ›Favorita‹ durch Kaiser Matthias, 1687–90 (nach Zerstörung während der Türkenbelagerung 1683) barock wiederhergestellt (Lieblingsaufenthalt Leopolds I., Josefs I. und Karls VI., der hier starb), nach Ausbau von Schönbrunn durch Maria Theresia Sitz der ›Theresianischen Akademie‹ (seit 1946 auch der ›Diplomatischen Akademie‹).

Denkmäler und Brunnen

Resselpark: Johannes Brahms (Komponist), Josef Madersperger (Erfinder der Nähmaschine), Siegfried Marcus (Erfinder des Benzinmotors), Joseph Ressel (Erfinder der Schiffsschraube), Tilgner-Brunnen.

Vor der Karlskirche: Henry-Moore-Plastik (im Teich).

Vor der Technischen Universität: Bedeutende Professoren.

Mozartplatz: Mozartbrunnen.

Berühmte Bewohner

Johannes Brahms, Komponist (Karlsg. 4, Wohnhaus, nur Gedenktafel, Denkmal in der Nähe).

Christoph Willibald Gluck, Komponist (Wiedner Hauptstr. 32, Wohn- und Sterbehaus).

Albert Lortzing, Komponist (Fleischmanng. 1, Wohnhaus).

Franz Schubert, Komponist (Kettenbrükkeng. 6, Sterbehaus, Gedenkstätte).

Johann Strauß Sohn, Komponist (Johann-Strauß-G. 4, Wohn- und Sterbehaus, nur Gedenktafel!)

Hugo Wolf, Komponist (Schwindg. 3, Wohnhaus).

5. Bezirk (Margareten)

Straßen und Plätze

Margaretenplatz: Zentrum der ehemaligen Vorstadt Margareten (Reste des Schlosses Margareten).

Wiedner Hauptstraße: s. 4. Bezirk.

Kirchen

Josefskirche (Schönbrunner Str. bei 50): Maria-Theresianische Vorstadtkirche, erbaut 1765–69 von Franz Duschinger, Hochaltar von Bartolomeo Altomonte, Einsegnung Franz Schuberts 1828.

Profanbauten

Linienkapelle (Schönbrunner Str. nach 124): Barocke Kapelle, erbaut 1759 in der Nähe des Linienwalltores der Vorstadt Hundsturm (der Linienwall umschloß seit 1704 die Vorstädte, heute Gürtelstraße).

Margaretenhof (Margaretenpl. 4): Vorbildlich restaurierter historistischer Gebäudekomplex in wichtiger städtebaulicher Situierung, erbaut 1884/85 von Ferdinand Fellner und Hermann Helmer.

Reumannhof (Margaretengürtel 100–110): Markantes Beispiel des kommunalen Wohnhausbaues der Zwischenkriegszeit, erbaut 1924–26 von Hubert Gessner (Otto-Wagner-Schüler); zu beiden Seiten weitere Wohnhausblöcke aus dieser Zeit (S. 240).

Ehemalige Druckanstalt Vorwärts (Rechte Wienzeile 97): Jugendstilnutzbau (z. Z. Umbau zu Hotel), erbaut 1909 von Hubert und Franz Gessner.

Berühmte Bewohner

Dr. Karl Lueger, Bürgermeister (Hamburger Str. 9, Wohnhaus; Brunnen von Richard Kauffungen am Siebenbrunnenpl., errichtet 1904 zu seinem 60. Geburtstag).

Hans Moser, Volksschauspieler (Rechte Wienzeile 93, Geburtshaus).

6. Bezirk (Mariahilf)

Straßen und Plätze

Bürgerspitalgasse: Spätbiedermeierliche Wohnhäuser.

Gumpendorfer Straße: Geringe historische Bausubstanz.

Mariahilfer Straße: Seit dem Mittelalter bedeutender Fernhandelsweg nach Westen, gründerzeitlich-historistische und secessionistische sowie in Resten vormärzliche Verbauung (etwa Nr. 41 u. 45), Bezirksgrenze.

Kirchen

Laimgrubenkirche (Windmühlg. bei 3): Erbaut 1906/07, fast unveränderte Kopie einer zuvor an der Mariahilfer Straße gestandenen Kirchen von 1687.

Gumpendorfer Pfarrkirche (Gumpendorfer Str. vor 109): Maria-Theresianische Vorstadtkirche, erbaut 1765–70 von Franz Sebastian Rosenstingl, Altargemälde vom ›Kremser-Schmidt‹.

Gustav-Adolf-Kirche (Gumpendorfer Str. bei 129): Erstes evangelisch-lutherisches Gotteshaus in einer Vorstadt, erbaut 1846–49 in Zusammenarbeit mit Theophil Hansen in Formen des romantischen Historismus.

Mariahilfer Pfarrkirche (Mariahilfer Str. bei 55): Barocke Vorstadtkirche (ehem. Barnabiten-Klosterkirche), erbaut 1686–89 nach Plänen von Franz Jänggl (Bauführer Johann Lukas von Hildebrandts), bemerkenswerte Rokoko-Orgel, Maria-Hilf-Kultzentrum. – Vor der Kirche: Haydn-Denkmal von Heinrich Natter (1887).

Profanbauten

Depot der Bundestheater (Lehárg. 6–8): Erbaut 1874–77 von Carl Hasenauer und Gottfried Semper als Dekorationsdepot für die Hoftheater.

Fillgraderstiege (Fillgraderg.–Theobaldg.): Typische (secessionistisch) Stiegenanlage zur Überwindung des Höhenunterschiedes zwischen dem Wiental und der Mariahilfer Straße, errichtet 1905–07.

Otto-Wagner-Häuser (Linke Wienzeile 38 und 40): Secessionistische Wohnhäuser; Nr. 38, erbaut 1898/99, bemerkenswerte Ecklösung; Nr. 40, erbaut 1898/99, Fassadendekoration aus farbigen Majolikaplatten, einzige ausgeführte polychrome Fassade Wagners.

Raimundtheater (Wallg. 18–20); Erbaut 1893 (renoviert 1985), bedeutende Operettenbühne.

Theater an der Wien (Linke Wienzeile 6; Abb. 80): Erbaut 1800/01 im Auftrag Emanuel Schikaneders, seit 1902 vor der Fassade Miethaus; Uraufführung von Beethovens ›Fidelio‹ 1805, Ur- und Erstaufführungen von Werken Rossinis, Webers und Nestroys sowie Grillparzers ›Ahnfrau‹ im Vormärz, von Operetten von Johann Strauß Sohn, Carl Millöcker, Carl Zeller u. a. am Ende des 19. Jh. (prominentester Darsteller Alexander Girardi), Glanzzeit in der ›Silbernen Operettenära‹ (1900–25), seit 1962 steigende Bedeutung als Musicalbühne. Vgl. S. 157.

Berühmte Bewohner

Dr. Viktor Adler, Politiker, Einiger der Sozialdemokratie (Gumpendorfer Str. 54, Wohn- und Sterbehaus).

Ludwig van Beethoven, Komponist (Laimgrubeng. 22, Wohnhaus, Gedenkstätte).

Joseph Haydn, Komponist (Haydng. 19, Wohn- und Sterbehaus, Haydn-Museum; Gedenkraum für Johannes Brahms).

Ferdinand Raimund, Dramatiker und Schauspieler (Mariahilfer Str. 45, Geburtshaus).

7. Bezirk (Neubau)

Straßen und Plätze

Mariahilfer Straße: Kaufhäuser, Bezirksgrenze, s. a. 6. Bezirk.

Neubaugasse: Hauptstraße der ehemaligen Vorstadt Neubau.

St.-Ulrichs-Platz: Baubestand aus dem 17./ 18. Jh. (Nr. 2 und 4).

Stuckgasse: Einheitliche Verbauung 1812 bis 22.

Historischer Vorstadtbereich

Spittelberg (begrenzt durch Burgg., Breite G., Siebensterng. und Stiftg.): Restaurierte und revitalisierte ehemalige Vorstadt, ursprünglich starker kroatischer und ungarischer Bevölkerungsanteil, im 18. Jh. mit Bohemiencharakter, barocke und klassizistische, dazwischen auch gründerzeitliche Häuser.

Kirchen

Altlerchenfelder Kirche (Lerchenfelder Str. nach 111; Abb. 93): Bedeutendstes Kirchenbauwerk der österreichischen Romantik, erbaut 1848–61, begonnen von Paul Sprenger (im Hofarchitekturstil), vollendet von Eduard van der Nüll und Franz Sitte; Konzeption der Innenausstattung (Freskenzyklus!) von Joseph Führich. Vgl. S. 176.

Laurentiuskirche (Schottenfeld; Westbahnstr. bei 17): S. 154.

Lazaristenkirche (Kaiserstr. bei 7): Neugotischer Backsteinbau, erbaut 1860–62 von Friedrich Schmidt.

Mechitaristenkirche (Neustiftg. 4): Saalkirche, erbaut 1871–73 nach Plänen von Camillo Sitte.

Stiftskirche (Mariahilfer Str. 24): Erbaut 1739, wahrsch. von Joseph Emanuel Fischer von Erlach (Turm 1772 von Benedikt Henrici); Garnisonkirche.

Ulrichskirche (St.-Ulrichs-Pl.): In heutiger Form (nach mehrfachen Zerstörungen) 1721–24 von Joseph Reymund erbaut, Hochaltarbild von Paul Troger, Taufkirche

von Johann Strauß Sohn, Eheschließung von Christoph Willibald Gluck.

Profanbauten

Amerlinghaus (Stiftg. 8): Typisches Vorstadtpawlatschenhaus, erbaut um 1700, Geburtshaus des Biedermeierporträtmalers Friedrich Amerling.

Ehemaliges Hofstallgebäude (Messepl.): 1719–23 nach Plänen von Johann Bernhard Fischer von Erlach begonnen und 1850–54 vollendet, seit 1921 Sitz der ›Wiener Internationalen Messe.

Lannerhaus (Mechitaristeng. 5): Geburtshaus Josef Lanners, der gemeinsam mit Johann Strauß Vater den Wiener Walzer populär gemacht hat (s. S. 360).

Trautsonpalais (Museumstr. 7): S. 117.

Stiftskaserne (Stiftg. 2): In der zweiten Hälfte des 18. Jh. aus der ›Savoyischen Akademie‹ hervorgegangene Kasernenanlage (heute auch Sitz des Kriegsarchivs).

Volkstheater (Burgg. vor 2): Erbaut 1888/89 von den Theaterarchitekten Ferdinand Fellner und Hermann Helmer; neuer Theatertypus, der in der Folge in zahlreichen Städten der Monarchie Nachahmung fand.

Denkmäler und Brunnen

Augustinbrunnen (Kellermanng. vor 1): Denkmal für den legendären ›Lieben Augustin‹ des Pestjahres 1679 von Hans Scherpe (1908).

Dreifaltigkeitssäule (Burgg. hinter der Ulrichskirche): Errichtet im Pestjahr 1713.

Raimunddenkmal (Museumstr. 2a): für den Dramatiker und Schauspieler Ferdinand Raimund (1898):

Berühmte Bewohner

Friedrich Amerling, Porträtmaler (Stiftg. 8, Geburtshaus).

Karl Goldmark, Komponist (Kirchbergg. 17, Wohnhaus).
Gustav Klimt, Maler (Westbahnstr. 36, Wohnhaus).
Joseph Lanner, Komponist (Mechitansteng. 5, Geburtshaus, Lannermuseum in der ehemaligen Wohnung).
Otto Wagner, Architekt (Döblerg. 4, Wohn- und Sterbehaus).

8. Bezirk (Josefstadt)

Straßen und Plätze
Albertplatz und Bennoplatz: Typische Platzanlagen des beginnenden 19. Jh.
Buchfeldgasse: Einheitliche Verbauung aus dem Vormärz (1824–28).
Josefstädter Straße: Gründerzeitliche Geschäftsstraße, Verbauungsreste aus dem 18. Jh. und dem Vormärz.
Lange Gasse: Ehemalige Hauptstraße der Vorstadt Josefstadt, mit einigen typischen Vorstadthäusern (z. B. Nr. 27–33).
Lenaugasse: Typische Miethäuser des Vormärz (Nr. 2–18; 1839–41).
Lerchenfelder Straße: Gründerzeitlich verbaut, Bezirksgrenze.

Kirchen
Breitenfelder Pfarrkirche (Uhlpl.): Erbaut 1893–98 von Alexander Wielemans und Viktor Luntz in Formen lombardischer Frührenaissance. Wielemans erbaute auch den Justizpalast (1875–81) am Schmerlingplatz.
Minoritenkirche (›Alser Kirche‹, Alser Str. 17): Erbaut 1695–1702 für die Trinitarier (Weißspanier), seit 1784 in Verwendung der Minoriten; klassischer Bau des Frühbarock mit zweitürmiger Fassade, Zentrum der Antoniusverehrung, Trinitariergruft, Einseg-

nung des verstorbenen Ludwig van Beethoven.
Piaristenkirche (›Maria Treu‹, Jodok-Fink-Pl.; Abb. 36): S. 123 und 137 f.; an der Orgel musizierten Anton Bruckner und Franz Liszt. Vor der Kirche Mariensäule (1713).

Profanbauten
Alte Backstube (Lange Gasse 35): Eines der schönsten barocken Bürgerhäuser der ehemaligen Vorstädte, erbaut 1697, historische Bäckerei museal gestaltet.
Ehemaliges Gartenpalais Schönborn (Laudong. 15–19, heute Volkskundemuseum): Erbaut um 1706–14 von Johann Lukas von Hildebrandt für den Reichsvizekanzler Friedrich Karl Graf Schönborn; Hildebrandt baute für die Familie auch deren Stadtpalais (1, Renng. 4) sowie Schloß Pommersfelden bei Würzburg.
Haus der Bäckerinnung (Florianig. 13): Erbaut 1766 (Vordertrakt), im Hof Bäckerkreuz; gotische Wegsäule (Anfang 16. Jh.).
Landesgerichtsgebäude (Landesgerichtsstr. 9A–11): Erbaut 1831–39 von Johann Fischer (beeinflußt von Pietro Nobile).
Ehemaliges Militärgeographisches Institut (Friedrich-Schmidt-Pl. 3): Erbaut 1840–42 von Franz von Mayern.
Palais Auersperg (Auerspergstr. 1; Abb. 82): Barockes Gartenpalais am Rande der ehemaligen Vorstadt Josefstadt; vgl. S. 116.
Ehemaliges Palais Strozzi (Josefstädter Str. 39): Sommerpalais von Maria Katharina Gräfin Strozzi, erbaut um 1700–1704, vielleicht von Johann Lukas von Hildebrandt, 1716 im Besitz des Erzbischofs von Valencia.
Theater in der Josefstadt (Josefstädter Str. 26): Gegr. 1778, bedeutendstes Privattheater Wiens, 1822 durch Josef Kornhäusel um-

gebaut; Blütezeit unter Max Reinhardt, der 1924 die angrenzenden Sträusselsäle renovieren ließ.

Brunnen

Isisbrunnen (Albertpl.): Einziger gußeiserner Brunnen Wiens, errichtet 1833, ursprünglich Auslaufbrunnen der Albertinischen Wasserleitung (1804) aus dem Wiental.

Berühmte Bewohner

Ludwig van Beethoven, Komponist (Auerspergstr. 3, Wohnhaus 1819/20).
Edmund Eysler, Komponist (Zeltg. 14, Sterbehaus).
Friedrich Hebbel, Dichter (Lenaug. 2, Wohnhaus 1846–48).
Anton Schikaneder, Theaterdichter (Florianig. 10, Wohn- und Sterbehaus).
Anton Wildgans, Dichter (Lenaug. 19, Wohnaus 1893–1905).

9. Bezirk (Alsergrund)

Straßen

Alser Straße: Bezirksgrenze, nördlich davon Klinik- und Ärzteviertel; von gründerzeitlichen Bauten dominiert.
Währinger Straße: Beiderseits gründerzeitliche Viertel, durchsetzt mit Palais, Universitätsinstituten und Resten vormärzlicher Verbauung.

Kirchen

Lichtentaler Pfarrkirche (›Zu den hl. 14 Nothelfern‹, Marktg. 40): Erbaut 1712–18, durch Josef Ritter und Thaddäus Adam Karner 1769–73 in die heutige Gestalt gebracht, bedeutsame Innenausstattung (Hochaltar von Ferdinand Hetzendorf von Hohenberg, Gemälde von Leopold Kupelwieser), Taufkirche Franz Schuberts.
Servitenkirche (Serviteng. bei 9): Klassisches Bauwerk des Frühbarock mit dem ersten barocken Ovalraum auf Wiener Boden, Zentrum der Peregrin-Verehrung; s. a. S. 82.
Votivkirche (Rooseveltpl.; Abb. 23, 92): S. 188f.
Waisenhauskirche (›Zur hl. Maria de Mercede‹, Boltzmanng. bei 9): Erbaut 1722/23 nach Entwurf von Anton Ospel, ursprünglich barock, später klassizistisch vereinfacht (vollendet erst 1821); angeschlossen das Erzbischöfliche Priesterseminar (erbaut 1913/14).

Profanbauten

Allgemeines Krankenhaus (Alser Str. 4): Hervorgegangen aus einem von Lepold I. 1693 begonnenen und von Karl VI. 1733 vollendeten Großarmenhaus, eröffnet unter Joseph II. 1784. Erweiterungen unter Franz II. (8. und 9. Hof) und durch die ›Neuen Kliniken‹ (jenseits der Spitalgasse) seit 1904, Neubau des Allgemeinen Krankenhauses (Lazarettgasse 14) seit 1964. Wirkungsstätte der bedeutendsten Ärzte der 2. Wiener Medizinischen Schule und der Gegenwart (u. a. Billroth, Rokitansky, Schuh, Skoda; Fellinger, Schönbauer, Wagner-Jauregg usw.).
Clam-Gallas-Palais (Währinger Str. 30): Klassizistisches Palais, erbaut 1834/35 von Heinrich Koch.
Josephinum (Währinger Str. 25): Erbaut 1783–85 von Isidor Canevale (sein Hauptwerk in Wien), s. a. S. 155f.; weltberühmte Sammlung anatomisch-geburtshilflicher Wachspräparate; im Ehrenhof Hygieia-Brunnen (Johann Martin Fischer, 1787).
Ehemalige Konsularakademie (Boltzmanng. 16): Erbaut 1903/04 von Ludwig

Baumann, neobarock; seit 1947 Botschaft der Vereinigten Staaten.
Liechtensteinpalais (Fürsteng. 2): S. 113.
Oesterreichische Nationalbank (Otto-Wagner-Pl. 3): Entwurf 1913 von Leopold Bauer (Schüler Otto Wagners), Ausführung 1918–25, letzter großer spätklassizistischer Monumentalbau Wiens.
Otto-Wagner-Ensemble (Harmonieg. 1–9, 2–10): Erbaut 1864, ein Frühwerk des Architekten (1841–1918).
Otto-Wagner-Haus (Universitätsstr. 12): Erbaut 1888, markante Lisenen an der Fassadenfront.
Roßauer Kaserne (Schlickpl. 6): Erbaut 1865–69 im Zuge eines nach der Revolution von 1848 in Angriff genommenen Kasernenbauprogramms zum Schutze der Innenstadt (das Pendant am Stubenring, die ›Franz-Josephs-Kaserne‹, 1900/01 demoliert, danach Bau der Postsparkasse durch Otto Wagner), mächtiger Rohziegelbau im Windsorstil.
Strudlhofstiege (Verbindung Liechtensteinstr.–Strudlhofg.): Errichtet 1910 durch Theodor Jaeger, weltberühmt geworden durch den gleichnamigen Roman von Heimito von Doderer (1951).
Volksoper (Währinger Str. 78): Erbaut 1898 von Franz von Krauß und Alexander Graf als ›Kaiser-Jubiläums-Stadttheater‹; Heimstätte der leichten Oper und Operette.

Berühmte Bewohner
Ludwig van Beethoven (Schwarzspanierstr. 15, Sterbehaus, nur Gedenktafel am Neubau!).
Anton Bruckner (Währinger Str. 41, Wohnhaus 1868–76).
Heimito von Doderer (Währinger Str. 50, Wohnhaus 1956–66, Gedenkraum Währinger Str. 43).
Sigmund Freud (Bergg. 19, Gedenkstätte).
Friedrich Hebbel (Liechtensteinstr. 13, Sterbehaus).
Franz Schubert (Nußdorfer Str. 54, Geburtshaus, Museum; Säuleng. 3, Schulhaus).

Die Umgebung Wiens

Auskünfte und Prospekte

Alle gewünschten Auskünfte erteilen:
Österreichische Fremdenverkehrswerbung
Rilkeplatz 5 (= Margaretenstr. 1)
A-1040 Wien 4 (Außenstellen in der Bundesrepublik Deutschland s. S. 334)

Fremdenverkehrswerbung für Niederösterreich
Strauchgasse 1–3, A-1014 Wien 1
Niederösterreichische Bettenzentrale
Paulanergasse 11, A-1041 Wien 4
Fremdenverkehrsabteilung des Amtes der Burgenländischen Landesregierung
Landhaus, A-7001 Eisenstadt

Landesfremdenverkehrsverband für das Burgenland
Schloß Esterházy, A-7000 Eisenstadt
Fremdenverkehrsbüro der Landeshauptstadt Eisenstadt
Rathaus, Hauptstr. 35
A-7000 Eisenstadt
℡ 0 26 82 / 27 10 (tgl. 11–19 Uhr)

Darüber hinaus informieren die Fremdenverkehrsvereine und Gemeindeämter in den einzelnen Orten. Sie versenden Prospekte, Stadtpläne und Hotelverzeichnisse sowie Veranstaltungskalender.

Ein *kulinarischer Ratgeber für Niederösterreich* wird alljährlich neu herausgegeben und dem Feinschmecker auf Wunsch gerne von der Sektion Fremdenverkehr der Handelskammer Niederösterreich, Herrengasse 10, A-1010 Wien, zugesandt.

Routenvorschläge

Route 1: Die Wachau

Wien – Westautobahn (bei km 58 Abfahrt nach St. Pölten, gut erhaltenes barockes Stadtbild) – 79 km – Melk (Ausflugsmöglichkeit zu dem spätgotischen Flügelaltar in Mauer/Melk, Abb. 132, und zur Schallaburg mit großartigem Renaissance-Arkadenhof, Abb. 131) – Donaubrücke – Emmersdorf – 17 km – Spitz – 6 km – Weißenkirchen – 6 km – Dürnstein – 5 km – Krems (Ausflugsmöglichkeiten zum Stift Göttweig und über das reizvolle Hadersdorf in die Weinstadt Langenlois) – Schnellstraße (90 km) – Wien.

Museen und Ausstellungen
Benediktinerstift Melk. Führungen täglich um 9, 10, 11, 14, 15 und 17 Uhr, an Sonn- und Feiertagen erst ab 10 Uhr.
Schiffahrtsmuseum im Schloß Erlahof in Spitz an der Donau. (1. April bis 1. November, täglich, außer Montag, von 10–12 Uhr und von 14–16 Uhr).
Wachaumuseum im Teisenhoferhof in Weißenkirchen. (1. April bis 31. Okt., täglich, außer Montag, von 10–17 Uhr).
Historisches Stadt- und Weinmuseum in Krems an der Donau (ehemaliges Dominikanerkloster). Von April bis Oktober von Dienstag bis Samstag von 9–12 u. 14–17 Uhr, an Sonntagen von 9–12 Uhr geöffnet.

Route 2: Stift Klosterneuburg

Wien – 13 km – Klosterneuburg – 2 km – Weidling – auf der Höhenstraße über den Kahlenberg (484 m, mit herrlichem Blick über Wien) in die Stadt zurück.
Sehenswürdigkeit
Augustiner-Chorherrenstift Klosterneuburg. Führungen von 9–12 Uhr und ab 13.30 Uhr nach Bedarf bis Einbruch der Dunkelheit.

Route 3: Die Marchfeldschlösser

Wien – 11 km – Aspern – 10 km – Burg Sachsengang – 9 km – Schloß Orth – 9 km – Schloß Eckartsau – 10 km – Schloß Niederweiden – 4 km – Schloßhof – 8 km – Marchegg – 16 km – Obersiebenbrunn – 13 km – Deutsch-Wagram – 19 km – Wien.
Museen und Ausstellungen
Fischereimuseum im Schloß Orth an der Donau mit Sonderausstellungen. (Mitte April bis Mitte November täglich 9–18 Uhr geöffnet.)

Heimatmuseum für Orth an der Donau und Umgebung im Schloß Orth.

Schloß Eckartsau. Führungen vom 15. März bis 15. November an Samstagen und Sonntagen von 8–11 und 13–15 Uhr zu jeder vollen Stunde.

Niederösterreichisches Jagdmuseum im Schloß Marchegg. Mitte März bis Ende November täglich, außer Montag, 9–12 u. 13–17 Uhr geöffnet.

Heimatmuseum in Deutsch-Wagram (Erinnerungen an 1809) Bahnhofstraße (geöffnet vom 1. April bis 31. Oktober am 1., 3. und 5. Sonntag des Monats von 10 bis 12 Uhr, am 2. und 4. Sonntag von 15 bis 17 Uhr, an Feiertagen geschlossen).

Route 4: Die Kulturstraße im Wiener Wald

Wien – Rodaun – Perchtoldsdorf – Maria Enzersdorf – 16 km – Mödling – 5 km – Hinterbrühl – 5 km – Gaaden – 6 km – Heiligenkreuz – 4 km – Mayerling – 15 km – Baden – 25 km – Wien.

Museen und Ausstellungen

Osmanen-Museum im Rathaus von Perchtoldsdorf (Marktplatz 10), geöffnet von April bis Oktober an Samstagen, Sonn- und Feiertagen von 10–16 Uhr.

Beethoven-Gedenkstätte, Mödling, (Hauptstraße 79). So 9–12 Uhr geöffnet.

Ferdinand Raimund-Gedenkstätte, Gaaden (Heiligenkreuzer Straße 1). Täglich von 9–18 Uhr geöffnet.

Stift Heiligenkreuz. Führungen an Werktagen von 8–11 Uhr und von 13.30 bis 17.30 Uhr stündlich, an Sonn- und Feiertagen ab 13.30–17.30 Uhr halbstündlich.

Burg Liechtenstein bei Maria Enzersdorf. An Werktagen von 9–15 Uhr und am Wochenende 10–16 Uhr.

Städtisches Rollet-Museum in Baden bei Wien (Weikendorferplatz 1). Prähistorische Funde, Herbarium und Gallsche Schädelsammlung. Geöffnet von Anfang Mai bis Mitte Oktober: Mittwoch und Samstag von 15–18 Uhr, Sonntag 9–12 Uhr.

Beethoven-Gedenkstätte, Baden (Rathausgasse 10). Dienstags und samstags von 15–17 und Donnerstag von 9–11 Uhr.

Ausflugsziele

Seegrotte in der Hinterbrühl (ehem. Gipsbergwerk mit unterirdischem See).

Naturpark Sparbach im Wiener Wald (ganzjährig ab 9 Uhr bis Einbruch der Dunkelheit geöffnet).

Tropfsteinhöhle in Alland (Samstag und Sonntag von 8–12 Uhr und von 13 bis 17 Uhr geöffnet).

Route 5: Im Süden von Wien

Wien – Südautobahn (54 km) – Wiener Neustadt – Neunkirchner Allee (15 km) – Neunkirchen – 14 km – Gloggnitz – 15 km – Semmering – 98 km – Wien.

Museen und Ausstellungen

Stadtmuseum in Wiener Neustadt (Wiener Straße 63, ehem. Vorstadtkirche), geöffnet von April bis Oktober am Mittwoch und Freitag von 14–16 Uhr und am Sonntag von 9–12 Uhr.

Wiener Neustädter Burg, Georgskapelle: Begräbnisstätte Kaiser Maximilians I., des letzten Ritters, † 1519. (Besuch nach Anmeldung beim Kommando der Militärakademie.)

Naturparke

Naturpark Hohe Wand mit Aussichtswarte auf dem Bromberg (1061 m) und Wildgehege; Mautstraße von Stollhof auf die Hohe Wand.

Naturpark in Schwarzau im Gebirge.

Alpengarten auf der Rax (Ottohaus).
Zahnradbahn
Puchberg auf Hochschneeberg (1795 m).
Seilbahn
Hirschwang bei Reichenau auf Raxalpe (1545 m).
Sessellifte
Doppelsesselbahn von Losenheim auf die Sparbacher Hütte.
Puchberg am Schneeberg auf den Himberg (922 m).
Maria Schutz auf den Sonnwendstein (1580 m).
Semmering a. d. Hirschenkogel (1322 m).

Route 6: Schloß Laxenburg
Von der Staatsoper über die Wiedner Hauptstraße in die Favoritenstraße, die sich jenseits der Südbahntrasse in die Laxenburger Straße fortsetzt. In der Folge durch die unter Kaiser Leopold I. angelegte Allee über Inzersdorf und Biedermannsdorf nach Laxenburg. Rückfahrt über die Südautobahn (Gesamtroute ca. 40 km).
Museum
Franzensburg im Schloßpark von Laxenburg. Ostern bis Ende Oktober täglich von 8–18 Uhr geöffnet (Besichtigung nur mit Führung).

Route 7: Das Pompeji vor den Toren Wiens
Wien – 12 km – Schwechat – 10 km – Fischamend – 20 km – Petronell (Römische Ausgrabungen der Zivilstadt: Heidentor, Amphitheater, Palastruine, Wohnhäuser. Möglichkeit zu einem Besuch des Geburtshauses von Joseph Haydn im nahegelegenen Rohrau) – 4 km – Bad Deutsch-Altenburg (Römisches Museum Carnuntinum) – 3 km – Hainburg (lohnende Fahrt auf den Braunsberg mit Blick über die Donauauen auf Bratislava/Preßburg und die Ruine Theben) – 49 km – Wien.
Museen und Ausstellungen
Römische Ausgrabungen in Petronell (täglich von 9–17 Uhr).
Donaumuseum im Schloß Petronell (April bis Mitte November täglich, außer Montag, von 10–17 Uhr geöffnet).
Afrika-Museum im Schloß Ludwigsdorff in Bad Deutsch-Altenburg (1. April bis 15. November täglich, außer Montag, von 9–17 Uhr geöffnet).
Museum Carnuntinum (Römische Funde aus Carnuntum), *Bad Deutsch-Altenburg* (ganzjährig, auß. Montag, von 10–17 Uhr geöffnet).
Geburtshaus von Joseph Haydn in Rohrau an der Leitha (bei Petronell). Täglich, außer Montag, von 10–17 Uhr geöffnet.
Schloß Rohrau mit der Graf Harrachschen Gemäldegalerie (Familiensammlung bedeutender Gemälde der neapolitanischen, spanischen, römischen und niederländischen Schule des 17. und 18. Jhs.). Geöffnet vom 15. März bis 15. November täglich, außer Montag, von 10–17 Uhr.

Route 8: Ausflug ins Burgenland
Wien – 31 km – Ebreichsdorf – 21 km – Eisenstadt – Trausdorf (reizvolles Ortsbild!) – 10 km – St. Margarethen (Römersteinbruch) – 4 km – Rust – 6 km – Mörbisch – 20 km – Purbach – 5 km – Breitenbrunn – 6 km – Jois – 18 km – Schloß Halbturn – 9 km – Frauenkirchen – 6 km – St. Andrä im Seewinkel – 8 km – Wallern – 10 km – Apetlon – 3 km – Illmitz (Gelegenheit zu einer Fahrt mit einem Pferdewagen zu den ›Salzlacken‹) – 12 km – Podersdorf am Neusiedler See – 64 km – Wien.

Museen und Ausstellungen
Burgenländisches Landesmuseum, Eisen-stadt (Museumsgasse 5), täglich, außer Montag, von 9–12 und 13–17 Uhr geöffnet.
Burgenländische Landesgalerie im Schloß Esterházy in Eisenstadt. Dienstag bis Samstag von 10–12 Uhr und von 13–17 Uhr, Sonn- und Feiertag 13–17 Uhr (fallweise Sonderausstellungen).
Schloß Esterházy in Eisenstadt (Haydnsaal, Schloßkapelle, Prunkräume). Täglich von 9–16.30 Uhr. Nur mit Führung zugänglich.
Haydn-Museum Eisenstadt (Haydngasse 21). Ostern bis Ende Oktober von 9–12 Uhr und von 13–17 Uhr geöffnet.
Österreichisches Jüdisches Museum in Eisen-stadt (Unterbergstraße 6). Mai bis Oktober tägl., November bis April bei Anmeldung im Institut für Judaistik der Universität Wien, 9, Ferstelgasse 6, ✆ 4300/2502, 2555. Führungen möglich.
Kalvarienberg und Bergkirche (Haydn-Mausoleum) in Eisenstadt. Zugänglich täglich von 10–12 Uhr und 14–17 Uhr.
Burgenländisches Feuerwehrmuseum Eisen-stadt (Leithabergstraße 41). Montag bis Freitag von 9–12 und 13–16 Uhr geöffnet.
Diözesanmuseum Eisenstadt (Haydnstraße 31). Dienstag bis Donnerstag und Sonntag 9.30–13 Uhr, Freitag und Samstag 9.30–16 Uhr geöffnet.
Turmmuseum Breitenbrunn. Geöffnet Ostern bis Ende Oktober täglich, außer Montag von 9–12 Uhr und von 13–17 Uhr.
Schloßmuseum Halbturn. Wechselausstellungen von Mai bis Oktober täglich von 9.30–17.30 Uhr.
Pannonisches Heimatmuseum Neusiedl am See (Kalvarienbergstraße 40). Dienstag bis Samstag 16–19.30 Uhr, Sonn- und Feiertag 10–12 Uhr und 15.30–19.30 Uhr.

Seemuseum Neusiedl am See. Geöffnet von Ostern bis Ende Oktober täglich von 9–12 Uhr und von 13–17 Uhr.
Heimathaus Mörbisch (Hauptstraße 55). Geöffnet von Ostern bis Ende Oktober täglich von 9–12 Uhr und von 13–17 Uhr
Bärenhöhle bei Winden am See. Jedermann frei zugänglich.
Naturkundliches Museum Rust (Am Hafen 2). Von April bis Mitte November ganztägig geöffnet.
Windmühle Podersdorf am See. Führungen täglich 17–19 Uhr.

Route 9: Weinviertel – Kamptal

Wien – 30 km – Stockerau – 14 km – Göllers-dorf (bedeutende Bauten von J. L. von Hildebrandt: Schloß Schönborn, Johannes-Nepomuk-Kapelle, Pfarrkirche, Spitalskirche) – 13,5 km – Schöngrabern (spätromanische Kirche mit bemerkenswerter Bauplastik, um 1220) – 6 km – Guntersdorf (Renaissanceschloß mit malerischem Arkadenhof) – 16 km – Retz (reizvolle alte Weinstadt) – 10,5 km – Pulkau (spätgotischer Flügelaltar) – 20 km – Horn (kultureller und wirtschaftlicher Mittelpunkt des östlichen Waldviertels) – 6 km – Benediktinerstift Altenburg (Barockfresken in Stiftskirche, Bibliothek und Kaiserstiege von Paul Troger) – 5 km – Schloß Rosenburg (romantische Lage auf Felsnase über dem Kamptal) – Fahrt durch das landschaftlich anziehende Kamptal (26 km) in die Weinstadt Langenlois – Schnellstraße (82 km) – Wien
Museen und Ausstellungen
Historische Kelleranlagen in Retz. Führungen ab Rathaus, an Sonn- und Feiertagen: 10, 11, 14 und 15 Uhr. Mit Weinkostprobe!
Höbarth-Museum in Horn (Urgeschichte, Volkskunde, Stadtgeschichte). Anfang

April bis Ende Oktober täglich außer Montag von 9–12 Uhr und von 14–17 Uhr geöffnet.

Krahuletz-Museum in Eggenburg (Geologische, urgeschichtliche und volkskundliche Sammlungen). Täglich von 9–11 Uhr und von 14–16 Uhr geöffnet.

Schloß Rosenburg am Kamp. Täglich außer Freitag von 9–17 Uhr (in den Wintermonaten von 10–16 Uhr). Nur mit Führung zu besichtigen!

Bitte beachten Sie, daß sich bei Telefonnummern und Öffnungszeiten Änderungen ergeben können.

Literaturverzeichnis

Wien

Zusammenfassende Darstellungen

Geschichte und Topographie:
Peter Csendes, Geschichte Wiens, Wien 1981
Felix Czeike, Geschichte der Stadt Wien, Wien–München–Zürich–New York 1981
Felix Czeike, Das Große Groner Wien-Lexikon, Wien–München–Zürich 1974
Felix Czeike, Wien und seine Bürgermeister. Sieben Jahrhunderte Wiener Stadtgeschichte, Wien–München 1974
Erwin Schmidt, Wiener Stadtgeschichte, Wien–München ³1978

Bezirke:
Wiener Bezirkskulturführer, Wien–München 1979 ff. (nach Adressen geordnet, Sehenswürdigkeiten detailreich erläutert): Felix Czeike: Bezirke 1 (Innere Stadt, mit bes. Berücksichtigung von Ringstraße, Hofburg und Stephansdom), 2 (Leopoldstadt), 3 (Landstraße), 4 (Wieden), 6 (Mariahilf), 8 (Josefstadt), 9 (Alsergrund), 11 (Simmering), 13 (mit bes. Berücksichtigung von Schönbrunn), 14 (Penzing), 15 (Rudolfsheim-Fünfhaus), 16 (Ottakring), 20 (Brittenau), 21 (Floridsdorf)
Helmut Kretschmer: Bezirke 17 (Hernals), 18 (Währing), 19 (Döbling)
Wolfgang Meyer: Bezirke 5 (Margareten), 7 (Neubau), 12 (Meidling)
Ferdinand Opll: Bezirk 23 (Liesing)

Herbert Tschulk: Bezirk 10 (Favoriten)
Edith Müllbauer: Bezirk 22 (Donaustadt)
Godehard Schwarz: Wertheimsteinvilla, Grinzing

Kunstgeschichte:
Felix Czeike, Wien. Kunst & Kultur-Lexikon, München 1976
Dehio-Handbuch. Die Kunstdenkmäler Österreichs: Wien (Hrsg. Bundesdenkmalamt, Institut für österreichische Kunstforschung), Wien–München ⁶1973
Rupert Feuchtmüller, Kunst in Österreich, 2 Bände, Wien–Hannover–Basel 1972

Historische Bildbände:
Wladimir Aichelburg, K.k. Wiener Bilder. Die Hauptstadt Österreich-Ungarns in alten Photographien, Wien 1979
Felix Czeike, Wien – Geschichte in Bilddokumenten. München 1984
Felix Czeike, Unbekanntes Wien. 1870–1920, Luzern–Frankfurt/M. 1979
Felix Czeike, Wien in alten Ansichtskarten. Innere Stadt, Zaltbommel 1982
Günter Düriegl, Wien auf alten Photographien, Wien–München 1981
Franz Hubmann, Die gute alte Zeit. Alte Photographien aus Wien, Salzburg 1967

Bildbände:
Ernst Hausner, Wien. Das Buch zum Kennenlernen und Erinnern, Wien–München 1975

Reinhardt Hootz (Hrsg.), Wien. Ein Bildhandbuch (Kunstdenkmäler in Österreich, 1), München–Berlin 1968

Robert Löbl, Wien in Farben, Innsbruck–Wien–München 1975

Plan:
freytag & berndt, Buchplan Wien 84/85, 1:20000, Wien 1984

Einzelne Zeitabschnitte

Römerzeit:
Ortolf Harl, Vindobona. Das römische Wien, Wien–Hamburg 1979

Romanik:
Peter Baldass, Walther Buchowiecki, Wilhelm Mrazek, Romanische Kunst in Österreich, Wien 1962

Richard Kurt Donin (Hrsg.), Geschichte der bildenden Kunst in Wien, 1, Von der Urzeit bis zur Romanik, Wien 1944

Romanische Kunst in Österreich, Ausstellungskatalog, Krems 1964

Gotik:
Peter Baldass, Walther Buchowiecki, Rupert Feuchtmüller, Wilhelm Mrazek, Gotik in Österreich, Wien 1961

Richard Kurt Donin (Hrsg.), Geschichte der bildenden Kunst in Wien, 2, Gotik, Wien 1955

Europäische Kunst um 1400, Ausstellungskatalog, Wien 1962

Gotik in Österreich, Ausstellungskatalog, Krems 1967

Die Kunst der Donauschule, Linz 1965

Renaissance:
Peter Baldass – Rupert Feuchtmüller – Wilhelm Mrazek, Renaissance in Österreich, Wien 1966

Hedwig Gollob, Die Renaissance in Wien, Wien 1954

Maximilian I., Ausstellungskatalog, Innsbruck 1969

Barock und Rokoko:
Bruno Grimschitz, Johann Lucas von Hildebrandt, Wien 1959

Bruno Grimschitz – Rupert Feuchtmüller – Wilhelm Mrazek, Barock in Österreich, Wien ³1965

Fred Hennings, Das barocke Wien, 2 Teile, Wien–München 1965

Fred Hennings, Das josephinische Wien, Wien–München 1966

Walter Koschatzky (Hrsg.), Maria Theresia und ihre Zeit, Salzburg 1979

Hanns Leo Mikoletzky, Österreich – das große 18. Jahrhundert. Von Leopold I. bis Leopold II., Wien 1967

Gerda und Gottfried Mraz, Maria Theresia. Ihr Leben und ihre Zeit in Bildern und Dokumenten, München 1979

Hans Sedlmayr, Johann Bernhard Fischer von Erlach, Wien ²1976

Renate Wagner-Rieger, Das Wiener Bürgerhaus des Barock und Klassizismus, Wien 1957

Thomas Zacharias, Joseph Emanuel Fischer von Erlach, Wien 1960

19. Jahrhundert
Hellmut Andics, Gründerzeit. Das Schwarzgelbe Wien bis 1867, Wien–München 1981

Hans Aurenhammer, Anton Dominik Fernkorn, Wien 1959

Renate Banik-Schweitzer – Gerhard Meißl, Industriestadt Wien, Wien 1983

Hans Bobek – Elisabeth Lichtenberger, Wien. Bauliche Gestalt seit der Mitte des 19. Jahrhunderts, Graz–Köln 1966

Felix Czeike (Hrsg.), Wien in der liberalen Ära, Wien–München 1978

Felix Czeike (Hrsg.), Wien im Vormärz, Wien–München 1980

Rupert Feuchtmüller – Wilhelm Mrazek, Biedermeier in Österreich, Wien 1963

Rupert Feuchtmüller – Wilhelm Mrazek, Kunst in Österreich 1860–1918, Wien 1964

Fred Hennings, Fast hundert Jahre. Rudolf von Alt 1812–1905, Wien–München 1967

Fred Hennings, Ringstraßen–Symphonie, 3 Bände, Wien–München 1963/64

Historismus und bildende Kunst. Studien zur Kunst des 19. Jahrhunderts, 1, München 1965

Elisabeth Lichtenberger, Die Wiener Altstadt. Von der mittelalterlichen Bürgerstadt zur City, Wien 1977

Hanns Leo Mikoletzky, Österreich. Das entscheidende 19. Jahrhundert, Wien 1972

Renate Wagner-Rieger, Wiens Architektur im 19. Jahrhundert, Wien 1970.

Renate Wagner-Rieger (Hrsg.), Die Wiener Ringstraße – Bild einer Epoche. Die Erweiterung der Inneren Stadt Wien unter Kaiser Franz Joseph, Wien–Köln–Graz bzw. Wiesbaden 1969 ff.:

I: Das Kunstwerk im Bild, Wien–Köln–Graz 1969

II: Elisabeth Springer, Geschichte und Kulturleben der Wiener Ringstraße, Wiesbaden 1979

III: Rudolf Wurzer, Die Wiener Ringstraße. Städtebauliche Planung und Verwirklichung, Text- und Kartenband, Wiesbaden 1979

IV: Alois Kieslinger, Die Steine der Wiener Ringstraße, Wiesbaden 1972

V: Franz Baltzarek, Alfred Hoffmann, Hannes Stekl, Wirtschaft und Gesellschaft der Wiener Stadterweiterung, Wiesbaden 1975

VI: Elisabeth Lichtenberger, Wirtschaftsfunktion und Sozialstruktur der Wiener Ringstraße, Wien–Köln–Graz 1970

VII: Klaus Eggert, Der Wohnbau der Wiener Ringstraße im Historismus 1855 bis 1896, Wiesbaden 1976

VIII/1: Hans-Christoph Hoffmann, Walter Krause, Werner Kitlitschka, Das Wiener Opernhaus, Wiesbaden 1972

VIII/2: Ulrike Planner-Steiner, Klaus Eggert, Friedrich von Schmidt / Gottfried Semper / Carl von Hasenauer, Wiesbaden 1978

VIII/3: Norbert Wibiral, Renata Mikula, Heinrich von Ferstel, Wiesbaden 1974

VIII/4: Renate Wagner-Rieger, Mara Reissberger, Theophil von Hansen, Wiesbaden 1980

IX/1: Gerhardt Kapner, Ringstraßendenkmäler, Wiesbaden 1973

IX/2: Maria Pötzl-Malikova, Die Plastik der Ringstraße 1890–1918, Wiesbaden 1976

IX/3: Walter Krause, Die Plastik der Wiener Ringstraße. Von der Spätromantik bis zur Wende um 1900, Wiesbaden 1980

X: Werner Kitlitschka, Die Malerei der Wiener Ringstraße, Wiesbaden 1981

XI: Manfred Wehdorn, Die Bautechnik der Wiener Ringstraße, Wiesbaden 1979

20. Jahrhundert:

Otto Breicha – Gerhard Fritsch (Hrsg.), Finale und Auftakt. Wien 1898–1914. Literatur, Bildende Kunst, Musik, Salzburg 1964

Felix Czeike, Wirtschafts- und Sozialpolitik der Gemeinde Wien 1918–1934, Wiener Schriften, 6 und 11, Wien–München 1958/59

Günther Feuerstein – Heribert Hutter – Ernst Köller – Wilhelm Mrazek, Moderne Kunst in Österreich, Wien–Hannover–Bern 1965

Heinz Geretsegger – Max Peintner – Otto Wagner. Unbegrenzte Großstadt, Beginn der modernen Architektur, Salzburg 1964

Hansjörg Graf (Hrsg.), Der kleine Salon. Geschichte des Wiener Fin de siècle, Stuttgart 1970

Fred Hennings, Solange er lebt. Aus dem Wien der Jahrhundertwende, 5 Bde., Wien–München 1968 ff.

Hanns Leo Mikoletzky, Österreichische Zeitgeschichte. Vom Ende der Monarchie bis zum Abschluß des Staatsvertrages 1955, Wien–München ²1964

Werner J. Schweiger, Wiener Werkstätte. Kunst und Handwerk 1903–1932, Wien 1982

Maren Seliger, Sozialdemokratie und Kommunalpolitik in Wien, Wiener Schriften 49, Wien – München 1980

Ottokar Uhl, Moderne Architektur in Wien. Von Otto Wagner bis heute, Wien–München 1966

Robert Waissenberger, Die Wiener Secession, Wien 1971

Straßen, Plätze, Einzelobjekte

Wiener Geschichtsbücher, Wien–Hamburg 1970 ff.:

1 Franz Gall, Die Alte Universität
2 Peter Pötschner, Das Schwarzspanierhaus
3 Richard Perger, Der Hohe Markt
4 Felix Czeike, Der Neue Markt
5 Harry Kühnel, Die Hofburg
6 Hertha Wohlrab, Die Freyung
7 Klaus Eggert, Die Ringstraße
8 Adalbert Klaar, Die Siedlungsformen Wiens
9 Walter Hummelberger, Das Bürgerliche Zeughaus
10 Felix Czeike, Der Graben
11 Floridus Röhrig, Klosterneuburg
12 Felix Czeike, Das Rathaus
13 Cölestin Roman Rapf, Das Schottenstift
14 Walter Hummelberger – Kurt Peball, Die Befestigungen Wiens
15 Hertha Ladenbauer-Orel, Der Berghof
16 Felix Czeike, Die Kärntner Straße

17 Rupert Feuchtmüller, Das Neugebäude

18 Géza Hajós, Schönbrunn

19/20 Richard Perger – Walther Brauneis, Die mittelalterlichen Kirchen und Klöster Wiens

21/22 Ortolf Harl, Vindobona. Das römische Wien

23 Bertrand Michael Buchmann, Der Prater

24 Grete Mecenseffy, Hermann Rassl, Die Evangelischen Kirchen Wiens

25 Else Spiesberger, Das Freihaus

26/27 Marlene Zykan, Der Stephansdom

28 Rupert Feuchtmüller, Die Herrengasse

29 Eckart Vancsa, Der Karlsplatz

30/31/32 Verena Keil-Budischowsky, Die Theater Wiens

33 Adam Wandruszka und Mariella Reininghaus, Der Ballhausplatz

Hans und Gertrude Aurenhammer, Das Belvedere in Wien, Wien 1971

Felix Czeike – Ulrike Planner-Steiner – Karlheinz Roschitz – Erich Lessing, Das Wiener Rathausbuch, Wien–München 1982

Felix Czeike, Das Dorotheum. Vom Versatz- und Fragamt zum modernen Auktionshaus, Wien–München 1982

Kurt Eigl – Peter Kodera, Die Hofburg in Wien, Wien 1977

Kurt Eigl – Franz Hubmann, Schönbrunn. Ein Schloß und seine Welt, Wien–München 1980

Heinrich Ferenczy, Das Schottenstift und seine Kunstwerke, Wien 1980

Rupert Feuchtmüller – Peter Kodera, Der Wiener Stephansdom, Wien 1978

Rupert Feuchtmüller, Das niederösterreichische Landhaus, Wien 1949

Georg Kugler – Gerhard Trumler, Schönbrunn, Wien 1980

Beppo Mauhart (Hrsg.), Das Winterpalais des Prinzen Eugen von Savoyen, Wien 1979

Das Kunsthistorische Museum in Wien, Salzburg-Wien 1978

Das Naturhistorische Museum in Wien, Salzburg-Wien 1979

Walter Wagner, Die Geschichte der Akademie der bildenden Künste in Wien, Wien 1967

Renate Wagner-Rieger, Das Haus der Österreichischen Akademie der Wissenschaften, Wien 1972

Robert Waissenberger, Bewahrte Geschichte. Die städtischen Museen Wiens, Wien–München 1979

Sachgebiete:

Kurt Dieman, Schrammelmusik, Graz–Wien–Köln 1981

Hans Handler – Erich Lessing, Die Spanische Hofreitschule zu Wien, Wien–München 1972

Bartel F. Sinhuber, Das große Buch vom Wiener Heurigen, Wien 1980

Hans Weigel – Christian Brandstätter – Werner J. Schweiger, Das Wiener Kaffeehaus, Wien–München–Zürich ²1979

Umgebung

Niederösterreich

Christian Brandstätter (Hrsg.), Niederösterreich (mit Fotos von Franz Hubmann, einem Essay von Jeannie Ebner und Zeichnungen von Karl Korab), Wien–München 1979

Walther Brauneis, Die Umgebungen Wiens, Landschaft und Kunst (mit Fotos von Richard Rösener), Wien–Hamburg 1978

Walther Brauneis, Die Schlösser im Marchfeld, St. Pölten 1981

Walther Brauneis – Wim van der Kallen, Das Thayatal. Landschaft, Geschichte, Kultur, St. Pölten 1983

Dehio-Handbuch, Die Kunstdenkmäler Österreichs – Niederösterreich, Wien 1976 (6. Auflage)

Franz Eppel, Die Wachau. Österreichische Kunstmonographie II, Salzburg 1975 (3. Auflage)

Herbert Fasching, Niederösterreich in Farben, Innsbruck–St. Pölten 1975

Rupert Feuchtmüller, Der Schnitzaltar in Mauer bei Melk (mit Fotos von Eugen Santol), St. Pölten 1975 (3. Auflage)

Rupert Feuchtmüller (Hrsg.), Schloß Schallaburg, St. Pölten 1975 (2. Auflage)

Gertrud Gerhartl, Wiener Neustadt (Niederösterreichischer Kulturführer), Wien–München 1983

Karl Gutkas, Geschichte des Landes Niederösterreich, St. Pölten 1974 (5. Auflage)

Hilger-Flossmann-Fasching, Stift Melk und seine Kunstschätze, St. Pölten 1976

Wolfgang Häusler, Melk und der Dunkelsteinerwald, Wien–München 1978

Wolfgang Häusler, Land zwischen Donau und Schöpfl, Wien–München 1980

Wolfgang Häusler – Wim van der Kallen, Die Wachau – Landschaft, Geschichte, Kultur, St. Pölten 1981

Harry Kühnel, Krems an der Donau, München 1968

Harry Kühnel, Krems in alten Ansichten, St. Pölten 1981

Lechner – Martin, Stift Göttweig und seine Kunstschätze, St. Pölten 1977

Karl Lukan, Das Wienerwaldbuch –Kulturhistorische Wanderungen, Wien–München 1980

Josef Mayer, Geschichte von Wiener Neustadt (Bd. 1–4). Wr. Neustadt 1924

August Obermayr, Die Römerstadt Carnuntum, Wien 1967

Ferdinand Opll, Mödling (Niederösterreichischer Kulturführer), Wien–München 1983

Pia Maria Plechl, Baden bei Wien, Wien 1974

Liselotte Popelka, Marchfeldschlösser, Wien 1959

Floridus Röhrig, Klosterneuburg (Wiener Geschichtsbücher Band 11), Wien–Hamburg 1972

Karlheinz Roschitz – Franz Hubmann, Viertel unter dem Wienerwald –Portrait einer Kulturlandschaft, Wien–München 1977

Karlheinz Roschitz – Franz Hubmann, Viertel ober dem Wienerwald (Westlicher Wienerwald, Mostviertel, Voralpenland), St. Pölten 1979

Gerhard Stenzel (Hrsg.), Niederösterreich, Geschichte und Kultur in Bildern und Dokumenten. Von der Urzeit bis zur Gegenwart, Salzburg 1982

Eduard Vorbeck – Lothar Beckel, Carnuntum – Rom an der Donau, Salzburg 1973

Viktor Wallner, Baden bei Wien – Plauderei über eine Stadt, St. Pölten 1980

Hermann Watzl. Das Stift Heiligenkreuz. Mödling 1962 (4. Auflage)

Peter Weninger, Niederösterreich in alten Ansichten, Salzburg 1975

Franz Würml, Melk – Stadt und Stift, Geschichte und Geschichten, Wien 1977

Walther Franz Ziehensack, Land zwischen Donau und Leitha, Wien–München 1976

Josef Zykan, Laxenburg, Wien 1969

Burgenland

Christian Brandstätter (Hrsg.), Burgenland (mit Fotos von Franz Hubmann und Zeichnungen von Anton Lehmden), Wien–München 1976

Das Buch vom Neusiedler See, Wien 1961

Dehio-Handbuch, Die Kunstdenkmäler Österreichs –Burgenland, Wien 1976

Führer rund um den Neusiedler See, Wien–München 1964

Heinz Löffler, Der Seewinkel, St. Pölten 1982

Alfred Schmeller, Das Burgenland. Österreichische Kunstmonographie III, Salzburg 1974 (3. Auflage)

György Sebestyén, Burgenland, wo sich die Wege kreuzen, Eisenstadt 1975

György Sebestyén, Unterwegs im Burgenland, Eisenstadt 1973

Fotonachweis

Register

381

REGISTER: WIEN

384

Das Burgenland

Land der Störche und der Burgen
Kultur, Landschaft und Geschichte zwischen Ostalpen und Pußta
Von Felix Czeike. Etwa 330 Seiten mit etwa 35 farbigen und etwa 115 einfarbigen Abbildungen, etwa 70 Karten und Zeichnungen, praktischen Reisehinweisen, Glossar und Register
(DuMont Kunst-Reiseführer) Erscheint März 1988

»Richtig reisen«: Graz und die Steiermark

Von Christine Metzger. 309 Seiten mit 50 farbigen und 311 einfarbigen Abbildungen, 7 Karten und Plänen, 39 Seiten praktischen Reisehinweisen, Register

Kärnten und Steiermark

Vom Großglockner zum steirischen Weinland
Geschichte, Kultur und Landschaft ›Innerösterreichs‹
Von Heinz Held. 448 Seiten mit 40 farbigen und 148 einfarbigen Abbildungen, 75 Zeichnungen und Plänen, 12 Seiten praktischen Reisehinweisen, Literaturverzeichnis, Register
(DuMont Kunst-Reiseführer)

Tirol

Nordtirol und Osttirol
Kunstlandschaft und Urlaubsland an Inn und Isel
Von Bernd Fischer. 340 Seiten mit 60 farbigen und 106 einfarbigen Abbildungen, 62 Plänen und Zeichnungen, 11 Seiten praktischen Reisehinweisen, Literaturangaben und Register
(DuMont Kunst-Reiseführer)

Salzburg, Salzkammergut, Oberösterreich

Kunst und Kultur auf einer Reise vom Dachstein bis zum Böhmerwald
Von Werner Dettelbacher. 320 Seiten mit 38 farbigen und 152 einfarbigen Abbildungen, 9 Karten und Stadtplänen, 49 Zeichnungen, 23 Seiten praktischen Reisehinweisen, Register
(DuMont Kunst-Reiseführer)

»Was man an diesem Kunst-Reiseführer besonders zu schätzen weiß, ist der flüssige Stil, der durchaus engagiert von kleinen und großen Kostbarkeiten erzählt, aber dem Leser nie die obligaten Werturteile und vorformulierten Eindrücke mitliefert. Wer das handliche, flexibel gebundene Buch als Cicerone mit sich führt, wird verläßlich mit reicher Ernte heimkehren.«   *Salzburger Nachrichten*

»Richtig reisen«: Wien

Von Eva Bakos. Etwa 300 Seiten mit etwa 40 farbigen und etwa 150 einfarbigen Abbildungen, Karten und Plänen, praktischen Reisehinweisen, Register. Erscheint April 1988

DuMont Kunst-Reiseführer

»Kunst- und kulturgeschichtlich Interessierten sind die DuMont Kunst-Reiseführer unentbehrliche Reisebegleiter geworden. Denn sie vermitteln, Text und Bild meist trefflich kombiniert, fundierte Einführungen in Geschichte und Kultur der jeweiligen Länder oder Städte, und sie erweisen sich gleichzeitig als praktische Führer.« *Süddeutsche Zeitung*

Alle Titel in dieser Reihe:

Alle Bände mit vielen, zum Teil farbigen Abbildungen; dazu Zeichnungen, Karten, Grundrisse, praktische Reisehinweise.

»Richtig reisen«

Wien

Fläche: 414,5 km²
Einwohnerzahl: 1531346 (Volkszählung 1981)

Wien ist als Hauptstadt der Republik und als Bundesland politisches, wirtschaftliches, kulturelles und administratives Zentrum von Österreich.

Wien hat sich wie nur wenige Großstädte organisch entwickelt. Um die ›Stadt‹, wie das Zentrum von den Wienern allgemein genannt wird, sind die ›inneren‹ Bezirke (2.–9.) angeordnet, die aus den ehemaligen ›Vorstädten‹ entstanden sind. Diesen vorstädtischen Bereich innerhalb der Gürtelstraße umgeben die ›äußeren‹ Bezirke (10.–23.), die aus den einstigen ›Vororten‹ hervorgegangen sind. Diese Stadtbezirke werden zum Teil dezentral verwaltet.

Vom Südwesten bis Nordwesten wird Wien von Bergen umgeben, die teilweise mit Weingärten bestanden sind. Gegen Osten erstrecken sich die weiten Ebenen des Marchfeldes und des Wiener Beckens, die in den fernen Erhebungen der Kleinen Karpaten und des Leitha-Gebirges eine Begrenzung finden. Anstelle der malerischen, weitverzweigten Donauauen wurde 1870–75 ein neues Flußbett gegraben, in dem der Hauptarm in einer Breite von 275 m und einer Tiefe von 4–6 m auf 26 km Länge das Stadtgebiet durchfließt. Seit 1972 wird am Bau eines zweiten Donaubettes gearbeitet, das als Entlastungsgerinne bei Hochwasser dienen soll. Eine etwa 400 m breite Insel mit Freizeiteinrichtungen trennt die beiden Wasserflächen. Die Donau teilt das Stadtgebiet flächenmäßig, vor allem aber einwohnermäßig in zwei ungleiche Hälften: nur 148 km² mit etwa 190000 Bewohnern liegen am linken Donauufer.

Niederösterreich

Fläche: 19170 km²
Einwohnerzahl: 1427849 (Volkszählung 1981)

Niederösterreich besitzt keine eigene Landeshauptstadt. Der Sitz des Landtags, der Landesregierung und der Landesbehörden ist in Wien. Hauptorte des Landes: *St. Pölten* (50419 E.), *Wiener Neustadt* (35006 E.) und *Krems an der Donau* (23056 E.)

Historisch gesehen kann Niederösterreich als das Kernland Österreichs angesprochen werden. Inmitten dieses Landes entstand an der Donau zwischen Enns und Traisen nach dem Ungarneinfall von 955 eine ottonische Mark, die 996 erstmals in einer Urkunde mit ›Ostarrichi‹ bezeichnet wurde und mit der von 976 bis 1246 das Geschlecht der Babenberger belehnt war.

Die Vielgestaltigkeit der Landschaft und der Reichtum an Kunstdenkmälern bilden den Reiz des flächengrößten der neun österreichischen Bundesländer. Das ›Land um Wien‹ wird von der Donau durchflossen (Donaulandschaften: Nibelungengau, Wachau, Tullner Feld, Wiener Bekken). Im Süden liegen das Alpenvorland und die Kalkalpen (Semmering 985 m, Schneeberg 2075 m, Raxalpe 2007 m). Nördlich der Donau erstrecken sich das dichtbewaldete Urgesteinsplateau des Waldviertels und das fruchtbare Hügelland des Weinviertels.

Burgenland

Fläche: 3965 km²
Einwohnerzahl: 269771 (Volkszählung 1981)

Die Freistadt *Eisenstadt* ist seit 1925 Landeshauptstadt und seit 1960 Bischofssitz. Das mittelalterliche Dorf erblühte im 14. Jahrhundert zur kleinen Stadt, die 1371 mit einer mächtigen Wehrmauer umfaßt wurde. Musikhistorische Bedeutung erlangte die Stadt durch Joseph Haydn.

Grenzland und Verbindungsglied von West und Ost ist das Schicksal dieses Landes am Alpen-Karpatenbogen, dem Grenzwall zwischen Westeuropa und Osten. Durch den Vertrag von Saint-Germain-en-Laye kam das Burgenland von Ungarn zu Österreich, wurde aber erst 1921 übergeben und 1922 durch Grenzkorrektur um Sopron (Ödenburg) verkleinert. Neben der deutschsprachigen Bevölkerung gibt es kroatische (9,1%), kroatisch-deutsche (1,4%) und magyarische (1,5%) Minderheiten.

Nicht nur politisch, auch seiner Natur nach ist das Burgenland ein echtes Grenzland: Bodengestalt und Klima, Pflanzenformen und Tierwelt weisen deutlich in den pannonischen Lebensraum. Am eindrucksvollsten zeigt sich dies im Bereich des Neusiedler Sees und des nahegelegenen Seewinkels.